Aline Kurt

Rituale und Stilleübungen für den Religionsunterricht

Verlag an der Ruhr

Impressum

Titel
Rituale und Stilleübungen für den Religionsunterricht

Autorin
Aline Kurt

Umschlagmotive
vorne: Foto © vltrdias – clipdealer, Illustration © VRD – stock.adobe.com
hinten: © martex – Fotolia.com

Illustrationen
Fußzeile (Kinderkette) © VRD – stock.adobe.com, Kopfzeile (Kerze) © Anja Boretzki;
alle anderen © Verlag an der Ruhr (wenn nicht anders angegeben)

Druck
Heenemann GmbH & Co. KG, Berlin, DE

Verlag an der Ruhr
Mülheim an der Ruhr
www.verlagruhr.de

Geeignet für die Klassen 1–4

ISBN 978-3-8346-2455-0

Inhaltsverzeichnis

Inhaltsverzeichnis

Vorwort

Das Gedankenkarussell scheint oftmals gar nicht still zu stehen: „Habe ich an alles gedacht? Ach, diese und jene Arbeit wollte ich ja auch noch erledigen!" Gerade in unserem Beruf wachsen die Anforderungen permanent.

Doch nicht nur wir Lehrer* fühlen uns oftmals überfordert und haben das Gefühl, dass uns der Alltag über den Kopf zu wachsen scheint. Auch die **Kinder wissen bereits, was Stress bedeutet** und haben oft schon in ihrem Alter eine ziemlich genaue Vorstellung von Stresssymptomatiken.

Wir als Lehrer können die Anforderungen an die Kinder nur bis zu einem gewissen Ausmaß begrenzen, da wir nur bedingt Einfluss auf Niveau und Pensum der Lerninhalte nehmen können. Dennoch haben wir die Möglichkeit, die Kinder ein Stück weit zu erden und ihnen zu einem gewissen Maß an **Ruhe** zu verhelfen. Dabei stellen **Rituale und Stilleübungen ein äußerst wichtiges Instrument** dar, um Ankerpunkte im Alltag der Kinder zu setzen. Beide Formen haben einen beruhigenden Charakter. Vor allem **Rituale** vermitteln den Kindern ein Gefühl von **Halt und Sicherheit**. Gleichermaßen stärken sie das Gefühl der Gruppenzusammengehörigkeit. **Stilleübungen** erfüllen ebenfalls diese Kriterien und können selbstverständlich auch Ritualcharakter haben, wenn sie stetig in die Unterrichtspraxis integriert werden. Die Neurologen Andrew Newberg und Mark Robert Waldman haben anhand zahlreicher Studien belegt, welchen Einfluss spirituelle Übungen auf unser Gehirn haben. Sie tragen dazu bei, unsere neuronale Vernetzung zu aktivieren, nehmen positiven Einfluss auf das limbische System und vieles mehr. Diese und weitere Forschungsergebnisse haben die beiden Neurologen in ihrem Buch „Der Fingerabdruck Gottes" veröffentlicht (s. S. 111).

Doch was hat all das mit unserem Fach Religion zu tun? Kein anderes Fach lädt auf diese Weise dazu ein, unseren Kindern die Möglichkeit eines gottgewollten Lebens abseits von Leistungserwartungen, Notendruck, anderem schulischen sowie privatem Stress nahezubringen. Still werden zu können und Ruhe zuzulassen, ist eine wichtige Voraussetzung dafür, **spirituelle und religiöse Erfahrungen** machen zu können. So heißt es bereits in der Bibel: „Nur in Umkehr und Ruhe liegt eure Rettung, nur Stille und Vertrauen verleihen euch Kraft." (Jes 30, 15)

Dabei möchte Sie das vorliegende Buch mit zahlreichen Ideen unterstützen. Da Ihre Zeit schon zur Genüge ausgefüllt ist, ermöglicht dieses Buch, für Sie passende Übungen schnell auszuwählen. Sie müssen also keine tief greifenden Analysen lesen, sondern finden sofort **einsatzbereite Vorschläge**. Auf diese Weise möchte ich dazu beitragen, Ihrem Alltag zu mehr Ruhe und Entspannung zu verhelfen.

* Aus Gründen der besseren Lesbarkeit haben wir in diesem Buch durchgehend die männliche Form verwendet. Natürlich sind damit auch immer Frauen und Mädchen gemeint, also Lehrerinnen, Schülerinnen etc.

Vorwort

Im **1. Teil,** S. 7–68, finden Sie eine Ideensammlung zu **Ritualen**. Diese wurden bewusst in Rituale für den **Stundeneinstieg** bzw. **Stundenausklang** unterteilt. Auf S. 54–68 befinden sich **Rituale auf musikalisch-rhythmischer Ebene,** die Sie sowohl zur Einstimmung auf den Unterricht als auch zum Ausklang verwenden können.

Hieran knüpfen im **2. Teil,** S. 69–111, ausgewählte **Stilleübungen** an, die Sie jederzeit in Ihre Unterrichtspraxis integrieren können. Hier finden Sie Stilleübungen, die ganz bewusst eng gefasst wurden, um Ihren Religionsunterricht zu bereichern. Yogaübungen o.Ä. finden Sie an dieser Stelle keine, da hier der Bezug zum Religionsunterricht nicht in direkter Form gegeben ist.

Bevor Sie nun in Ruhe in diesem Buch schmökern, möchte ich Ihnen noch kurz einen Tipp für den **Umgang mit Störungen** an die Hand geben. Da es gerade im Religionsunterricht immer wieder Kinder gibt, die diesem Fach keine allzu große Bedeutung zumessen, kann es passieren, dass das eine oder andere Kind den Ablauf der Rituale oder Stilleübungen durch Störungen boykottiert. Dies ist gerade im Hinblick auf die Ziele der Rituale und Stilleübungen für die ganze Gruppe nicht schön. Patentrezepte für solche Fälle gibt es leider nicht. Ich habe in meiner Unterrichtspraxis jedoch die Erfahrung gemacht, dass Kinder den Unterricht weniger stören, wenn sie in die Handlungen konsequent mit einbezogen werden. Dadurch haben sie das Gefühl, aktiv Entscheidungen treffen zu dürfen und nicht bloß Anweisungen ausführen zu müssen. Deshalb empfehle ich Ihnen, stets gemeinsam mit Ihren Kindern zu entscheiden, wie mit Störungen umgegangen werden soll. Sie werden überrascht sein, welche Ideen die Kinder im Bezug auf dieses Thema haben! Ein gemeinsamer Vertrag rundet die Sache ab. Diesen gestalten Sie natürlich gemeinsam mit den Kindern, indem Sie eventuelle Sanktionen im Fall von Störungen festhalten und alles von den Kindern unterschreiben lassen. Eine andere Methode, Störungen im Keim zu ersticken, hat sich in meiner Unterrichtspraxis ebenfalls gut bewährt. Oftmals ist den Kindern gar nicht so recht bewusst, was Störungen eigentlich sind. Natürlich wissen sie schon, dass Sie es als störend empfinden, wenn beispielsweise Lea permanent mit ihrer Freundin spricht. Woran es den Kindern letztendlich jedoch oftmals noch mangelt, ist in diesem Fall die sogenannte Empathiefähigkeit. Anhand einer Geschichte, die ihrer Lebenswirklichkeit entspringt, kann man den Kindern bewusst machen, wie „nervig“ solche Störungen letztendlich sein können. Auf Seite 8 finden Sie solch eine Geschichte, die Sie den Kindern zur Einführung eines Rituals oder vor der Durchführung einer Stilleübung vorlesen können.

Viel Spaß und entspannende Momente wünscht Ihnen

Aline Kurt

Rituale

Einstiegsgeschichte, um Störungen vorzubeugen

Halt die Klappe – du nervst!

„Oh Mann, ist das heute anstrengend", denkt Louis in der letzten Stunde und seufzt. Wie gut, dass er heute Mittag mal keine Termine hat. Da kann er sich in aller Ruhe ausruhen. Louis freut sich schon darauf, sich vor den Fernseher zu legen und mal eine Runde auf seiner Playstation zu zocken. Dabei kann er richtig gut abschalten.

„Heute will ich keinen mehr sehen und vor allem nichts mehr hören. Boah, so 'ne Mathearbeit hat es echt in sich und dann noch die ganzen anderen Fächer. Und in Reli sind wir auch noch draußen in der Pampa rumgestiefelt. Ja, zugegeben, draußen war es schon ganz cool. Aber die frische Luft hat mich auch ganz schön geschlaucht", denkt Louis.

Sobald es klingelt, rennt Louis sofort zum Bus. Er will jetzt nur noch heim. Doch im Bus ist heute auch mächtig was los. Die Kinder aus der Fünften meinen wieder, sie wären die stärksten, und nerven alle Grundschüler. Normalerweise lässt Louis sich so etwas gar nicht gefallen, aber heute fühlt er sich so erledigt, dass er keine Lust auf Diskussionen hat.

Nach einer gefühlten Ewigkeit ist es endlich so weit. Der Bus hält in der Nähe von Louis' Zuhause. Es trennen ihn nur noch wenige Meter von der Couch und seiner Playstation.

Geschafft! Louis schließt die Haustür auf, wirft die Schultasche in die Ecke und schmeißt sich auf die Couch. Gerade als er es sich so richtig gemütlich gemacht und ein tolles Spiel ausgewählt hat, kommt seine Mutter ins Zimmer. „Hallo, mein Schatz, ich habe heute mal früher Schluss gemacht, dann können wir zusammen was unternehmen", ruft sie fröhlich. Louis rollt genervt mit den Augen. „Nichts für ungut, Mama, aber ich will jetzt einfach 'ne Runde spielen, okay?", zischt Louis. Es fällt ihm wirklich schwer, dabei ruhig zu bleiben. Doch seine Mutter lässt nicht locker. „Oh, Spatz, komm, wir machen was Schönes zusammen. Auf deiner Konsole spielen kannst du doch noch an einem anderen Tag", versucht sie, ihn umzustimmen. Dummerweise stellt sie sich ausgerechnet vor den Fernseher. Das bringt Louis auf die Palme. „Mensch, Mama, halt die Klappe, du nervst! Siehst du nicht, dass ich mich ausruhen will?", schreit Louis. Mama ist entsetzt. „Was ist denn mit dir los?", fragt sie empört. „Tut mir leid. Ich bin einfach total fertig und will doch nur ein bisschen entspannen", entschuldigt sich Louis. Mama nickt. „Das kenn ich. Wenn man entspannen will, möchte man einfach mal nicht gestört werden. Dann ruh dich jetzt aus, und wenn du dich erholt hast, gehen wir raus, okay?" Louis nickt. Das ist eine gute Idee. Mama hat ganz schön viel Ahnung vom Leben und so …

Rituale für den Stundeneinstieg

Ritual	Ziel	Zeitbedarf	Alter
Reise zum Religionsunterricht (S. 10)	Zur Ruhe kommen	5 Minuten	Ab 6
Stimmungswiese (S. 11)	Gefühlslage bewusst machen	10–15 Minuten	Ab 6
Das passt heute zu mir (S. 12)	Gefühle mit Naturmaterialien assoziieren	10–15 Minuten	Ab 8
Ich werfe meine Sorgen auf Gott (S. 13)	Ängste und Sorgen loslassen	10–15 Minuten	Ab 8
Schlechte Gedanken verschwinden (S. 14)	Ängste und Sorgen durch positives Denken umkehren	5–10 Minuten	Ab 8
Der besondere Morgengruß (S. 15)	Gruppengemeinschaft stärken	5 Minuten	Ab 6
Wir reichen uns die Hände (S. 16)	Achtsamkeit steigern und Gruppengefühl stärken	5–10 Minuten	Ab 6
Ich schick dir ein Licht (S. 17)	Den Religionsunterricht als Kraftspender erfahren	5 Minuten	Ab 6
Stress, verschwinde! (S. 18)	Zur Ruhe kommen	2 Minuten	Ab 6
Jesus ist unter uns (S. 19)	Zur Ruhe kommen, sich der Allgegenwärtigkeit Jesu bewusst werden	10–15 Minuten	Ab 9
Gemeinsam beten (S. 22)	Gemeinschaft und Glauben stärken	5–10 Minuten	Ab 6
Im Stillen beten (S. 26)	Beten als „Gespräch mit Gott" erkennen, Sorgen und Ängste loslassen	5 Minuten	Ab 6
Gebetbuch (S. 27)	Gemeinschaft stärken, Gebetspraxis vertiefen	5–10 Minuten	Ab 8
Begrüßungsstraße (S. 28)	Gemeinschaftsgefühl stärken, Nähe zulassen	5 Minuten	Ab 6
Tierische Begrüßung (S. 29)	Naturverbundenheit vertiefen	5 Minuten	Ab 6
Zwei sind besser als einer (S. 30)	Gruppengemeinschaft stärken, Vertrauen ausbauen	5–10 Minuten	Ab 6

Reise zum Religionsunterricht

Material langes Seil
alternativ: 2–3 Springseile, aneinandergeknotet
Zeitbedarf ca. 5 Minuten
Alter ab 6 Jahre

Vorbereitung

Wählen Sie eine freie Fläche im Klassenraum aus. Arrangieren Sie dort mithilfe des Seils einen großen Kreis auf dem Boden, in dem alle Kinder Platz finden.

So geht's

Zeigen Sie den Kindern den vorbereiteten Kreis. Sagen Sie ihnen, dass sie sich dabei einen Heißluftballon vorstellen sollen, mit dem Sie nun gemeinsam zum Religionsunterricht schweben wollen.
Fordern Sie die Schüler auf, sich im Seil-Kreis einzufinden. Stellen auch Sie sich in den Kreis, um das Gemeinschaftsgefühl zu stärken. Bitten Sie die Kinder, sich an den Händen zu fassen und die Augen zu schließen.

Geben Sie gemeinsam das Startsignal zum Abheben des Ballons. Dazu können Sie beispielsweise bis 3 zählen oder ein Kommando, wie „Start" oder „Los geht's", sprechen.
Ermutigen Sie die Kinder, sich von allem „Ballast" zu befreien, um sich auf das Abenteuer „Religionsunterricht" einlassen zu können. Erzählen Sie ihnen dazu, dass während einer Ballonfahrt beispielsweise Sandsäcke abgeworfen werden, damit der Ballon an Höhe gewinnt. Auch in unserem Leben gibt es diese „Sandsäcke" in Form von Ängsten, Sorgen und Ärger.

Lassen Sie den Kindern ruhig ein bis zwei Minuten Zeit, bevor Sie verkünden, dass sie gelandet sind. Nun steigen die Kinder nacheinander aus und nehmen ihren Platz im Klassenzimmer ein.

Stimmungswiese

Material
- ▶ 1 grünes Tuch

für jedes Kind:
- ▶ 3 Steine (z. B. flache Kieselsteine, gesammelt oder aus dem Baumarkt)
- ▶ 1 wasserfester Stift
- ▶ eventuell 1 Sitzkissen

Zeitbedarf ca. 10–15 Minuten

Alter ab 6 Jahre

Vorbereitung

Händigen Sie jedem Kind jeweils drei Steine und einen Stift aus. Alle malen nun auf ihre Steine diese drei Gesichtsausdrücke:

So geht's

Bilden Sie mit den Kindern einen Sitzkreis. Legen Sie das Tuch in die Mitte.
Dieses symbolisiert eine Wiese.
Bitten Sie die Jungen und Mädchen, kurz innezuhalten und ihre momentane Grundstimmung zu erspüren. Dementsprechend entscheiden sich die Kinder für einen Stein und positionieren ihn auf der Stimmungswiese. Reihum erhalten sie nun auf freiwilliger Basis Gelegenheit, ihre Auswahl zu begründen. Die anderen Kinder dürfen dazu Stellung beziehen und beispielsweise trösten oder aufmuntern.

Tipp

Überlegen Sie im Vorfeld gemeinsam, in welcher Weise traurige Kinder getröstet oder aufgemuntert werden können. Dazu können Sie auch im Vorfeld gemeinsam „Trostkärtchen" entwickeln, die dann im Rahmen dieses Rituals vorgelesen werden. Hilfreich ist es auch, wenn Sie gemeinsam Strategien entwickeln, wie ein Gefühl der Wut gedämpft werden kann.

Das passt heute zu mir

Material	▶ 1 Korb ▶ unterschiedliche Naturmaterialien (Blumen, Blätter, Steine, Grashalme usw.) *für jedes Kind:* ▶ 1 Sitzkissen (optional)
Zeitbedarf	ca. 10–15 Minuten
Alter	ab 8 Jahre

Vorbereitung

Legen Sie die Materialien in den Korb.

So geht's

Bilden Sie mit den Kindern einen Sitzkreis. Lassen Sie den Korb im Uhrzeigersinn herumgehen. Die Jungen und Mädchen wählen nun einen Gegenstand daraus aus, der sie besonders anspricht. Ihre Auswahl begründen die Kinder kurz (Beispielsweise: „Ich brauche heute etwas Halt. Deshalb habe ich den Stein ausgewählt. Daran kann ich mich festhalten." Oder: „Ich habe mir diese gelbe Blume ausgesucht, weil sie mir Mut macht. Heute brauche ich besonders viel Mut, weil ..." usw.).

Die Erläuterungen der Kinder sollten Sie völlig wertungsfrei stehen lassen. Dadurch erleben die Jungen und Mädchen die Religionsgruppe als einen Ort der Geborgenheit. Jeder darf sich so zeigen, wie er wirklich ist.

Tipps

- Alternativ können Sie die Kinder auch auffordern, Gegenstände mitzubringen, die ihnen in besonderem Maße am Herzen liegen.
- Gerade während der Einführung dieses Rituals benötigen die Kinder noch etwas Hilfestellung. Indem Sie den Anfang machen, einen Gegenstand auswählen und Ihre Auswahl begründen, verdeutlichen Sie den Ablauf.

Ich werfe meine Sorgen auf Gott

Material	▶ 1 großer Rucksack *für jedes Kind:* ▶ 1 Zettel ▶ 1 Stift ▶ 1 Schreibunterlage ▶ 1 Sitzkissen (optional)
Zeitbedarf	ca. 10–15 Minuten
Alter	ab 8 Jahre

So geht's

Die Kinder kommen in den Sitzkreis und bringen eine Schreibunterlage und einen Stift mit.
Zeigen Sie ihnen den mitgebrachten Rucksack. Erzählen Sie, dass es in der Bibel einige Passagen gibt, die sich mit dem Thema „Sorgen" befassen. Dort ist unter anderem Folgendes zu lesen:

> *„Werft all eure Sorgen auf Gott, denn er kümmert sich um euch."*
> (frei nach 1 Pet. 5, 7)

Fordern Sie die Kinder auf, dieser Einladung nun nachzukommen. Händigen Sie ihnen dazu die Zettel aus. Die Jungen und Mädchen notieren anonym ihre momentanen Sorgen darauf.

Geben Sie anschließend den Rucksack im Uhrzeigersinn herum. Bitten Sie die Kinder, ihre Zettel dort hineinzuwerfen, und erläutern Sie ihnen, dass Gott ihnen helfen wird, diese Sorgen zu tragen, denn „er kümmert sich um euch".

Tipp

Nachdem den Jungen und Mädchen der Ablauf dieses Rituals geläufig ist, genügt es, wenn sie das Ritual mit den folgenden Worten beginnen: „Lasst uns nun Gott unsere Sorgen anvertrauen, denn er kümmert sich um uns und hilft uns bei all unseren Problemen."

Schlechte Gedanken verschwinden

Material *für jedes Kind:*
- ▶ 1 Notizzettel
- ▶ 1 roter Stift
- ▶ 1 grüner Stift

Zeitbedarf ca. 5–10 Minuten

Alter ab 8 Jahre

So geht's

Händigen Sie jedem Kind einen Notizzettel aus.
Bitten Sie die Jungen und Mädchen, ihre Sorgen in einem Wort zusammenzufassen.
Dieses Wort notieren sie mit einem roten Stift auf dem Zettel.
Fordern Sie die Kinder nun auf, einen Gegensatz für das Sorgen-Wort zu finden.
Dieses Wort schreiben sie mit dem grünen Stift auf die Rückseite.

Bitten Sie die Kinder, sich nun vorzustellen, wie das rot geschriebene Wort an Kraft verliert. Dazu konzentrieren sie sich nun ausschließlich auf das grün geschriebene Wort, schließen die Augen und lassen das „grüne Wort" im Geiste immer größer werden. Sollte das „rote Wort" zwischendurch auftauchen, so öffnen sie kurz die Augen und lesen erneut ihr positives Wort.

Nach 1–2 Minuten wird der Zettel gefaltet und in der Hosentasche verstaut. Bei Bedarf können die Jungen und Mädchen ihr positives Wort im Laufe des Tages erneut anschauen.

Tipps

- ➢ Sammeln Sie zu Beginn dieser Übung gemeinsam einige Beispiele für die Umkehrung negativer Worte, z. B.: Wut – Freude, Trauer – Fröhlichkeit, Hass – Liebe, Ungeduld – Geduld.
- ➢ Anstatt der Buntstifte können Sie auch radierbare Kugelschreiber einsetzen. Damit schreiben die Kinder ihr Problem auf, schauen es an und „löschen" es dann symbolisch aus.

Der besondere Morgengruß

Material	1 Klangschale o. Ä.
Zeitbedarf	ca. 5 Minuten
Alter	ab 6 Jahre

So geht's

Betätigen Sie die Klangschale, sobald sich alle Kinder im Klassenzimmer befinden. Fordern Sie die Kinder auf, sich frei im Klassenzimmer zu bewegen, solange die Töne erklingen. Sobald sie die Töne nicht mehr wahrnehmen, bleiben die Kinder ruhig stehen.
Gehen Sie nun auf ein Kind zu, schauen Sie ihm in die Augen, reichen Sie ihm die Hand und wünschen Sie ihm „Guten Morgen". Achten Sie darauf, das Kind persönlich anzusprechen: „Liebe/r ..., ich wünsche dir einen wunderschönen Morgen."
Nun begrüßt dieses Kind einen anderen Teilnehmer der Religionsgruppe, der sich in seiner unmittelbaren Nähe befindet. Die Kinder, die bereits begrüßt wurden, nehmen ihre Plätze ein. Auf diese Weise wird ersichtlich, wer noch begrüßt werden sollte.

Tipps

- Natürlich können Sie anstatt der Klangschale auch ein anderes Instrument wählen, oder gemeinsam mit den Jungen und Mädchen ein Handzeichen vereinbaren.
- Die individuelle Ansprache und die Namensnennung sind besonders wichtig, da die Kinder im Religionsunterricht ja oftmals aus unterschiedlichen Klassen zusammenkommen und sich innerhalb der neuen Struktur manchmal nur schwer zurechtfinden. Die persönliche Ansprache signalisiert den Jungen und Mädchen, dass sie ein Teil der neuen Gemeinschaft sind und in ihrer Individualität willkommen sind.

Wir reichen uns die Hände

Material	–
Zeitbedarf	ca. 5–10 Minuten
Alter	ab 6 Jahre

So geht's

Bilden Sie mit den Kindern einen Kreis. Teilen Sie nun jeweils zwei nebeneinanderstehende Kinder in Paare ein. Diese fassen sich an den Händen und schließen die Augen.
Stellen Sie ihnen nun nacheinander die folgenden Fragen, die jedes Kind still für sich beantwortet:

- *Wie fühlt sich die Hand des Kindes an, das neben dir steht?*
- *Ist seine Hand warm oder kalt?*
- *Ist sein Händedruck stark oder eher sanft?*
- *Fühlt sich das für dich gut an?*

Nun werden diese Paare aufgelöst. Die Kinder reichen nun jeweils ihrem anderen Kreisnachbarn die Hand. Auch hier schließen sie wieder ihre Augen und beantworten im Stillen die folgenden Fragen:

- *Wie fühlt sich die Hand deines neuen Nachbarn an?*
- *Wie ist sein Händedruck?*
- *Ist das Gefühl, das du nun hast, das gleiche wie eben?*
- *Woran könnte es liegen?*

Fordern Sie die Kinder auf, nun wieder ihre Augen zu öffnen, ihren linken und rechten Nachbarn zu begrüßen und ihm einen schönen Tag zu wünschen.

Ich schick dir ein Licht

Material	▶ 1 Windlicht ▶ 1 Feuerzeug oder Streichhölzer
Zeitbedarf	ca. 5 Minuten
Alter	ab 6 Jahre

So geht's

Stellen Sie sich mit den Kindern in einem Kreis auf. Erzählen Sie ihnen, dass Jesus das Licht in die Welt brachte. Dieses Licht ist die Liebe, die wir noch heute spüren können. Er hat uns gezeigt, dass wir einander so akzeptieren sollen, wie wir sind, denn Jesus liebte alle Menschen. Er hat niemanden ausgegrenzt oder verurteilt. Für Jesus waren alle Menschen wertvoll.

Zünden Sie nun das Licht an. Reichen Sie es dem Kind zu Ihrer Linken mit den folgenden Worten: „Ich schicke dir ein Licht, denn ich mag dich so, wie du bist."
Nun gibt dieses Kind das Licht an seinen linken Nachbarn weiter und nutzt dabei den gleichen Wortlaut.
Auf diese Weise wird das Windlicht einmal im Uhrzeigersinn verschickt.

Stellen Sie die Kerze anschließend in die Mitte. Fordern Sie die Jungen und Mädchen auf, sich auf die Flamme zu konzentrieren und für kurze Zeit in absoluter Stille zu verharren.
Bitten Sie Gott abschließend um seinen Segen für die gemeinsame Zeit, z.B. mit den Worten: „Lieber Gott, bitte hilf uns, heute eine gute Zeit gemeinsam zu erleben."
Fordern Sie nun die Kinder auf, ihre Plätze einzunehmen.

Stress, verschwinde!

Material	–
Zeitbedarf	ca. 2 Minuten
Alter	ab 6 Jahre

So geht's

Fordern Sie die Kinder auf, es sich auf ihren Plätzen gemütlich zu machen. Erzählen Sie ihnen, dass sie nun den Stress des Tages hinter sich lassen wollen, um den Kopf für den Religionsunterricht freizuhaben. Sollte die Relistunde zum Schulbeginn stattfinden, so empfiehlt es sich ebenfalls, den Kindern dieses Ritual der Stressbewältigung näherzubringen. Viele Jungen und Mädchen kommen ja bereits gestresst zur Schule und haben eine mehr oder minder lange Anreise hinter sich.

Bitten Sie die Kinder, die Augen zu schließen und ihre Handflächen aneinanderzupressen. Nun atmet jeder in seinem Tempo durch den Mund tief ein und aus. Währenddessen stellen sich die Kinder vor, wie der Stress beim Ausatmen hinausgepustet wird. Zur Verstärkung wiederholen sie im Geiste folgenden Satz: „Stress, verschwinde!"
Nach etwa zehn Sekunden öffnen die Kinder langsam wieder ihre Augen.

Tipps

- Gerade für die Kinder im ersten und zweiten Schuljahr ist der Begriff „Stress" noch sehr abstrakt. Hier können Sie Synonyme, wie „innerer Druck", „Aufregung" oder „Anspannung", benutzen.
- Sie können mit den Kindern auch einen anderen positiven Satz wählen oder selbst formulieren, z. B.: „Ich bin ruhig und mein Kopf ist frei."

Jesus ist unter uns

Material	▶ 1 Tisch ▶ 1 Korb ▶ je nach Jahreszeit unterschiedliche Naturmaterialien (z. B. Blumen, Blätter, Steine) ▶ 1 Kerze ▶ Textkarten (S. 20/21) *für jedes Kind:* ▶ 1 Teelicht
Zeitbedarf	ca. 10–15 Minuten
Alter	ab 9 Jahre

Vorbereitung

Schneiden Sie die Textkarten (S. 20/21) aus. Es empfiehlt sich, diese zu laminieren, um eine längere Haltbarkeit zu garantieren. Legen Sie die Karten zusammen mit den übrigen Materialien in den Korb.

So geht's

Versammeln Sie sich mit den Kindern um den Tisch. Wählen Sie ein Kind aus, das den Tisch mithilfe der bereitgestellten Materialien dekoriert. Ein anderes Kind darf die Kerze anzünden.
Erzählen Sie, dass die Kerze das Licht symbolisiert, das Jesus in die Welt brachte. Erläutern Sie ggf., falls die Symbolik den Kindern noch nicht bekannt ist. Wer möchte, kann nun als Zeichen seines Glaubens ein Teelicht nehmen, zur Kerze vortreten und sein Licht daran entzünden. Machen Sie den Kindern deutlich, dass Jesus in diesem Augenblick bei ihnen ist. Bestimmen Sie ein Kind, das nun eine Textkarte mit Jesusworten auswählt und den Inhalt vorliest. Bitten Sie die Kinder, die Worte Jesu auf sich wirken zu lassen. Alternativ können Sie natürlich auch selbst eine Textkarte auswählen, die zu ihrem Stundenthema passt. Abschließend darf sich jeder auf freiwilliger Basis zu den Worten äußern.

Tipp

Achten Sie darauf, dass alle Kinder im Verlauf des Schuljahres an den unterschiedlichen Aufgaben dieses Rituals beteiligt werden.

Jesus ist unter uns – Textkarten (1/2)

Nicht nur das Brot ernährt die Menschen, sondern auch jedes Wort, das aus Gottes Mund kommt.

(frei nach Mt 4,4)

Achtet auf euer Herz, dass es nicht verwirrt wird.
Glaubt an Gott und glaubt an mich.

(frei nach Joh 14,1)

Ein guter Mensch tut Gutes, weil sein Herz gut ist.
Ein böser Mensch tut Böses,
weil sein Herz böse ist.

(frei nach Lk 6,45)

Ich bin das Licht der Welt.
Wer mir folgt, ist nicht im Dunkeln.

(frei nach Joh 8,12)

Verurteilt andere nicht, dann werdet auch ihr nicht verurteilt. Vergebt einander,
dann wird auch euch vergeben.
Helft anderen, dann wird auch euch geholfen.

(frei nach Lk 6,37–38)

Jesus ist unter uns – Textkarten (2/2)

Glaubt daran, dass ihr alles, worum ihr gebeten habt,
schon erhalten habt. So werdet ihr es auch bekommen.

(frei nach Mk 11,24)

Liebt eure Feinde. Seid gut zu denen, die euch hassen.
Segnet die Menschen, die euch beschimpfen.
Betet für diejenigen, die euch wehtun.

(frei nach Lk 6,27–28)

Gib jedem, der dich um etwas bittet. Wenn dir jemand
etwas wegnimmt, dann verlang es nicht zurück.
Verhalte dich anderen gegenüber so,
wie du es von ihnen erwartest.
Wenn ihr nur diejenigen liebt, die euch lieben,
welchen Dank erwartet ihr dafür?

(frei nach Lk 6,30–32)

Ihr seid das Licht der Welt.
Eine Stadt, die sich auf einem Berg befindet,
ist nicht versteckt.
Euer Licht soll vor den Menschen leuchten,
damit sie eure guten Werke sehen und Gott loben.

(frei nach Mt 5,14 und 5,16)

Gemeinsam beten

Material	▶ Gebetsvorschläge S. 23–25 ▶ Kerze ▶ Feuerzeug oder Streichhölzer *für jedes Kind:* ▶ 1 Sitzkissen
Zeitbedarf	ca. 5–10 Minuten
Alter	ab 6 Jahre

Vorbereitung

Kopieren Sie die Gebete für jedes Kind einmal. Alternativ können Sie auch einzelne Gebete oder Seiten auswählen und lediglich diese für jedes Kind kopieren.

So geht´s

Arrangieren Sie mit den Kissen einen Sitzkreis. Nehmen Sie dort mit den Kindern Platz. Stellen Sie die Kerze in die Mitte und zünden Sie diese an. Händigen Sie jedem Kind eine Kopie des Gebets aus. Sagen Sie ihnen, dass Sie nun gemeinsam beten möchten. Bitten Sie die Jungen und Mädchen, ihre Hände zum Gebet zu falten. Sprechen Sie gemeinsam das ausgewählte Gebet. Zu Beginn lesen die Kinder das Gebet im Chor. Nachdem Sie das gemeinsame Gebet jedoch öfter gesprochen haben, werden die Kinder dieses auch auswendig sprechen können.
Nach dem Gebet sammeln Sie die Textvorlagen wieder ein und bewahren sie auf. So ist gewährleistet, dass die Kopien zu Beginn der nächsten Stunde wieder vorhanden sind.

Tipp

Wählen Sie für die Leseanfänger möglichst ein „einfaches" Gebet.
Tauschen Sie ihr Gebet nach einiger Zeit gegen ein anderes, um etwas Abwechslung in das Ritual zu bringen.

Gemeinsam beten – Gebetsvorschläge (1/3)

Du hast die Welt
für uns gemacht
mit Sonne, Sternen,
Tag und Nacht.
Schufst Himmel, Erde und das Meer.
All dieses fiel dir gar nicht schwer.
Auch ich bin nun auf dieser Welt,
die mir von Herzen gut gefällt.
Ich dank dir für mein Leben,
das du mir hast gegeben.
Amen

Lieber Gott,
du bist immer für uns da.
Dir können wir alles sagen.
Dich können wir um Rat fragen.
Das Leben mit dir ist wunderbar.
Amen

Guter Gott,
alles kann ich
dir stets sagen,
alle Zeit um
Rat dich fragen.
Du bist immer für mich da,
das find ich
wirklich wunderbar.
Amen

Gemeinsam beten – Gebetsvorschläge (2/3)

Lieber Gott,
hilf uns dabei, die heutige Religionsstunde
als etwas Wunderschönes zu erleben.
Gib uns die Kraft, uns auf den Unterricht zu konzentrieren.
Hilf uns, tolle Ideen und Gedanken zu sammeln.
Erfülle unsere Herzen mit Liebe, damit die Religionsstunde für
alle ein Ort der Geborgenheit wird.
Amen

Niemand kennt mich so wie du.
Du weißt immer, was ich gerade mache oder denke.
Du weißt alles über mich.
Du bist immer für mich da und liebst mich so, wie ich bin.
Du hast mich gemacht und dafür danke ich dir.
Amen.

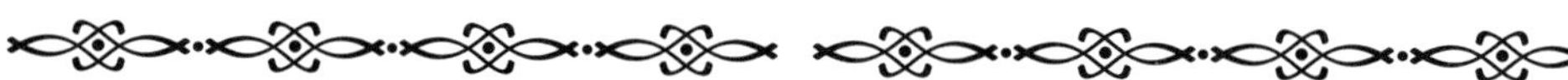

Guter Gott, du tust so viel für mich.
Nun ist es für mich an der Zeit, mich zu bedanken.
Ich danke dir, dass ich genug zu essen habe.
Ich danke dir, dass ich zur Schule gehen kann.
Auch wenn ich manchmal keine Lust darauf habe,
so weiß ich doch, dass es Kinder gibt,
die keine Möglichkeit haben, in die Schule zu gehen.
Ich danke dir für all die schönen Dinge, die ich täglich erlebe.
Ich danke dir, dass ich unendlich
viele Gründe zum Danken habe.
Amen

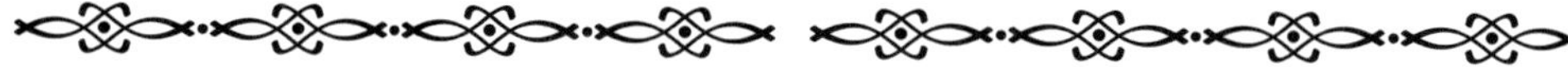

Gemeinsam beten – Gebetsvorschläge (3/3)

Lieber Gott,
ich danke dir für die wundervolle Natur, die mich umgibt.
Ich danke dir für die Luft, die ich tagtäglich einatme.
Ich danke dir für all die lieben Menschen in meinem Leben.
Ich danke dir für meine Familie und Freunde.
Amen

Guter Gott,
bitte hilf mir, wenn mich Sorgen und Ängste plagen.
Bitte hilf mir, gesund zu bleiben.
Bitte hilf mir, immer das Gute im Leben zu sehen,
anstatt mich auf die schlechten Dinge zu konzentrieren.
Ich weiß, dass du mir bei all dem helfen kannst.
Amen

Lieber Gott,
bitte hilf uns dabei, zu erkennen,
wie wunderschön unser Leben ist.
Öffne unsere Augen für all die
tollen Dinge und Ereignisse
in unserem Leben.
Bitte hilf uns dabei, zufrieden
und glücklich zu sein.
Amen

Im Stillen beten

Material	▶ 1 CD-Player ▶ Meditations-CD oder CD mit klassischer Musik
Zeitbedarf	ca. 5 Minuten
Alter	ab 6 Jahre

So geht's

Bitten Sie die Kinder, es sich auf ihren Stühlen bequem zu machen und die Hände zum Gebet zu falten. Lassen Sie die Musik leise im Hintergrund laufen.
Nun schließen die Jungen und Mädchen ihre Augen und sprechen im Geiste ein Gebet. Nachdem sie ihr Gespräch mit Gott beendet haben, bekräftigen sie ihr Gebet durch das Wort „Amen". Die Kinder öffnen ihre Augen und der Unterricht kann beginnen.

Tipps

- Eine tolle Musikauswahl finden Sie bei dem Komponisten Elio, der wunderschöne Mediationsmusik für Kinder komponiert hat (CD-Titel: Child's Play).
- Gerade im Hinblick auf die Klassenstufen 1/2 sollten Sie bei der Einführung des Rituals die Gebetspraxis als solche näher thematisieren. Lesen Sie den Kindern dazu die folgende Bibeltextstelle vor und fordern Sie sie anschließend auf, dazu Stellung zu nehmen.

  Nach Jesu Tod gründete der Apostel Paulus in Philippi eine Gemeinde. An diese Menschen schrieb er später einen Brief. Darin erzählte er ihnen auch etwas über das Beten. Paulus schrieb:
  „Ihr braucht euch um gar nichts zu sorgen. Alles, was euch bedrückt, könnt ihr Gott im Gebet anvertrauen. Zeigt ihm dabei eure Dankbarkeit. Dann wird Gottes Frieden dafür sorgen, dass eure Herzen und eure Gedanken bei Jesus bleiben."
  (frei nach Philipper 4, 6–7)

Gebetbuch

Material
- ▶ 1 Ordner (DIN A4)
- ▶ 1 Locher

für jedes Kind:
- ▶ 2–3 Blatt Papier (DIN A4)

Zeitbedarf ca. 5–10 Minuten

Alter ab 8 Jahre

Vorbereitung

Händigen Sie den Kindern zwei bis drei Blatt Papier aus. Bitten Sie sie, sich ein eigenes Gebet auszudenken und dieses aufzuschreiben. Jedes Kind darf mehrere Gebete verfassen. Jedes wird dabei auf einen separaten Zettel geschrieben.
Beschriften Sie währenddessen den Ordner mit den Worten „Unsere Gebete".
Sammeln Sie die Gebete auf freiwilliger Basis ein, lochen Sie die Blätter und heften Sie diese in den Ordner. Eventuell bietet es sich an, die Gebete vorab zu sichten, um sicherzustellen, dass es sich hierbei auch tatsächlich um „Gebete" handelt.

So geht's

Wählen Sie zu Beginn jeder Religionsstunde ein Kind aus. Händigen Sie ihm den Ordner aus. Bitten Sie es, ein Gebet auszuwählen und vorzulesen.
Die übrigen Kinder falten dabei ihre Hände zum Gebet. Nach Beendigung des Gebets bekräftigen alle das Gehörte mit dem Wort „Amen".

Tipps

- Achten Sie darauf, dass jedes Kind im Laufe des Schuljahres die Möglichkeit erhält, ein Gebet vorzulesen. Dies sollte jedoch auf freiwilliger Basis geschehen. Auch von jedem Verfasser sollte einmal ein Gebet vorgetragen werden.
- Von Zeit zu Zeit können Sie das Gebetbuch erweitern. Dies bietet sich z. B. immer dann an, wenn einzelne Kinder bereits themenspezifische Arbeitsaufträge erledigt haben.

Begrüßungsstraße

Material	–
Zeitbedarf	5 Minuten
Alter	ab 6 Jahre

So geht´s

Teilen Sie die Kinder in zwei Gruppen ein. Beide Gruppen stellen sich nun jeweils in einer Reihe auf. Die beiden Reihen sind einander zugewandt. Der Abstand zwischen den beiden Gruppen sollte dabei so gewählt werden, dass ein Kind die auf diese Weise gebildete Begrüßungsstraße mühelos durchlaufen kann.

Wählen Sie nun einen Freiwilligen aus, der die Begrüßungsstraße durchlaufen möchte. Während das Kind zwischen den Reihen entlanggeht, wird es von jedem Kind auf seine Weise begrüßt. Dazu eignet sich ein einfaches „Hallo" genauso wie ein freundliches Wort.
Sobald das Kind am Ende der Begrüßungsstraße angekommen ist, reiht es sich wieder in seine Gruppe ein und das nächste Kind kann sich seine Begrüßung in der Begrüßungsstraße abholen.

Achten Sie unbedingt darauf, dass jedes Kind die Möglichkeit erhält, die Begrüßungsstraße einmal zu durchlaufen. Sollte dies aufgrund der Gesamtgruppenstärke nicht jede Stunde zu realisieren sein, so sollte jedes Kind jedoch mindestens einmal im Verlauf des Schuljahres auf diese Weise begrüßt werden.

Tipp

Zur Einführung des Rituals sollten Sie sich gemeinsam mit den Kindern überlegen, welche Begrüßungsformen bzw. Komplimente sich für die Begrüßungsstraße eignen. Im Folgenden finden Sie eine kleine Auswahl:

- *Schön, dich zu sehen.*
- *Toll, dass du da bist.*
- *Ich freue mich darauf, heute mit dir zusammenzuarbeiten.*
- *Du siehst heute toll aus.*
- *Du wirkst heute so glücklich, das ist schön.*
  usw.

Tierische Begrüßung

Material	▶ 1 CD-Player ▶ Musik-CD
Zeitbedarf	5 Minuten
Alter	ab 6 Jahre

So geht´s

Bitten Sie die Kinder, sich wahllos im Klassenraum zu verteilen. Erzählen Sie ihnen, dass sich die meisten Tiere per Körperkontakt begrüßen. So reiben Katzen beispielsweise ihre Köpfe zur Kontaktaufnahme aneinander. Ameisen hingegen betasten sich mit den Fühlern. Sammeln Sie im Vorfeld mit den Kindern einige Ideen.

Fordern Sie die Jungen und Mädchen auf, sich frei im Klassenraum zu bewegen. Schalten Sie nun die Musik ein.
Sobald Sie diese stoppen, sagen Sie eine Form der Begrüßung an, z. B. „Begrüßt euch wie Elefanten". Nun begrüßen sich die Kinder auf tierische Art und Weise. Sie können zur Kontaktaufnahme beispielsweise die Hände, die Füße oder den Kopf benutzen. Wenn Sie die Musik wieder einschalten, bewegen sich die Kinder erneut frei im Raum, bis die Musik wieder stoppt.

Tipp

Nicht alle Kinder möchten derartigen Körperkontakt zulassen. Stellen Sie den Jungen und Mädchen aus diesem Grund bitte frei, ob sie sich in dieser Form begrüßen möchten. Alternativ können die Kinder sich auch beispielsweise verbeugen, einen Knicks machen, winken etc.

Zwei sind besser als einer

Material	4 Stühle
Zeitbedarf	5–10 Minuten
Alter	ab 6 Jahre

Vorbereitung

Gestalten Sie mithilfe der Stühle ein großes Quadrat oder Rechteck, in dem alle Kinder Platz finden. Stellen Sie dazu an jeder Ecke des Vierecks einen Stuhl auf. Eventuell müssen Sie dazu, je nach Raumgröße, zunächst einige Tische zur Seite schieben.

So geht's

Bilden Sie mit den Kindern im vorbereiteten Viereck einen Kreis. Erzählen Sie ihnen, dass bereits in der Bibel davon berichtet wird, wie wichtig es ist, dass Menschen zusammenarbeiten. Lesen Sie den Jungen und Mädchen die folgende Bibeltextstelle vor:

> *„Zwei sind besser als einer allein. Wenn die beiden hinfallen, dann hilft einer dem anderen wieder hoch."*
> (frei nach Kohelet 4, 9)

Fordern Sie nun die Kinder auf, sich frei im festgesetzten Quadrat zu bewegen. Dabei begrüßen sich entgegenkommende Kinder per Handschlag. Sobald Sie „Stopp" rufen, fassen sich die Kinder wahllos an den Händen. Auf diese Weise entsteht nun ein Knoten.

Erinnern Sie die Kinder an die Bibeltextstelle. Fordern Sie sie nun auf, den Knoten gemeinsam zu entwirren, sodass wieder ein großer Kreis entsteht. Dies schaffen die Kinder nur, wenn sie gemeinsam daran arbeiten, denn zwei (oder mehr) sind eben besser darin als einer im Alleingang.
Sollte es auf Anhieb nicht funktionieren, ist dies ein Ansporn für die Kinder, es im Laufe der nächsten Stunden zu schaffen.

Rituale für den Stundenausklang

Ritual	Ziel	Zeitbedarf	Alter
Zum Abschied geb ich dir die Hand (S. 32)	Gemeinschaftssinn stärken Verabschiedung als wichtigen Bestandteil des täglichen Miteinander erfahren	5 Minuten	Ab 6
Ich lass die Relistunde ... (S. 33)	Religionsstunde reflektieren	5 Minuten	Ab 6
Danke für ... (S. 34)	Sich der besonderen Dinge im Leben bewusst werden	5–10 Minuten	Ab 6
Feedback geben ... (S. 35)	Sich gegenseitig einschätzen	10 Minuten	Ab 8
Reli-Barometer (S. 36)	Indirektes Feedback an die Lehrperson	5 Minuten	Ab 6
Die Relistunde ... (S. 37)	Pro und Kontra abwägen	10 Minuten	Ab 8
Das wünsch ich dir (S. 40)	Positive Wünsche formulieren, Gemeinschaftssinn stärken	5–10 Minuten	Ab 6
So bist du für mich (S. 41)	Gruppenzusammengehörigkeit stärken, Sympathie entwickeln	5–10 Minuten	Ab 8
Ich sorge für dich – Patenschaften bilden (S. 42)	Gemeinschaftssinn stärken, Kooperationsfähigkeit ausbauen	5 Minuten	Ab 8
Gott kennt meine Stärken (S. 43)	Selbstbewusstsein stärken	5–10 Minuten	Ab 6
Freude- und Kummerkasten (S. 44)	Gruppengemeinschaft stärken, mit Emotionen umgehen	10 Minuten	Ab 7
Fürbitten-Pool (S. 45)	Nächstenliebe vertiefen	5 Minuten	Ab 6
Fürbitten-Wand (S. 48)	Empathiefähigkeit ausbauen Altruismus verstärken	10 Minuten	Ab 8
Ich segne dich (S. 49)	Segen als christlichen Akt der Nächstenliebe kennenlernen, sich innerlich sammeln	5 Minuten	Ab 8
Wir segnen dich im Stillen (S. 53)	Segen als soziales und religiöses Ritual anwenden	10 Minuten	Ab 8

Zum Abschied geb ich dir die Hand

Material	–
Zeitbedarf	ca. 5 Minuten
Alter	ab 6 Jahre

So geht's

Teilen Sie die Kinder in zwei Gruppen ein. Die Kinder verabschieden sich nun innerhalb ihrer Gruppe von allen Mitgliedern, indem sie sich die Hand reichen und sich gegenseitig noch einen schönen Tag wünschen.
Anschließend stellen sich jeweils zwei Gruppen in einer Reihe gegenüber auf. Gruppe eins bleibt in der Reihe stehen. Die Mitglieder von Gruppe zwei gehen die Reihe ab und verabschieden sich auf die oben beschriebene Weise von allen Kindern der ersten Gruppe.

Tipp

Sollte Ihnen dieses Abschiedsritual zu aufwändig sein, können Sie sich stattdessen auch am Türrahmen positionieren und sich stellvertretend von jedem einzelnen Kind persönlich verabschieden. Besonders schön ist es natürlich, wenn Sie jedem Kind noch etwas Persönliches mit auf den Weg geben. Dazu eignen sich Lob und Ermutigungen sehr gut.

Ich lass die Relistunde durch meinen Kopf und mein Herz ziehen

Material	–
Zeitbedarf	ca. 5 Minuten
Alter	ab 6 Jahre

So geht's

Bilden Sie mit den Kindern einen Kreis. Bitten Sie die Jungen und Mädchen, ihre Augen zu schließen. Fordern Sie sie nun auf, den Religionsunterricht noch einmal vor ihrem geistigen Auge vorbeiziehen zu lassen. Dabei helfen ihnen die folgenden Fragen und Impulse:

- *Wie hast du die Stunde heute erlebt?*
- *Hat dir der Unterricht Spaß gemacht?*
- *Was hat dir besonders gut gefallen?*
- *Was war für dich nicht so schön?*
- *Denke nun an den schönsten Moment der Stunde.*
- *Erinnere dich dabei an das Gefühl, das du in diesem Moment hattest.*

Fordern Sie die Kinder auf, ihre Augen zu öffnen und ihren linken und rechten Nachbarn an der Hand zu fassen. Dabei nehmen die Jungen und Mädchen Blickkontakt mit allen Teilnehmern auf und lächeln sich zum Abschied an. Dabei können Sie auch zusätzlich einen Satz zum Abschied anfügen, z. B.:

- *„Das haben wir heute gut gemacht! Wir sind ein tolles Team!"*
- *„Wir wünschen uns einen schönen Tag."*
- *„Auf Wiedersehen."*

Danke für ...

Material	*für jedes Kind:* 1 Sitzkissen
Zeitbedarf	ca. 5–10 Minuten
Alter	ab 6 Jahre

So geht's

Nehmen Sie mit den Kindern im Sitzkreis Platz. Sagen Sie ihnen, dass Sie sich nun gemeinsam bei Gott bedanken möchten. Beginnen Sie, indem Sie den folgenden Satz ergänzen: „Gott, ich danke dir für ... (die tolle Relistunde, die schöne Zeit, den wundervollen Tag etc.)"
Nun ist das Kind zu Ihrer Linken an der Reihe und äußert einen eigenen Dankspruch. Im Uhrzeigersinn geht es weiter, bis sich jedes Kind einmal geäußert hat. Dabei sind Mehrfachnennungen erlaubt.

Tipp

Um zusätzlich die Konzentration der Kinder zu fördern, können Sie dieses Ritual auch zum Spiel umgestalten. Dabei werden die Danksagungen der anderen Kinder wiederholt.
Kind A beginnt: „Gott, ich danke dir für all die tollen Eindrücke."
Kind B greift diesen Aspekt auf und ergänzt ihn: „Gott, ich danke dir für all die tollen Eindrücke und die schöne Zeit."
Kind C fasst die Danksagungen zusammen und fügt einen neuen Gesichtspunkt hinzu: „Gott, ich danke dir für all die tollen Eindrücke, die schöne Zeit und meine Familie."
Gerade für jüngere Kinder empfiehlt es sich, dieses Spiel zunächst in Kleingruppen zu trainieren.

Feedback geben und bekommen

Material
- Wäscheleine
- Körbchen

für jedes Kind:
- 1 Wäscheklammer aus Holz
- Notizzettel

Zeitbedarf ca. 10 Minuten

Alter ab 8 Jahre

Vorbereitung

Schreiben Sie die Namen der Kinder jeweils auf eine Wäscheklammer. Befestigen Sie an jeder Wäscheklammer einen Notizzettel und legen Sie alles in das bereitgestellte Körbchen.
Spannen Sie im Klassenraum eine Wäscheleine in Türnähe. Sollte dies nicht möglich sein, können Sie auch einen kleinen Korb aufstellen oder einen Plakatkarton mit Magneten an der Tafel fixieren.

So geht's

Gehen Sie mit dem Körbchen durch die Reihen. Bitten Sie die Kinder, jeweils mit geschlossenen Augen eine Wäscheklammer zu ziehen. Zieht das Kind den eigenen Namen, so legt es die Klammer zurück in das Gefäß.
Fordern Sie die Jungen und Mädchen auf, dem Kind ein kurzes Feedback zum Verhalten während der Religionsstunde zu geben. Dies kann z. B. die Mitarbeit, das Engagement oder aber auch das Sozialverhalten betreffen. Hier dürfen die Kinder auch ruhig Kritik üben, die im Anschluss jedoch besprochen werden muss.
Beim Hinausgehen heften die Kinder die Klammern an die Wäscheleine. Dort darf sich jedes Kind seinen Feedbackzettel abholen.

Tipp

Sammeln Sie im Vorfeld gemeinsam Ideen, wie solch ein Feedback aussehen kann.

Reli-Barometer

Material	▶ 1 roter Tonpapierstreifen ▶ 1 grüner Tonpapierstreifen ▶ Filzstift *für jedes Kind:* ▶ 1 Wäscheklammer
Zeitbedarf	ca. 5 Minuten
Alter	ab 6 Jahre

Vorbereitung

Zeichnen Sie auf den grünen Tonpapierstreifen ein lachendes Gesicht.

Malen Sie auf den roten Tonpapierstreifen ein trauriges Gesicht.

So geht's

Positionieren Sie die Tonpapierstreifen und die Wäscheklammern in Türnähe. Beim Verlassen des Raums darf jedes Kind die Religionsstunde „bewerten". Hat das Kind die Stunde positiv erlebt, heftet es eine Wäscheklammer an den grünen Papierstreifen. Wurde die Relistunde als negativ empfunden, befestigt es eine Wäscheklammer am roten Papierstreifen.
Machen Sie den Kindern bitte deutlich, dass die Einschätzung der Religionsstunde Ihrerseits absolut wertungsfrei erfolgt. Zur Bekräftigung des Gesagten sollten Sie sich während der Durchführung des Relibarometers anderen Aufgaben widmen.

Die Relistunde war für mich ...

Material	▶ Bildkarten (S. 38/39) ▶ 1 Tisch ▶ 8 kleine Schachteln ▶ 1 Decke *für jedes Kind:* ▶ 1 Sitzkissen (optional)
Zeitbedarf	ca. 10 Minuten
Alter	ab 8 Jahre

Vorbereitung

Kopieren Sie die Bildvorlagen pro Kind einmal. Schneiden Sie die Bilder aus. Legen Sie jeweils die gleichen Bilder in eine Schachtel.
Wenn es Ihre Zeit erlaubt, ist es sinnvoll, die Bildkarten zu laminieren. Dadurch sind sie länger einsatzfähig.

So geht's

Bilden Sie mit den Kindern einen Sitzkreis. Positionieren Sie die Schachteln mit den Bildmaterialien in der Mitte. Bitten Sie die Kinder nun, ein Bild auszuwählen, das sie mit der Religionsstunde assoziieren.
Veranstalten Sie dann ein „Blitzlicht": Jedes Kind sagt nun einen kurzen Satz dazu, warum es sich für dieses Bild entschieden hat.

Tipp

Das Bildmaterial können Sie beliebig durch Postkarten oder Fotografien erweitern.

Die Relistunde war für mich … – Bildkarten (1/2)

© Stefan Körber/Fotolia.com

© fottoo/Fotolia.com

© Wolfgang Brauner/Fotolia.com

© felinda/Fotolia.com

Die Relistunde war für mich ... – Bildkarten (2/2)

© Pixelshop/Fotolia.com

© yovan/Fotolia.com

© Christian Musat/Fotolia.com

© Gina Sanders/Fotolia.com

Das wünsch ich dir

Material	Notizzettel
Zeitbedarf	ca. 5–10 Minuten
Alter	ab 6 Jahre

Vorbereitung

Schreiben Sie die Namen der Kinder jeweils auf einen Zettel. Bewahren Sie diese Namensschilder gut auf.

So geht's

Händigen Sie jedem Kind einen Namenszettel und einen leeren Notizzettel aus. Sie können die Namenszettel wahllos verteilen oder dafür sorgen, dass jedes Kind einen bestimmten Zettel erhält. Dies ist vor allem dann sinnvoll, wenn sie den Gemeinschaftssinn gruppenübergreifend stärken möchten.
Fordern Sie die Jungen und Mädchen nun auf, diesem Kind einen guten Wunsch auf den Zettel zu schreiben, ohne den eigenen Namen zu nennen. Sammeln Sie die Zettel anschließend ein. Sichten Sie kurz die Ergebnisse, um sicherzustellen, dass kein Kind den Brief nutzt, um ein anderes Kind zu verletzen. Falls dies der Fall sein sollte, müssen Sie dies umgehend in einem Einzelgespräch besprechen („Warum hast du das geschrieben? Was denkst du, wie sich XX fühlen würde, wenn er/sie solch einen Brief bekommt?" etc.) Damit dennoch keiner leer ausgeht, sollten Sie in so einem Fall kurzfristig einspringen und dem Adressaten einen netten, kleinen Brief verfassen.
Verteilen Sie abschließend die guten Wünsche an die jeweiligen Adressaten.

Tipp

Gerade zu Beginn ist es sinnvoll, den Kindern exemplarisch einige Wünsche aufzuzeigen, damit sie den Sinn dieses Ritual verstehen.

Lieber Nico,
ich wünsche dir viele
tolle Erlebnisse.

So bist du für mich

Material	*für jedes Kind:* ▶ 1 Stuhl
Zeitbedarf	ca. 5–10 Minuten
Alter	ab 8 Jahre

Vorbereitung

Bilden Sie aus den Stühlen einen äußeren und einen inneren Sitzkreis. Die Stühle aus dem inneren Sitzkreis sind den Stühlen im äußeren Sitzkreis mit dem Rücken zugewandt. Achten Sie darauf, dass jedem Stuhl im äußeren Sitzkreis ein Stuhl im inneren Sitzkreis zugeordnet werden kann. Sollte dies aufgrund der Gruppenstärke nicht möglich sein, können Sie auch eine 3er-Gruppe bilden. Stellen Sie dazu einen Stuhl im inneren Sitzkreis zwischen zwei Stühle im äußeren Sitzkreis.

So geht's

Nehmen Sie mit den Kindern in den beiden Stuhlkreisen Platz. Sagen Sie den Kindern im äußeren Sitzkreis, dass Sie ihrem Partner im inneren Sitzkreis mit dem Finger ein positives Wort auf den Rücken schreiben sollen, das sie mit diesem Kind in Verbindung bringen. Hier sollen die Jungen und Mädchen nicht lange überlegen, sondern intuitiv handeln. Auf diese Weise schreibt Lena beispielweise das Wort „lieb" auf Maries Rücken.
Sobald das Kind im inneren Sitzkreis das Wort auf seinem Rücken erkannt hat, werden die Rollen und Plätze getauscht. Nun schreibt das Kind aus dem inneren Sitzkreis ein Wort auf den Rücken seines Partners aus dem äußeren Sitzkreis.

Wenn Sie noch Zeit haben sollten, kann auch ein weiterer Durchgang mit neuen Paaren durchgeführt werden. Dazu rücken die Kinder aus dem äußeren Sitzkreis im Uhrzeigersinn einen Platz weiter.

Ich sorge für dich – Patenschaften bilden

Material
- 1 Karton
- 1 Korb

für jedes Kind:
- 1 Zettel

Zeitbedarf ca. 5 Minuten

Alter ab 8 Jahre

Vorbereitung

Schreiben Sie die Namen der Kinder jeweils auf einen Zettel. Auf diese Weise erhalten Sie eine Anzahl an Namenszetteln entsprechend der Gruppenstärke. Falten Sie diese Zettel, sodass die Namen nicht sichtbar sind, und legen Sie sie in den Korb. Positionieren Sie den Karton in Türnähe.

So geht's

Erklären Sie den Kindern zur Einführung dieses Rituals, was es mit den Patenschaften auf sich hat. Jeder übernimmt bis zur nächsten Religionsstunde die Patenschaft für ein anderes Kind, ohne sich dabei aufzudrängen. Überlegen Sie dazu gemeinsam, wie solch eine Patenschaft aussehen könnte.
Hier finden Sie dazu einige Vorschläge: dem anderen Mut machen; den anderen fragen, wie es ihm geht; mit ihm spielen; ihn in soziale Interaktionen einbeziehen usw.

Gehen Sie mit dem Korb durch die Reihen. Jedes Kind zieht einen Namenszettel. Wenn es seinen eigenen Namen zieht, legt es den Zettel zurück in den Korb.
Jedes Kind weiß nun, für wen es die Patenschaft in dieser Woche übernimmt, darf dies jedoch keinem verraten. Beim Verlassen des Klassenraums werden die Zettel in den Karton gelegt, damit sie zum Ende der nächsten Stunde wieder einsatzbereit sind.
Besprechen Sie die Erlebnisse innerhalb der Patenschaften zu Beginn der nächsten Religionsstunde. Dabei helfen Ihnen die folgende Fragen:

- *Wie hat dir die Patenschaft gefallen?*
- *Wie hast du dich als Pate/Patenkind gefühlt?*
- *Hast du gemerkt, wer dein Pate war?*
- *Woran hast du das gemerkt?*

Gott kennt meine Stärken

Material ▶ 1 Stuhl
für jedes Kind:
▶ 1 weiterer Stuhl

Zeitbedarf ca. 5–10 Minuten

Alter ab 6 Jahre

Vorbereitung

Bilden Sie mit den Stühlen einen Sitzkreis.

So geht's

Nehmen Sie mit den Kindern im Sitzkreis Platz. Erzählen Sie ihnen, dass Gott jeden Menschen mit seinen Stärken und Schwächen liebevoll annimmt. Wir Menschen hingegen neigen dazu, unseren Blick eher auf die Schwächen zu richten, anstatt uns auf unsere Stärken zu besinnen. Bitten Sie nun die Kinder reihum, eine ihrer Stärken zu benennen, indem sie folgenden Satz vervollständigen: „Gott weiß, dass ich ... (gut zuhören kann, anderen helfe, schön schreibe etc.)". Sobald eine Stärke benannt wurde, darf sie nicht mehr verwendet werden. Dadurch müssen sich die Kinder sehr konzentrieren.

Nachdem jedes Kind nun eine Stärke benannt hat, wird ein freier Stuhl in den Kreis hinzugenommen. Das Kind neben dem freien Stuhl beginnt das Spiel, indem es auf den freien Stuhl klopft und sich ein Kind mit einer der eben genannten Stärke herbeiwünscht: „Mein rechter/linker Platz ist frei, ich wünsche mir jemanden, der gut zuhören kann, herbei."

Beenden Sie das Spiel nach einigen Durchgängen, indem Sie Kinder ermutigen, zu erzählen, wie es sich anfühlt, wenn die Stärken im Vordergrund stehen.

Freude- und Kummerkasten

Material	▶ 1 Schuhkarton ▶ Cuttermesser oder Schere ▶ Filzstift *für jedes Kind:* ▶ Briefpapier oder Blatt Papier
Zeitbedarf	ca. 10 Minuten
Alter	ab 7 Jahre

Vorbereitung

Schneiden Sie nun einen Schlitz in eine der schmalen Seiten des Kartons. Achten Sie darauf, dass der Schlitz groß genug ist. Hier werfen die Kinder später ihre Briefe ein. Schreiben Sie das Wort „Post" auf den Karton und stellen Sie ihn im Klassenraum auf.

So geht's

Räumen Sie den Kindern gegen Ende der Stunde die Möglichkeit ein, kurze Briefe zu verfassen. Diese können die Jungen und Mädchen entweder an andere Kinder oder an Sie adressieren. Hinsichtlich der inhaltlichen Gestaltung sollten die Jungen und Mädchen jegliche Freiheiten haben. Sie können sowohl ihren Kummer mitteilen, als sich auch über freudige Ereignisse austauschen.
Beim Hinausgehen werfen die Kinder ihre Briefe in den Briefkasten.
Am Ende der darauffolgenden Religionsstunde wird der Briefkasten durch einen „Postboten" geleert, bevor die Kinder ihn wieder neu füllen können.

Achten Sie darauf, dass jedes Kind im Laufe des Schuljahres einmal zum Postboten ernannt wird. Besprechen Sie von Zeit zu Zeit dieses Ritual. Dabei helfen Ihnen die folgenden Fragen:
Wie findest du es, Post zu bekommen? Bekommst du nette Briefe oder hat dir auch schon einmal jemand etwas nicht so Nettes geschrieben? Wie war das für dich? Hast du das mit demjenigen klären können?

Tipp

Nutzen auch Sie den Briefkasten zur Korrespondenz mit Ihren Schülern.

Fürbitten-Pool

Material	▶ Textkarten (S. 46/47) ▶ Säckchen oder kleiner Korb
Zeitbedarf	ca. 5 Minuten
Alter	ab 6 Jahre

Vorbereitung

Kopieren Sie die Textkarten (S. 46/47) und schneiden Sie sie aus. Bewahren Sie diese in einem Säckchen oder einem Korb auf.

So geht's

Bilden Sie mit den Kindern einen Sitzkreis. Wählen Sie ein Kind aus, das ein Fürbitten-Kärtchen ziehen darf. Bitten Sie die Jungen und Mädchen, ihre Hände zum Gebet zu falten.
Je nach Lesekompetenz kann das Kind den Inhalt der Karte nun selbst vorlesen oder Ihnen reichen, damit Sie als Vorleser fungieren können. Geben Sie den Kindern ein bis zwei Minuten Zeit, den Inhalt der Fürbitte auf sich wirken zu lassen.
Anschließend antwortet die Gruppe mit „Gott, erhöre uns". Dadurch bekräftigt die Gruppe gemeinsam die Ernsthaftigkeit der Fürbitte.

Tipps

- Achten Sie darauf, dass alle Kinder im Verlauf des Schuljahres eine Fürbitten-Karte ziehen dürfen.
- Die Karten können natürlich nach Belieben ergänzt werden.
- Bewahren Sie die bereits verwendeten Fürbitten-Karten in einem separaten Gefäß auf. Auf diese Weise kommen alle Fürbitten garantiert einmal zum Einsatz.

Fürbitten-Pool – Textkarten (1/2)

Manche Menschen sind sehr traurig. Bitte kümmere dich um sie und spende ihnen Trost.	Es gibt viele Kinder, die kein Zuhause haben. Gib ihnen einen Ort, an dem sie sich wohl und geborgen fühlen.
Kinder auf der ganzen Welt erleben immer wieder Gewalt. Bitte hilf ihnen.	Gib kranken Menschen die Kraft und Hoffnung, wieder gesund zu werden.
Viele Menschen auf dieser Welt haben nicht genügend zu essen. Bitte hilf ihnen, satt zu werden.	Zeige uns, was wir tun müssen, um dein Freund zu sein.
Manchmal haben wir einen schlechten Tag erwischt, an dem nichts klappen will. Bitte stehe uns an diesen Tagen ganz besonders bei.	Wir wissen, dass du immer bei uns bist. In schweren Zeiten vergessen wir das leicht. Hilf uns dann, zu erkennen, dass du bei uns bist.

Fürbitten-Pool – Textkarten (2/2)

Aus Bibelgeschichten haben wir viel über dich erfahren. Hilf uns dabei, die Worte Jesu besser zu verstehen.	Vor Klassenarbeiten sind viele Kinder manchmal aufgeregt. Hilf ihnen dabei, ruhig und gelassen zu bleiben.
Viele Menschen denken nur an sich. Auch wir sind nicht immer für andere Menschen da, wenn sie uns brauchen. Schenke allen Menschen ein liebendes Herz und ein offenes Ohr, damit sie für ihre Mitmenschen da sein können.	Manche Menschen regen sich auch über Kleinigkeiten auf. Hilf ihnen dabei, ihre Wut loszuwerden.
Manchmal gibt es unter Kindern Streit. Hilf den Kindern dabei, ihren Streit zu lösen.	In vielen Teilen dieser Welt gibt es Krieg. Hilf den Menschen, zu erkennen, dass Kriege sinnlos sind.
Wir bitten dich, verzeihe den Menschen ihre Sünden, wenn sie dich ehrlich darum bitten.	Manche Kinder haben keine Freunde. Sende ihnen Menschen, denen sie vertrauen können und die sie mögen.

Fürbitten-Wand

Material	▶ 1 Pinnwand ▶ ausreichend Reißzwecken ▶ Notizzettel
Zeitbedarf	ca. 10 Minuten
Alter	ab 8 Jahre

Vorbereitung

Suchen Sie für die Platzierung der Pinnwand eine geeignete Stelle im Klassenraum.

So geht's

Händigen Sie den Kindern kurz vor Stundenende jeweils einen Notizzettel aus. Darauf notieren die Jungen und Mädchen eine selbst formulierte Fürbitte. Vor allem bei der Einführung dieses Rituals benötigen die Kinder noch Erläuterungen und Beispiele, was Fürbitten sind. Auf den Seiten 46/47 finden Sie einige Beispiele.
Jedes Kind erhält nun die Möglichkeit, seine Fürbitte an der Fürbitten-Wand zu befestigen. Lesen Sie exemplarisch einige dieser Fürbitten vor.

Geben Sie den Kindern abschließend noch einige Minuten Zeit, um sich in weitere Fürbitten zu vertiefen. Dazu können die Kinder beispielsweise tischweise vor dem Verlassen des Unterrichtsraums vor der Fürbitten-Wand kurz innehalten. Diese Wand können die Kinder sukzessive ergänzen, z. B. wenn sie mit einer Aufgabe fertig sind.

Tipp

Sollten Sie keinen „festen" Raum für den Religionsunterricht zur Verfügung haben, können Sie auch eine Fürbitten-Box einrichten. Dazu eignet sich beispielsweise ein schön gestalteter Schuhkarton.

Ich segne dich

Material	Textkarten (S. 50–52)
Zeitbedarf	ca. 5 Minuten
Alter	ab 8 Jahre

Vorbereitung

Schneiden Sie die Textkarten aus. Um diese möglichst lange nutzen zu können, sollten Sie sie entweder laminieren oder auf Pappe kleben.

So geht's

Stellen Sie sich mit den Kindern in einem Halbkreis auf. Wählen Sie ein Kind aus, das die restliche Gruppe segnen darf. Dieses Kind wählt nun aus den Textkarten einen Segen aus, der ihm besonders zusagt. Hier sollten Sie aber darauf achten, dass die Kinder sich nicht in den Karten verlieren. Es bietet sich beispielsweise an, dass Sie dem Kind nur eine kleine Auswahl präsentieren, um ihm die Entscheidung zu erleichtern.

Je nach Ausprägung der Lesekompetenz liest das Kind den Segen laut vor oder reicht Ihnen die Textkarte, damit Sie diese Aufgabe stellvertretend übernehmen können. Bedenken Sie bitte, dass zum Vollzug des Segens auch immer eine Geste gehört. Aus diesem Grund hebt der Segnende beispielsweise die Arme.
Während der Segen gesprochen wird, fassen sich die übrigen Kinder an den Händen und lassen den Segen mit geschlossenen Augen auf sich wirken.

Tipp

Gerade zur Einführung dieses Rituals sollten Sie das Thema „Segen und Segnen" gemeinsam mit den Kindern näher beleuchten. Erklären Sie ihnen, dass mit dem Segnen Gott gebeten wird, dem Empfänger des Segens beizustehen.

Ich segne dich – Textkarten (1/3)

Gott segne dich.	Gott sei mit dir.
Möge Gott dich auf all deinen Wegen begleiten.	Gott stelle dir stets eine helfende Hand zur Seite.
Gott sende Menschen in dein Leben, die dich so lieben, wie du bist.	Möge Gott dir dabei helfen, seine Liebe zu erkennen.
Möge Gott dir zuhören, wenn du ihn brauchst.	Gott sei dir alle Zeit ein wahrer Freund.
Gott spende dir Kraft, wenn du denkst, dass du etwas nicht schaffst.	Möge Gott dir Mut machen, wenn du mutlos bist.
Gott tröste dich, wenn du traurig bist.	Gott schenke dir Hoffnung, wenn du verzweifelt bist.
Gott ebne dir den Weg, wenn du auf Schwierigkeiten stößt.	Möge Gott dein Herz für die Schönheit des Lebens öffnen.

Möge Gott dir Zeit schenken

Oft haben wir ganz viel um die Ohren.
Dann rast die Zeit ganz schnell an uns vorbei.
Möge Gott dir in solchen Momenten Zeit schenken,
um in Ruhe über alles nachdenken zu können.
Gott schenke dir Zeit, damit du für andere da sein kannst.
Gott schenke dir Zeit, um die schönen Augenblicke
des Lebens zu genießen.
Gott schenke dir Zeit, dein Leben zu genießen,
auch wenn gar nichts Besonderes passiert.
Möge Gott dir Zeit schenken,
um dein Leben nach deinen Wünschen zu gestalten.

Ein friedliches Miteinander

Gott liebt uns alle so, wie wir sind.
Er verzeiht uns all unsere Fehler und Schwächen,
wenn wir ihn darum bitten und es ernst meinen.
Wir Menschen sind manchmal nachtragend
und verzeihen den anderen nicht.
Möge Gott dein Herz öffnen,
damit auch du deinen Mitmenschen vergeben kannst.
Möge Gott dir dabei helfen,
alle Menschen so zu lieben, wie sie sind.

Ich segne dich – Textkarten (3/3)

Bis zum Wiedersehen

Gott beschütze dich, bis wir uns wiedersehen.
Er wache über dich, damit dir nichts geschieht.
Er helfe dir dabei, gute Entscheidungen zu treffen
und zur richtigen Zeit am richtigen Ort zu sein.
Möge Gott dir schöne Augenblicke schenken.

Dankbarkeit

Jeden Tag erleben wir wunderschöne Dinge. Oftmals nehmen wir die schönen Augenblicke und all die kleinen Wunder jedoch gar nicht wahr.
Möge Gott dir dabei helfen, deine Augen zu öffnen, um die täglichen Wunder in deinem Leben zu erkennen.

Mut und Kraft

Gott schenke dir den Mut, dich den schwierigen Aufgaben und Situationen in deinem Leben zu stellen.
Gott schenke dir die Kraft, jeden Tag zum schönsten deines Lebens zu machen.

Wir segnen dich im Stillen

Material	–
Zeitbedarf	ca. 10 Minuten
Alter	ab 8 Jahre

So geht's

Teilen Sie die Kinder in Kleingruppen ein. Jede Gruppe sollte aus maximal fünf Kindern bestehen. Jede Gruppe bildet nun einen in sich geschlossenen Kreis. Abwechselnd tritt jeweils ein Gruppenmitglied in die Mitte des Kreises.

Die übrigen Gruppenmitglieder legen ihre Hand auf seine Schulter. Nun schließen alle Kinder ihre Augen. Die Jungen und Mädchen segnen im Stillen das Kind in der Mitte. Anschließend wird gewechselt. Das Ritual ist beendet, sobald allen Kindern ein Segen zugesprochen wurde.

Tipps

- Auch wenn den Kindern das Segnen an sich schon bekannt sein sollte, ist es empfehlenswert, zur Einführung des Rituals gemeinsam beispielhaft einige Segenswünsche zu besprechen. An dieser Stelle können Sie auf vorformulierte Segensgebete zurückgreifen. Entsprechende Beispiele finden Sie auf Seite 50–52.
- Achten Sie unbedingt darauf, dass den Kinder deutlich wird, was ein Segen ist. Es ist wichtig, dass den Jungen und Mädchen klar ist, dass sie zwar den Segenswunsch äußern, der Segen jedoch letztendlich von Gott gewährt wird. Zum Segnen gehören demnach immer der Segnende, Gott und der Gesegnete.

Musik und Rhythmik zum Stundeneinstieg und Stundenausklang

Ritual	Zeit	Alter
Gemeinsam singen: (S. 55–61) **„Wir tragen ein Licht"** **„Da berühren sich Himmel und Erde"** **„Vergiss es nie (Du bist du)"**	Jeweils 5 Minuten	Je nach Lied ab 6–8
Bewegungslied: (S. 62–64) **„Halte zu mir, guter Gott"** **„He's Got the Whole World"**	jeweils 3–5 Minuten	Ab 6
Bewegungen übertragen (S. 65)	5 Minuten	Ab 6
Die Stunde einläuten und/oder ausklingen lassen (S. 66)	5–10 Minuten	Ab 7
Einen Reli-Rap gestalten (S. 68)	10 Minuten	Ab 8

Gemeinsam singen

Material	*für jedes Kind:* 1 Liedtext (S. 56–61)
Zeitbedarf	ca. 5 Minuten
Alter	ab 6 Jahre

Vorbereitung

Wählen Sie aus den mitgelieferten Liedtexten (S. 56–61) ein Lied aus.

So geht's

Zur Einführung des Rituals sollten Sie den Jungen und Mädchen das unbekannte Liedgut zunächst vorsingen oder vorspielen. Nach einem gemeinsamen Sprechen des Textes haben die Kinder die Melodie meist recht schnell verankert und mit ein bisschen Übung sitzt dann meist schon der Text.

Tipp

- Schön ist es auch, wenn Sie den Kindern die Möglichkeit einräumen, Liedgut aus dem eigenen Fundus mitzubringen. Damit lassen sich schöne Liedermappen herstellen.

Gemeinsam singen: Wir tragen ein Licht (1/2)

Strophe

G C G
1.Wir tra - gen ein Licht, wir tra - gen ein Licht,

3 C D G D4-3 G
in die Welt hi - nein, dann wird es nicht län - ger, dann

6 C G C D4-3 G
wird es nicht län - ger, län - ger mehr dun - kel sein. Von

9 *Refrain* C G D
ei - ner Hand zur an-dern Hand geht ein Licht

12 G C G
ü - ber un - ser Land. Von ei-ner Hand zur an-dern Hand

15 D G D4-3
ü - ber un - ser Land.

Gemeinsam singen: Wir tragen ein Licht (2/2)

2. Wir tragen ein Licht,
wir tragen ein Licht,
in die Welt hinaus
und tragen es weiter,
und tragen es weiter,
weiter von Haus zu Haus.

Refrain:
Von einer Hand zur andern Hand
geht ein Licht über unser Land.
Von einer Hand zur andern Hand
über unser Land.

3. Es leuchtet ein Licht,
es leuchtet ein Licht,
in der Dunkelheit
und schenkt neuen Mut,
und schenkt neuen Mut,
Mut und Geborgenheit.

Refrain:
Von einer Hand zur andern Hand
geht ein Licht über unser Land.
Von einer Hand zur andern Hand
über unser Land.

Text: Rolf Krenzer, Melodie: Detlev Jöcker

Gemeinsam singen: Da berühren sich Himmel und Erde (1/2)

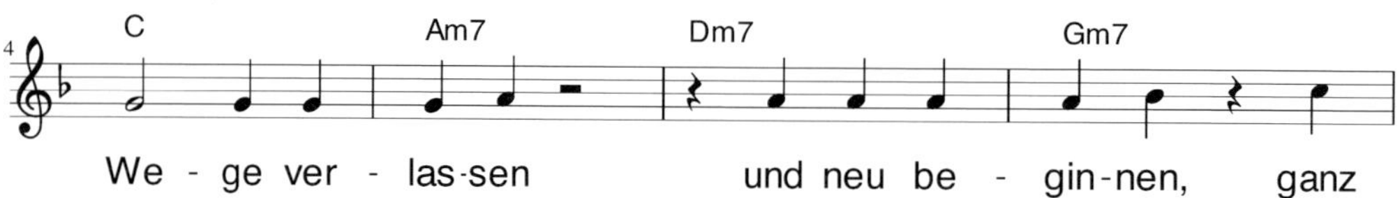

Gemeinsam singen: Da berühren sich Himmel und Erde (2/2)

2. Wo Menschen sich verschenken,
die Liebe bedenken und neu beginnen,
ganz neu …,
da berühren sich Himmel und Erde,
dass Friede werde unter uns,
da berühren sich Himmel und Erde,
dass Friede werde unter uns.

3. Wo Menschen sich verbünden,
den Hass überwinden und neu beginnen,
ganz neu …,
da berühren sich Himmel und Erde,
dass Friede werde unter uns,
da berühren sich Himmel und Erde,
dass Friede werde unter uns.

Text: Thomas Laubach, Melodie: Christoph Lehmann

Gemeinsam singen: Vergiss es nie (Du bist du) (1/2)

C Am Em
1. Ver-giss es nie: Dass du lebst, war kei - ne ei - ge - ne I - dee, –

G G7 C
und dass du at - mest, kein Ent - schluss von dir.

Am Em
Ver-giss es nie: Dass du lebst, war ei - nes an - de - ren I - dee, –

G G7 C *Refrain*
und dass du at-mest, sein Ge-schenk an dich. — Du bist ge -

F A Dm
wollt, kein Kind des Zu - falls, kei - ne Lau - ne der Na - tur, ganz e -

G C G C
gal, ob du dein Le-bens-lied in Moll singst o - der Dur. Du bist

Am E Am F
ein Ge-dan-ke Got-tes, ein ge - nia-ler noch — da - zu. — Du bist

C G C
du, — das ist der Clou, — ja — der Clou. — Ja, du bist du!

Gemeinsam singen: Vergiss es nie (Du bist du) (2/2)

2. Vergiss es nie:
Niemand denkt und fühlt und handelt so wie du,
und niemand lächelt so, wie du's grad tust.
Vergiss es nie:
Niemand sieht den Himmel ganz genau wie du,
und niemand hat je, was du weißt, gewusst.

Refrain:
Du bist gewollt, kein Kind des Zufalls, keine Laune der Natur,
ganz egal, ob du dein Lebenslied in Moll singst oder Dur.
Du bist ein Gedanke Gottes, ein genialer noch dazu.
Du bist du, das ist der Clou, ja der Clou. Ja, du bist du!

3. Vergiss es nie:
Dein Gesicht hat niemand sonst auf dieser Welt,
und solche Augen hast alleine du.
Vergiss es nie:
Du bist reich, egal ob mit, ob ohne Geld,
denn du kannst leben! Niemand lebt wie du.

Refrain:
Du bist gewollt, kein Kind des Zufalls, keine Laune der Natur,
ganz egal, ob du dein Lebenslied in Moll singst oder Dur.
Du bist ein Gedanke Gottes, ein genialer noch dazu.
Du bist du, das ist der Clou, ja der Clou. Ja, du bist du!

Text: Jürgen Werth, Melodie: Paul Janz

Bewegungslied: Halte zu mir, guter Gott

Material *für jedes Kind:*
1 Liedtext (S. 63)
Zeitbedarf ca. 5 Minuten
Alter ab 6 Jahre

So geht's

Bilden Sie mit den Kindern einen Stehkreis. Achten Sie darauf, dass jeder genügend Bewegungsfreiheit hat. Singen Sie ihnen das Lied „Halte zu mir, guter Gott" vor und zeigen Sie ihnen den zugehörigen Bewegungsablauf. Wiegen Sie Ihren Körper während des gesamten Lieds zusätzlich im Takt der Musik.
Im Folgenden finden Sie die Bewegungsvorschläge:

Strophe 1/Refrain:
Strecken Sie die Hände aus.
Halten Sie anschließend Ihre Hände schützend über Ihren Kopf.

Strophe 2:
Gehen Sie auf der Stelle und bleiben Sie dann auf der Stelle stehen.
Halten Sie den Zeigefinger an die Lippen.

Strophe 3
Machen Sie ein böses Gesicht, stampfen Sie mit dem Fuß auf und verschränken Sie die Arme vor der Brust.
Tippen Sie mit allen Fingern auf Ihre Wangen, um die Tränen zu imitieren.

Strophe 4
Springen Sie in die Luft und breiten Sie die Arme aus.
Klopfen Sie sich mit der Hand auf die Schulter und legen Sie sie anschließend aufs Herz.

Bewegungslied: Halte zu mir, guter Gott

2. Du bist jederzeit bei mir; wo ich geh und steh,
spür ich, wenn ich leise bin, dich in meiner Näh.

Refrain:
Halte zu mir, guter Gott ...

3. Gibt es Ärger oder Streit und noch mehr Verdruss,
weiß ich doch, du bist nicht weit, wenn ich weinen muss.

Refrain:
Halte zu mir, guter Gott ...

4. Meine Freude, meinen Dank, alles sag ich dir.
Du hältst zu mir, guter Gott, spür ich tief in mir.

Refrain:
Halte zu mir, guter Gott ...

Bewegungslied: He's Got the Whole World

Material	*für jedes Kind:*
	evtl. Liedtext
Zeitbedarf	ca. 3–5 Minuten
Alter	ab 6 Jahre

Vorbereitung

Kopieren Sie den Liedtext für jedes Kind einmal.

So geht's

Bilden Sie mit den Kindern einen Stehkreis und bringen Sie ihnen das Lied direkt mit Bewegungen bei (nähere Hinweise auf S. 62):

„He's got the whole world":

➜ mit den Händen vor dem Körper einen Kreis beschreiben

„In His hands":

➜ die Hände mit den Handflächen nach oben vor dem Körper ausstrecken.

Text/Musik: trad.

Bewegungen übertragen

Material	▶ 1 CD-Player ▶ 1 CD
Zeitbedarf	ca. 5 Minuten
Alter	ab 6 Jahre

Vorbereitung

Wählen Sie ein Musikstück aus. Wenn Sie den Kindern Raum zum Austoben geben wollen, sollten Sie ein Lied mit einer schnellen Taktfolge wählen. Sollen die Kinder hingegen zu innerer Ruhe angeleitet werden, empfiehlt sich leise und sanfte Musik.

So geht's

Bitten Sie die Kinder, sich frei im Klassenraum zu positionieren. Schalten Sie die Musik ein. Wenn Sie mehrere Lieder mit unterschiedlichem Tempo ausgewählt haben, achten Sie darauf, zuerst das „schnelle Lied" abzuspielen, damit die Kinder sich entsprechend „auspowern" können. Fordern Sie die Kinder auf, sich frei im Takt der Musik zu bewegen. Stoppen Sie die CD nach 10–20 Sekunden. Nun bilden die Kinder Kleingruppen mit Kindern, die gerade in ihrer Nähe stehen. Schalten Sie nun die Musik wieder ein. Während diese läuft, stellen sich die Gruppen in kleinen Kreisen auf. Ein Gruppenmitglied beginnt nun mit einer bestimmten Bewegung, die von den anderen Kindern imitiert wird. Sobald Sie die Musik wieder stoppen, ist dies ein Zeichen, dass das nächste Gruppenmitglied mit dem erneuten Einsetzen der Musik die Bewegung bestimmen darf.

Das Ritual endet, sobald alle Gruppenmitglieder mindestens einmal eine Bewegung weitergegeben haben.

Tipp

Auch die Kinder besitzen in ihrem Privatfundus oftmals schöne Musik.
Laden Sie sie ruhig dazu ein, eigene Musiktitel mitzubringen.

Die Stunde einläuten und/oder ausklingen lassen

Material *einmalig jeweils für 3 Kinder:*

- 1 Marmeladenglas oder Blumentopf
- 1 Stück (Kunst-)Leder
- 6 Einmachgummis
- 2 Stöcke
- 1 Blechdose
- 2 Toilettenpapierrollen oder Chipsdosen aus Pappe
- 1 Stück Stoff (ca. DIN A4)
- 3 Scheren
- Klebstoff
- je 1 Handvoll Erbsen und Reis
- 1 Karton
- Klebeband
- 1 Handvoll Küchengummis unterschiedlicher Stärke
- 2 Schaschlikstäbe oder andere Abstandhalter

Zeitbedarf ca. 5–10 Minuten

Alter ab 7 Jahre

Vorbereitung

Stellen Sie die Musikinstrumente zum musikalischen Beginn und Abschluss der Stunde gemeinsam mit den Kindern her. Besorgen Sie dazu die Materialien entsprechend der Gesamtgruppenstärke. Planen Sie für die Herstellung einmalig mindestens 25 Minuten ein. Wenn Sie die Instrumente noch dekorieren möchten, brauchen Sie entsprechend länger.

Jede Gruppe stellt nun die Instrumente folgendermaßen her:

Schlagzeug

Das Marmeladenglas/der Blumentopf wird mit dem (Kunst-)Leder bespannt. Zur Befestigung dient ein Einmachgummi. Die Blechdosen und Stöcke ergänzen das Schlagzeug.

Rasseln

Für die Variante mit Toilettenpapierrollen wird der Stoff in vier gleich große Teile zerschnitten. Auf jeweils eine offene Seite der Rollen wird ein Stück Stoff geklebt. Anschließend wird eine Rolle mit Erbsen und die andere mit Reis gefüllt. Zum Schluss werden die offenen Seiten mit Stoff beklebt. Die Chipsdosen können einfach so befüllt werden. Die Kinder kleben sie dann nur noch mit Klebefilm zu.

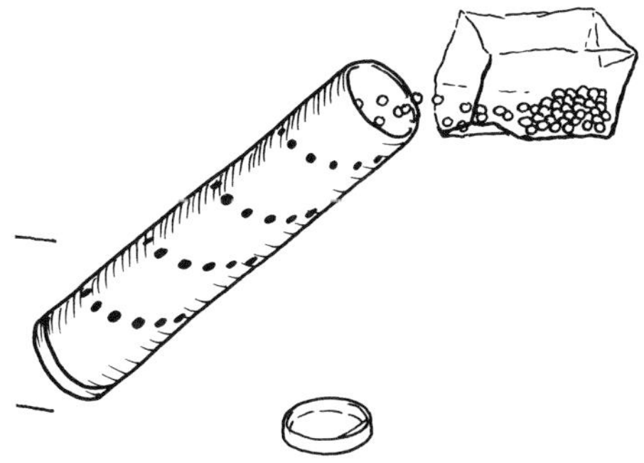

Gitarre

In den Deckel des Schuhkartons wird ein großes Loch geschnitten. Anschließend wird der Deckel mithilfe des Klebebands auf dem Unterteil des Kartons fixiert. Über die Längsseite werden nun vier Einmachgummis und mehrere Küchengummis gespannt. Sie stellen die Saiten der Gitarre dar. Als Abstandhalter werden Schaschlikstäbe unter die Gummis geschoben.

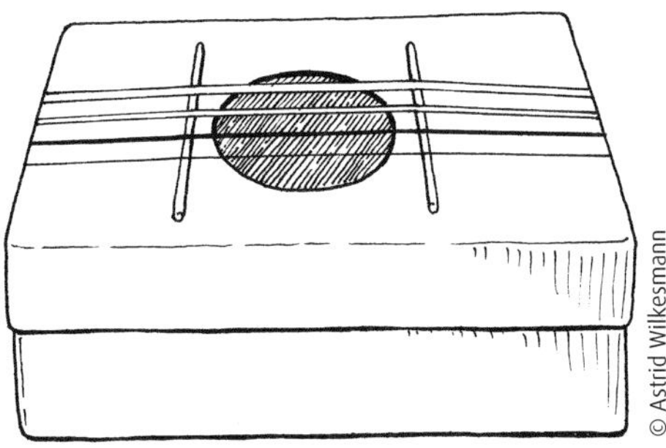

So geht's

Nach der Vorbereitung können die Musikinstrumente in der folgenden Religionsstunde zum Einsatz kommen. Sie eignen sich zum „Einläuten" und „Ausklingenlassen" der Stunde.
Jedes Kind erhält dazu ein Musikinstrument. Hier einige Anregungen zum Einsatz der Instrumente:

- Bestimmen Sie ein Kind, das einen Rhythmus vorgibt. Die anderen steigen dann mit ihren Instrumenten ein. Nach kurzer Zeit wird gewechselt. Lassen Sie die Kinder einige Minuten spielen.
- Denkbar ist es auch, dass die Jungen und Mädchen mithilfe der Instrumente ihre momentane Grundstimmung zum Ausdruck bringen.
- Mit den Instrumenten kann das gerade aktuelle Themenlied begleitet werden.

Einen Reli-Rap gestalten

Material	1 Zettel für jede 2er-Gruppe
Zeitbedarf	ca. 10 Minuten
Alter	ab 8 Jahre

So geht's

Händigen Sie jeder Gruppe einen Zettel aus. Bitten Sie die Kinder, einen eigenen Rap für den Religionsunterricht zu gestalten. Testen Sie anschließend die Sprechgesänge gemeinsam aus. Achten Sie darauf, dass die Raps im Verlauf der nächsten Wochen alle zum Einsatz kommen. Vielleicht ist es auch möglich, sie zu einem Text zu verbinden.

Tipp

Alternativ können Sie mit den Kindern auch den folgenden Rap sprechen.

Manchmal bin ich wütend.
Manchmal bin ich laut.
Manchmal bin ich ganz gemein und finde alles bloß zum Schrei'n.

Refrain:
Doch Gott ist immer für mich da.
Ist das nicht wunderbar?
Er liebt mich so, wie ich bin,
und nimmt meine Gefühle hin.

Manchmal bin ich traurig.
Manchmal geht's mir mies.
Manchmal bin ich frech – da haben die anderen Pech.

Refrain:
Doch Gott ist immer für mich da.
Ist das nicht wunderbar?
Er liebt mich so, wie ich bin,
und nimmt meine Gefühle hin.

Stilleübungen

Stilleübungen: Meditationen

Modul	Ziel	Zeitbedarf	Alter
Bildmeditation (S. 71)	Gedanken zentrieren	10–15 Minuten	Ab 6
Objektmeditation: **Kreuz** (S. 77)	Konzentration fördern, Wahrnehmung schulen, innere Sammlung	25 Minuten	Ab 6
Objektmediation: **Kerze** (S. 78)		5–10 Minuten	Ab 6
Objektmeditation: **Brot spendet Leben** (S. 79)		45 Minuten	Ab 8
Meditation mit Worten und Affirmationen (S. 81)	Zur Ruhe kommen, Aufmerksamkeit schulen, Sammlung	15 Minuten	Ab 6
Textmeditation (S. 83)	Biblische Texte ganzheitlich erfassen	15–20 Minuten	Ab 8
Meditatives Malen (S. 86)	Empathie fördern	30–45 Minuten	Ab 6
Musikmeditation (S. 88)	Entspannen	10 Minuten	Ab 6
Gott hat mir meinen Atem geschenkt (S. 89)	Den eigenen Atem bewusst wahrnehmen, entspannen	5–10 Minuten	Ab 6
Nächstenliebe üben (S. 90)	Sich selbst und andere lieben lernen	5 Minuten	Ab 6
Naturmandala legen (S. 91)	Zur Ruhe kommen, Gruppenzusammenhalt stärken	45 Minuten	Ab 6
Mandalas malen (S. 92)	Entspannen, eigene Gefühle zum Ausdruck bringen	unterschiedlich	Ab 6

Bildmeditation

Material	*für jedes Kind:* 1 Bildvorlage (S. 74–76)
Zeitbedarf	ca. 10–15 Minuten
Alter	ab 6 Jahre

Vorbereitung

Wählen Sie auf den Seiten 74–76 ein Bild aus. Kopieren Sie dieses Bild für jedes Kind einmal.

So geht's

Bitten Sie die Kinder, es sich auf ihren Plätzen bequem zu machen. Händigen Sie nun jedem Kind ein Bild aus, das zunächst verdeckt auf den Tisch gelegt wird. Sobald alle Bilder verteilt sind, dürfen die Jungen und Mädchen ihr Bild anschauen. Weisen Sie die Kinder an, während der nun folgenden Meditation möglichst nicht zu sprechen. Lassen Sie den Kindern zunächst ca. eine Minute Zeit, um das Bild in Ruhe zu betrachten. Unterstützen Sie sie anschließend bei der Meditation anhand verschiedener Impulse und Fragen. Achten Sie darauf, dass den Kindern deutlich wird, dass sie die Fragen nur im Geiste beantworten sollen. Räumen Sie ihnen dazu genügend Zeit ein. Im Folgenden finden Sie zu jedem Bild einige Anregungen:

Bild 1: Sonnenaufgang über dem Meer

- *Stelle dir vor, du würdest an diesem Strand stehen.*
- *Spürst du den Sand unter deinen Füßen?*
- *Das Rauschen des Meeres wirkt unglaublich beruhigend auf dich. Es zieht dich völlig in seinen Bann.*
- *Sieh einmal ganz genau hin, wie gleichmäßig die Wellen auf dich zukommen und sich sanft wieder zurückziehen – einem ewig gleichen Rhythmus folgend.*
- *Spüre den zarten Windhauch auf deiner Haut. Fühlt sich das nicht wundervoll an?*
- *Kannst du das Salz aus der Luft schmecken?*
- *Spürst du, wie die Sonne dich wärmt?*
- *Lasse ihre Kraft tief in dich hineindringen.*
- *Genieße diesen wunderschönen Moment noch für eine Weile.*

Bildmeditation

Bild 2: Auf der Lichtung

- *Stelle dir vor, du würdest auf dieser Lichtung stehen.*
- *Wie fühlst du dich?*
- *Was hörst du?*
- *Schaue dich einmal in Ruhe um. Was gefällt dir dort besonders gut?*
- *Spürst du die Sonnenstrahlen, die sanft deine Haut berühren?*
- *Setze dich doch einmal auf den Boden und berühre ihn sanft mit deinen Händen.*

Bild 3: Hand in Hand

- *Betrachte das Bild einmal ganz in Ruhe. Erinnert dich dieses Bild an etwas?*
- *Stelle dir vor, eine dieser beiden Hände würde dir gehören.*
  Wie fühlt sich die Hand des anderen an?
- *Horche einmal tief in dich hinein. Was löst dieses Bild in dir aus?*

Bild 4: Kleine Katze

- *Lasse das Bild auf dich wirken. Achte einmal nur darauf,*
  was das Bild mit dir macht.
- *Wie fühlst du dich beim Anblick des schlafenden Katzenbabys?*
- *Stelle dir vor, das Katzenbaby läge vor dir.*
  Du kannst es nun in Gedanken sanft berühren und streicheln.
- *Wie fühlt sich das Fell an?*
- *Spürst du, wie die Ruhe des Katzenbabys auf dich überspringt?*

Bild 5: Beten

- *Schaue dir das Bild in Ruhe an. Was fällt dir daran auf?*
- *Wie wirkt das Kind auf dich?*
- *Stelle dir vor, du wärst das Kind. Was würdest du Gott nun sagen?*
- *Wie fühlst du dich nun?*

Sammeln Sie das Bild anschließend wieder ein. Reflektieren Sie die Meditation gemeinsam mit den Kindern. Dabei helfen Ihnen die folgenden Fragen:

- *Ist es dir schwergefallen, dich auf das Bild zu konzentrieren, oder war es leicht für dich?*
- *Woran lag das?*
- *Wie fühlst du dich nun?*
- *Wie hat dir die Meditation gefallen?*

Tipps

- Sobald die Kinder etwas sicherer im Umgang mit dieser Meditationsform sind, können Sie ihnen auch den Freiraum gewähren, die Meditation eigenständig durchzuführen. Dazu konzentrieren sie sich selbstständig auf ein bestimmtes Bild. Eine unterstützende Anleitung Ihrerseits entfällt.
- Alternativ können Sie auch eigene Bilder auswählen.

Bildmeditation – Bildvorlagen (1/3)

© Steve Schwettmann/Fotolia.com

© lpetrus/Fotolia.com

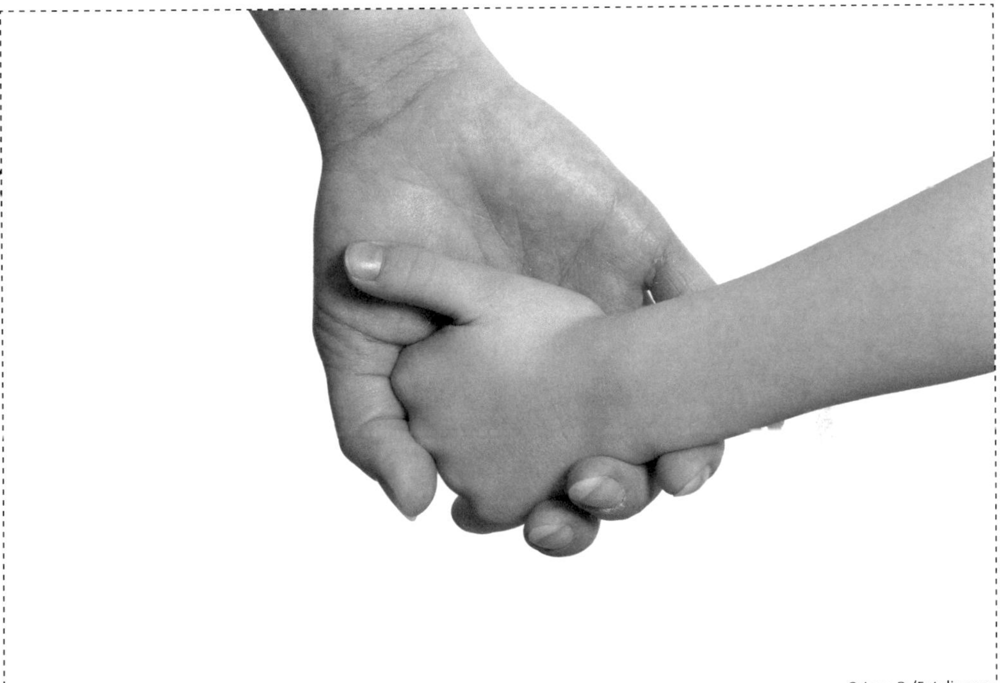

© Jean B./Fotolia.com

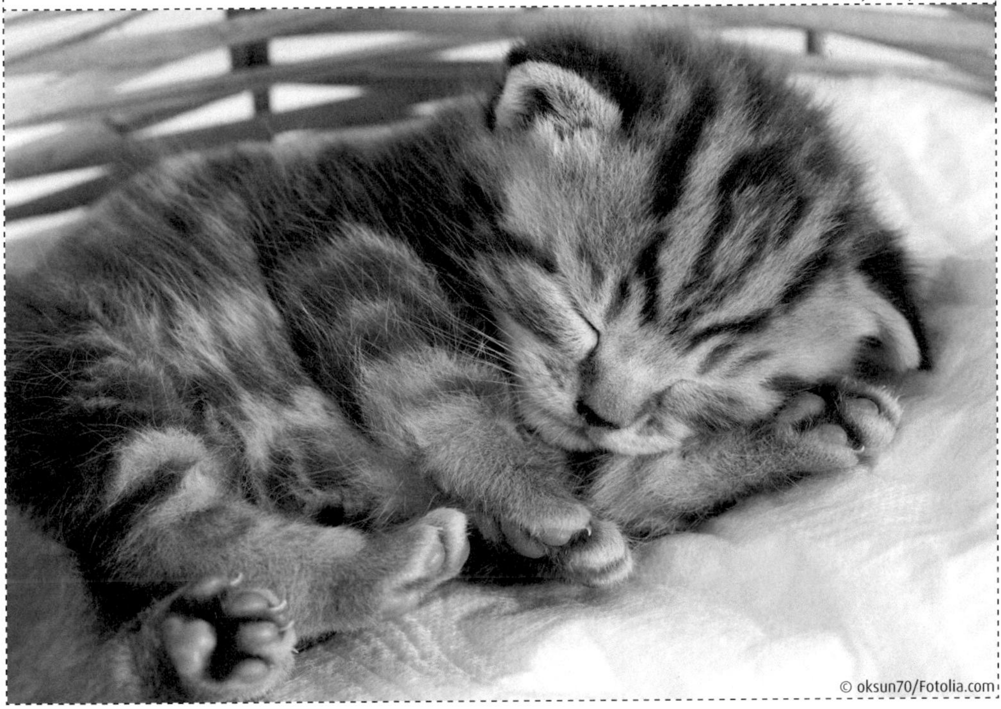

© oksun70/Fotolia.com

Bildmeditation – Bildvorlagen (3/3)

Objektmeditation: Kreuz

Material *für jedes Kind:*

- 2 Äste
- Schere
- Wolle
- 1 Blatt Papier

Zeitbedarf ca. 25 Minuten

Alter ab 6 Jahre

So geht's

Händigen Sie jedem Kind die benötigten Materialien aus. Bitten Sie die Jungen und Mädchen, daraus ein Kreuz zu fertigen. Helfen Sie ihnen dabei, falls nötig.
Fordern Sie die Kinder anschließend auf, sich einmal ganz bewusst für eine Zeit lang nur mit diesem Kreuz zu beschäftigen. Unterstützen Sie sie dabei durch entsprechende Impulse:

- *Schaue dir das Kreuz einmal ganz genau an. Wie sehen die Äste aus?*
- *Was gefällt dir daran besonders gut?*
- *Wie fühlt sich das Kreuz an? Ist es rau oder glatt?*
- *Riecht das Kreuz nach etwas?*
- *Was geschieht in dir, wenn du dich auf das Kreuz konzentrierst?*
- *Was bedeutet dieses Kreuz für dich?*
- *Fühlst du etwas Bestimmtes oder ist das einfach nur ein Gegenstand für dich?*

Bitten Sie die Kinder, nun ein Bild mit einem Bezug zu ihrer Erfahrung mit der Mediation zu malen. Lassen Sie ihnen dabei alle Freiheiten. Sie werden überrascht sein, was den Jungen und Mädchen alles einfällt.

Tipp

Objektmeditationen lassen sich mit allen erdenklichen Gegenständen durchführen.

Objektmeditation: Kerze

Material	▶ Feuerzeug *für jedes Kind:* ▶ 1 Teelicht
Zeitbedarf	ca. 5–10 Minuten
Alter	ab 6 Jahre

So geht's

Fordern Sie die Kinder auf, ihre Tische freizuräumen. Dies ist aus Brandschutzgründen besonders wichtig.
Händigen Sie nun jedem Kind ein Teelicht aus. Dieses stellen die Kinder vor sich auf den Tisch. Zünden Sie die Lichter an. Bitten Sie die Kinder, ihre Füße flach auf den Boden zu stellen und sich aufrecht hinzusetzen. Die Hände liegen locker auf den Oberschenkeln. Nun atmen die Kinder tief ein und aus. Währenddessen schauen sie in die Flamme. Sie sollen die Flamme so lange fixieren, bis sie vor ihren Augen verschwimmt. Sobald dies geschieht, schließen sie die Augen und stellen sich die Flamme vor ihrem geistigen Auge vor.

Wenn dies nicht auf Anhieb gelingt, öffnen die Kinder wieder ihre Augen und fixieren erneut das Kerzenlicht.
Bitten Sie die Jungen und Mädchen, diese Übung drei bis fünf Minuten durchzuführen.

Reflektieren Sie anschließend die Erfahrungen in einem kurzen Gespräch.
Dazu können Sie die folgenden Fragen nutzen:

- *Wie hast du dich gefühlt, als du in das Licht geschaut hast?*
- *Woran hast du gedacht?*
- *Ist es dir schwergefallen, die Kerze vor deinem inneren Auge zu sehen?*
- *Woran lag das?*
- *Wie fühlst du dich nun?*

Objektmeditation: Brot spendet Leben

Material	▶ 1 Laib Brot ▶ Sitzkissen (optional) *für jedes Kind:* ▶ 1 Blatt Papier
Zeitbedarf	ca. 45 Minuten
Alter	ab 8 Jahre

So geht's

Bilden Sie mit den Kindern einen Sitz- oder Stuhlkreis.
Lesen Sie ihnen den folgenden Text vor:

Bestimmt erinnert ihr euch noch daran, dass Gott die Israeliten damals aus Ägypten befreit hat. Der Pharao hielt sie dort gefangen. Auf der langen Reise mussten die Israeliten auch durch die Wüste wandern. Dort fanden sie nichts zu essen. Ihr könnt euch vorstellen, dass die Menschen sehr, sehr hungrig gewesen sein müssen.

Das machte sie sehr wütend. Ihre Wut richteten sie gegen Moses und Aaron. Diese beiden hatten sie dazu aufgefordert, die lange Wanderung zu unternehmen. Die Israeliten sagten: „Ach, wären wir doch bloß in Ägypten geblieben. Dort hatten wir genug Brot zu essen. Ihr habt uns nur in die Wüste geschickt, damit wir verhungern."

Gott hörte dies natürlich und sprach zu Moses: „Ich werde euch Brot vom Himmel regnen lassen. Die Menschen sollen genügend zu essen haben."

Am nächsten Morgen war die Fläche rings um das Nachtlager der Israeliten mit einer dicken Schicht Tau bedeckt. Als diese Schicht langsam verschwand, sahen die Menschen darunter etwas Feines und Knuspriges liegen. Doch die Israeliten wussten nichts damit anzufangen. Sie fragten sich, was das wohl sein sollte. Moses erklärte es ihnen: „Das ist das Brot, das Gott euch zu essen gibt."
(frei nach Ex 16, 1–4; 16, 13–15)

Objektmeditation: Brot spendet Leben

Lassen Sie nun das Brot im Kreis herumgehen und bitten Sie die Jungen und Mädchen, sich davon ein Stück abzubrechen. Fordern Sie sie auf, sich nun einmal ganz auf das Brot in ihrer Hand zu konzentrieren. Unterstützen Sie die Kinder dabei, indem Sie ihnen folgende Impulse geben. Achten Sie darauf, dass deutlich wird, dass sie die Fragen für sich beantworten sollen, ohne dabei zu sprechen.

- *Schaue dir das Brot in deiner Hand einmal ganz genau an.*
- *Wie sieht es aus?*
- *Schließe nun deine Augen. Konzentriere dich auf das Brot in deiner Hand.*
- *Wie fühlt es sich an?*
- *Rieche nun einmal an dem Stück Brot. Wie ist dieser Geruch für dich?*
- *Achte genau auf die Bilder, die nun in deinem Kopf entstehen. Bleibe einen Augenblick bei ihnen.*
- *Probiere nun ein Stück Brot.*
- *Wie fühlt es sich in deinem Mund an?*
- *Wie schmeckt das Brot?*
- *Welche Bedeutung hat Brot für dich? Ist es normal für dich, Brot zu essen?*

Bitten Sie die Kinder nun, schweigend zu ihren Plätzen zurückzukehren. Händigen Sie ihnen ein Blatt Papier aus. Darauf schreiben sie nun ihre Eindrücke nieder. Ermutigen Sie die Jungen und Mädchen, ruhig alles aufzuschreiben, was ihnen im Hinblick auf die Meditation in den Sinn kommt.
Gewähren Sie Ihnen abschließend die Möglichkeit, ihre Texte auf freiwilliger Basis vorzulesen.

Tipp

Klären Sie im Vorfeld unbedingt ab, ob alle Kinder Getreide vertragen. Falls ein Kind an einer Glutenunverträglichkeit, Getreideallergie oder dergleichen leidet, müssen Sie glutenfreies Brot verwenden. Dieses erhalten Sie im Bioladen oder gut sortierten Supermarkt.

Meditation mit Worten und Affirmationen

Material	Textkarten (S. 82)
Zeitbedarf	ca. 15 Minuten
Alter	ab 6 Jahre

Vorbereitung

Auf Seite 82 finden Sie Vorschläge für die Wortmeditation. Kopieren Sie diese für die Kinder ab Klasse 3 jeweils einmal. Bitten Sie die Jungen und Mädchen, die Textkarten voneinander abzutrennen. Die Wortkarten können für einen späteren Einsatz in einer Klarsichthülle in der Religionsmappe aufbewahrt werden.

So geht's

Fordern Sie die Kinder auf, es sich auf ihren Plätzen bequem zu machen. Bitten Sie die älteren Schüler, sich eine Wortkarte auszusuchen. Diese legen sie vor sich. Den jüngeren Kindern nennen Sie im weiteren Verlauf ein Wort. Fordern Sie die Kinder aller Altersstufen zunächst auf, die Augen zu schließen und sich ausschließlich auf ihren Atem zu konzentrieren. Sobald Gedanken aufkommen, sollen sie diesen keine Beachtung schenken und wieder zu ihrem Atem zurückkehren.

Bitten Sie die Kinder der Klasse 3 und 4, nun kurz ihre Augen zu öffnen und sich das Wort auf ihrer Karte durchzulesen. Anschließend schließen die Kinder wieder ihre Augen und konzentrieren sich nun für einige Minuten ausschließlich auf dieses Wort. Den Kindern der Klasse 1 und 2 nennen Sie an dieser Stelle ein Wort Ihrer Wahl.

Fordern Sie die Kinder abschließend auf, die Gedanken, die in Verbindung mit der Wortmediation entstanden sind, zu äußern. Dies sollte auf freiwilliger Basis geschehen. Dazu eignen sich die folgenden Fragen:

- *Wie hast du dich während der Stilleübung gefühlt?*
- *Ist es dir leichtgefallen, dich auf das Wort zu konzentrieren, oder hattest du Schwierigkeiten damit?*
- *Welche Bilder sind in deinem Kopf entstanden?*
- *Wie fühlst du dich nun?*

Meditation mit Worten und Affirmationen – Texte

Liebe	Dankbarkeit
Ruhe	Frieden
Stille	Gott
Glaube	frei sein
Glück	Geduld
Zufriedenheit	Freude
Vertrauen	Ich liebe mich so, wie ich bin.
In mir ist Frieden.	Ich genieße den Augenblick.
Ich liebe mein Leben.	Gott ist immer bei mir.
Gott beschützt mich.	Gott hilft mir.
Ich glaube an Gott.	Das Leben soll mir Freude bringen.
Ich bin ruhig und gelassen.	Gott liebt mich.

Textmeditation

Material ▶ Meditationsvorschläge (S. 84/85)
für jedes Kind:
▶ 1 Blatt Papier

Zeitbedarf ca. 15–20 Minuten

Alter ab 8 Jahre

So geht's

Wählen Sie aus den Textvorschlägen (S. 84/85) einen Text aus. Bilden Sie mit den Kindern einen Sitzkreis. Erzählen Sie ihnen, dass Sie ihnen nun einen Text aus der Bibel vorlesen möchten, den man Psalm nennt. Dieser Text ist schon sehr alt und wurde sogar schon zur Zeit von Jesus als Gebet gesprochen.

Fordern Sie nun die Jungen und Mädchen auf, die Augen zu schließen. Lesen Sie ihnen den Text nun langsam und deutlich vor. Bauen Sie zwischendurch immer wieder kleine Pausen ein, um den Kindern die Gelegenheit zu geben, vor dem geistigen Auge entsprechende Bilder vorbeiziehen zu lassen. Sobald Sie den Text fertig vorgelesen haben, bitten Sie die Kinder, ihre Augen zu öffnen, und händigen ihnen nun jeweils ein Blatt Papier aus. Darauf notieren sie ihre Eindrücke und Gedanken, sobald sie ihre Plätze eingenommen haben. Jüngere Kinder malen diese auf.
Gewähren Sie den Kindern abschließend die Möglichkeit, ihre Texte auf freiwilliger Basis vorzulesen.
Wichtig ist auch immer eine Reflexion. Dazu eignen sich Fragen wie:

- *Wie ging es dir während der Textmeditation?*
- *Ist es dir leicht- oder schwergefallen, dich darauf zu konzentrieren?*
- *Hat der Text dich angesprochen? Hast du dich dabei eher gut gefühlt oder war alles so wie immer?*

Tipp

Sofern die Kinder noch nicht im Umgang mit Textmeditationen gefestigt sind, sollten Sie ihnen erklären, dass während der Mediation nicht gesprochen werden soll. Die Schüler sollen ihre Aufmerksamkeit ganz auf den Text richten. Aufkommende Gedanken sollen sanft losgelassen werden. Dies gelingt am besten, wenn man diesen Gedanken keine Beachtung schenkt und sie vorbeiziehen lässt.

Die Gemeinschaft mit Gott

Gott ist mein Licht und mein Glück. Vor wem sollte ich mich fürchten? Gott ist die Kraft meines Lebens. Vor wem sollte ich Angst haben? Gott beschützt mich vor allem Bösen. Durch ihn verliere ich nie die Hoffnung.

Nur um eine Sache bitte ich Gott: Ich möchte mein ganzes Leben in seinem Haus wohnen und seine Freundlichkeit erfahren.

(frei nach Psalm 27, 1–4)

Unter Gottes Schutz

Kommt ihr Kinder, hört mir zu! Ich will euch erklären, wie wichtig der Respekt vor Gott ist. Liebst du das Leben und möchtest gute Dinge erleben? Dazu ist es wichtig, Gott zu achten. Erzähle nichts Böses und lüge nicht. Achte darauf, nichts Böses zu tun. Konzentriere dich lieber auf die guten Dinge, suche den Frieden und jage ihm nach.

(frei nach Psalm 34, 12–15)

Gott, unsere Burg

Gott ist unser Schutz und unsere Kraft. Er hilft uns immer in der Not. Deshalb fürchten wir uns nicht – selbst wenn die Erde wankt, wenn Berge ins Meer stürzen oder wenn das Meer wütet. Gott ist immer für uns da.

(frei nach Psalm 46, 1–4)

Vertrauen auf Gottes Macht und Huld

Nur bei Gott kommt meine Seele zur Ruhe. Er hilft mir. Nur er ist mein Fels, meine Hilfe, meine Burg. Gott gibt mir Halt. Bei Gott ist mein Heil. Er ist mein schützender Fels, meine Zuflucht. Vertraut ihm alle Zeit. Erzählt ihm von euren Sorgen und Ängsten, denn Gott ist unsere Zuflucht.

Die Menschen sind nur ein Hauch. Vertraut nicht auf Gewalt oder Diebstahl. Liebt nicht euren Besitz.

Gott ist mächtig und stark.

(frei nach Psalm 62, 6–13)

Unter dem Schutz des Höchsten

Wer von Gott beschützt wird, der sagt zu ihm: „Du bist für mich Zuflucht und Burg, mein Gott, dem ich vertraue." Gott rettet dich aus der Falle des Jägers und aus allem Unglück. Er bietet dir unter seinen Flügeln Schutz und steht treu zu dir. Du brauchst dich weder vor der Nacht, noch vor Gefahren am Tag zu fürchten. Auch Krankheiten oder Kriege können dir nichts anhaben. Du wirst es mit eigenen Augen sehen. Gott ist dein Beschützer, du hast dir den Höchsten und Mächtigsten dafür ausgesucht. Dir kann nichts passieren, denn Gott befiehlt seinen Engeln, alle Zeit auf dich aufzupassen. Sie tragen dich auf ihren Händen, damit du nirgendwo anstößt.

Gott sagt, weil du an ihm hängst, will er dich retten. Er will dich beschützen, weil du an ihn glaubst. Wenn du ihn um Hilfe bittest, wird er dir helfen. Er ist bei dir, wenn du ihn brauchst. Er schenkt dir ein langes und erfülltes Leben.

(frei nach Psalm 91)

Von der falschen und rechten Sorge

Sorgt euch nicht um euer Leben. Macht euch keine Sorgen darüber, ob ihr etwas zu essen habt. Macht euch keine Sorgen um euren Körper oder wegen irgendwelcher Kleidung. Ist das Leben nicht wichtiger als das Essen und ist der Körper nicht wichtiger als die Kleidung? Seht euch die Vögel an. Sie säen nicht, sie ernten nicht und bringen keine Vorräte in die Scheune. Gott sorgt dafür, dass die Vögel etwas zu essen haben. Seid ihr nicht etwa viel wertvoller als die Vögel? Wer von euch lebt denn durch all seine Sorgen länger? Warum sorgt ihr euch um eure Kleider? Lernt von den Lilien, die auf dem Feld wachsen. Sie arbeiten nicht und stellen keine Kleidung her. Doch ich sage euch: Selbst der große König Salomo war nicht so wundervoll angezogen wie eine dieser Blumen. Wenn Gott schon das Gras so prächtig kleidet, wie viel schöner wird er dann euch kleiden? Macht euch also keine Sorgen und fragt euch nicht: „Was sollen wir essen? Was sollen wir trinken? Was sollen wir nur anziehen?" Um all diese Dinge geht es den Menschen, die nicht an Gott glauben. Gott weiß, dass ihr Essen, Getränke und Kleidung braucht. Euch muss es aber zuerst darum gehen, so zu handeln, wie Gott es von euch möchte. Dann werdet ihr alles andere dazu bekommen. Sorgt euch also nicht um morgen, denn der morgige Tag wird für sich selbst sorgen.

(frei nach Mt 6, 25–34)

Meditatives Malen

Material	▶ Bibelgeschichten (S. 87) *für jedes Kind:* ▶ 1 Blatt Papier ▶ Buntstifte
Zeitbedarf	ca. 30–45 Minuten
Alter	ab 6 Jahre

Vorbereitung

Wählen Sie eine Bibelgeschichte aus. Auf Seite 87 finden Sie entsprechende Vorschläge.

So geht's

Lesen Sie den Jungen und Mädchen den ausgewählten Text vor. Achten Sie darauf, möglichst langsam zu lesen. Die Kinder sollen dabei nach Möglichkeit die Augen schließen.
Händigen Sie den Kindern im Anschluss ein Blatt Papier aus und bitten Sie sie, ein besonders prägnantes Gedankenbild in Verbindung mit dieser Geschichte zu malen. Lassen Sie ihnen abschließend genügend Zeit, ihre Ergebnisse auf freiwilliger Basis zu päsentieren.

Tipps

- Alternativ können Sie die Kinder auch schon während des Vorlesens malen lassen. Händigen Sie ihnen in diesem Fall das Papier zu Beginn der Stilleübung aus.
- Sie können die Kinder auch auffordern, eine bestimmte Situation der Geschichte aus der Sicht einer der biblischen Figuren darzustellen. Diese Variation kann bei Text 2 und 3 zum Einsatz kommen.

Das Gleichnis vom Wachsen der Saat

Jesus erzählte seinen Jüngern oft Gleichnisse. Mit diesen Vergleichsgeschichten wollte er ihnen etwas über Gott erklären. Dies ist eine davon:

Jesus sagte: „Womit sollen wir das Reich Gottes vergleichen? Mit dem Reich Gottes ist es so, wie wenn ein Mann ein Samenkorn sät. Dann geht er schlafen und steht wieder auf. Es wird Tag und auch wieder Nacht. Das Samenkorn keimt und wächst, ohne dass der Mann weiß, wie das passiert. Die Erde lässt den Samen ganz alleine wachsen. Zuerst wird aus dem Samenkorn ein Halm und dann eine Ähre. Daran entwickelt sich dann das Getreide. Sobald das Getreide reif ist, erntet es der Mann."
(frei nach Mk 4, 26–29)

Die Heilung eines Aussätzigen

Jesus kam in eine Stadt, in der ein Mann lebte, der am ganzen Körper einen schlimmen und ansteckenden Ausschlag hatte. Sobald der Mann Jesus sah, warf er sich vor ihm auf den Boden. „Wenn du willst, kannst du dafür sorgen, dass mein Ausschlag verschwindet", sagte der Mann zu Jesus.

Jesus streckte seine Hand aus und sagte: „Ich will es – werde gesund."

Im gleichen Augenblick war der Ausschlag verschwunden.
(frei nach Lk 5, 12–13)

Der Gang Jesu auf dem Wasser

Spät am Abend gingen die Jünger von Jesus zum See Genezareth. Sie stiegen in ein Boot und fuhren auf den See hinaus. Es war bereits dunkel geworden und sie wussten nicht, wo Jesus war.

Plötzlich fing es an, zu stürmen. Das Wasser wurde davon aufgewühlt. Als sie ein Stück gefahren waren, sahen die Jünger, wie Jesus über den See ging und auf das Boot zukam. Da bekamen die Jünger große Angst.

Doch Jesus beruhigte sie und rief: „Ihr braucht keine Angst zu haben. Ich bin es!"

Die Jünger wollten Jesus in das Boot holen, doch in diesem Moment war das Boot bereits am Ufer angekommen.
(frei nach Joh 6, 16–21)

Musikmeditation

Material	▶ CD-Player ▶ Entspannungsmusik *für jedes Kind:* ▶ 1 Blatt Papier ▶ Wachsmalstifte
Zeitbedarf	ca. 10 Minuten
Alter	ab 6 Jahre

Vorbereitung

Wählen Sie einen beruhigenden instrumentalen Musiktitel aus, der mindestens fünf Minuten lang ist. Dazu eignet sich beispielsweise Mediations- oder klassische Musik aus Ihrem eigenen Fundus.

So geht's

Händigen Sie jedem Kind ein Blatt Papier aus. Erzählen Sie den Kindern, dass Sie sich nun gemeinsam auf die Suche nach Farben in der Musik machen möchten. Das mag die Kinder im ersten Moment wahrscheinlich etwas irritieren. Bitten Sie sie jedoch, sich einmal darauf einzulassen.

Starten Sie nun die Musik. Die Kinder zeichnen intuitiv, was die Musik in ihnen auslöst. Dabei haben sie alle künstlerischen Freiheiten. Die Jungen und Mädchen können abstrakte Gemälde anfertigen, Striche oder Gegenstände malen.

Sobald das Musikstück zu Ende ist, dürfen die Kinder ihre Bilder präsentieren. Machen Sie ihnen dabei deutlich, dass es hier kein Richtig oder Falsch gibt. Jeder Mensch hat unterschiedliche Empfindungen, auch wenn alle die gleiche Musik hören – und gerade das macht die Musikmeditation auch so spannend.
In einem gemeinsamen Gespräch lässt sich dies am leichtesten herausarbeiten. Folgende Fragen helfen ihnen dabei:

- *Was hast du gefühlt, während du die Musik gehört hast?*
- *Hattest du die ganze Zeit das gleiche Gefühl?*
- *Was denkst du: Warum sind nicht alle Bilder gleich?*

Gott hat mir meinen Atem geschenkt

Material	–
Zeitbedarf	ca. 5–10 Minuten
Alter	ab 6 Jahre

So geht's

Erinnern Sie die Kinder daran, dass Gott Adam und Eva damals den Lebensatem einhauchte. Auch wir verdanken Gott die Fähigkeit zum Atmen. Ohne den Atem könnten wir nicht leben. Sagen Sie den Jungen und Mädchen, dass Sie mit ihnen nun gemeinsam einmal ganz bewusst den Atem wahrnehmen wollen. Lesen Sie ihnen dazu die folgenden Worte vor und machen Sie nach jedem Absatz eine Pause. Weisen Sie die Kinder bitte darauf hin, dass die Fragen lediglich in Gedanken beantwortet werden sollen.

- *Mache es dir auf deinem Stuhl bequem.*
- *Lege deine Hände locker auf die Beine. Schließe deine Augen.*
- *Achte nun einmal auf deinen Atem. Atme tief durch die Nase ein und aus. Wie fühlt sich die Luft an? Verändert sie sich, wenn du sie wieder ausatmest?*
- *Atme nun langsam durch die Nase ein und aus. Wie fühlst du dich dabei?*
- *Lasse deinen Atem nun ruhig und langsam fließen. Dein Körper darf entscheiden, wie schnell du ein- und ausatmest.*
- *Achte einmal auf deinen Bauch. Spürst du, wie die Luft hinein- und wieder hinausströmt?*
- *Was geschieht mit deinen Gedanken, während du atmest? Beobachte sie einmal, ohne sie zu ändern.*
- *Öffne nun langsam wieder deine Augen und schaue dich im Klassenzimmer um. Wie wirkt das, was du siehst, auf dich?*

Geben Sie den Kindern nun die Gelegenheit, ihre Erfahrungen mit dieser Meditationstechnik zu äußern. Unterstützend können Sie folgende Fragen nutzen:

- *Wie fühlst du dich nun?*
- *Hat sich durch das Atmen etwas in dir verändert?*
- *Wir haben am Anfang darüber gesprochen, dass Gott dir die Fähigkeit zum Atmen geschenkt hat. Wie denkst du darüber?*

Nächstenliebe üben

Material	–
Zeitbedarf	ca. 5 Minuten
Alter	ab 6 Jahre

So geht's

Lesen Sie den Kindern den folgenden Text vor:

> *Ein Mann, der sich besonders gut mit der Bibel auskannte, fragte Jesus, was das wichtigste Gebot sei. Jesus antwortete: „Gott, ist unser einziger Herr. Deshalb sollst du Gott mit ganzem Herzen, ganzer Seele, all deinen Gedanken und deiner gesamten Kraft lieben. Besonders wichtig ist auch das nächste Gebot: Du sollst deinen Nächsten so lieben, wie du dich selbst liebst. Kein anderes Gebot ist so wichtig wie diese beiden."*
>
> (frei nach Mk 12, 28–32)

Weisen Sie die Kinder darauf hin, dass wir andere Menschen nur dann richtig lieben können, wenn wir uns selbst lieben. Bitten Sie die Jungen und Mädchen, es sich auf ihren Stühlen bequem zu machen und die Augen zu schließen. Sprechen Sie die folgenden Sätze zunächst mehrmals gemeinsam, bevor jedes Kind diese im Stillen spricht:

> *„Ich liebe mich, denn Gott hat mich zu einem tollen Menschen gemacht.*
> *Weil ich mich so liebe, kann ich auch andere lieben."*

Lassen Sie die Kinder diese Affirmation eine Minute lang im Stillen sprechen. Später können Sie diese Zeit nach und nach verlängern. Selbstverständlich können Sie die Jungen und Mädchen auch eigene Affirmationen formulieren lassen.
Holen Sie die Kinder anschließend sanft zurück, indem Sie sie bitten, ihre Augen zu öffnen.
Reflektieren Sie die Übung anschließend gemeinsam. Dabei helfen Ihnen die folgenden Fragen:

- *Wie fühlst du dich nun?*
- *Glaubst du, dass die Sätze dir dabei helfen, dich selbst und andere zu lieben?*
- *Warum denkst du so darüber?*

Naturmandala legen

Material	▶ Kreide ▶ Fotoapparat *für jedes Kind:* ▶ 1 Tüte oder Korb
Zeitbedarf	ca. 45 Minuten
Alter	ab 6 Jahre

So geht's

Unternehmen Sie mit den Kindern einen Ausflug in die Natur. Wählen Sie dazu eine geeignete Strecke aus. Händigen Sie den Jungen und Mädchen jeweils eine Tüte aus. Fordern Sie die Kinder dazu auf, einmal mit offenen Augen durch die Natur zu gehen. Was gibt es dort alles zu entdecken? Jeder darf unterwegs 6–8 Naturmaterialien sammeln. Dabei kann es sich je nach Jahreszeit um Blätter, Äste, Zweige, Steine, Nüsse oder Gräser handeln. Machen Sie Ihren Schützlingen jedoch bitte deutlich, dass sie nur „Gegenstände" sammeln sollen, die nicht mehr leben. Blumen sollten demnach keine geflückt werden. Achten Sie dabei auch auf die Zeit, denn für das Legen des Mandalas müssen Sie auch noch einige Minuten einplanen. Treten Sie also rechtzeitig den Rückweg an. Steuern Sie bei Ihrer Rückkehr den Schulhof an.

Bitten Sie die Kinder, dort ihre Fundstücke zu präsentieren. Zeichnen Sie einen Kreis mit einem Radius von ca. 30 Zentimetern auf die Erde und versammeln Sie sich mit den Kindern darum. Legen Sie nun gemeinsam aus den Naturmaterialien ein großes Mandala. Bestimmen Sie ein Kind, das beginnen darf. Es arrangiert nun seine Sammlung vollkommen wertungsfrei innerhalb des Kreises. Anschließend wählt es ein anderes Kind aus, das nun seine Gegenstände ebenfalls innerhalb des Kreises anordnen darf. Weisen Sie die Jungen und Mädchen darauf hin, das Wachstum des Mandalas still zu beobachten. Fotografieren Sie das Mandala, sobald alle Kinder ihre Gegenstände angeordnet haben. Daraus lässt sich, wenn Sie die Stilleübung öfter durchführen, ein tolles Mandala-Album herstellen.

Tipp

Sie haben keine Gelegenheit für einen Spaziergang? Dann bringen Sie die Materialien doch einfach mit zum Unterricht. Auch aus getrockneten Hülsenfrüchten lässt sich ein schönes Mandala gestalten.

Mandalas malen

Material	*für jedes Kind:* ▶ Mandalas (S. 93–95) ▶ Bunt- oder Wachsmalstifte
Zeitbedarf	unterschiedlich
Alter	ab 6 Jahre

Vorbereitung

Kopieren Sie die Seiten 93–95 für jedes Kind auf DIN A4 vergrößert einmal. Bilden Sie daraus drei Stapel und legen Sie diese auf dem Pult bereit.

So geht's

Zeigen Sie den Kindern die vorbereiteten Kopien. Bitten Sie sie, jeweils ein Mandala auszuwählen. Sofern die Kinder noch nicht mit der Gestaltung von Mandalas vertraut sein sollten, müssen Sie ihnen an dieser Stelle einige Hinweise geben. Erklären Sie den Jungen und Mädchen, dass ein Mandala immer von innen nach außen oder von außen nach innen gemalt wird. Hinsichtlich der Farbgebung sind die Kinder völlig frei.
Es müssen auch nicht alle Elemente ausgemalt werden. Die einzige Vorgabe lautet: „Höre einmal ganz tief in dich hinein und lasse dich von dir selbst überraschen. Sprich nicht mit den anderen, sondern konzentriere dich ganz auf dein Tun."
Wenn die Kinder sich für die Gestaltung des Blanko-Mandalas entscheiden, dürfen sie die Motive frei einzeichnen. Ihrer Kreativität sind dabei keine Grenzen gesetzt.
Sobald die Kinder sich für eine Vorlage entschieden haben, gehen sie zurück auf ihre Plätze. Dort füllen sie das Mandala nach ihrer Vorstellung mit Farbe.

Hinweis

Da die Gestaltung des Mandalas zu innerer Ruhe und Gelassenheit beitragen soll, kann an dieser Stelle keine Zeitvorgabe bzw. Richtlinie erfolgen. Sie können den Jungen und Mädchen sowohl eine Schulstunde einräumen als auch 10–15 Minuten an mehreren aufeinanderfolgenden Religionsstunden. Denjenigen, die ihr Mandala bereits fertiggestellt haben, können Sie weitere Motive zur Auwahl anbieten.

© ISO-68/Fotolia.com

Mandalas malen – Vorlagen (2/3)

© amfayda/Fotolia.com

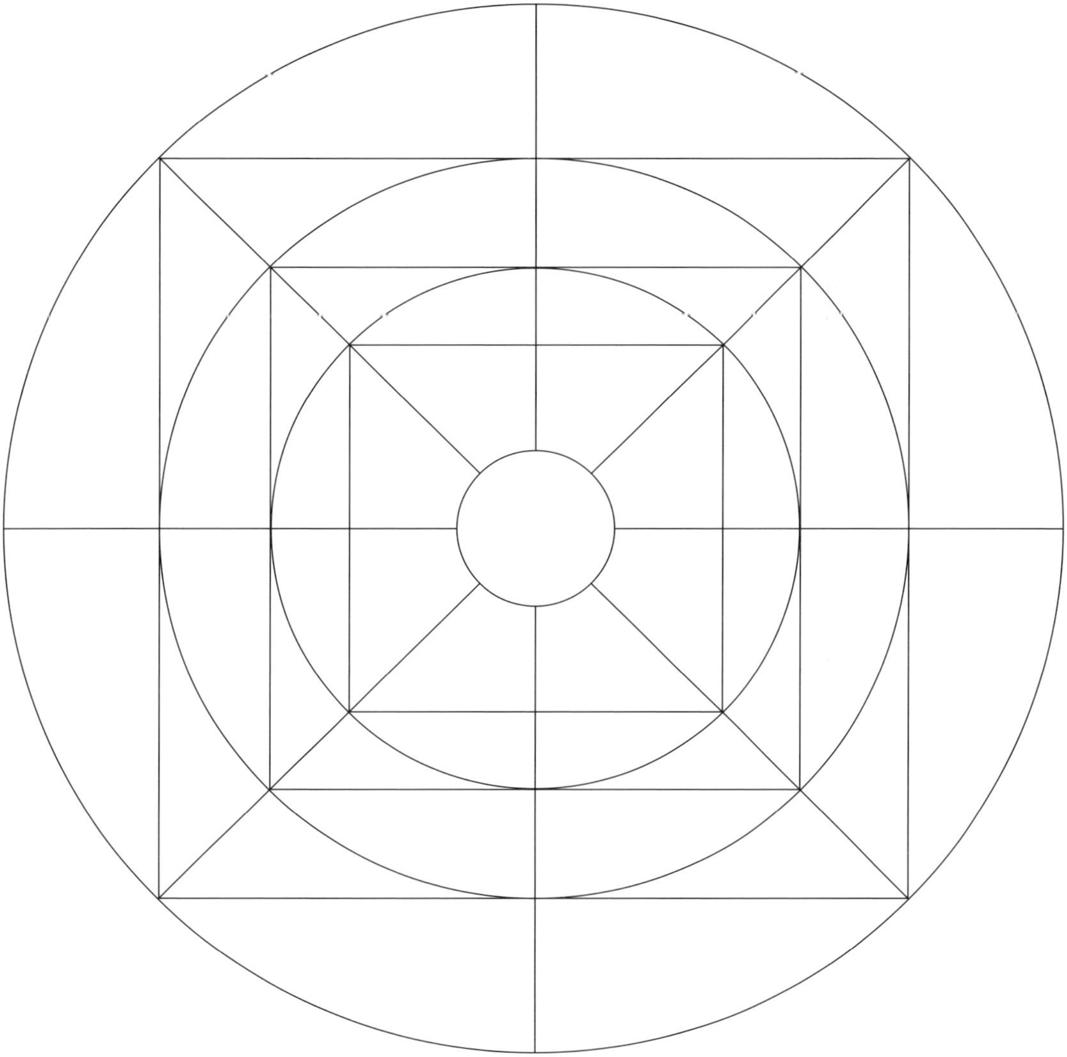

Stilleübungen: Entspannungsübungen

Modul	Ziel	Zeit	Alter
Rückengeschichten: **Die Erschaffung der Welt** (S. 98) **Die Heilung eines Gelähmten** (S. 99) **Der Sturm auf dem See** (S. 100) **Jesus zu Gast bei Zachäus** (S. 101) **Das Pfingstereignis** (S. 102)	Sich auf biblische Texte konzentrieren, Wahrnehmung schulen	Jeweils 10 Minuten	Ab 6
Fantasiereise: **Symbol Wasser** (S. 103)	Erste Berührung mit christlichen Symbolen, zur Ruhe kommen	20 Minuten	Ab 7
Fantasiereise: **Symbol Baum** (S. 105)		45 Minuten	Ab 6
Fantasiereise: **Symbol Weg** (S. 107)		20 Minuten	Ab 8
Entspannungsübung: **Ich spüre meinen Körper** (S. 109)	Den eigenen Körper wahrnehmen	45 Minuten	Ab 6
Entspannungsübungen: **Kurztechniken** (S. 111)	Aufmerksamkeit erhöhen, zur Ruhe kommen	Jeweils 2–3 Minuten	Ab 6

Rückengeschichten

Material ▶ Bibelgeschichten (S. 98–102)
▶ Tafel

Zeitbedarf ca. 10 Minuten

Alter ab 6 Jahre

Vorbereitung

Auf den Seiten 98–102 finden Sie einige Bibeltexte, die sich für die Gestaltung als Rückengeschichte in besonderem Maße eignen. Wählen Sie aus diesem Angebot eine Geschichte aus.

So geht's

Bitten Sie die Kinder, ihre Stühle paarweise hintereinander aufzustellen. Die Rückenlehne des vorderen Stuhls zeigt dabei nach vorne. Achten Sie darauf, dass Sie alle hinteren Kinder gut sehen können und dass auch die Kinder Sie gut sehen können. Lesen Sie den Kindern nun den Text ganz langsam vor. Malen Sie die entsprechende Zeichnung, die im Text angegeben ist, mit den Fingern an die Tafel. Die Kinder auf den jeweils hinteren Stühlen fungieren als „Maler" und kopieren diese Zeichnung auf dem Rücken ihres Partners, der die Leinwand darstellt. Die Leinwand-Kinder schließen ihre Augen und konzentrieren sich auf Ihre Worte und die Zeichnung auf dem Rücken. Damit jedes Kind einmal in jede der beiden Rollen schlüpfen kann, können die Rollen während des Textes getauscht werden. Alternativ können Sie die Geschichte auch ein zweites Mal lesen. In diesem Fall können sich die Kinder eventuell eigene Zeichnungen überlegen.

Tipp

Die Partnerwahl sollten Sie bei dieser Form der Stilleübung den Kindern überlassen, da das Bereitstellen des Rückens als Leinwand ein enormes Vertrauen voraussetzt. Dies ist nur dann gegeben, wenn die Kinder gut miteinander zurechtkommen.

Die Erschaffung der Welt

Am Anfang erschuf Gott den Himmel und die Erde.

→ mit der Hand über die Schultern wischen, darunter einen großen Kreis malen

Auf der Erde war es noch ganz dunkel. Am ersten Tag erschuf Gott das Licht. Er nannte das Licht Tag und die Finsternis Nacht.

→ eine Kerze malen, die Kerze auswischen

Am zweiten Tag erschuf Gott ein Gewölbe mitten im Wasser. Mit diesem Gewölbe trennte er das Wasser auf der Erde vom Wasser in der Luft. Gott nannte dieses Gewölbe Himmel.

→ einen Halbkreis und darunter Wassertropfen malen

Am dritten Tag trennte Gott das Meer vom Land.

→ große Wellen malen

Auf dem Land erschuf er Pflanzen und Bäume. Die Bäume trugen Früchte.

→ Zacken auf dem unteren Rücken malen, eine Blume oder einen Baum zeichnen

Am vierten Tag erschuf Gott die Sonne, den Mond und die Sterne.

→ Sonne mit Strahlen, Mond und Sterne malen

Am fünften Tag erschuf Gott die Meereslebewesen und die Vögel.

→ einen Fisch malen, zwei aneinanderliegende Halbkreise malen

Am sechsten Tag erschuf Gott die Tiere auf dem Land: Vieh, Kriechtiere und die Tiere des Feldes.

→ einen kleinen und einen großen Kreis mit vier Strichen auf der Unterseite malen, Schlangenlinie zeichnen

An diesem Tag erschuf Gott auch den Menschen nach seinem Abbild.

→ Strichmännchen malen

*Er formte einen Mann und eine Frau und segnete sie.
Anschließend übergab er ihnen die Erde, die Pflanzen und Tiere.*

→ beide Hände auf den Rücken legen, eine Kugel, eine Blume und ein Strichmännchen-Tier malen, dann wieder die Handflächen auf den Rücken legen

*Am siebten Tag vollendete Gott sein Werk und ruhte sich von der Arbeit aus.
Er segnete den siebten Tag der Woche und erklärte ihn für heilig.*

→ beide Hände auf den Rücken legen

(frei nach Gen 1, 1–2, 4)

Die Heilung eines Gelähmten

Als Jesus von einem einsamen Ort zurückkam, wurde schnell bekannt, dass er wieder in der Stadt war. Alle eilten zu dem Haus, in dem Jesus sich aufhielt.

➜ mit Zeige- und Mittelfinger Schritte imitieren.

Es kamen so viele Menschen, dass nicht einmal mehr Platz vor der Tür war.

➜ alle Finger mehrmals auf den Rücken drücken

Auch vier Männer kamen und trugen ihren gelähmten Freund auf einer Tragbahre. Der Mann konnte nämlich nicht laufen.

➜ eine Handfläche flach hinlegen

Doch die Männer kamen nicht in das Haus hinein. Dort war einfach viel zu viel los. Alle Menschen drängelten und niemand ließ die Männer durch.

➜ alle Finger auf den Rücken stellen und sich damit gegenseitig schubsen

Deshalb trugen sie ihren Freund aufs Dach.

➜ ein Dach malen

Dort schlugen sie ein Loch hinein und ließen den gelähmten Mann auf der Tragbahre langsam ins Haus hinuntergleiten.

➜ einen Kreis malen und den Zeigefinger vom Nacken bis zur Brustwirbelsäule gleiten lassen.

Als Jesus das sah, sagte er zu dem Gelähmten: „Deine Sünden sind dir vergeben." Einige Menschen, die die Bibel besonders gut kannten, fanden das gar nicht gut. Sie glaubten, dass nur Gott Sünden vergeben könne und dass Jesus sich über Gott lustig machen würde.

➜ ein trauriges Gesicht malen

Jesus wusste, was die Männer dachten. Er fragte sie: „Ist es leichter, dem Gelähmten zu sagen, dass seine Sünden vergeben sind oder dass er aufstehen soll und gehen soll?"

➜ ein Fragezeichen malen

Und Jesus sprach weiter: „Ihr sollt sehen, dass Gott mir erlaubt hat, den Menschen ihre Sünden zu vergeben." Daraufhin bat Jesus den Gelähmten, aufzustehen und nach Hause zu gehen. Der Mann stand sofort auf und ging nach Hause.

➜ mit Zeigefinger und Mittelfinger den Rücken entlang spazieren

Die Menschen trauten ihren Augen kaum. Sie freuten sich und lobten Gott, denn so etwas hatten sie noch nie gesehen.

➜ ein lachendes Gesicht malen

(frei nach Mk 2, 1–12)

Der Sturm auf dem See

Eines Tages stieg Jesus mit seinen Jüngern in ein Boot.

→ ein einfaches Boot malen, mit Zeige- und Mittelfinger in Richtung Boot marschieren

Sie wollten damit einen großen See überqueren, um ans andere Ufer zu gelangen.

→ in Schulterhöhe und auf der Lendenwirbelsäule einen waagerechten Strich malen; mit dem Zeigefinger vom einen zum anderen Ufer fahren

Während der Fahrt schlief Jesus ein.

→ Hand flach auf den Rücken legen

Plötzlich begann es, heftig zu stürmen.

→ kräftig auf den Rücken pusten

Es bildeten sich riesige Wellen.

→ Wellen malen

Das war sehr gefährlich, denn es lief sogar Wasser in das Boot.

→ Boot malen, Wellen malen, die in das Boot hineinlaufen

Die Jünger bekamen große Angst. Sie weckten Jesus und riefen: „Wir gehen unter!"

→ Rücken leicht schütteln

Jesus stand auf. Er drohte dem Wind und den Wellen.

→ Ausrufezeichen malen

Kurz darauf trat Stille ein. Das Wasser beruhigte sich und war auf einmal ganz glatt.

→ Wellen malen, die immer kleiner werden, bis sie zum Strich werden

„Wo ist euer Glaube?", fragte Jesus die Jünger.

→ das Wort „Glaube" schreiben, dahinter Fragezeichen, Klasse 1–2 nur Fragezeichen

*Doch sie antworteten ihm nicht. Sie waren zu verwundert über das,
was gerade geschehen war. Sie fragten sich: „Was ist Jesus für ein Mensch,
dass sogar das Wasser und der Wind auf ihn hören?"*

→ Gesicht mit offenem Mund malen

(frei nach Lk 8, 22–25)

Jesus zu Gast bei Zachäus

Eines Tages ging Jesus nach Jericho. Das ist eine prachtvolle Stadt in der Nähe des Flusses Jordan.

→ viele Häuser malen, einen Kreis drum herum ziehen und einen Fluss in die Nähe zeichnen

In Jericho wohnte ein Zöllner namens Zachäus. Er war sehr reich.

→ ein Strichmännchen malen

Die Zöllner haben damals im Auftrag der Herrscher von den Menschen Geld eingesammelt, wenn sie in die Stadt hineinwollten.

→ viele Kreise malen

Deshalb konnte man die Zöllner damals nicht leiden. Die Leute fanden es unfair, dass sie immer etwas bezahlen mussten, wenn sie in die Stadt hineinwollten. Oft verlangten die Zöllner auch einfach zu viel Geld von den Leuten, so auch Zachäus.

→ ein wütendes Gesicht malen

Zachäus wusste, dass Jesus in Jericho war. Er wollte ihn gerne sehen.
Doch es waren sehr viele Menschen gekommen, um Jesus zu sehen.
Sie standen so dicht, dass Zachäus keinen Blick auf Jesus werfen konnte.

→ viele Strichmännchen malen

Da hatte Zachäus eine Idee. Er kletterte auf einen Baum, an dem Jesus vorbeikommen würde. Von dort oben würde der Zöllner Jesus bestimmt gut sehen.

→ einen Baum malen, mit Zeige- und Mittelfingern auf den Baum klettern

Als Jesus unter dem Baum stand, sah er hoch und sah den Zöllner dort sitzen.

→ ein Auge malen

Jesus sagte: „Zachäus, komm schnell runter. Ich möchte heute in deinem Haus zu Gast sein."

→ ein Haus malen

Darüber freute sich Zachäus sehr. Er stieg vom Baum und ging mit Jesus heim.

→ mit beiden Zeige- und Mittelfingern über den Rücken wandern

Zachäus erkannte, dass er etwas falsch gemacht hatte. Er sagte zu Jesus:
„Die Hälfte meines Geldes werde ich den Armen schenken. Wenn ich von jemandem zu viel Geld genommen habe, werde ich ihm 4-mal so viel als Entschädigung geben."

→ sanft über den Rücken streichen

Jesus freute sich sehr darüber, denn er war zu Zachäus gekommen, damit der Zöllner sich änderte.

→ ein lachendes Gesicht malen

(frei nach Lk 19, 1–10)

Das Pfingstereignis

Du weiß ja, dass Jesus nach seinem Tod in den Himmel aufgestiegen ist.

→ behutsam mit der Hand von unten nach oben über den Rücken streichen

Zehn Tage später versammelten sich seine Jünger.

→ eine zehn schreiben; viele Strichmännchen malen

Sie trafen sich alle in einem Haus in Jerusalem.

→ ein Haus auf die linke Schulter malen

Diesen Tag nennt man Pfingsten. Während die Jünger zusammenstanden, hörten sie plötzlich ein lautes Brausen.

→ über den Rücken pusten

Es war, als würde ein heftiger Sturm in dem Haus toben.

→ schnell über den Rücken wischen

In diesem Moment kam etwas, das wie Feuer aussah, auf die Jünger herab.

→ Flammen malen

Es war der Heilige Geist. Er sorgte dafür, dass plötzlich jeder in einer anderen Sprache redete.

→ Strichmännchen mit Sprechblase malen

Die Menschen aus Jerusalem wunderten sich sehr darüber.

→ Fragezeichen malen

Viele Menschen kamen zu dem Haus. Jeder wollte wissen, was dort los war.

→ ein Haus auf die linke Schulter malen, mit allen Fingern von der Lendenwirbelsäule zur linken Schulter „laufen"

Damals wohnten nämlich viele Menschen aus anderen Ländern in der Stadt. Dadurch, dass die Jünger in diesem Augenblick viele verschiedene Sprachen beherrschten, konnte nun jeder die Jünger verstehen.

→ Ausrufezeichen malen

Doch die Menschen fragten sich: „Was soll das bedeuten?" Andere vermuteten, dass die Jünger vielleicht zu viel Wein getrunken hätten und nun betrunken seien.

→ einen Becher malen

Doch Petrus erklärte ihnen, was geschehen war. Er sagte den Menschen, dass der Heilige Geist das bewirkt hatte und nun Gottes Kraft über die Menschen kam.

→ Hände aneinanderreiben, bis sie warm sind, auf den Nacken legen

Der Heilige Geist sorgte außerdem dafür, dass die Jünger nun vielen Menschen von Gott erzählten. Die meisten ließen sich dann von den Jüngern taufen.

→ einen Tropfen malen

(frei nach Apg 2, 1–14, 37–41)

Fantasiereise: Symbol Wasser

Material
- blaues Tuch

für jedes Kind:
- 1 Sitzkissen
- Schreibunterlage oder Klemmbrett
- Papier
- Stift

Zeitbedarf ca. 20 Minuten

Alter ab 7 Jahre

Vorbereitung

Schieben Sie die Stühle und Tische zur Seite, um genügend Platz zu haben. Arrangieren Sie mithilfe der Sitzkissen einen Sitzkreis auf der freien Fläche.

So geht's

Bitten Sie die Kinder, im vorbereiteten Sitzkreis Platz zu nehmen und eine Schreibunterlage sowie einen Stift mitzunehmen. Diese Utensilien legen die Kinder zunächst zur Seite. Sie werden im späteren Verlauf benötigt.
Lesen Sie den Jungen und Mädchen nun die folgende Fantasiereise vor:

Am See

Schließe deine Augen. Atme tief ein und aus. Spürst du, wie sich dein Bauch dabei hebt und senkt?

Versuche nun, deine Gedanken verschwinden zu lassen. Das gelingt dir, indem du ihnen einfach keine Beachtung schenkst. Probiere es aus!

Stelle dir vor, du sitzt an einem wundervollen See. Schaue dir diesen See in aller Ruhe an. Ist er nicht herrlich? Schau mal, wie das Wasser in der Sonne glitzert.

Achte einmal auf die Farbe des Wassers. Gefällt sie dir?

Wenn du magst, kannst du deine Füße ins Wasser sinken lassen. Spürst du, wie die Wellen sachte deine Fußknöchel umspülen? Fühlt sich das nicht toll an?

Wie ist die Wassertemperatur? Ist es angenehm für dich?

Fantasiereise: Symbol Wasser

Tauche nun deine Hand ins Wasser und nimm dir ein bisschen Wasser heraus. Probiere das Wasser einmal. Wie schmeckt es dir?

Konzentriere dich ganz bewusst auf die Geräusche um dich herum. Was hörst du? Kannst du hören, wie das Wasser sich sanft bewegt?

Genieße noch ein bisschen den Blick auf den See. Lasse dich von der Sonne wärmen, bevor du gleich zurück ins Klassenzimmer kommst.

Öffne nun langsam wieder deine Augen. Willkommen zurück.

Legen Sie nun das Tuch in die Mitte. Händigen Sie jedem Kind ein Blatt Papier aus. Darauf notieren die Jungen und Mädchen ihre Assoziationen während der Fantasiereise. Abschließend dürfen die Kinder ihre Ergebnisse reihum vorlesen und auf dem Tuch platzieren.

Fantasiereise: Symbol Baum

Material *für jedes Kind:*
- ▶ 1 Blatt Papier
- ▶ Wasserfarben
- ▶ Pinsel
- ▶ Wasserglas
- ▶ Küchenkrepp
- ▶ Zeitungspapier

Zeitbedarf ca. 45 Minuten

Alter ab 6 Jahre

So geht's

Lesen Sie den Kindern die folgende Fantasiereise langsam vor. Machen Sie nach jedem Abschnitt eine kleine Pause, damit sich die Kinder entsprechende Bilder zu Ihren Worten vorstellen können:

Mein Lieblingsbaum

Mache es dir auf deinem Stuhl gemütlich.
Setze dich so hin, wie es für dich gut ist.

Schließe nun deine Augen. Wir wollen nun gemeinsam eine Reise unternehmen. Dazu brauchen wir kein Gepäck, denn wir reisen in unserer Fantasie.

Atme tief ein und aus. Stelle dir nun vor, wie du das Klassenzimmer verlässt.

Deine Beine tragen dich in einen wundervollen Wald. Um dich herum ist alles grün. Schaue dich in aller Ruhe um. Unglaublich, wie viele verschiedene Grüntöne es dort gibt, oder?
Einige Bäume sind dunkelgrün, andere hellgrün und manche Blätter haben einen ganz anderen Grünton.

Und wie es hier duftet! Ist das nicht ein toller Duft – so frisch und einzigartig! Atme den Duft des Waldes ganz tief in dich hinein. Spürst du, wie er deinen ganzen Körper erfüllt

Fantasiereise: Symbol Baum

Nun gehst du weiter. Auf deinem Weg siehst du so viele verschiedene Bäume. Schaue dir einmal ihre Blätter genauer an. Sind das nicht richtige, kleine Kunstwerke?

Du siehst große Bäume, kleine Bäume, dicke Baumstämme, dünne Baumstämme ...

Welcher Baum gefällt dir am besten? Bleibe vor deinem Lieblingsbaum stehen. Wenn du magst, kannst du deinen Lieblingsbaum berühren. Wie fühlt er sich an?

Du kannst deinen Baum auch umarmen, wenn du möchtest. Spürst du seine Kraft?

Nun wird es Zeit, langsam zurückzukehren. Schaue dir deinen Baum noch einmal genauer an. Betrachte auch die anderen Bäume.

Atme noch einmal ihren bezaubernden Duft ein, bevor du dich langsam auf den Weg zurück zur Schule machst.

Öffne nun wieder deine Augen. Willkommen zurück im Klassenzimmer.

Händigen Sie den Kindern die benötigten Materialien aus. Bitten Sie die Jungen und Mädchen, ihre Tische mithilfe des Zeitungspapiers abzudecken. Nun malt jedes Kind seinen Lieblingsbaum, den es während der Fantasiereise gesehen hat.
Da die Bilder zunächst trocknen müssen, sollte die Präsentation in der nächsten Religionsstunde erfolgen. Räumen Sie den Kindern dazu genügend Zeit ein.

Tipp

Wenn Sie die Stilleübung und Präsentation in einer Schulstunde durchführen möchten, können Sie den Kindern auch Wachsmalstifte anstatt der Wasserfarben aushändigen. Damit sind allerdings feine Farbnuancen nicht so leicht herzustellen.

Fantasiereise: Symbol Weg

Material	–
Zeitbedarf	ca. 20 Minuten
Alter	ab 8 Jahre

So geht's

Lesen Sie den Kindern den folgenden Text langsam und deutlich vor. Achten Sie darauf, den Jungen und Mädchen genügend Zeit einzuräumen, damit die Bilder in ihrem Kopf entstehen können.

Auf dem Weg

Setze dich bequem hin. Deine Füße stehen fest auf dem Boden. Wenn du magst, kannst du deine Arme auf dem Tisch verschränken und deinen Kopf darauf ablegen. Schließe nun deine Augen.

Stelle dir vor, wie deine Füße dich tragen. Mit festen Schritten gehst du einen wundervollen Weg entlang.

Bleibe kurz stehen und ziehe deine Schuhe aus. Nun spürst du den Boden besser unter deinen Füßen. Was spürst du da, unter deinen Füßen? Ist der Boden hart oder weich?

Findest du es angenehm, auf diesem Weg zu gehen?

Schaue dir den Weg einmal genauer an. Sieh nach links. Was gibt es dort zu entdecken?

Schaue nach rechts. Was siehst du dort?

Gehe den Weg immer weiter. Genieße es, den Boden unter deinen Füßen zu spüren. Konzentriere dich nun einmal ganz auf den Weg. Wie fühlt es sich an, ihn entlangzugehen? Horche in dich hinein. Welche Gefühle löst der Weg in dir aus?

Ändern sich diese Gefühle auf deiner Reise?

Achte einmal darauf, ob du den Weg alleine gehst oder ob dir etwas oder jemand begegnet.

Gehe den Weg immer weiter. Atme tief ein und spüre, wie du immer entspannter wirst. Welche Gerüche begegnen dir auf deinem Weg?

Fantasiereise: Symbol Weg

Fröhlichkeit und Behaglichkeit breiten sich in dir aus. Tief in deinem Herzen bist du glücklich und zufrieden. Genieße dieses Gefühl!

Schaue dich nun noch einmal in Ruhe um. Nimm die Eindrücke tief in dich auf!

Atme noch einmal ganz bewusst die Luft ein, bevor du nun langsam wieder deine Augen öffnest und ins Klassenzimmer zurückkehrst.

Reflektieren Sie die Erlebnisse der Kinder gemeinsam.
Dabei helfen Ihnen folgende Fragen:

- *Wie fühlst du dich nun?*
- *Wie sah dein Weg aus?*
- *Wie hat er sich angefühlt?*
- *Wo hat dein Weg dich hingeführt?*
- *Hast du dich auf diesem Weg wohlgefühlt?*
- *Was denkst du, warum hat nicht jeder den gleichen Weg gesehen?*
- *Auch in der Bibel wird von Wegen erzählt. An einer Stelle in der Bibel heißt es: „Lege deinen Weg in Gottes Hand und vertraue ihm. Gott wird dich auf dem Weg begleiten“* (frei nach Psalm 37, 5).
- *Was ist damit gemeint?*
- *Überlege einmal: Haben für dich diese Sätze etwas mit deinem Erlebnis zu tun?*

Entspannungsübung: Ich spüre meinen Körper

Material	*für jedes Kind:* ▶ Decke ▶ Knetmasse
Zeitbedarf	45 Minuten
Alter	ab 6 Jahre

Vorbereitung

Schieben Sie die Tische und Stühle zur Seite. Legen Sie die Decken aus, sodass jedes Kind genügend Platz hat. Alternativ können Sie diese Entspannungsübung zur Körperwahrnehmung und -erfahrung auch im Turnraum durchführen und aus Turnmatten eine große Liegewiese gestalten.

So geht's

Bitten Sie die Kinder, sich auf die ausgebreiteten Decken zu legen. Erinnern Sie sie daran, dass Gott ihnen ihren Körper schenkte und ihn so gestaltet hat, wie er es für richtig hielt. Lesen Sie ihnen nun langsam die folgende Übungsanleitung vor.

Ich spüre meinen Körper

Lege dich bequem hin. Achte darauf, dass es für dich gemütlich ist. Schließe nun deine Augen. Atme tief ein und aus. Mit jedem Atemzug verschwinden die Gedanken in deinem Kopf, die du jetzt nicht haben willst. Lasse sie einfach wegziehen.

Deine Füße liegen fest auf dem Boden. Sie tragen dich – egal, ob du gehst oder stehst.

Spüre, wie deine Füße ganz schwer werden. Sie sinken immer tiefer in die Decke hinein und dürfen nun einmal ganz entspannt sein.

Auch deine Beine sorgen dafür, dass du stehen, gehen und laufen kannst. Hast du schon einmal darüber nachgedacht, was deine Beine täglich für dich leisten? Lasse deine Beine nun ein bisschen ausruhen. Spüre, wie sie ganz schwer werden.

Entspannungsübung: Ich spüre meinen Körper

Auch dein Po ist wichtig. Ohne ihn könntest du z. B. gar nicht sitzen. Lasse auch ihn sich ein bisschen entspannen. Dein Po sinkt nun ganz tief in die Decke hinein.

Dein Bauch und deine Brust arbeiten jeden Tag für dich. Beide helfen deinem Rücken dabei, deinen Körper aufrecht zu halten.

In deinem Bauch und in deiner Brust wohnen viele kleine und große Wunderwerke. Man nennt sie Organe. Sie sorgen dafür, dass dein Körper am Leben bleibt, indem die Organe z. B. deine Nahrung und deine Atemluft im Körper verarbeiten. Dadurch hast du jede Menge Energie.

Spüre einmal in deinen Atem hinein. Merkst du, wie sich dein Bauch mit jedem Atemzug hebt und senkt?

Gönne deiner Brust und deinem Bauch nun auch eine kleine Pause. Spürst du, wie sie ganz schwer werden?

Auch dein Rücken ist natürlich wichtig. Er hilft dir dabei, deine Arme und Beine zu bewegen. Außerdem sorgt er auch dafür, dass du aufrecht sitzt, stehst und gehst. Das macht er, ohne dass du ihn darum bittest. Nun darf auch er einmal ausruhen. Spürst du, wie er sich darüber freut? Dein Rücken ist nun ganz entspannt. Das merkst du daran, dass deine Schultern immer tiefer in die Decke hineinsinken.

Deine Arme und Hände sorgen dafür, dass du Dinge greifen, tragen und tun kannst. Lasse nun deine Arme und Hände entspannen. Spürst du, wie sie ganz schwer werden?

Ohne deinen Kopf könntest du nicht denken. Doch manchmal braucht auch er ein bisschen Ruhe. Er genießt es, wenn du ab und an auch mal an gar nichts denkst. Lasse ihn ganz tief in die Decke hineinsinken. Schiebe alle Gedanken beiseite.

*Öffne nun langsam wieder deine Augen. Schüttle deine Arme, Hände und Beine aus. Setze dich zuerst langsam aufrecht hin, bevor du aufstehst.
Wie fühlst dich nun?*

Händigen Sie den Kindern die Knetmasse aus. Bitten Sie sie, damit ihre momentanen Gefühle zum Ausdruck zu bringen. Lassen Sie ihnen alle Freiheiten. Sie werden überrascht sein, welche Kreativität in Ihren Kindern steckt.
Sollten Sie noch Zeit übrig haben, bieten Sie den Kindern die Gelegenheit, ihre Kunstwerke zu präsentieren und kurz ein paar erläuternde Worte dazu zu sagen.

Entspannungsübungen: Kurztechniken

Material	–
Zeitbedarf	jeweils ca. 2–3 Minuten
Alter	ab 6 Jahre

So geht's

Wählen Sie aus den folgenden Vorschlägen eine Entspannungsübung aus. Führen Sie diese mit den Kindern gemeinsam durch. Da die Techniken recht leicht umsetzbar sind und nicht viel Zeit in Anspruch nehmen, können Sie diese immer wieder zwischendurch anwenden, wenn Sie eine Konzentrationseinbuße Ihrer Schüler verspüren.

Gähnen

Fordern Sie die Jungen und Mädchen auf, mindestens 7-mal hintereinander herzhaft zu gähnen. Ja, Sie haben richtig gelesen: Gähnen. Auch wenn dies nicht gerade den Knigge-Vorstellungen entspricht, ist Gähnen ein effektives Instrument, um zugleich Aufmerksamkeit und Entspannung zu erzeugen. Es regt sowohl die Hirntätigkeit als auch den Stoffwechsel an, optimiert das Bewusstsein, entspannt den gesamten Körper und reduziert Stress. Probieren Sie es aus!

Lächeln

Stellen Sie sich mit den Kindern in einem Kreis auf. Lächeln Sie das Kind zu Ihrer Linken an und bitten Sie es, das Lächeln im Uhrzeigersinn weiterzugeben. Einige Kinder werden bereits lächeln, bevor das Lächeln an sie weitergegeben wurde. Dies ist durch die Spiegelneuronen begründbar, über die jeder Mensch verfügt. Sie sorgen dafür, dass Gemütsregungen anderer Personen auf uns überspringen.
Lächeln hat wie auch das Gähnen einen unglaublichen Effekt auf unser Gehirn. Es sorgt für Entspannung, hebt die emotionale Stimmung und aktiviert die Neuronalkreisläufe.
(Vgl. Newberg, Andrew/Waldmann, Mark Robert: Der Fingerabdruck Gottes. Goldmann 2012, S. 205/206)

AF550748

Podo-Posturaltherapie

Die neurophysiologische Haltungstherapie

Ina ter Harmsel
Wolfgang P. Schallmey

2. Auflage 2020

Druck: Generál Nyomda Kft., H-6727 Szeged

Titelbild: © freshidea – fotolia.com
Satz: Jürgen Bücker, M.A.M. Maiworm GmbH
Lektorat: M.A.M. Maiworm GmbH

www.ml-buchverlag.de

ISBN: 978-3-96474-354-1

Inhaltsverzeichnis

Das „Magnum opus" von Wolfgang und Ina ist fertig! Vor Ihnen liegt das Ergebnis ihres Lebenswerkes.

Wenn es zwei Menschen gibt, die ihr Leben für ein Ziel gaben und geben, dann sind es diese beiden Therapie-Forscher. Ihr Streben nach Anerkennung des Fußes als eine der schönsten anatomischen Strukturen des menschlichen Körpers, aber zugleich auch als eine Quelle vieler Abweichungen ist beinahe episch zu nennen. Für die beiden gilt der Text des Apostels Paulus an die Thessalonicher wie für sonst niemanden: „21 Den Geist dämpfet nicht, die Weissagung verachtet nicht; prüfet aber alles, und das Gute behaltet" (1. Thessalonicher – Kapitel 5: 19). Erforscht alles und behaltet das Gute. Sie suchten und fanden – einige gute und eine weniger wertvolle Sachen. Zuallererst fanden sie einen großen Lehrmeister in Rene J. Bourdiol. Auf seinem System basierend sind sie durch Erforschen und Verfeinern zu einem eklektischen System gekommen – genannt Podo-Orthesiologie. Aber stets haben sie ihren Meister geehrt. Später kamen andere, darunter Karel Breukhoven, und immer wurde ihre Vision des Haltungs- und Bewegungssystems weiterentwickelt und verbessert. Die Podo-Orthesiologie entwickelte sich weiter zur Podo-Posturaltherapie.

Nun haben sie ihre Erfahrung aus der Praxis, angefüllt mit wissenschaftlichen Ansichten, aufgeschrieben. Es ist ein Werk geworden, in dem stets der Patient im Zentrum steht. Manchmal werden grundlegende Einsichten aus der Neurowissenschaft und der (Bio-) Mechanik in ihre Vision integriert, aber niemals weichen sie zu weit ab von ihrer Essenz: Dem Erleichtern der Leiden ihrer Patienten. In ihrem Streben danach haben sie auf ihrer wissenschaftlichen Wanderung unterwegs eine große Schar (wissenschaftlicher) Freunde von verschiedenem Schlag an sich gebunden. Es kann einzigartig genannt werden, dass Ina und Wolfgang jedes Jahr, schon seit Jahr und Tag, ihre Freunde zusammenbringen – die letzten Jahre im charmanten Rummelsberg. Hier in Süddeutschland wird 3 Tage konferiert und manchmal heftig diskutiert, wir haben aber auch Spaß und jeder geht erfreut, inspiriert und voller neuer Ideen für die Behandlung seiner Patienten nach Hause.

Dieses Buch ist ein Standardwerk für die Podo-Posturaltherapie geworden – und es wird ab heute zentral in der Diskussion (auch in Rummelsberg) um Beschwerden vom Haltungs- und Bewegungssystem in Europa stehen. Das Buch wird als Nachschlagewerk vielen helfen, ihr therapeutisches Handeln auf ein höheres Niveau zu bringen. Ich wünsche uns allen viel Spaß beim Lesen!

Rotterdam, Dezember 2014
Prof. Dr. Gert-Jan Kleinrensink

1. Vorwort

1.1 Zur zweiten Auflage

Die erste Auflage des Buches war relativ rasch vergriffen. So ergab es die Notwendigkeit einer zweite Auflage. In diesem Zug wurde der Text überarbeitet und die meisten Fehler verbessert. Hier gilt ein Dank an Frau Dr. Steffi Schliiwa. Für die Computerarbeit muss ich mich bei Jenny Heitmann bedanken. Ich freue mich, dass in der zweiten Auflage noch der Anhang um drei Themen ergänzt werden konnte. Ina (†) und ich freuen uns sehr, dass dieses Buch und die Therapie so viel Interesse gefunden hat.

Ein Dank geht an die Lektorin und den Verlag, ohne die dieses Buch nicht zustande gekommen wäre.

Sassenberg, Juli 2020
Wolfgang P. Schallmey,

1.2 Perfektion ist der Zustand, den man anstrebt, wohlwissend, dass man ihn nie erreichen wird.

Daran dachten wir, während dieses Buch entstand. Nie wird es perfekt sein, immer kann noch etwas erweitert oder verbessert werden. Es ist schwer, das Wissen und die erworbene Praxis kurz und bündig, aber doch für jeden verständlich auf Papier zu bringen. Trotzdem denken wir, dass es uns gelungen ist, ein praxisnahes und trotzdem sehr fundiertes Buch über die Podo-Posturaltherapie zu schreiben.

Jeder Praktiker, der sich schon einmal mit dem Thema Haltung und Bewegung beschäftigt hat, hat bestimmt schon oft über die hier angesprochenen Aspekte nachgedacht. Viele von Ihnen werden sich auch schon auf irgendeine Art und Weise mit dem Bereich der Haltungsstörungen beschäftigt haben. Trotzdem denken wir, dass jeder immer noch etwas hinzulernen kann.

Wenn Sie einen Fehler in diesem Buch entdecken, teilen Sie uns diesen mit. Wir sehen es als Lernprozess. Schon jetzt gilt Ihnen unser Dank.

Mit diesem Buch möchten wir Therapeuten anregen, sich mehr und mehr mit der beschriebenen Materie zu beschäftigen. Erst wenn man über ein Thema nachdenkt und versucht, es erfolgreich in die Praxis umzusetzen, um weiter daran zu arbeiten, erst dann ist man auf dem Weg zum Erfolg. Wer auf diesem Weg haltmacht, wird sein Ziel nie erreichen.

Dieses Buch haben wir für unsere Kinder, unsere Schüler und alle Neugierigen geschrieben.

Wir wünschen Ihnen viel Spaß und neue Ideen zum Wohle Ihrer Patienten.

Ina ter Harmsel und Wolfgang P. Schallmey

1.3 Wir möchten uns bedanken

Dank sagen ist immer wichtig und gleichzeitig gefährlich: Man vergisst so schnell jemanden. Daher als Erstes danke an alle, die uns auf irgendeine Art und Weise geholfen haben.

Hervorheben möchten wir einige Personen, ohne die dieses Buch nie zustande gekommen wäre:

- Unsere Familie, die auf etliche gemeinsame Stunden verzichten musste.
- Ma und Pa und die Schwestern, die immer wieder die jüngste Tochter bzw. die kleine Schwester unterstützt haben mit ihrer nie ablassenden Hilfe.
- Karel Breukhoven, unser Freund und Meister, der uns die Podo-Orthesiologie und somit die ersten großen Schritte auf dem Weg zur Podo-Posturaltherapie beigebracht hat und seine Bilder für dieses Buch zur Verfügung gestellt hat.
- Els Breukhoven, die die Bilder für Karel und somit für uns gezeichnet hat.
- Don Visbeen, denn auch von ihm durften wir einiges lernen und seine Bilder für dieses Buch benutzen.
- Nacho Ramírez (Fuerteventura), der viele Bilder für uns gezeichnet hat.

1.4 Curriculum der Autoren

Wolfgang Schallmey DO.CN, geboren 1943 in Hambergen, ist in der dritten Generation Chiropraktiker. Schon der Großvater war „Knochensetzer“ und Naturtherapeut. Während der Ausbildung zum Heilpraktiker in Wetzlar wurde sein Händchen für die

Chiropraktik/Osteopathie entdeckt und gefördert. Neben der Praxisarbeit war er viele Jahre aktiv als Fachfortbildungsleiter des FDH (Fachverband Deutscher Heilpraktiker e.V.), im Vorstand der ACON (Arbeitsgemeinschaft für Chiropraktik/Osteopathie und Neuraltherapie Deutscher Heilpraktiker e.V.) und als Vorsitzender der IFPB (International Federation for Proprioceptive and Biomechanical Therapies e.V.). Er ist als Dozent und Referent für Chiropraktik/Osteopathie und Naturheilverfahren im In- und Ausland tätig.

Ina ter Harmsel DO.CN, Jahrgang 1957, ging einen anderen Weg: Schon als Kind stand für sie fest: „Ich werde Ärztin für Knochen und Muskeln." Ärztin wurde sie nicht, aber Physiotherapeutin (B.Sc.) und später Heilpraktikerin. Es folgten viele Weiterbildungen, vor allem in den verschiedenen manuellen Therapien und Osteopathie.

Während eines Chiropraktik- und Osteopathiekurses 1986 lernten wir einander und auch Karel Breukhoven kennen. Er sprach während des ganzen Kurses immer wieder über die Füße. Wir fragten uns: „Was will der Mann mit den Füßen? Wir wollen mobilisieren, manipulieren, ..." Aber er tat es solange, bis er unser Interesse geweckt hatte und wir erkannten, dass die von Karel mitentwickelte Podo-Orthesiologie eine enorme Ergänzung für unsere tägliche Arbeit darstellte. Noch im gleichen Jahr brach Wolfgang auf nach Rotterdam, um die Methode direkt von Karel Breukhoven zu erlernen. Während des regen Austauschs von Wissen entstand auch eine große Freundschaft. 1988 beschloss auch Ina, die Podo-Orthesiologie bei Breukhoven persönlich zu erlernen. Inzwischen hatten wir eine gemeinsame Praxis in Warendorf und organisierten dort 1989 zusammen mit Karel die ersten Kurse zur Podo-Orthesiologie.

Diese Therapie ist interessant, aber das Konzept musste geändert werden: Die Podo-Orthesiologen in den Niederlanden beschäftigen sich nur mit den Füßen, hier ist es eine eigene Berufsbezeichnung. In Deutschland wird es im Behandlungskonzept der Ärzte, Heilpraktiker und Physiotherapeuten integriert.

Wir entschieden, das Konzept so zu ändern, dass der Behandler (Heilpraktiker, Arzt, Physiotherapeut etc.) das Gelernte schnell in die Praxis umsetzen kann und die neurophysiologischen Sohlen zentral hergestellt werden können. Schritt für Schritt kam mehr Wissen dazu, und das Bild der Podo-Orthesiologie setzte sich immer weiter zusammen.

Durch Karel lernten wir Don Visbeen kennen. Er arbeitet u. a. mit Diabetikern und brachte sein Wissen in den Unterricht mit ein. Im Herbst 2001 wurde mit sieben weiteren Kollegen die „International Federation for Proprioceptive and Biomechanical Therapies e.V.", kurz IFPB, gegründet.

2003 kam Prof. Dr. Bourdiol, der Begründer der Podo-Posturaltherapie, zum Kongress, der uns wiederum mit seinen engsten Mitarbeitern Dr. Bortolin und Dr. Carniell aus Italien in Kontakt brachte: Wieder entwickelten wir uns weiter. Leider starb Dr. Bourdiol noch im selben Jahr, doch der Kontakt zu Dr. Bortolin und Dr. Carniell blieb und wurde im Laufe der Jahre intensiver. So ging es immer weiter und aus der Podo-Orthesiologie entstand schließlich die Podo-Posturaltherapie: eine Therapie, die sich nicht nur mit den aufsteigenden neuropsychologischen Funktionsketten aus den Füßen beschäftigt, sondern auch mit den Einflüssen anderer sensorischer Systeme wie Augen, Kiefer, Ohren, etc.

Durch unser gemeinsames Interesse und die gegenseitige Inspiration macht die Therapie an sich und das weitere Erforschen der Möglichkeiten dieser Methode immer noch viel Spaß. Und so ist unser Beruf auch unsere Berufung. Leider ist Ina 2017 von uns gegangen. Trotzdem und gerade deshalb möchte ich noch einiges Ergänzendes in der 2. Auflage hinzufügen.

2. Einleitung

2.1 Die Geschichte der Podo-Posturaltherapie

Bereits Ende des 18. Jahrhunderts stellte sich der Wissenschaftler Sir Charles Bell die Frage: Wieso fällt ein Mensch bei Gegenwind nicht um, sondern schafft es, seine aufrechte Haltung zu stabilisieren? Der Mensch besitzt offenbar die Fähigkeit, mithilfe seiner Muskelkraft gegen die Schwerkraft zu arbeiten und sich auch an Kräfte, die gegen seine senkrechte Haltung wirken, anzupassen.

Die erste Schule der Posturologie wurde 1860 in Tübingen von Dr. Karl Vierordt gegründet. 1861 erläuterte der Arzt Francois Louget die Propriozeption, die subjektive Körperwahrnehmung über die Sensoren der paravertebralen Muskulatur. 1899 untersuchte Babinski Haltung und Bewegungsschäden von Patienten und deren Auswirkungen auf das Kleinhirn. Im 20. Jahrhundert haben sich viele Forscher mit dem System der Posturologie beschäftigt, wobei die Hauptwurzeln in Frankreich zu finden sind: so z. B. bei Dr. René Bourdiol die Podo-Posturologie, bei Dr. Pierre Gagey das System Postural fini und bei Dr. Bricot das System tonique posturale.

In den Niederlanden wurde die Therapie durch Karel Breukhoven (Podo-Orthesiologie) und Don Visbeen (Podo-Kinesiologie) modifiziert. In Deutschland wurde diese Therapie in den 1980er-Jahren von Lydia Aich (Podo-Ätiologie) und von uns, Wolfgang P. Schallmey und Ina ter Harmsel (Podo-Orthesiologie nach Breukhoven/Podo-Posturaltherapie), gelehrt und ausgeübt.

2.1.1 Der Fuß als Ausgangspunkt der neuromuskulären Schaltung

Dr. René Bourdiol und Dr. Giuseppe Bortolin entdeckten Mitte des 20. Jahrhunderts, dass die Körperhaltung eng mit der Statik des Fußes zusammenhängt. Ein normaler, gesunder Fuß hat die mechanische Aufgabe, die auf ihn wirkenden Kräfte gleichmäßig zu verteilen. Dies setzt sich im Körper über Segmente der Wirbelsäule und Gelenke fort. Als Schnittstelle zwischen Körper und Erdboden gleichen die Füße jede Unebenheit aus und geben dies an den Körper weiter. Ein pathologisch veränderter Fuß kann eine gleichmäßige Verteilung der Kräfte nur noch fehlerhaft gewährleisten. Es folgt daraus eine Überlastung von einzelnen Gelenken, der Wirbelsäule und der Bandscheiben.

Die Forschungsarbeiten von Dr. Bourdiol und Dr. Bortolin besagen, dass es eine direkte Verbindung zwischen der Fußmuskulatur und verschiedenen Bereichen des Kleinhirns gibt. Da die Fußmuskulatur zu verschiedenen Bereichen des Gehirns Kontakt hat, wirken diese Reize auf die Propriozeption des Fußes und führen über den Fuß zu einer Aktivierung der Muskelkette, die u.a. notwendig für eine aufrechte Körperhaltung sind. Oder andersherum: Liegt ein Fehler in unserem Haltungssystem vor, der zu einem Ungleichgewicht führen kann, z.B. Augenmuskelstörungen (Phorien), so kann dies zu Ausgleichsstörungen der Füße führen. Die Haltung ist verspannt und der Körper muss sich mehr anstrengen, die aufrechte Haltung zu gewährleisten. Das kann, außer zur Fehlhaltung, auch zu Gelenk- und Muskelbeschwerden etc. führen.

Dr. Bourdiol und Breukhoven haben das erkannt und versucht, den Körper über die Behandlung des Fußes in seine natürliche Haltung zurückzuführen. Dieses System nennt sich Podo-Orthesiologie: die Lehre über den Fuß und die Haltung des Menschen. Die Podo-Posturaltherapie ist die Weiterentwicklung und Fortführung der Podo-Orthesiologie, da sie die Einflüsse von z.B. Augen-/Kiefer-/Narbenstörungen auf den Fuß und deren Behandlung mit einbezieht.

2.2 Festvortrag von Dr. René Bourdiol auf dem IFPB-Kongress 2003

„Ich hätte nie gedacht, dass meine Entdeckungen im Dezember 1974 beim Skisport in den Pyrenäen mein Leben so verändern würden. Ich, der kleine Algerier, der nie Schnee gesehen hatte, der kein Vertrauen zu den verschneiten Abhängen hatte, sich aber auch nicht lächerlich machen wollte, entschied sich deshalb für den Langlauf. Ich nahm ein paar Stunden Unterricht und dabei ging alles gut, bis ich trotz politischer und sonstiger Gegenarbeit gefährlich nach rechts Übergewicht bekam.

Der hinter mir fahrende Professor bemerkte bei meinem rechten Skischuh einen Belastungsfehler. Ohne dass ich es beabsichtigte, kam der rechte Fuß nicht mit, ich hatte einen falschen Standwinkel, was den Widerstand auf der rechten Seite des Skis erhöhte, sodass ich vom Weg abkam. Als Yang-Mensch hatte ich Hohlfüße, das erhöht natürlich die Belastung des lateralen Fußgewölbes. Das erklärt auch den falschen Winkel und die großartigen, wenn auch unwillkürlichen Schwünge bei der Abwärtsfahrt. Ich bemerkte auch, dass ich keine Möglichkeit hatte, die äußere Seite meines Fußes zu unterstützen, um auf den verschneiten Hängen Kraft entwickeln zu können, damit sich Wirbelsäule und Becken synchron bewegen.

Endlich – ich hatte es gefunden: Diese Ilio-podologische Verbindung war die Folge einer dreifachen Verkürzung der Muskeln M. rektus femoris, M. tensor faszia latae und M. vastus lateralis, die außer der zum Skifahren notwendigen Beweglichkeit des Unterschenkels auch die Tätigkeit des Fußes beeinträchtigte.

Zurück in Paris begann ich mit den anthropologischen Messungen und Auswertungen gemäß der Methode und den spezifischen Hilfsmitteln, die ich an der Salpêtrière schon vor zwölf Jahren angewandt hatte. Nach der Winkelmessung nach E.I.A.S. des sogenannten Schneiderwinkels (der klassische spinocalcanische [ein Eigenbegriff von Dr. Bourdiol: Abstand der Lotlinie bis zur Calcaneusmitte] Abstand der Anthropologen) entdeckte ich, dass bei meinen Patienten die von mir benannte ‚schraubenförmige Verdrehung des Beckens und die Rotation' sowie die Lateralneigung der Wirbelsäule immer zusammen auftraten. Ich überlegte also, dass diese schraubenförmige Verdrehung mit der fixierten Position beim Skilaufen zusammenhängen muss. Mir blieb nur noch, den Winkelfehler mithilfe der lateralen Längsbänder an der entsprechenden Seite einer orthopädischen Sohle zu beheben. Am Anfang war ich sehr vorsichtig, später, als der Erfolg mir recht gegeben hat, war ich weniger schüchtern.

Ich sah von der somatischen Verbesserung zuerst nichts am Becken, also glich ich die Veränderungen aus, was mir die Stellung der Dornfortsätze bestätigte. Die Kontraktionen verschwanden also, was durch andere Manipulationen nicht hatte erreicht werden können; das Schulterblatt entspannte sich, der Rücken richtete sich auf und der Bauch wurde eingezogen. Und das alles war zu erreichen – ohne Krankengymnastik!

Als Neurologe, der ich war, dämmerte mir: All diese Veränderungen vom Fuß her beginnend, konnten nur vom Zentralnervensystem herrühren. Ich erkannte auch schnell die Nutzlosigkeit großer Korkteile in den Sohlen. Eine kleine Münze unter dem Fersenbein reicht z. B. aus, um entscheidende Veränderungen zu bewirken.

Ich begab mich also zu meinen Fußübungen, immer ausgerüstet mit Winkelmesser, Lot und Kompass, um die Ergebnisse objektiv beurteilen zu können. Dabei entdeckte ich Folgendes:

1. Tätigkeiten der Plantarmuskulatur der großen Zehe bei der Bestimmung der Exorotation der unteren Extremität und der Retroversion des Beckens.

2. Tätigkeiten der Plantarmuskulatur des kleinen Zehs bei der gegenläufigen Entwicklung körperlicher Variationen.

3. Tätigkeiten des viereckigen Muskelbauchs des M. quadratus plantares, um zu erreichen, dass der Rumpf nach vorne abknickt und die lumbale Hyperlordose abgeflacht wird.

4. Tätigkeiten der Mm. lumbricalis, um zu erreichen, dass der Körper sich streckt.

Die Entdeckung der biografischen Werke von Prof. Winckler, die ich in Lausanne gesehen hatte, ließen mich begreifen, wie wichtig diese unterschiedlichen Muskeln sind. Sie sind der Ausgangspunkt der Sensoren, insbesondere der Kapselsensoren, der Drucksensoren, die entlang der propriozeptiven Bahnen und in Gegenläufigkeit zu den somatischen Bewegungsnerven (a–y Eigenreflex) in jeder muskulären Etage einen oszillierenden Kreis formen, der in einer langen physiologischen Kette die darüber gelegenen Etagen erreichten kann.

Ich bin noch immer beeindruckt von der Reichhaltigkeit der erzielten Ergebnisse, die sofort messbar sind, und der Subtilität und Schlichtheit der podo-orthesiologischen Sohle – was mich veranlasst, noch einmal gründlich über die polysynaptischen propriozeptiven Bahnen nachzudenken. Es gibt in der Neurologie ein bequemes Mittel, das Warum eines Phänomens zu erklären: Das ist das Studium der Aktionsabläufe. Aber es gibt auch ein noch bequemeres Mittel um bestimmte Anomalien zu erklären, ohne in einen Widerspruch zu geraten: Bauen Sie ein Interneuron ein! Für manche Physiologen ist das eine wirkliche Spezialität geworden. Treffer! Ein Interneuron findet sich tatsächlich in den propriozeptiven Bahnen. Und das ist außerdem wirklich ein Reizbremser. Es sind die Muskelspindel und die Golgizellen, die sowohl durch ihre Lage im Muskelbauch als auch durch ihre Schaltung auf Zug an den Muskel gezielt reagiert, in dem sie eingebettet ist. Sie erhöht tatsächlich den Entladungsrhythmus proportional zur Muskelspannung und ihre Aktivität schaltet auf Rückenmarksniveau, nicht in der Kette der Bewegungsmuskeln, sondern in diesem berühmten Zwischenneuron, das den kinetischen Effekt umdreht mit ebenso viel Entschiedenheit wie die Reizung, die auf ein Niveau getragen und verstärkt wird. Der Muskel entspannt sich also und das Verletzungsrisiko am Ansatz verringert sich. Ich hatte daher die Idee, dieses System für therapeutische Zwecke zu nutzen um die ligamento-aponeurotische Spannung mittels mechanischer Reize (Podo-Orthese) oder kinetischer Manipulation oder Reflexmassage zu ändern. Das ist also, was ich mir von meinen myotensiven Techniken versprochen habe. Natürlich konnten mich diese neuen Wege nicht von weiteren Untersuchungen und vor allem Dissektionen abhalten.

In Arcs fand im Februar 1975 ein erinnerungswürdiges Seminar statt. Teilnehmer waren u. a. Ton van der Bos, G. van Roy, Guido Hauwaerts, außerdem ein paar ausgezeichnete Skiläufer. Jeden Morgen gingen die Langläufer, bekleidet mit engen Hosen und einem Schuh, der – ohne dass sie es wussten – mit einem dünnen destabilisierenden Element versehen war, in die Loipe. Sie klärten also und überprüften meine Wahrnehmungen durch ihre unwillkürlichen Abweichungen in der sagittalen Kinetik, die sie für sich entdeckten und die ihnen erklärt wurden. Ich demonstrierte ihnen die Wichtigkeit der somatischen Veränderungen, die durch das ganz leichte Ungleichgewicht der Fußstatik entstehen und ich entschied mich, mit Maurice Laisné an meiner Seite Präparationssitzungen zu organisieren. Natürlich begannen wir mit dem Präparieren von Füßen. Ich habe mehr als 500 Präparierungen geleitet und mehrere Dutzend selbst ausgeführt. Um andere Körperteile kümmerten wir uns auch. Es gelang mir, verschiedene besondere muskuläre Strukturen nachzuweisen und speziell im Hinblick auf ihr Nervensystem zu klären. Ich entdeckte aber auch die Nichtigkeit bestimmter Verstärkungen. Ich habe niemals eine einzige ,venöse Sohle von Lejars gefunden – was nichts Gutes über bestimmte Reflextherapien und über einige Hypothesen zur Ätiologie des varikösen Syndroms aussagt. Gleichzeitig machte ich in Zusammenarbeit mit Francoise, mit dem ehrenwerten Doktor Hon Nguyen Tan und André Laurant, elektromyographische Untersuchungen um die Muskelfaserbündel zu bestimmen. Leider lieferte das ,Myoskop', das uns Prof. Sorejanto besorgte zu viel Hautstimulation über seine Metallelektroden, dass es nichts wurde mit unseren perfekten Untersuchungen.

Die Synthese all dieser Arbeiten ergab die neurologische Konzeption zweier unwillkürlicher und reaktogener Syndrome inklusive ihrer morphologischen, physiologischen und pathologischen Kriterien mit der Unterscheidung ihrer mechanischen und ihrer bänderbezogenen Funktionen. Das führte mich (immer mit der Unterstützung meiner Gattin sowie Dr. Giuseppe Bortolins und die Mitglieder meiner Gemmer-Gruppe und Karel Breukhoven) dazu, die Kenntnis und das Verständnis der krankhaften Wesen in der Podologie zu vertiefen, indem ich Berechnungen zahlreicher (Einzel-)Faktoren anstellte. Zudem befasste ich mich mit der geologischen Zusammensetzung und dem Erdmagnetismus, mit der Entdeckung des Biomagnetismus, hervorgerufen durch dieselbe Corioliskraft, Ursprung des Geomagnetismus.

Das Studium der biomagnetischen Achsen und ganz besonders der podomagnetischen Achsen in ihren verschiedenen Variationen sind im Augenblick die letzten untersuchten Themen in der Prospherontologie, dieser neuen Wissenschaft vom Wohlfühlen ohne auf chemische oder giftige Substanzen zurückzugreifen."

Bad Bentheim, 29. März 2003

2.3 Podo-Orthesiologie nach Breukhoven oder Podo-Posturaltherapie

Podo-Orthesiologie nach Breukhoven ist die Lehre der Haltungsregulation über den Fuß. Dr. Bourdiol ist, soweit wir es bis jetzt nachforschen konnten, der Erste, der sich explizit mit dem Einfluss der Füße auf der Körperstatik beschäftigt hat. Vorher fokussierte man sich vor allem auf den Einfluss der Augen und den Mundbereich. Dass man über die Füße die Statik sehr gut beeinflussen kann, wurde anfangs oft belächelt. Dr. Bourdiol bekam sehr viel Widerstand aus den eigenen Reihen, aber von anderer Seite auch viel Anerkennung.

Einer seine ersten Schüler war Karel Breukhoven, von dem wir die Podo-Orthesiologie gelernt haben. In den Niederlanden ist diese Methode eine eigenständige Therapie, wir hingegen haben sie von Anfang an in unsere Arbeit als Physiotherapeuten und Heilpraktiker mit Spezialisierung auf Chiropraktik/Osteopathie integriert. Für uns war sie die ideale Ergänzung in der Behandlung von chronischen Beschwerden am Bewegungsapparat.

Während wir uns sehr intensiv mit der Haltung und den Füßen beschäftigten, kamen immer mehr Fragen auf, inwieweit auch die anderen sensorischen Rückmeldungen, wie z. B. aus Augen, Mund, Viszera etc., auf die Haltung einwirken. Die viszerale Osteopathie half uns hier schon ein Stück weiter, aber leider berücksichtigt sie den sensorischen Einfluss nicht so weit, wie wir das benötigten. Mit dem konventionellen Sinnesorgan und dessen Einfluss auf die Haltung beschäftigt sich der Osteopath eigentlich gar nicht. Die ersten Ansätze in diese Richtung kamen von vielen Seiten gleichzeitig, u. a. aus Italien von unseren Kollegen Professor Dr. Bortolin, Dr. Carniell und der Gruppe GEMER. Aber auch der Kontakt zu engagierten Zahnärzten in Deutschland hat uns weiter geholfen. Nicht zu vergessen den Kontakt zur französischen Gruppe um Philippe Villeneuve un Gagay, die API.

Aber immer wieder bemerkten die Kollegen egal welcher Fachrichtung: „Ja, aber ihr beschäftigt euch nur mit den Füßen!" Es musste also ein anderer Begriff her, damit diese falsche Wahrnehmung vom Tisch gewischt werden konnte. In Zusammenarbeit mit Kollegen aus den Niederlanden, wie u. a. Don Visbeen und Jack Slot, entstand der Begriff Podo-Posturaltherapie: die Lehre der Haltungsregulation durch die verschiedenen Körpersensoren.

Hier ist das Wissen über die verschiedenen sensorischen Systeme, deren Diagnostik und Therapie gesammelt. Es werden inzwischen Diagnosemethoden aus verschiedenen Richtungen wie Funktionaloptometrie, funktionelle Kieferbehandlung (CMD), Osteopathie, Chiropraktik usw. eingesetzt, und wir bekommen zudem immer mehr Information über den Einfluss von Gehör und Geruch auf unsere Haltung. Diese Methode scheint nahezu grenzenlos erweiterbar zu sein.

Kollegen in den Niederlanden machten uns auf den Optiker Albert van der Braak aufmerksam, der sehr spezifisch über die Einstellung der filigranen Augenmuskulatur arbeitet. Neben der Funktionaloptometrie setzt er sehr dünne Prismen ein, die das Auge nicht wie sonst üblich in eine Position zwingt, sondern die verspannte Muskulatur entspannen lässt, woraufhin sich das Auge von selbst in die optimale Stellung bringen kann – er macht also genau das, was wir mit den Füßen machen. Eine prachtvolle Ergänzung, die leider von anderen Optometristen noch nicht aufgegriffen wird.

Da die Podo-Posturaltherapie so umfassend ist, kann der Patient oft nur von einem Therapeuten-Team behandelt werden. Alle sollten die Diagnostik so weit wie möglich beherrschen, die Therapie wird dann durch den Spezialisten im Team durchgeführt.

*Die Podo-Posturaltherapie ist eine Methode,
um den Bewegungsapparat wieder ins Gleichgewicht zu bringen.
Sie benutzt nicht nur neue Techniken, sondern auch verschiedene
diagnostische und therapeutische Techniken anderer, schon bekannter
Methoden, die aber dann umfassender und ganzheitlicher eingesetzt werden.*

2.3.1 Was ist das Besondere an der Podo-Posturaltherapie?

Die Podo-Posturaltherapie ist eines der ersten Systeme in Deutschland, das sich sowohl mit der Diagnostik als auch mit der Therapie der Füße und der weiteren neurophysiologischen und sensorischen Systeme, die auf die Gesamtstatik des Körpers einwirken, beschäftigt. Inzwischen ist diese Methode vielfach kopiert, leider nicht immer im Sinne der Erfinder. Wir haben uns in ganz Europa weitergebildet, aber bis heute kein anderes System gefunden, das sich so intensiv mit den verschiedenen sensorischen Systeme und ihrer gegenseitigen Beeinflussung auseinandersetzt.

Im Fußabdruck finden wir Hinweise auf sensorische Störungen, z. B. der Augen oder der Mundregion. Wir finden Hinweise, inwieweit eine Brille oder eine Zahnversorgung die Haltung positiv oder negativ beeinflussen kann. Diese Information verarbeiten wir in unserer Therapie, unserer neurophysiologischen Therapiesohle (Podosohle®) und in der Zusammenarbeit im Netzwerk mit Ärzten, Zahnärzten, Funktionaloptometristen, Heilpraktikern, Physiotherapeuten usw.

Auch gibt es kein uns bekanntes System, das sich gleichzeitig mit dem Einfluss von angeborenen und erworbenen Abweichungen der Statik beschäftigt. Was primäre Haltungsabweichungen auslösen können und wie wir die Folgen dieser Abweichungen lindern oder beheben können, ist Teil der Podo-Posturaltherapie.

Fast alle Systeme arbeiten primär mit dem statischen Abdruck. Da der Mensch aber doch viel in Bewegung ist, muss man die statische Belastung mit der dynamischen Belastung vergleichen und die Unterschiede genauestens in die Diagnostik einfließen lassen. Aus den fast immer sichtbaren Differenzen zwischen dem statischen und dem dynamischen Abdruck bekommen wir weitere Hinweise auf Störfelder im Körper.

Bis jetzt kennen wir kein anderes System, das die vielen neurophysiologisch wirkenden Korkelemente so individuell kombiniert. Die von Dr. Bourdiol und später durch Karel Breukhofen ausgearbeiteten Elementen nutzen wir und entwickeln diese ständig weiter. Durch unsere mehr als 30 jährige Praxiserfahrung und unseren ständigen Weiterbildungen haben auch wir die Möglichkeit, viele der zur Verfügung stehenden Elemente weiterzuentwickeln und deren Einsatzmöglichkeiten zu verfeinern. Dieses Wissen wird durch dieses Buch weitergeben.

Da die Elemente sehr individuell ausgesucht zum Einsatz kommen, ist eine gute Ausbildung die Voraussetzung für den Behandlungserfolg. Je mehr Wissen auf dem Gebiet der Körperstatik und -dynamik vorliegt, desto spezifischer kann man die Elemente einsetzen.

Jede Podosohle® wird individuell ausgemessen und regelmäßig auf die neue Körperhaltung angepasst. Die Elemente werden anhand einer klinischen Funktionsdiagnostik gelegt und genau im Abdruck eingezeichnet. Hierfür gibt es weder eine Schablone noch ein festgelegtes Schema. Der Behandler stellt mittels podo-posturaler und klinischer Funktionsdiagnostik fest, welche Elemente sinnvoll sind. Der Fußabdruck zeigt uns dabei, wo die Elemente genau eingearbeitet werden müssen. Die Podosohle® wird anschließend individuell und von Hand gefertigt.

2.3.2 Wie lange muss die Podosohle® getragen werden?

Die Sohlen sollten über einen längeren Zeitraum getragen werden. Die Beschwerden werden schon relativ schnell nicht mehr wahrgenommen, die biomechanische und vor allem neurophysiologische Fehlsteuerung ist jedoch noch lange nicht behoben. Generell kann man sagen, dass nach ca. zwei bis drei Jahren das alte, fehlerhafte Muster behoben ist. Zwar kann diese Phase durch unterstützende Maßnahmen wie Osteopathie, Chiropraktik, myofasziales Training etc. etwas verkürzt werden – aber:

1. Je älter der Patient ist, desto langsamer erfolgt die Umstellung.

2. Je älter die Beschwerden sind, desto länger muss die Sohle getragen werden.

3. Bei Kindern geschieht die Umstellung oft schnell, jedoch sollten sie jedenfalls bis Ende der Pubertät unter Kontrolle bleiben, da bestimmte Haltungsstörungen erst ab einem bestimmten Alter auftreten. Somit haben wir die Möglichkeit schnell einzugreifen, wenn die Haltung sich negativ ändert.

3. Die Haltung

3.1 Haltung und ihre Bedeutung

Der Begriff Haltung hat viele Bedeutungen, je nachdem, aus welchem Blickwinkel man sie betrachtet und beurteilt.

Beispiele für eine psychologische Betrachtung:
- Körpersprache (Wut, Trauer, Angst etc.)

Beispiele für eine soziologische Betrachtung:
- Dominant
- Untertänig
- Kontaktfreudig
- Einzelgänger oder eher Teamworker

Beispiele für eine individuelle körperliche Haltung:
- Aufrechtes Stehen: Ist er gerade oder steht der Patient mit schlaffer Muskulatur, zusammengesackt?
- Sitzen: Wie sitzt der Patient? Aufrecht, hängend über der Tastatur, ständig mit Unterstützung des Kopfes, hält er den Kopf schief beim Schreiben etc.?
- Fehlhaltung (erworben oder angeboren): Steht er mit einem Beinlängendifferenz, mit einer Körperrotation, mit Schulterschiefstand?
- Schmerzhaltung: Steht der Patinet mit verkrampften Muskeln, entlastet ein Bein wegen Schmerzen o. Ä.?
- Unsere Haltung wird von vielen Informationen beeinflusst:
  - Erbliche (genetische) Voraussetzungen
  - Erworbener Körperbau
  - Erziehung
  - Schulung
  - Gemüt
  - Krankheit

In der Podo-Posturaltherapie beschäftigen wir uns in erster Linie mit der individuellen Körperhaltung, und zwar vorwiegend mit der aufrechten Haltung im Stehen und Gehen – in der Behandlung werden andere Haltungen natürlich mitbeurteilt.

3.2 Körperhaltung

Die Körperhaltung wird hauptsächlich bestimmt durch das aktive, vor allem myofasziale System sowie durch den passiven Halteapparat aus Knochen und Gelenken. Die Bewegungsmuster werden zwar im Großhirn gespeichert, aber immer durch das subkortikale unbewusste Nervensystem reguliert und auf jede Situation genauestens eingestellt. Jede Bewegung wird also in erster Instanz durch das subkortikale Nervensystem gesteuert. Hierzu gehören u. a. die subkortikalen Kerne, wie Formatio reticularis oder Nucleus ruber, aber auch das Kleinhirn (Cerebellum). Es gibt daher nie die aufrechte Haltung schlechthin, sondern eine für jeden Menschen sehr individuelle eigene Haltung, die ständig wechselt.

Haltung ist immer ein individuelles Ergebnis, welche man auch nur so betrachten darf. Zwingt man einen Menschen in eine Normhaltung, so verletzt man seinen Körper und seinen Selbstwert. In die individuell aufrechte Haltung sollte man daher so wenig wie möglich und nur so viel wie nötig eingreifen; auch, wenn der Körper nicht gerade ist.

Die Manuellen Therapien nach Marsmann oder van der Bijl zeigen, dass jeder Mensch eine natürliche Schiefe hat. Kein Mensch ist also gerade und kann dementsprechend nicht in eine gerade Haltung gepresst werden. Messungen, die zum Ziel haben, den Menschen gerade zu stellen, führen daher immer zu Funktionsproblemen. Elektronische Messsysteme werden in der Podo-Posturaltherapie daher hauptsächlich zur Dokumentation eingesetzt.

Ziel der Podo-Posturaltherapie: Die individuelle Fehlhaltung aktiv zu korrigieren, ohne in die individuelle Normalhaltung – wie auch immer diese aussieht – einzugreifen.

3.3 Die Haltung als Ausdruck des Ich-Seins

Körperhaltung und Fußstand sollten im Einklang sein. Sind sie es nicht, so liegt eine Haltungsstörung vor. Die weitere Diagnostik gibt dann Hinweise auf die verschiedenen möglichen Ursachen einer Haltungsstörung.

3.3.1 Der Yin- und Yang-Typ

Wir unterscheiden in unserer Behandlung zwischen Yin- und Yang-Typen.

Natürlich hat jeder Mensch sowohl Yin- als auch Yang-Anteile. Je nachdem, was überwiegt, ist der Mensch mehr Yin oder mehr Yang. Verliert z. B. ein Yang-Typ an Energie, tendiert er mehr nach Yin und ist in seiner Harmonie gestört. Alle Körpersymptome zeigen daher auf einen Energieverlust hin und können zu Depressionen führen.

Yang-Typ
Er hat eine erhöhte Muskelspannung und ist daher weniger flexibel in seiner Haltung, dafür aber aktiv, dynamisch und extrovertiert. Zudem ist er häufig ein Vorreiter in Vereinen und Politik. Der Yang-Typ neigt zur Verkrampfung, sowohl muskulär als auch organisch.

Basishaltung:

- Ein mehr waagerechtes Sacrum und eine stärkere Lordose der Lendenwirbelsäule, dabei aber eine sehr aufrechte, gerade Haltung.
- Sakraler Teil des Iliosakralgelenks ausgeprägt konkav (nach Lewit)
- Stärkere Krümmung des Iliosakralgelenks und größere Beweglichkeit (nach Lewit)
- Hohlfüße
- Hat eher muskuläre Schmerzen und Schmerzen bei Bewegung, die in Ruhe bessern.
- Möchte sofort Besserung spüren, ist generell schnell ungeduldig.

Yin-Typ
Er neigt zu einer schlaffen Muskulatur und ist eher depressiv, introvertiert.

Basishaltung:

- Das Sacrum ist aufrecht mit einer flacheren Lendenwirbelsäule, der Gang ist jedoch weniger aufrecht.
- Neigt etwas zum Rundrücken.
- Der sakrale Teil des Iliosakralgelenks ist weniger konkav (nach Lewit).
- Iliosakralgelenk weniger gekrümmt, mehr langgezogen und weniger mobil (nach Lewit).
- Flache Füße
- Hängt in seinen Ligamenten, Bändern und Muskeln.
- Schmerzen sind häufig ligamentärer Art und bestehen eher in Ruhe.
- Ist schnell unzufrieden, auch mit seinen Behandlern, die daher häufig gewechselt werden.
- Fühlt sich oft unverstanden.

Solange die Fußstellung und die Körperhaltung in Einklang sind, sind wenig chronische Beschwerden zu erwarten. Im anderen Fall werden sie immer wieder auftauchen.

3.4 Wieso kommen einige Patienten immer wieder in die Praxis?

Alle sensorischen Systeme beeinflussen die Statik. Sobald eines gestört ist, passt sich der Körper automatisch an die neue Situation an. Die veränderte Statik führt auf Dauer zu neuen Problemen.

Nach der folgenden Regel kann man sich grob richten:

- Solange nur ein sensorisches System gestört ist, werden fast keine Beschwerden wahrgenommen oder wenn, dann nur sehr kurzfristig.
- Sind zwei gestört, treten hin und wieder Probleme und Beschwerden auf.
- Erst wenn drei oder mehr Systeme gestört sind, ist mit einem dauerhaften Beschwerdebild zu rechnen.
- Setzt man das im Praxisalltag um, dann kann man davon ausgehen, dass fast all unsere Patienten mehrere Ursachen für ihre Beschwerden haben.

Die Probleme in den verschiedenen Bereichen verstärken sich gegenseitig. Beurteilt man den Patienten nicht als Einheit, sieht man sehr oft nur die isolierten Symptome und findet die Hauptursache nicht. Leider werden viele Patienten zu Unrecht als Simulanten oder Psychosomatiker abgetan.

Hat man die Ursachen jedoch erst einmal erkannt, muss man davon ausgehen, dass die chronischen Beschwerden auch mit strukturellen Änderungen einhergehen. Denken Sie immer wieder daran, dass die Zugrichtung und Stabilität des myofaszialen Systems sich durch andere Krafteinwirkung immer wieder verändert. Diese Änderungen brauchen Zeit, um sich wieder in die ursprüngliche Form zurückzubilden. Daher muss sich die Behandlung an die ständig neue Situation anpassen und sollte keinesfalls beendet werden, sobald der Patient keine Beschwerden mehr verspürt.

4. Funktionelle podo-posturale Anatomie

Wir nennen dieses Kapitel bewusst podo-posturale Anatomie, da wir hier keine ausführlichen anatomischen Beschreibungen geben möchten, sondern nur einige gedankliche Anregungen, die uns in der Podo-Posturaltherapie weiterhelfen.

Die anatomischen Basiskenntnisse sollten jedem Leser bekannt sein.

4.1 Statisches und dynamisches Dreieck

Die Podo-Posturaltherapie teilt den Fuß in zwei Dreiecke ein: das statische und das dynamische Dreieck.

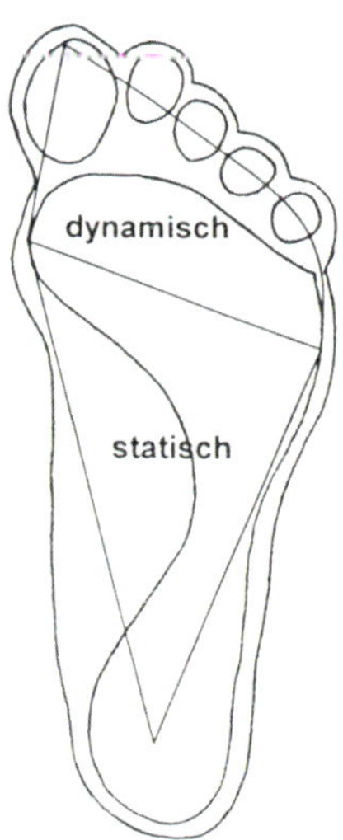

Abb. 1.: Statisches und dynamisches Dreieck

a. Das statische Dreieck: der Bereich zwischen Calcaneus und den fünf Metatarsalköpfe,
   - Hierauf stehen wir, gleichzeitig bewegen wir uns aber kontinuierlich beim Stehen. Die Kontrolle und Koordination erfolgt aus dem statischen und dynamischen Fußanteil.
   - In diesem Bereich liegen alle kleinen plantaren Fußmuskeln, die hauptsächlich eine statische Funktion haben.
   - Es ist der primäre Bereich, der in der Podo-Posturaltherapie therapeutisch relevant ist.

b. Das dynamische Dreieck: der Bereich zwischen den Metatarsalköpfchen und den Zehenspitzen.
   Hiermit bewegen wir uns fort.
   - Der große Zeh kann als Motor der Bewegung angesehen werden. Je besser er in der Bewegungslinie verläuft, desto weniger Energie wird benötigt, um sich vorwärts zu bewegen.
   - Die Zehen II bis V sind das sogenannte Lenkrad. Sie steuern die Bewegungsrichtung des Großzehs und somit die Gesamtrichtung.
   - Bei Abweichungen wie z. B. dem Hallux valgus ist die Funktion des dynamischen Dreiecks erheblich gestört.

Beim Hallux valgus verläuft die Kraftlinie des Großzehs nach lateral (außen). Je ausgeprägter der Hallux valgus ist, desto mehr verändert die Linie die Richtung von vorwärts nach außen. Die anderen Zehen müssen nun die Kraft nach medial verlagern, um vorwärtsgehen zu können. Dies führt zu Verformungen der Digiti II bis V. Vor allem der Digitus V leidet darunter und verformt sich, indem er seine Kraftlinie stark nach medial verlagern muss. Da man mehr über den Großzehballen abrollt, entsteht immer mehr Druck auf diesen, weshalb er sich dadurch ebenfalls verformt. Eine Operation ist hier nur ein kosmetischer Eingriff (kann aber bei erhöhten Schmerzen notwendig sein), solange nicht die Ursache der gestörten Kraftlinien behoben wird.

Jede Abweichung einer der fünf Zehen verursacht eine enorme Dysbalance der kompletten Körperstatik.

Alle anatomischen Strukturen haben eine individuelle Form und Anordnung im Körper. Die Angaben in Anatomie-Büchern und -Atlanten sind lediglich „Richtlinien". Es ist enorm wichtig, immer die individuelle Statik und Belastung zu berücksichtigen. Hierzu ist vor allem die klinische Funktionsdiagnostik das Mittel der Wahl.

4.2 Das Knochensystem des Fußes

Im Fuß haben wir 26 Knochen, 19 Muskeln und über hundert Ligamente. Diese sollten sich in Harmonie miteinander bewegen können, ohne durch externe Unterstützungen wie z. B. durch ein Fußbett blockiert zu werden. Nur die harmonische, freie Beweglichkeit des Fußes erlaubt eine optimale Informationsweiterleitung und somit eine ungestört aufsteigende Funktionskette.

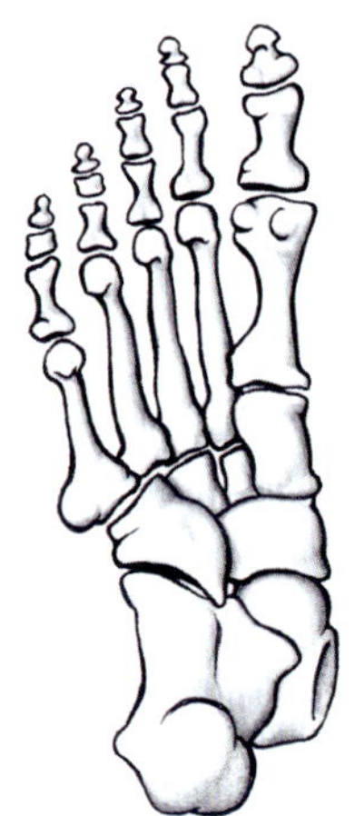

Abb. 2: Die Fußknochen

4.2.1 Der Talus, ein besonderer Knochen im Fuß

Der Talus hat keine Muskelansätze und kann somit nicht aktiv gesteuert werden. Seine Beweglichkeit ist daher abhängig von der Stellung der Fußknochen im Verhältnis zu seinen Nachbarn (vor allem vom Calcaneus), der Stabilität und der Richtung der Ligamente und den Sehnen der langen Fußmuskeln.

Jede Dysbalance der Fußmuskulatur oder Instabilität bzw. Fehlrichtung der Ligamente verursacht dann auch eine Fehlstellung des Talus und somit eine Fehlstellung des kompletten Fußes.

Wenn die Füße falsch stehen, gerät der ganze Körper aus der Balance. Ist irgendwo im Körper eine bis dahin unbemerkte Schwachstelle, wird er durch die Fußfehlstellung „aktiv". Die Behandlung der Schwachstelle ist in einem solchen Fall nur eine zeitlich begrenzte Lösung. Es kommt immer wieder zu Beschwerden, solange die Mitverursacher, hier der Fuß, nicht auch behandelt werden.

Das Gewicht des Körpers erreicht den Fuß über den Talus. Der Talus leitet die Belastung weiter an den Calcaneus und an den 1.–3. Strahl. Der Calcaneus gibt einen Teil seiner Belastung an das Os cuboideum und den 4.–5. Strahl weiter. Die genauen Verhältnisse der Belastung sind u. a. abhängig von der Projektion des Körperschwerpunktes und der Fußstellung.

4.3 Das Fußgewölbe

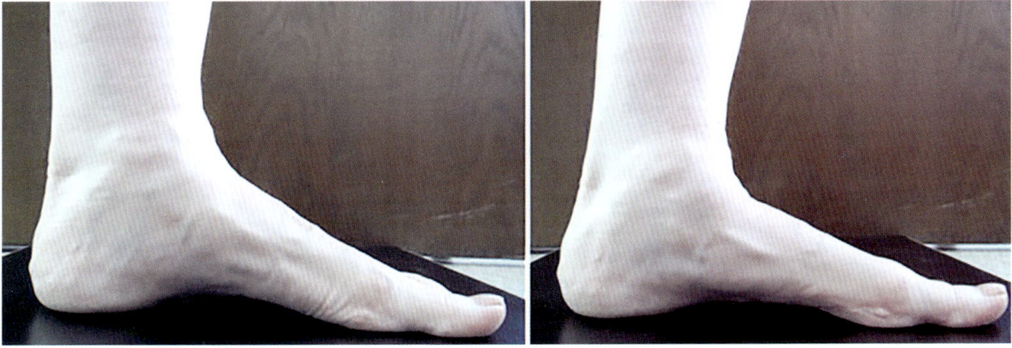

Abb. 3: Das Fußgewölbe

Im Allgemeinen wird über Längs- und Querwölbungen gesprochen. Die Fußform ergibt aber mehrere Gewölbe, welche wir uns hier genauer ansehen werden.

4.3.1 Das Längsgewölbe

Der Fuß kann funktionell in fünf Längsgewölbe eingeteilt werden, für jeden Strahl gibt es ein eigenes Längsgewölbe.

- Das mediale Fußgewölbe (1. Strahl) wird gebildet durch:
  - Calcaneus
  - Talus

  - Naviculare
  - Cuneiforme 1
  - Metatarsale (MT) 1 mit seinen Sesamoiden

Das mediale Fußgewölbe ist am höchsten ausgeprägt und hat die größte Mobilität, wird aber auch am meisten belastet. Die Koordination zwischen Stabilität und Mobilität ist hier also extrem gefordert.

- Das laterale Fußgewölbe (5. Strahl) wird gebildet durch:
  - Calcaneus
  - Cuboideum
  - Metatarsale 5

Das laterale Fußgewölbe hat deutlich weniger Mobilität und ist auch weniger gefährdet bei Verformungen. Es liegt im Stehen, unterstützt von den plantaren Weichteilen, auf dem Boden auf.

Der 2. Strahl wird gebildet durch: Calcaneus, Talus, Naviculare, Cuneiforme 2, MT2

Der 3. Strahl wird gebildet durch: Calcaneus, Talus, Naviculare, Cuneiforme 3, MT3

Der 4. Strahl wird gebildet durch: Calcaneus, Cuboid, MT4

4.3.2 Das Quergewölbe

Es wird viel geschrieben über „das Quergewölbe" des Fußes, aber auch hier müssen wir unterscheiden: Es gibt eigentlich mehrere Quergewölbe, jede querverlaufende Knochenlinie bildet ein Gewölbe. Was es aber nicht gibt, ist das immer wieder beschriebene Vorfußquergewölbe. Das bedeutet, dass eigentlich alle fünf Metatarsalköpfchen auf dem Boden stehen, unterstützt von den Weichteilen und stabilisiert durch die Fußmuskulatur. Wird diese Muskulatur schwach, sackt der Fuß zusammen, wodurch die muskulär gehaltene Stabilität auch im Vorfuß schwächer wird. Dann entstehen der Spreizfuß und die Fußinstabilität. Dies ist also kein „Durchsacken" des Vorfußes, denn dieser steht schon am Boden, sondern lediglich ein Spreizen. Nimmt die Weichteilmasse, u. a. die feste Fettstruktur (Capiton), ab, dann sehen wir den Abdruck der Metatarsalköpfchen und es wird von einem durchgetretenen Fuß gesprochen. Der Einsatz der Pelotte, welche dieses Vorfußgewölbe stützen soll, wird in der Podo-Posturaltherapie daher abgelehnt.

Die Mittellinie des Fußes verläuft zwischen den Metatarsalen (MT) 2 und 3. Das bedeutet, dass die Köpfchen der Metatarsalen 1 und 2 das gleiche Gewicht tragen müssen wie die der Metatarsalen 3–5. Mechanisch trägt das Caput metatarsale 1 zweimal das Gewicht jeder der anderen Metatarsalen, was eine Erklärung dafür ist, dass der Caput metatarsale 1 auch kräftiger ist. Die Belastung wird im gesunden Fuß von den beiden Sesamoiden getragen. Somit ist die Belastung zwischen MT1 und 2 und 3–5 wieder im Gleichgewicht.

Will man die Gewölbe stabilisieren, darf dies nicht auf Kosten der Mobilität gehen. Daher ist nur das muskuläre Aufrichten der Gewölbe sinnvoll und nicht das klassisch durchgeführte passive Aufrichten durch ein Fußbett.

Bei einem echten pathologischen Fuß (z. B. bei Rheuma oder einem Charcot-Fuß) kann ein Betten durchaus notwendig sein. Inwieweit ein passives Aufrichten dabei sinnvoll ist, muss sehr individuell beurteilt werden. Die sehr verbreitete Fußbettung „aus dem Regal" kann also nie eine Lösung sein, um die Fußprobleme und die daraus entstehenden weiteren Haltungsprobleme zu beheben.

Plantar gibt es zwei wichtige Muskelgruppen, die den Fuß kontrollieren:

1. Die kleinen plantaren Fußmuskeln, die hauptsächlich eine statische Funktion ausüben und somit eher extrapyramidal/unwillkürlich innerviert werden. Um diese Muskeln zu aktivieren, benutzen wir die neurophysiologische Therapiesohle (Podosohle®).
2. Die längeren supinierenden Fußmuskeln, die eine eher dynamische Funktion haben und pyramidal und somit willkürlich gesteuert werden. Um diese Muskeln optimal zu aktivieren, werden aktive Übungen mit dem Patienten eingeübt.

Dazu kommen die Extensoren und die Pronatoren des Fußes, die therapeutisch wichtig sind, aber mittels der Podo-Posturaltherapie nicht primär angesprochen werden. Man sollte daher versuchen, immer einen aktiven, direkten oder indirekten Bodenkontakt aller fünf Digiti zu gewährleisten.

4.3.3 Gewichtsverteilung

Die Gewichtsverteilung auf den Fuß verläuft über den Talus. Der Calcaneus nimmt ein Drittel des Gewichts auf, die übrigen zwei Drittel werden vom Talus und Calcaneus über die Fußwurzel zum Mittelfuß und Vorfuß weitergeleitet. Von diesen zwei Dritteln entfallen ca. 50 % auf die beiden ersten Strahlen und die anderen ca. 50 % auf die drei letzten Strahlen.

4.3.3.1 Gewichtsverteilung und Atmung

Vorfuß und Fußwurzel werden im Atemrhythmus unterschiedlich belastet. Während des Einatmens wird der Vorfuß stärker belastet, beim Ausatmen die Fußwurzel.

Grundsätzlich ist in den Muskeln des Körpers immer eine Aktivität zu messen, selbst im vermeintlichen Ruhezustand wie im Liegen gibt es eine messbare Muskelaktivität, vor allem in den statischen Muskeln.

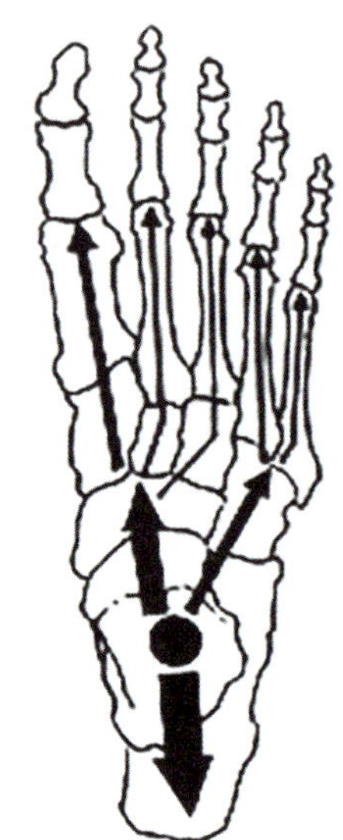

Abb. 4: Gewichtsverteilung

4.3.3.2 Schulter- und Beckenstellung

Viele Menschen sind in ihrer Längsachse verdreht. Damit steht – seitlich betrachtet – die eine Schulter weiter zurück als die andere. Man spricht dabei von Scapula dorsale oder Scapula ventrale.

- Scapula dorsale: Scapula steht hinter der Lotlinie
- Scapula ventrale: Scapula steht vor der Lotlinie

Oft steht aber die Scapula auch in einer Protraktion oder Retraktion. Dies wird in der Podo-Posturaltherapie immer Scapula posterior und Scapulum anterior genannt, da in diesem Fall der Angulus inferior scapulae nach posterior oder anterior steht.

Die diagnostische Schwierigkeit besteht darin, ein Scapula dorsale von einem Scapulum posterior sowie ein Scapulum ventrale von einem Scapulum anterior zu unterscheiden.

Beim Becken sprechen wir vom Ilium dorsale (hinter der Lotlinie) und Ilium ventrale (vor der Lotlinie) bei einer Rotation um die Körperlängsachse und Ilium anterior oder Ilium posterior bei der Verwringung um eine frontale Achse.

Die diagnostische Schwierigkeit besteht auch hier darin, ein Ilium dorsale von einem Ilium posterior sowie ein Ilium ventrale von einem Ilium anterior zu unterscheiden.

4.4. Das ligamentäre System

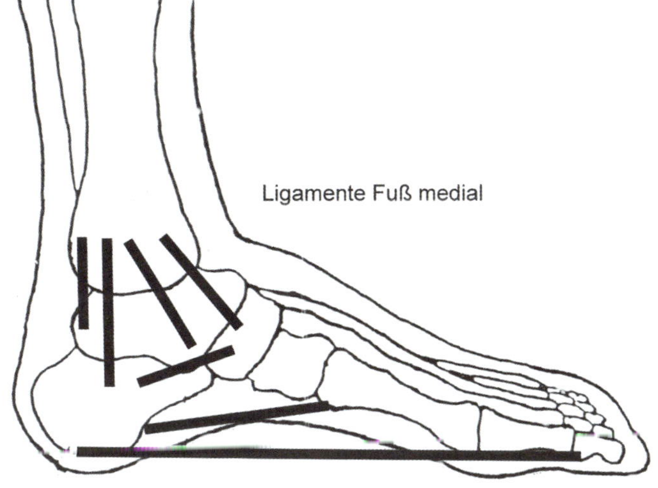

Abb. 5: Ligamente des medialen Fußes

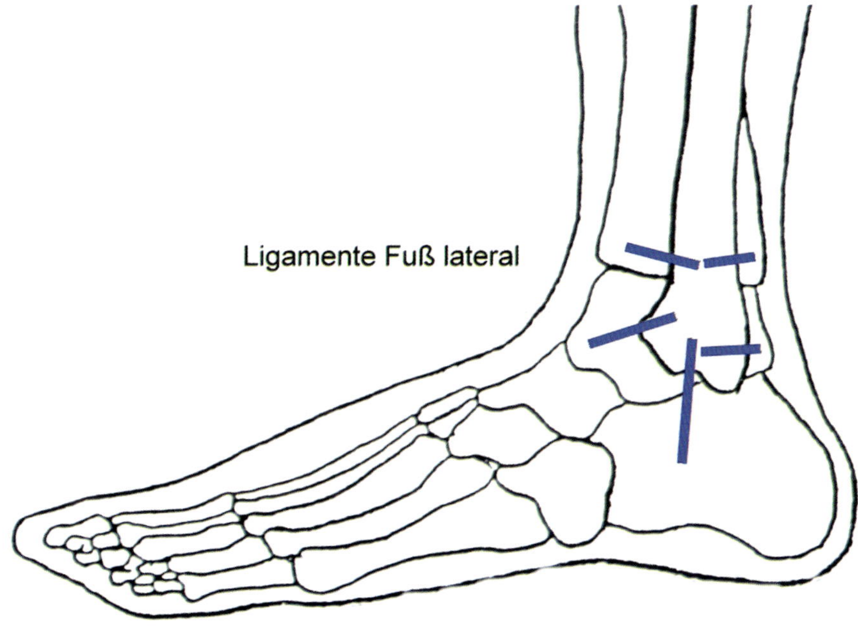

Abb. 6: Ligamente des lateralen Fußes

Ligamente sind in den meisten Fällen Verstärkungen der Faszien. Sie bilden sich abhängig von Belastung und Belastungsrichtung. Somit passen sich deren Verlauf und Stabilität einer veränderten Haltung an – und dafür braucht der Körper nur ca. sechs Wochen. Das bedeutet:

1. Blockaden oder Fixationen, die länger als sechs Wochen dauern, werden auch ligamentär fixiert.
2. Eine Änderung der Mobilität kann nur dauerhaft aufrechterhalten werden, wenn die Ligamente in die Behandlung einbezogen werden.

Daher sind die Ligamente medial und plantar des Fußes deutlich stärker und vielfältiger ausgeprägt als an der dorsalen Seite.

4.4.1 Einige wichtige ligamentäre Strukturen der funktionellen Sprunggelenke

Medial:

- Lig. deltoideum
  - Pars tibio-talaris anterior und posterior
  - Pars tibio-calcanea
  - Pars tibio-navicularis
- Retinaculum flexorum

Lateral/dorsal:

- Lig. talo-fibulare anterius
- Lig. calcaneo-fibulare
- Lig. talocalcaneum laterale
- Retinaculum musculorum fibularium superior
- Retinaculum musculorum fibularium inferior
- Lig. tibio-fibulare posterius

Plantar:

- Lig. calcaneonaviculare plantare (Pfannenband)
- Lig. calcaneo-cuboideum plantare
- Lig. plantare longum
- Aponeurosis plantaris

Ventral (Fußrücken):

- Retinaculum extensorum
- Lig. tibio-fibulare anterius
- Gelenkflächen zwischen Calcaneus und Talus
- Lig. talocalcaneum interosseum

4.5 Die Fußgelenke

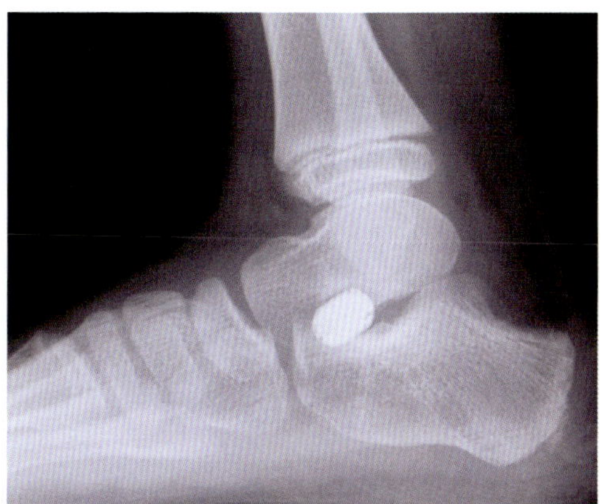

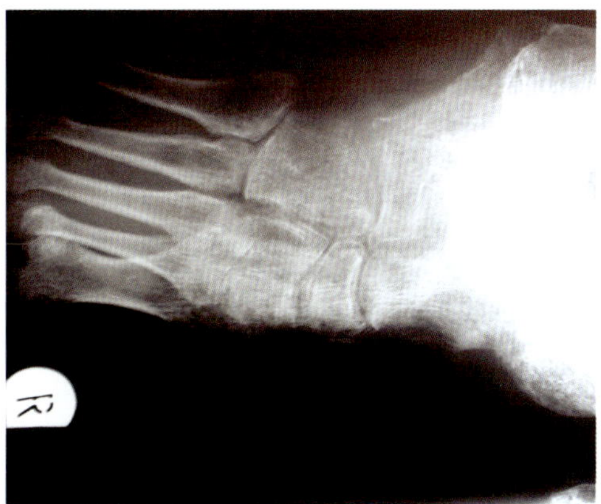

Abb. 7: Sprunggelenke

Das obere Sprunggelenk ist die Verbindung zwischen Tibia/Fibula und Talus. Der Talus hat eine spezielle Form, er ist dorsal schmaler und ventral etwas breiter. Diese Form sorgt dafür, dass der Talus während der Schwungphase Pro- bzw. Supination durchführen kann, aber im Stehen fest in der Gabel der Maleolen verriegelt wird.

Funktionell kann man also sagen: Bei 90° Dorsalflexion funktioniert der Talus als Teil des Unterschenkels; in der Plantarflexion verhält sich der Talus als Teil des Fußes.

Die Art. tibiofibularis distalis ist funktionell ein direkter Teil des oberen Sprunggelenks. Sehr oft ist die Syndesmose, als meist distaler Teil der Membrana interossea, gerissen. Inwieweit das Lig. tibio-fibulare auch zerstört ist, ist nicht bekannt. Es geht aber deutlich mehr Belastung auf dieses Ligament und auf die aktiven Stabilisatoren (Muskeln).

Die Art. tibiofibularis proximalis muss direkt allen Bewegungen des oberen Sprunggelenks folgen und kann funktionell also als Teil dieser Einheit angesehen werden. Praktisch ist es daher ein Kunstfehler, bei der Behandlung des oberen Sprunggelenks (z. B. bei Distorsion) das obere Tibio-Fibulargelenk nicht mitzubehandeln.

Das untere Sprunggelenk muss man unterscheiden in das strukturelle untere Sprunggelenk und das funktionelle untere Sprunggelenk. Zum strukturellen unteren Sprunggelenk gehören Talus, Calcaneus und Naviculare.

Wenn man aber die Verbindungen genau betrachtet, wird man feststellen, dass das untere Sprunggelenk über die Verbindung Naviculare/Cuneiforme 3 und Cuboideum zum MT3–4 weiter verläuft. Jede Bewegung im unteren Sprunggelenk wird hier direkt weitergeleitet und gehört daher funktionell zum unteren Sprunggelenk. Die Beweglichkeit des funktionellen Sprunggelenks sollte in der Therapie nie blockiert werden, damit der Patient sein optimales Gangbild einhalten kann.

Somit haben wir also zwei Längsachsen, die wir in der Behandlung berücksichtigen müssen:

1. Die Belastungslängsachse zwischen dem 2.–3. Strahl
2. Das funktionelle untere Sprunggelenk zwischen dem 3.–4. Strahl.

Der mediale Längsbogen ist am mobilsten. Wenn die Muskulatur hypoton wird, sehen wir sehr häufig eine Hypermobilität in den Fußwurzelgelenken zwischen dem 1. und 2. Strahl entstehen. Hier liegt einer der Hauptursachen für den Hallux valgus.

Tab. 1: Mobilität der metatarsophalangealen Gelenke

	Totale Beweglichkeit	Dorsalflexion	Plantarflexion	Sonstige Bewegungen
Digitus 1	80°	50°	30°	Adduktion, Abduktion, Circumduktion
Digitus 2	70°	40°	30°	
Digitus 3	50°	30°	20°	
Digitus 4	30°	20°	10°	
Digitus 5	10°	10°	Ca. 0° (mehr Adduktion)	

Die Beweglichkeit der Digiti ist wichtig für die Endstabilität und die Feinmotorik im Stehen und Gehen, vor allem auf unebenen Böden.

4.6 Die Muskulatur

Die Podo-Posturaltherapie arbeitet primär mit den plantaren statischen Fußmuskeln. In der Fußsohle finden wir vier Muskelschichten, wir werden hier aber nur auf die in der Podo-Posturaltherapie direkt angesprochenen Muskeln eingehen.

Über die neurophysiologische Information und die vielen verschiedenen Muskelketten wird die Information des Fußes direkt umgesetzt in eine Änderung der kompletten Körperhaltung bis ins Kiefergelenk.

4.6.1 Muskelfunktionen

Jeder Muskel hat zwei Typen Muskelfasern: Bei den einen überwiegen die Fast-twitch-Muskelfasern, wir nennen sie auch die dynamische oder kinetische Muskulatur; bei den anderen überwiegen die Slow-twitch-Muskelfasern oder die statische oder posturale Muskulatur. Die wenigsten Muskeln sind relativ ausgeglichen in der Zahl an Fast- und Slow-twitch-Fasern.

Abhängig von der Nutzung kann ein Muskel etwas mehr dynamischen oder posturalen Charakter bekommen. Jedoch wird ein dynamischer Muskel, also einer mit einem Großteil an Fast-twitch-Fasern, nie ein posturaler Muskel mit einem Großteil an Slow-twitch-Fasern werden oder umgekehrt – dies wird oft vergessen.

Tab. 2: Muskelfaserfunktionen

	Fast-twitch-Muskelfasern (Dynamische Mm.) Typ-2-Fasern	**Slow-twitch-Muskelfasern syn.** (Statische Mm.) Typ-1-Fasern
z. B.	M. gastrocnemius	M. pectoralis major
	Fast alle Armmuskeln	Plantare Fußmuskeln
Funktion	Bewegung	Haltung
Kontraktion	Schnell	Langsam
Myofibrillen (Kontraktionsgeschwindigkeit)	Dicht zusammen	Weniger dicht zusammen
Sarcoplasma (Lagerungskapazität)	Viel	Wenig
ATPase-Aktivität	Hoch	Niedrig
Motorische Einheit	Groß	Klein
Innervation	A-1-Fasern	A-II-Fasern

	Fast-twitch-Muskelfasern syn. (Dynamische Mm.) Typ-2-Fasern	**Slow-twitch-Muskelfasern syn.** (Statische Mm.) Typ-1-Fasern
Kapillarisation (Durchblutung)	Wenig (wenig O_2-Aufnahme)	Viel (viel O_2-Aufnahme)
Myoglobingehalt	Hoch	Niedrig
Äußere Farbe	Mehr Weiß	Mehr Rot
Energie vor allem aus	Glukose/Phosphate (aerob und anaerob); viel Laktatbildung	Fettsäuren (aerob); wenig Laktatbildung
Mitochondrien	Wenig	Viel
Ermüdung	Schnell	Fast nie
Sportart	Explosiv	Ausdauer

4.6.2 Was bedeutet das für unsere Therapie?

Es gibt viele Ursachen für eine konditionell schwächer werdende Muskulatur. Diese merkt man lange Zeit nicht, da die Schwäche durch eine andere Haltung oder durch die Funktionsübernahme durch andere Muskeln kompensiert wird – bis dann eine ausschlaggebende Störung dazu kommt. Dann wird die Energie woanders benötigt, z. B. um die schwere Erkältung wieder in den Griff zu bekommen. Und plötzlich spürt man überall Wehwehchen, die man vorher nicht kannte. Diese verschwinden aber jetzt nicht mehr: Der Rücken zwickt, der Nacken ist steif usw.

Posturale Muskeln liegen dichter am Gelenk und sind im Vergleich kleiner als die dynamischen Muskeln. Ihre wichtigste Funktion ist die Stabilisierung des Gelenks in jeder Position, ohne dass wir darüber nachdenken müssen. Sie werden daher vor allem subkortikal gesteuert. Mit ihrer hohen Sensibilität reagieren sie auf die kleinste Dysbalance, jedoch sind sie konditionell schwach und reagieren insgesamt langsam und somit geht die Stabilität des Gelenks verloren. Das Gelenk fängt an zu „schwanken". Die größeren Bewegungen werden jetzt von den dynamischen Muskeln aufgefangen, sie müssen mehr oder weniger kontinuierlich statische Funktionen übernehmen. Dazu ist ihr Stoffwechsel aber nicht ausgelegt. Sie übersäuern, verkrampfen, fixieren die Gelenke, statt sie zu stabilisieren, und beginnen zu schmerzen. Mit diesen Beschwerden kommt der Patient dann in die Praxis. Wir behandeln die Symptome und der Patient geht zufrieden nach Hause. Aber für wie lange? Behandeln wir anschließend noch die statischen Muskeln, ist ein langfristiger Erfolg gegeben. Mittels spezifischen Übungen muss die neu erworbene Beweglichkeit noch stabilisiert werden, damit der Patient davon profitieren kann.

Daher arbeitet der Podo-Posturaltherapeut vor allem auf der Ebene der statischen Muskulatur. Ist diese Muskulatur wieder fit, kann die dynamische Muskulatur wieder ihre eigene Hauptaufgabe übernehmen. Leistungen verbessern sich und Verletzungen und Beschwerden können erheblich verringert werden.

4.6.3 Die in der Podoposturaltherapie angesprochenen Fußmuskeln

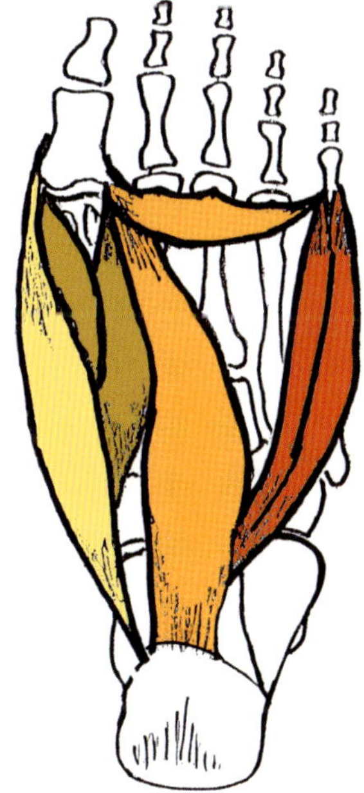

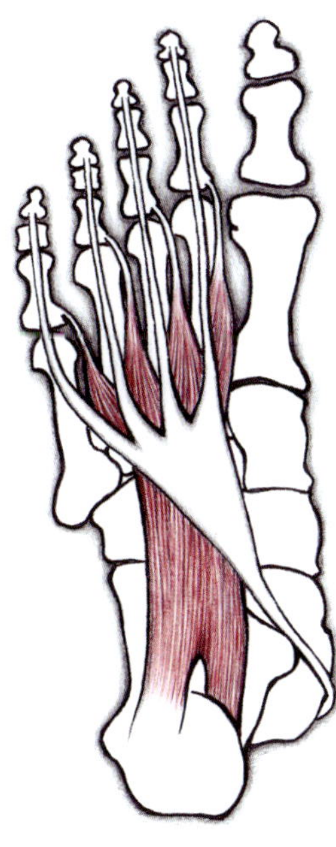

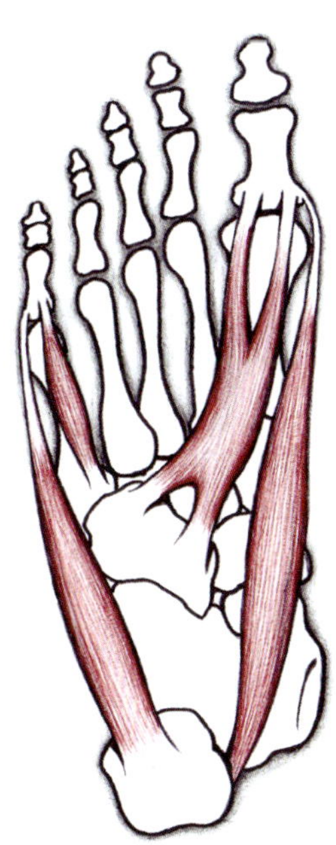

Abb. 8 (links): Oberflächige Schicht der plantaren Fußmuskeln
Abb. 9 (mitte): Mittlere Schicht der plantaren Fußmuskeln
Abb. 10 (rechts): Tiefe Schicht der plantaren Fußmuskeln

- **M. flexor hallucis brevis**
  U.: Ossa cuneiformia 2 und 3, Lig. plantare longum
  A.: Sesambeine, proximale Großzehphalanx.
  F.: Flexion Großzehe
  I.: N. plantaris medialis

- **M. flexor digiti minimi brevis**
  U.: Basis metatarsale 5, Lig. plantare longum
  A.: proximale Phalanx Digitus V
  F.: Plantarflexion des Kleinzehs
  I.: N. plantaris lateralis

- **M. abductor hallucis**
  U.: Processus medialis tuber calcanei, Aponeurosis plantaris
  A.: proximale Großzehphalanx
  F.: Abduktion der Großzehe, unterstützt die Flexion
  I.: N. plantaris medialis

- **M. abductor digiti minimi**
  U.: Proc. lateralis tuber calcanei, Aponeurosis plantaris, Proc. medialis tuber calcanei
  A.: Tuberositas MT5, Prox. Phalanx Digitus V
  F.: Flexion und Abduktion MT5 und Digitus V
  I.: N. plantaris lateralis

- **M. adductor hallucis**
  U.: Lig. plantare longum, Kapsel Art. MTP 2–5, Os cuneiforme 3
  A.: laterales Sesambein und Basis prox. Phalanx Digitus I
  F.: Adduziert und unterstützt die Flexion der Großzehe,
  aktive Unterstützung der Fußgewölbes
  I.: N. plantaris lateralis

- **Mm. lumbricales**
  U.: von den medialen Seiten der vier Strahlen II–V der Sehne des M. flexor digitorum longus
  A.: Mediale Seite der Grundgelenke II–V
  F.: Grundgelenkbeugung und Mitwirkung bei der Streckung der Mittel- und Endgelenke II–V
  I.: N. plantaris medialis und lateralis

4.6.4 Das Capiton

Das Capiton (Fettgewebe unter dem Fuß) hat eine sehr spezielle Struktur. Es ist besonders dort kräftig, wo der Druck am höchsten ist.

Das Capiton wird wie bei Bienenwaben durch stabile bindegewebige Querstrukturen verstärkt. Dieses Bindegewebe sorgt nicht nur für mehr Stabilität, sondern auch dafür, dass sich ein Reiz nicht im Fett nach allen Seiten ausdehnen kann, sondern nahezu direkt in die Tiefe weitergeleitet wird. Dadurch können auch über einen minimalen Druck unter der Fußsohle direkt die tieferen Propriozeptoren erreicht werden.

Bei Verlust der Stabilität des Capitons ist dann auch eine schlechtere sensorische Funktion der Fußsohle zu erwarten.

4.6.5 Die Fascia plantaris (Aponeurosis plantaris)

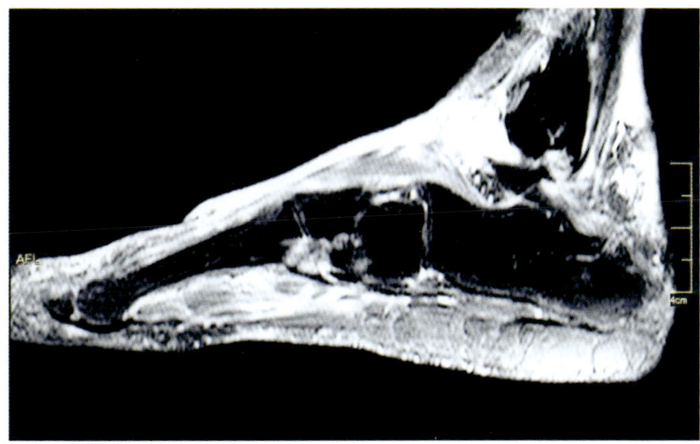

Abb. 11: Die Plantarfaszie und das Capiton

Die Faszien bilden körperweit ein Netzwerk aus Taschen, Septen und Häuten, die man nur sehr schwer als einzelne Einheiten abgrenzen und zählen kann. In den Faszien befinden sich Exterozeptoren, die z. B. Informationen über Druck und Temperatur aufnehmen und weitergeben, aber auch Propriozeptoren, die das Gehirn u. a. über die Lage der faszialen Strukturen informieren. Hierbei handelt es sich um die gleichen Sensoren, die wir auch in der Gelenkkapsel finden. Sie scheinen eine direkte Verbindung zueinander zu haben. Somit kann man die Faszie als Teil des propriozeptiven Systems des Körpers und damit auch als eines unserer wichtigsten Sinnesorgane ansehen.

Fast alle Muskeln ziehen nicht nur direkt an ihren knöchernen Ansätzen, sondern übertragen einen Großteil ihrer Kraft über laterale fasziale Vernetzungen auf die benachbarte Muskulatur und andere Körperteile. Daraus ergeben sich ganz wichtige Spannungsketten, oft über mehrere Gelenke hinweg.

Kleinste Mikroverletzungen der Faszien und Ligamente verursachen eine Dysfunktion der muskulären Kontrolle. Die eingebetteten Mechanorezeptoren geben „falsche" Signale weiter, was wiederum zu entsprechenden Antworten der Muskeln führt und schließlich unphysiologische neuromuskuläre Muster aufbaut.

Wird fasziales Gewebe über längere Zeit gedehnt wie beim Plattfuß, besteht die Gefahr, dass das Gewebegedächtnis verloren geht. Durch sanfte Änderung der Fußstellung hat man oft die Chance, dieses Gewebegedächtnis wieder aufzubauen, um eine dauerhaft bessere Haltung zu etablieren.

Eine Stimulation der Faszien kann zu lokalen Tonusänderungen der quergestreiften Muskelfasern führen. Die Mehrheit der Mechanorezeptoren ist ebenfalls eng mit dem autonomen Nervensystem verknüpft. Sie führen u. a. zu Veränderung der lokalen Viskosität und Vasodilatation.

Der Körper benutzt diese faszialen Sensoren, um über das autonome Nervensystem eine myofasziale Vorspannung zu regulieren.[1] Auch in den Veröffentlichungen von Johannsson[2], der anhand des Kniegelenks demonstrierte, dass eine Stimulation ligamentärer Mechanorezeptoren zwar zu keiner wesentlichen Änderung der Alpha-Motoneurone, jedoch zu einer deutlichen Einflussnahme auf das Gamma-Tonusregulationssystem führt, finden wir Erklärungen für die Wirkung der Podosohle®.

1 Schleip Faszien und Nervensystem Zeitschrift für Osteopathische Medizin Heft 1/2003

2 Johansson H.: Role of knee ligaments in proprioception and regulation of muscle stiffness Journal of electromyo an kinesiology 1, Issue 3, 158-179 (1991)

5. Neurophysiologie

5.1 Die Sensoren

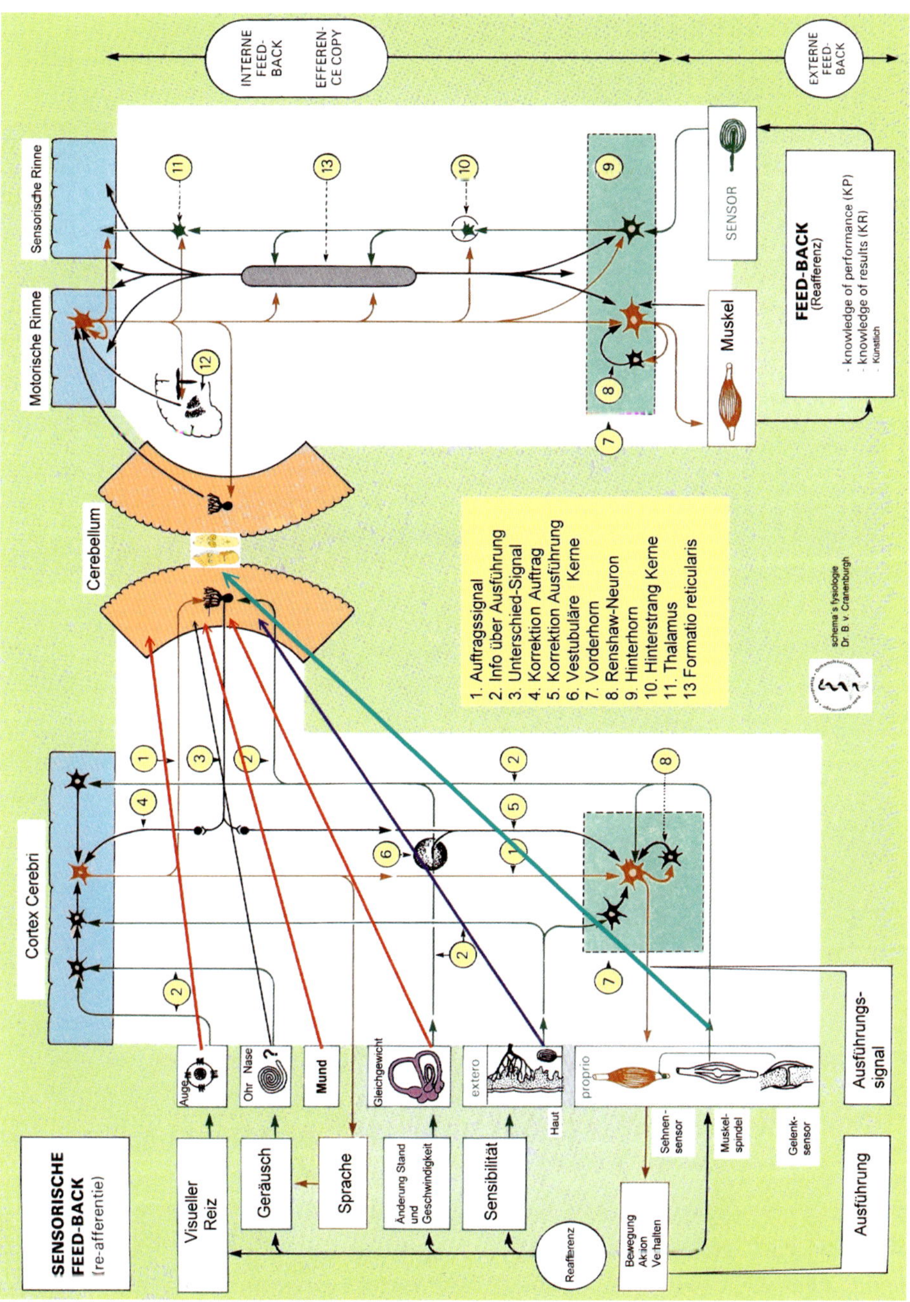

Abb. 12: Die Sensoren. Feed-back der Motorik aus Schema's Fysiologie [1]

Durch die Podo-Posturaltherapie wird das subkortikale System beeinflusst und somit auch die Körperhaltung. Das subkortikale System erhält von überall im Körper sensorische Informationen: sowohl von Augen, Ohren, Nase und Mund als auch von den Rezeptoren der Haut, den Exterozeptoren und den Propriozeptoren und schließlich auch von den Viszerozeptoren der inneren Organe.

Da wir uns hier mit dem Bewegungsapparat beschäftigen, werden wir erst die Propriozeptoren und dann die Exterozeptoren beschreiben. Die Viszerozeptoren werden wir hier vernachlässigen.

Willkürliche Bewegungen laufen, von der Großhirnrinde ausgehend, über die Pyramidenbahn. Unwillkürliche und feine Nachsteuerungen (Kontrolle und Koordination) dagegen verlaufen über die subkortikalen Bahnen. Diese haben ihren Ursprung in den subkortikalen Kernen im älteren Teil des Gehirns und sind von unserem Willen nicht direkt anzusteuern.

Beide Systeme stehen miteinander in Verbindung, um eine willkürliche Bewegung unwillkürlich zu steuern, zu kontrollieren und alle Bewegungen von Kopf bis Fuß aufeinander abzustimmen (Koordination) – nur so kann man sein Ziel erreichen.

Die Bewegungskontrolle und -koordination läuft also subkortikal ab. Ist dieser Lernprozess verinnerlicht, wird ein Bewegungs- oder Haltungsmuster im sensorischen Bereich des Großhirns abgelegt. Hierbei wird nicht kontrolliert, ob dieses Muster „richtig" oder „falsch" ist. Erst wenn neue Informationen an das subkortikale System gehen, wirkt sich dies auf das Bewegungs- und Haltungsmuster aus. Das Muster des Bewegungsablaufes verändert sich merkbar. Das alte Muster wird vom neuen Muster überschrieben, sodass dieses in der Folge wiederum unbewusst einsetzbar ist. Wir können in der Literatur viel über die sensorische Rinde lesen, selten aber über die Einflüsse aus dem subkortikalen System.

Das ist insofern interessant, wenn man bedenkt, dass vor jeder Aktion, z. B. vor dem Anheben einer Kaffeetasse, erst die Muskulatur im Fuß und im weiteren Körper anspannt, um den Körper auf den Balanceakt vorzubereiten. Die subkortikale Regulierung geschieht bereits, bevor man den Arm ausstreckt, um die Tasse anzuheben. Zumal man selten oder nie eine Tasse zweimal auf die gleiche Art und Weise anhebt.

Jeder Bewegung geht eine subkortikale Stabilisierung des ganzen Körpers voraus. Bewegung ohne diese Stabilisation ist unmöglich.

Wenn man das weiß, wieso werden dann die statische und die exzentrische Muskelfunktion so wenig beachtet?

Zwischen dem subkortikalen System und dem limbischen System besteht ein enger Zusammenhang über die Formatio reticularis und den Hypothalamus. Dies erklärt die Wechselwirkung zwischen Emotion und unwillkürlichem Muskeltonus.

Das Messinstrument für den Basistonus im myofaszialen Gewebe ist die Muskelspindel (MSP). Sie ist im Prinzip so lang wie der Muskelbauch selbst und mit der Muskelzellmembran und den Bindegewebestrukturen im Muskelbauch verbunden. Der mittlere Spindelteil ist nicht kontraktil, nur die äußeren beiden Spindelabschnitte werden vom ZNS innerviert und können sich zusammenziehen.

5.2 Die motorische Einheit

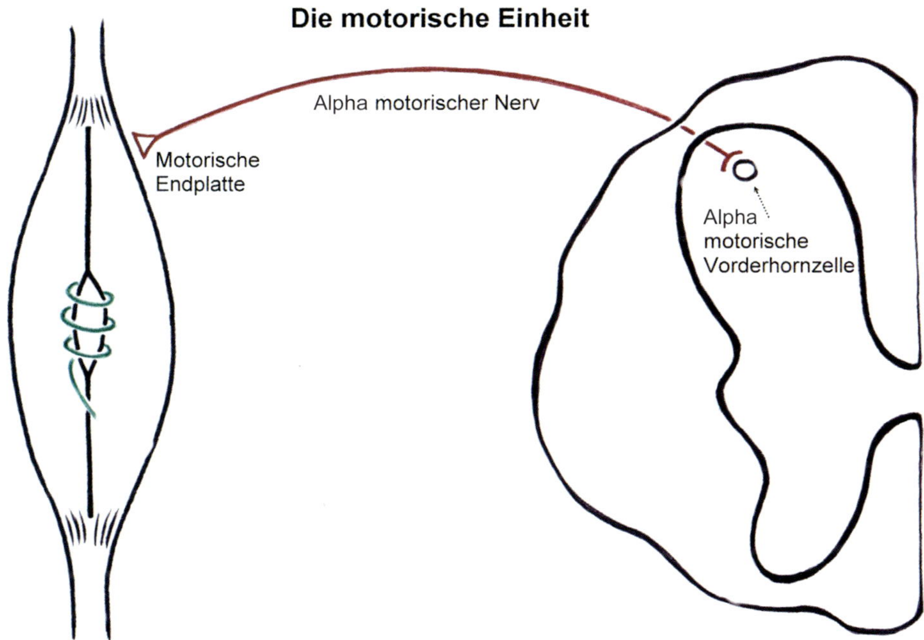

Abb. 13: Die motorische Einheit

Die motorische Einheit ist die Reaktionseinheit des Muskels. Sie besteht aus den alphamotorischen Vorderhornzellen, den alphamotorischen Nerven und den dazu gehörenden Muskelfasern.

Je mehr Fasern in einer Einheit zusammengeschlossen sind, desto kräftiger kontrahiert der Muskel. Das bedeutet aber auch, dass der Muskel schneller ermüdet: Alle Fasern arbeiten gleichzeitig und müssen sich gleichzeitig erholen, sodass in der Folge die Koordination nachlässt. Diese Muskeln werden hauptsächlich zur Bewegung eingesetzt. Je weniger Fasern in einer Einheit verbunden sind, desto feiner kann der Muskel arbeiten und eine Ermüdung ist wesentlich weniger schnell zu erwarten. Diese Muskeln sind zur Stabilisation und Koordination des Körpers im Einsatz, vor und während der Bewegung, aber auch in jeder Haltungsposition.

5.3 Der Informationsweg

5.3.1 Die Muskelspindel

Das Messinstrument für den Basistonus im myofaszialen Gewebe ist die Muskelspindel (MSP). Sie ist im Prinzip so lang wie der Muskelbauch selbst und mit der Muskelzellmembran und den Bindegewebestrukturen im Muskelbauch verbunden. Der mittlere Spindelteil ist nicht kontraktil, nur die äußeren beiden Spindelabschnitte werden vom ZNS innerviert und können sich zusammenziehen.

In jedem Muskel befinden sich mehrere Muskelspindeln. Je feiner die Funktion des Muskels ist, desto mehr Muskelspindeln sind vorhanden. Da die statische Muskelfunktion wesentlich feiner abgestimmt werden muss als die dynamische, besitzt der statische Muskel im Verhältnis folglich mehr Muskelspindeln als der dynamische.

Die Muskelspindel kann auf zweierlei Arten gereizt werden:
1. durch eine Längenzunahme des Muskels sowie
2. durch eine Reizung durch das ZNS, also subkortikal.

Zu 1.: Die Reaktion der Muskelspindel durch Änderung der Länge des Muskels ist eigentlich eine sekundäre Reaktion, primär wird die alphamotorische Einheit aktiviert. Es ergeben sich somit zwei Reaktionen der Spindel:

Eine schnelle, Ia phasisch-tonische Reaktion auf:
- eine Änderung der Länge durch passive Dehnung = tonische Antwort
- die Geschwindigkeit, mit der dies geschieht = phasische Antwort

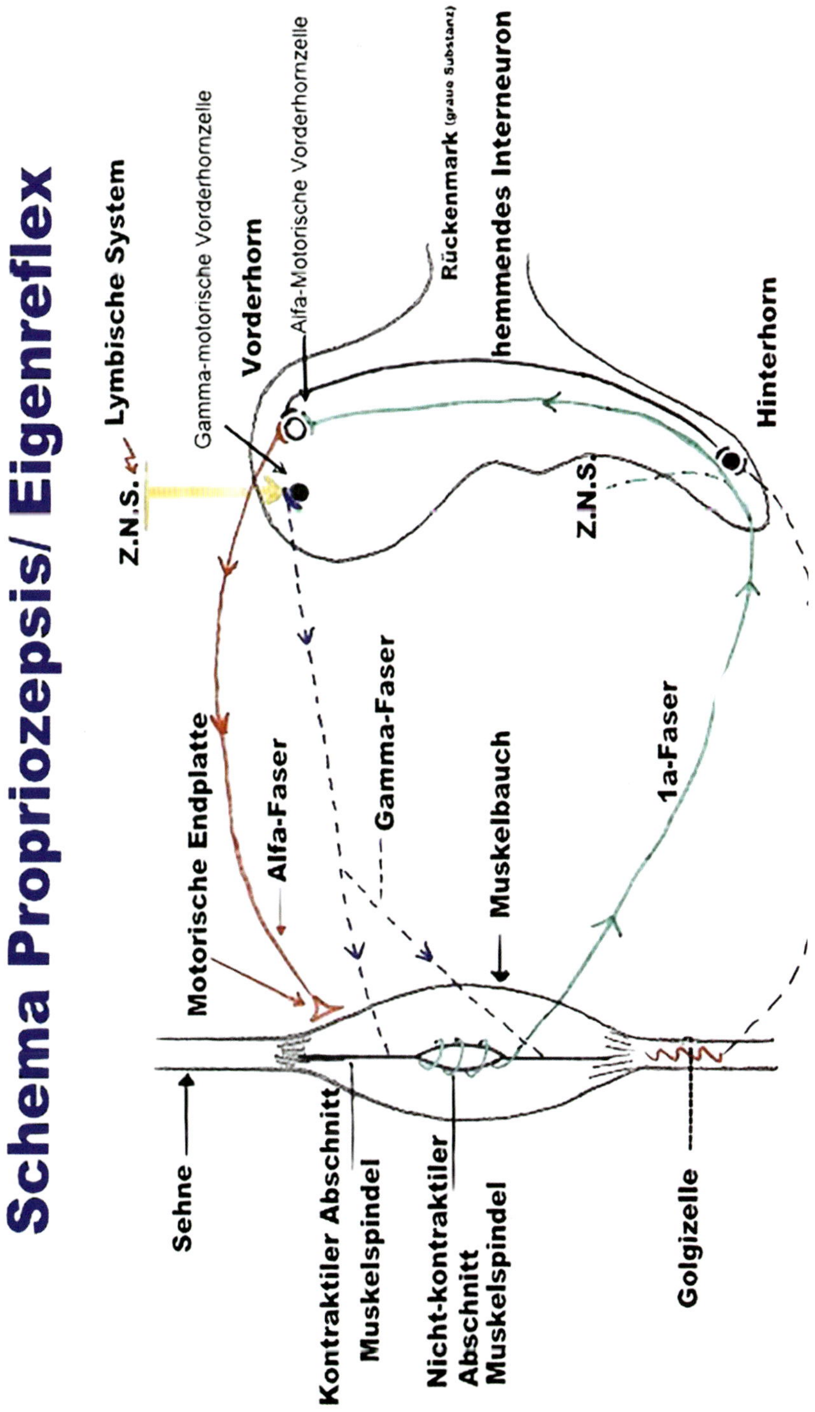

Abb. 14: Der Informationsweg

Eine etwas langsamere, zweite tonische Reaktion auf:
- die Änderung der Länge

Ia-Fasern reagieren zu Beginn stark auf eine Verlängerung des Muskels, stellen sich jedoch auch schnell auf die neue höhere Frequenz ein. Je plötzlicher eine Änderung der Länge eintritt, desto stärker die Reaktion des Muskels.

II-Fasern reagieren träger und gleichmäßiger, diese Reaktion bleibt aber länger bestehen und kann somit besser abgespeichert werden.

Zu 2.: Die Reizung aus dem ZNS geht direkt auf die gammamotorische Vorderhornzelle über, somit auf die Muskelspindel und kann nicht bewusst gesteuert werden. Die gammamotorische Vorderhornzelle ist kleiner und die Leitgeschwindigkeit ist niedriger als die der alphamotorischen Neurone (Vorderhornzellen). Die Aktivierung der gammamotorischen Vorderhornzelle erhöht die Empfindlichkeit der Muskelspindel. Die Reaktionsfrequenz der afferenten Neurone (Vorderhornzellen) Ia- und II-Fasern wird somit erhöht – trotz gleich bleibender Muskellänge.

5.3.2 Der Sehnensensor oder Golgizelle

Die Golgizellen sitzen im Muskel relativ frei in der Sehne nahe am Muskelbauch und schützen den Muskel vor Überdehnung. Diese entsteht z. B. durch zu große Muskelkraft oder Vergrößerung des Abstands zwischen Ansatz und Ursprung. Was weniger bekannt ist: Die Golgizellen reagieren auch schon auf die erste mäßige Dehnung der Sehne. Über die 1b-Fasern entsteht eine tonische Antwort. (1a, 1b etc. sind Nervenfasern, die vom Effektororgan zum ZNS verlaufen. Alfa, Beta etc. sind die Fasern, die umgekehrt vom ZNS zum Effektorgan verlaufen [Abb. 14].) Im Rückenmark schaltet die 1b-Faser auf ein inhibierendes Zwischenneuron und hemmt dadurch das Alpha-Motoneuron. Die Kontraktion des Muskels wird somit gehemmt, der Muskel entspannt. Sekundär wird auch die Spannung in der Muskelspindel herabgesetzt. Der Sehnensensor ist zwar weniger empfindlich als die Muskelspindel und reagiert auch langsamer als die 1a-Fasern, reagiert aber sehr empfindlich auf aktive Spannungserhöhungen.

5.3.3 Muskelspindel und Golgizellen in der Podo-Posturaltherapie

Die Podo-Posturaltherapie nutzt die physiologische Wirkung von Muskelspindel und Golgizelle.

Hypotone Muskeln lassen sich durch gezielte Reize auf den Muskelbauch, die Muskelspindel, tonisieren. Setzt man einen zu harten Reiz direkt auf die Muskelspindel,

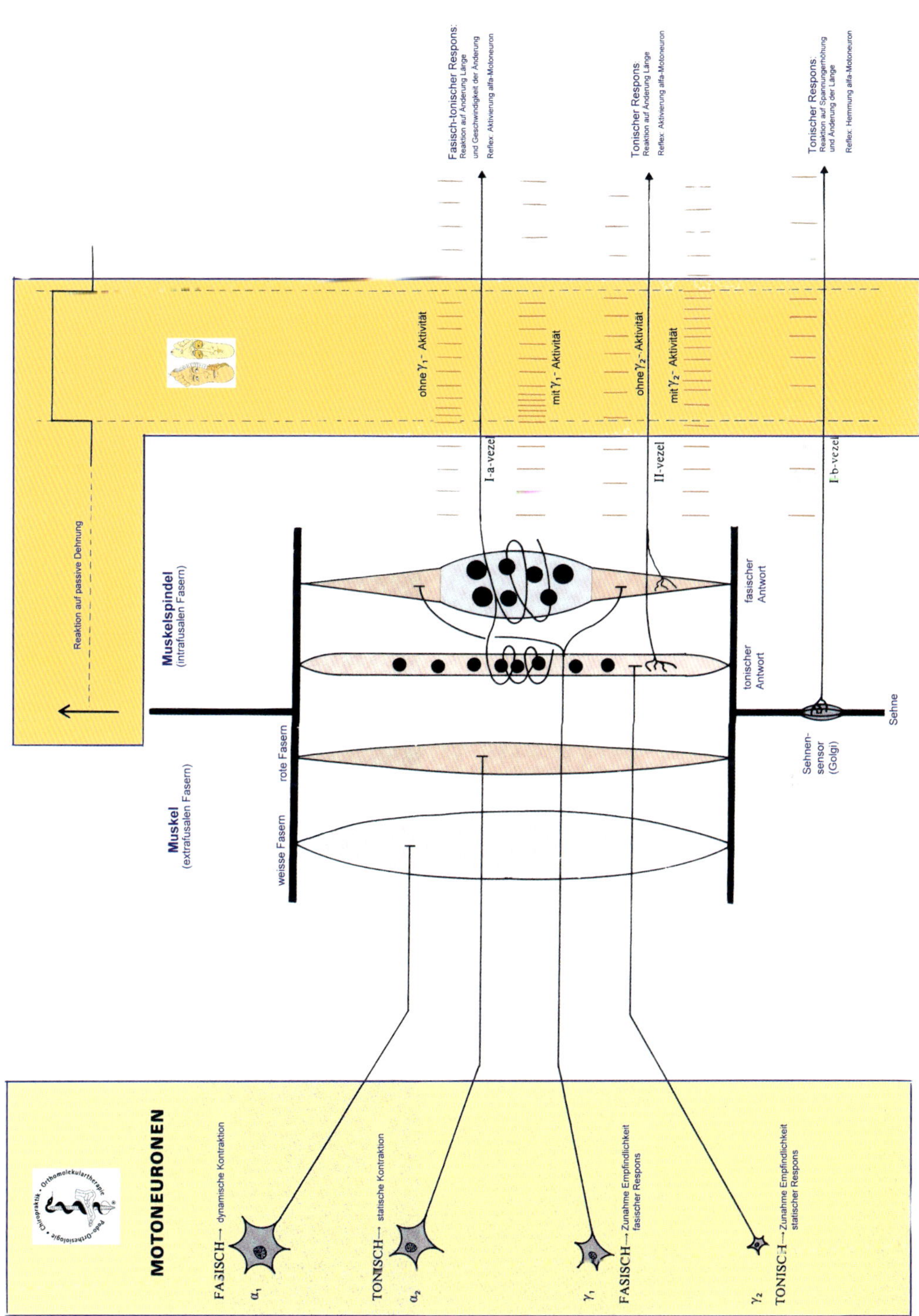

Abb. 15: Muskelsensoren (Schema's Fysiologie, Dr. B. v. Cranenborgh)

reagieren die 1a-Fasern phasisch schnell, es können Muskelzuckungen sowie Krämpfe entstehen. Ist unter der Fußsohle ein falsch geschliffenes oder gelegtes Element konstant anwesend, kann es also zu Reizungen, krampfhaften Schmerzen und Entzündungen kommen. Setzt man hingegen einen weicheren Reiz, fällt die phasische Reaktion deutlich schwächer aus. Die Spannung des Muskels wird erhöht, aber die Reizungen als Folge der phasischen Reizung bleiben aus. Es entsteht kein Krampf oder Schmerz, der Muskel stellt sich allmählich auf die neue, höhere Spannung ein und kann diese länger halten.

Hypertone Muskeln kann man durch Aktivierung des Sehnensensors, der Golgizellen, entspannen. Dieser Reiz sollte etwas intensiver sein, da er in erster Instanz den Muskel durch Hemmung der motorischen Einheit entspannen soll. Durch diese Muskelentspannung wird die Aktivität der Muskelspindel auch langsam niedriger, die Basisspannung des Muskels lässt nach.

Setzt man denselben Reiz über eine längere Periode, wird über das subkortikale System das myofasziale System dauerhaft neu eingestellt. Durch diese neue Einstellung erfolgt eine bessere – und vor allem weniger belastende – Haltung. Die Schmerzen verringern sich und die Bewegungsfreiheit nimmt zu. Die neue Haltung wird im ZNS abgespeichert – somit ist ein bleibender Erfolg zu erwarten.

Die propriozeptive Therapiesohle, sollte daher den ganzen Tag getragen werden, um nur die neuen Informationen weiterzuleiten. Die alten, fehlerhaften Informationen werden dadurch nach und nach gelöscht.

Der Zeitraum der Therapie ist wie bereits geschrieben abhängig von eventuell weiteren Störfaktoren, so u. a. von der Chronifizierung der Störung und dem Alter und der Fitness des Patienten.

5.3.4 Die Exterozeptoren

Neben der Propriozeption kennen wir auch die Exterozeption. Es ist unmöglich, einen Druck von außen auf die Propriozeptoren zu geben, ohne auch Exterozeptoren zu aktivieren.

Das propriozeptive System hat nur wenige direkte Verbindungen zur Großhirnrinde, in der wir Bewegungen bewusst wahrnehmen. Dafür übernimmt es die sehr bedeutende Aufgabe der subkortikalen und extrapyramidalen Regulierung von Haltung und Bewegung.

Die propriozeptiven Neuronen sind über den Traktus spinocerebellaris direkt mit dem Cerebellum verschaltet. Unbewusste Wahrnehmungen gehen weiter an das subkortikale System. Die Reaktion ist eine schnelle Feinabstimmung: Sobald ein Bewegungsmuster erlernt ist, wird es in der Großhirnrinde abgespeichert. Somit ist es schnell abrufbar und unbewusst einzusetzen. Trotzdem wird die Feinabstimmung immer wieder vom subkortikalen System kontrolliert und reguliert. Letzteres geschieht vollständig unbewusst, daher wird es nur selten erwähnt, wenn man über Haltung oder Bewegung liest.

Die kleinste Änderung eines abgespeicherten Bewegungsmusters muss sofort und ständig wieder vom subkortikalen System ausgelotet werden, damit nichts schief läuft.

Tab. 3: Fasziale Mechanorezeptoren

Rezeptor	Lokalisation	Sensitivität	Wirkung
Golgi	Muskelsehnenübergang (10 %) Endigungen der Aponeurose Ligamente peripherer Gelenke Gelenkkapsel	Kräftiger Dehnungsreiz Erste Änderung der Dehnung	Tonus Senkung der verbundenen Muskelfasern
Pacini	Muskelsehnenübergang Tiefe Kapselschichten Spinale Ligamente Umhüllende Muskelfaszien Periost	Sehr geringe Druckschwelle Schnelle Adaptation Rasche Druckwechsel Vibrationen	Propriozeptives Feedback zur Bewegungssteuerung (Kinästhetik)
Ruffini	Ligamente peripherer Gelenke Dura mater Äußere Kapselschicht	Rascher Druckwechsel Langsame Adaptation Vibration Anhaltender Druck (speziell auf tangentiale Belastung)	Senkung der Sympathikusaktivität

5.3.5 Das subkortikale/extrapyramidale System

Das subkortikale/extrapyramidale System ist vor allem für die „unbewussten" Bewegungen verantwortlich. Die Körperstatik, die Einstellung der Gelenke im Raum, die Basisspannung der Muskulatur – um die Einstellung im Raum zu bewerkstelligen – etc. werden mit vom subkortikalen System gesteuert. Sobald wir versuchen, die statische

Funktion bewusst zu regulieren, verläuft dies über das kortikale und das pyramidale System – in den meisten Fällen dann auch über komplett andere Muskeln. Diese Muskeln sind für die statische Wirkung nicht optimal aufgebaut. Schnell entstehen Stoffwechselprobleme (siehe Schema der statischen und dynamischen Muskulatur, Kap. 4.6.1), die zu Schmerzen und Bewegungseinschränkungen führen. Mit diesen sekundären Beschwerden kommt der Patient in die Praxis. Leider werden in vielen Praxen nur diese sekundären Probleme behandelt, ohne ausreichend auf die mögliche Ursache der Beschwerden einzugehen.

Das subkortikale/extrapyramidale System:
- Steuerung aller „unbewussten" Bewegungen
- wichtigstes System für die Statik und statische Muskelfunktionen
- Ausgangspunkt der motorischen Bahnen sind die subkortikalen Kerne und das Cerebellum

Das kortikale/pyramidale System:
- Steuerung aller „bewussten" Bewegungen
- wichtigstes System für die Dynamik und dynamische Muskelfunktionen
- Ausgangspunkte der motorischen Bahnen liegen im Cortex cerebri

Wie verläuft dieser Informationsweg?
Die Information aus den Propriozeptoren verlaufen über verschiedene Bahnen (Tractus spinocerbellaris dorsalis und ventralis, Tractus spinoolivaris) zum Paleocerebellum. Hier enden auch Kollateralen des Tractus gracilis und cuneatus (gnostische Sensibilität) sowie des Tectums (akustische und visuelle Information).

1. Protopatische Sensibilität
   - Erstfühlende, „vitale" Sensibilität
   - grober Tastsinn, Temperatur, Schmerz
   - teilt mit, *dass* etwas passiert

2. Gnostische Sensibilität
   - Epikritische, „dazu kommende", erkennende Sensibilität
   - feiner Tastsinn, Tiefensensibilität, Haltungs- und Bewegungssensibilität, Bewegungsrichtungsgefühl
   - macht es möglich, die Art der Einflüsse weiter zu analysieren
   - teilt mit, *was* passiert

Ebenfalls werden motorische Signale aus dem Großhirn an das Cerebellum weitergeleitet, sogenannte Auftragssignale. Dadurch kann die Information über den Bewegungsablauf mit dem Auftragssignal verglichen und, wenn nötig, korrigiert werden.

Auch diese Information wird im Paleocerebellum verschaltet. Dazu kommen die Informationen aus dem Neocortex (Kontrolle und Koordination von schneller und langsamer Bewegung) und dem Archicerebellum (Gleichgewichtsregulation). Die Informationen werden verbunden und abgeglichen – die Neuronenschaltung. Das so entstandene Informationsbündel wird an verschiedene Gehirnregionen weitergeleitet: an die Formatio reticularis und den Nucleus ruber sowie über Kollateralen an das Großhirn.

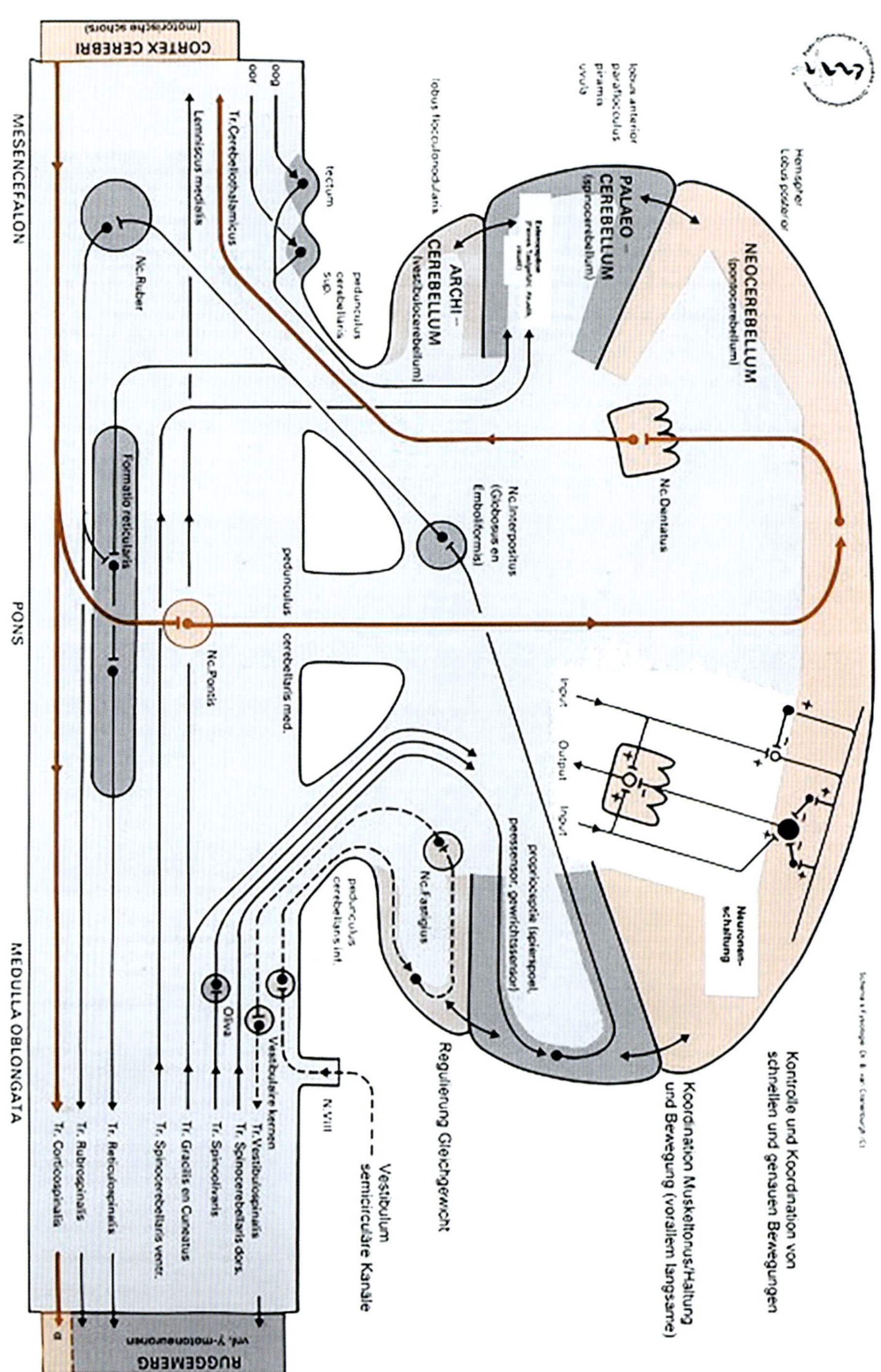

Abb. 16: Zentrale Steuerung (nach Schema's Fysiologie, Dr. B. v. Cranenborgh)

5.3.6 Die Formatio reticularis

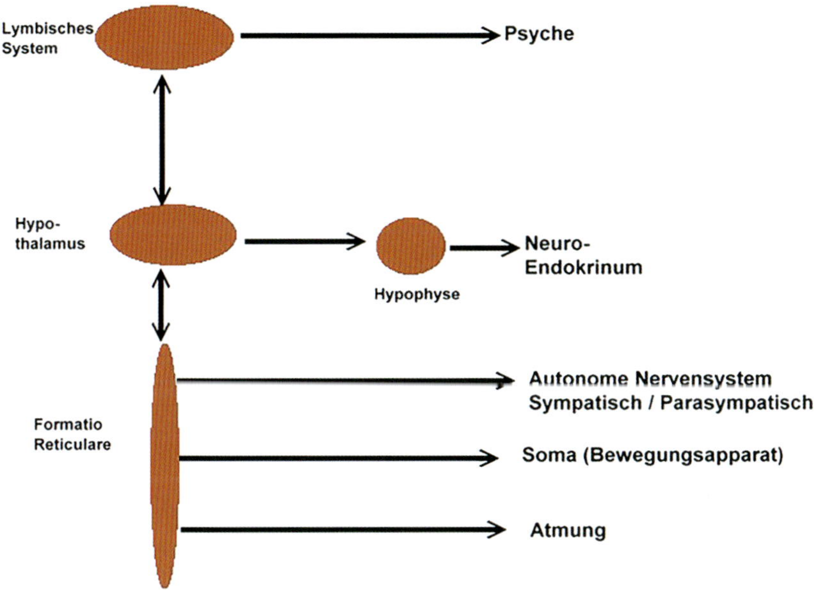

Abb. 17: Formatio reticularis

Zwischen dem subkortikalen System und dem limbischen System besteht ein enger Zusammenhang über die Formatio reticularis und den Hypothalamus. Dies erklärt die Wechselwirkung zwischen Emotion und unwillkürlichem Muskeltonus.

Die Formatio reticularis liegt größtenteils in der Medulla oblongata und besteht aus verschiedenen extrapyramidalen Strukturen und Kernen. Diese koordinieren nicht nur die genaue Zeitabstimmung der Bewegungen, sondern auch die Impulse zwischen der Großhirnrinde und dem Cerebellum. Die Kerne haben sowohl einen sensorischen als auch einen motorischen Anteil. Von hier aus werden auch andere Funktionen mitgesteuert, wie z. B. das autonome Nervensystem, die Atmung und der Hypothalamus.

Durch das Wirken der Podo-Posturaltherapie auf die Formatio reticularis nehmen wir einen enormen Einfluss auf das Körpersystem. Der Haupteffekt unseres Einwirkens geht zurück auf den Bewegungsapparat, vor allem auf die Gamma-Motoneurone. Reaktionen anderer Systeme sind aber durchaus auch möglich.

Am intensivsten treten diese Reaktionen während der Untersuchung auf, z. B. plötzliches Schwitzen oder intensivere Atmung. In der Regel sind sie harmlos. Allerdings sollte der Patient kurzfristig vom Podoskop (dazu später mehr) steigen, um das System zur Ruhe kommen zu lassen. Grund für diese Nebenreaktionen sind höchstwahrscheinlich die scharf gesetzten Reize sowie das Wechseln verschiedener Therapie-Elemente. Dies ist allerdings notwendig, um das gewünschte Ergebnis schnell sichtbar zu machen. Beim Tragen der Podosohle® entstehen so gut wie nie Nebenreaktionen, da die Elemente der Sohle wesentlich weicher geschliffen und auch nicht alle paar Sekunden gewechselt werden.

- Durch die ständige, dünne, feine und vor allem sehr gezielte Einwirkung auf die Propriozeption und Exterozeption der Fußsohle beeinflussen wir das subkortikale/extrapyramidale System.
- Hauptziel ist die dauerhafte Spannungsänderung der Muskulatur.
- Durch die Spannungsänderung der Muskulatur wird sich der Bewegungsapparat wieder in seinen eigenen, physiologischen Mustern bewegen können.
- Pathologische Fehlstellungen, Fixationen und Blockaden können so zum Teil dauerhaft gelöst werden, wenn sie sich noch nicht gefestigt haben.
- Sind Pathologien gefestigt, muss man zusätzlich auf andere Behandlungsformen zurückgreifen; in erster Instanz osteopathische und chiropraktische Maßnahmen sowie naturheilkundliche Verfahren.
- Eine Verbesserung des Behandlungserfolgs erreicht man durch weitere gezielte Übungen wie beispielsweise Koordinationsübungen mit der Skolisohle® (auch dazu später mehr), da diese ebenfalls stark auf das subkortikale/extrapyramidale System einwirken. Ein zusätzliches Training des bewussten Bewegungsapparats, des pyramidalen Systems, sollte ebenfalls stattfinden.

„Eine computergestützte Untersuchung von Dr. C. Fourniers (Student von Dr. Bourdiol) zeigt, dass die Körperschwankung eines aufrecht stehenden Menschen deutlich weniger wird, wenn die Dicke der Elemente abnimmt. Die Korrektur durch 1–2 mm hat oft den nachhaltigsten Effekt. Jede Erhöhung des Reliefs kann zu einer reellen Muskeldeformation führen."

Übersetzt aus: Nederlands Tijdschrift voor Integrale Geneeskunde D. Visbeen, Dr. van der Pas und Bourdiol (5.1985 S. 203–207).

5.3.7 Der Nucleus ruber

Der Nucleus ruber liegt im Mesencephalon und bildet einen wichtigen Knotenpunkt zwischen dem Cerebellum auf der einen und dem Großhirn und dem Rückenmark auf der anderen Seite. Es findet ein kontinuierlicher Abgleich der Informationen untereinander statt.

Störungen im Nucleus ruber wie auch im weiteren extrapyramidalen System verursachen oft eine erhöhte Basisspannung der Muskulatur oder auch unkontrollierte Bewegungen, z. B. beim Morbus Parkinson.

5.3.8 Abspeichern der eintreffenden Information

Alle Informationen, die im Nervensystem eingehen und ans zentrale Nervensystem weitergeleitet werden, werden kontinuierlich mit dem vor allem im Großhirn schon vorhandenen und abgespeicherten Wissen abgestimmt. Es erfolgt eine schnelle, neu abgestimmte Antwort, die aber subkortikal genau auf die Situation angepasst werden muss. Wenn neue oder geänderte Muster sich öfter wiederholen, wird das vorhandene Muster dauerhaft angepasst. Erst jetzt ist das neue Bewegungs- oder Haltungsmuster für die Zukunft festgelegt. Es bleibt aber immer anpassungsfähig und veränderbar.

Die schnelle Anpassung wird subkortikal reguliert und kontrolliert. Somit ist das subkortikale System weitaus wichtiger für unseren Haltungs- und Bewegungsapparat, aber auch für die Reaktion aller anderen sensorischen Systeme, als allgemein anerkannt wird. Eine Regulierung neuer Muster ohne konstante Aktivität des subkortikalen Systems ist also unmöglich.

6. Podo-posturale Diagnostik und Therapie

Die Methode der Podo-Posturaltherapie besteht nicht nur aus der Vermessung und Anpassung einer neurophysiologischen Therapiesohle (Podosohle®), sondern aus einer Mischung vieler verschiedener diagnostischer Möglichkeiten und Therapien. Daher sollte man nicht auf die eigenen Diagnostikverfahren verzichten, sondern diese mit den hier angeführten Techniken ergänzen.

Unserer Meinung nach gibt es nie die eine Therapie. Nur eine individuell optimale Mischung verschiedenen Therapien kann den Patienten helfen, sich selbst zu heilen.

Wir nutzen in der Podo-Posturaltherapie eine individuelle diagnostische und therapeutische Mischung:

- **neurophysiologische Therapiesohle und Podosohle®**
- **manuelle Therapieformen** jeder Art, z. B. Chiropraktik, Osteopathie sowie verschiedene Massageformen
- **weitere naturheilkundliche Verfahren** wie Neuraltherapie, Baunscheidtieren, Schröpfen, Crystal Plaster, Akupunktur, orthomolekulare Therapie usw.
- **gezielte Körperübungen**, primär zur Verbesserung der Koordination und des Gleichgewichts. Für den Bewegungsapparat sind Übungen für das tägliche Training zu Hause gleichzeitig ohne und mit Hilfsmitteln wie Deuserband, Skolisohle® oder Kiefertrommel angezeigt.
- **spezifische Tests und Trainingsberatung** für Fitness und Sport.
- **Arbeitsplatzberatung** ist häufig notwendig und somit Teil der Behandlung.

Bei der Diagnostik und Behandlung aller sensorischen Systeme ist häufig ein Netzwerk von Behandlern notwendig, die sich auf einzelne Systeme spezialisiert haben, so z. B. ein Team aus Podo-Posturaltherapeuten, Funktionaloptometristen, CMD-Zahnärzten, Tomatistherapeuten usw.

6.1 Wie gehen wir in der Praxis vor?

- Anamnese
  - Zeitlinie der Beschwerden

VAS ausfüllen (VAS = Visuelle Analoge Skala: wissenschaftlicher Begriff, benutzt für eine visuelle Schmerz-Skala)

- Inspektion
- Neurophysiologische Tests
  - Rombergtests, Unterberger-Tretversuch etc.
- Spezifische klinische Funktionsdiagnostik aus Sicht der Podo-Posturaltherapie
  - Tests die fast immer durchgeführt werden, z. B. Vorlauftest im Stehen und Mobilitätstests der Wirbelsäule
  - Weitere spezifische Tests, abhängig vom Beschwerdebild
- Sonstige sensorische Tests, z. B. Konvergenztest und Test der Phorien der Augen, Höhentest des Kiefergelenkes.
- Podografische Diagnostik
- Podoskopische Diagnostik
- Eventuelle Ergänzung mittels elektronischer diagnostischer Verfahren

6.1.1 Die Anamnese

Neben der allgemein in der Praxis durchgeführten Anamnese achten wir in der Podo-Posturaltherapie vor allem auch auf die Zeitfrage:

- Wann sind die Beschwerden aufgetreten? Hier fragen wir explizit nach anderen Vorkommnissen, auch wenn sie noch so unbedeutend scheinen mögen, wie Krankheiten, Unfälle, Stürze etc.
- Wichtig ist auch, wann der letzte Besuch beim Zahnarzt war und was gemacht wurde. Wie wurden die Zähne eingeschliffen (siehe Kapitel 9.5.)?
- Wann wurden ggf. neue Brillengläser angepasst und wie wurde die Brille eingestellt (siehe Kapitel 9.6.)?
- Wurde kürzlich operiert? Wurden Medikamente umgestellt? Werden neue Schuhe getragen?
- Zusätzlich lassen wir den Patienten seinen subjektiv empfundenen Schmerz einstufen (VAS), damit wir später prüfen können, ob bzw. was unsere Behandlung gebracht hat.
- Zu welcher Tageszeit treten die Beschwerden auf?
  - Morgens treten eher Probleme in der oberen Körperhälfte gehäuft auf wie Zähne, Kiefer und Lunge (Husten, Auswurf usw.). Was die untere Körperhälfte be-

Abb. 18: VAS (Visuelle Analoge Skala)

trifft, sollte man nicht die Nieren vergessen, da diese auch zu morgendlichen Beschwerden führen können.
  - Im Laufe des Mittags ist eher ein Problem der Augen als eine der Ursachen zu prüfen.
  - Ganztägige Beschwerden deuten oft auf eine Entzündung hin.
  - Probleme, die immer zur gleichen Zeit auftreten, deuten auf ein bestimmtes Organ hin (vgl. hierzu die chinesische Organuhr).
- Wir achten während der Anamnese sehr genau auf die Körpersprache des Patienten: Wie viel Gestik begleitet die Worte, wie sind Gesichtsausdruck und Mimik während des Gesprächs, zeigen sich mehr Yin- oder Yang-Symptome (Siehe 3.3.1. Der Yin und Yang-Typ)?
- Was ist die Art der Beschwerden?
  - Nicht nur fragen, wo die Schmerzen sind, sondern vor allem auch, wie sie sich anfühlen: stechend, brennend, ziehend, klopfend usw.
  - Wenn der Patient Schmerzen an einer bestimmten Stelle angibt, sollte man sich diese zeigen lassen, denn was beschrieben und anschließend gezeigt wird, stimmt oft nicht überein. Der Patient geht fast immer davon aus, dass die Schmerzstelle auch die Ursache der Beschwerden ist, wobei wir in vielen Fällen die Ursache woanders suchen müssen.
  - Gibt es Bewegungseinschränkungen und wenn ja, wann, bei welchen Bewegungen, in welcher Haltung oder Position?

Es ist wichtiger, die Harmonie der Bewegung wieder herzustellen, als die Endgrenze der Bewegung zu erreichen. Letzteres kommt oft automatisch, wenn die Harmonie der Bewegung stimmt.

6.1.2 Inspektion

Wir begleiten fast jeden Patienten vom Wartezimmer zum Behandlungsraum. Dabei bekommen wir schon einen sehr guten ersten Eindruck über die Art der Beschwerden: Wie steht der Patient auf, wie geht er, ist er mehr Yin (schleppend, müde, energiearm) oder Yang (energisch, forsch)?

Die Inspektion und die weiteren Untersuchungen werden teils nacheinander durchgeführt, sehr oft aber auch miteinander verknüpft. Bis zur letzten Behandlungsminute bedeutet fast jede Berührung des Patienten gleichzeitig Diagnostik und Therapie. Die Inspektion ist sehr umfassend, da wir nicht nur auf den Bewegungsapparat sehen, sondern auch den Einfluss der anderen sensorischen Systeme mit berücksichtigen. (Die verschiedenen Aspekte werden in den verschiedenen Kapiteln besprochen.)

Wir untersuchen den Patienten von dorsal, lateral und ventral.

Ein wichtiger Unterschied zu vielen anderen Inspektionsverfahren ist, dass der Patient in seiner ihm eigenen Fußhaltung steht und es keine Vorgaben gibt, wie er zu stehen hat.

Steht der Patient nicht im parallelen Stand, dann sollten Sie ihn einige Schritte auf der Stelle treten lassen. Steht er nach zwei Serien immer noch nicht parallel, z. B. mit einem angewinkelten Knie, ist dies seine momentane Gewohnheitshaltung. Diese Stellung ist im Gehirn als normal und am wenigsten belastend abgespeichert. Der Patient wird unbewusst immer wieder in diese Stellung zurückfallen. Stellen wir den Patienten bewusst anders, ergeben sich Störungen, es kommt zu erhöhten Verspannungen und verschiedenen Bewegungseinschränkungen.

Zuerst wird auf deutliche Unterschiede der Körperkonturen geachtet. Durch Palpation werden die Gewebestrukturen kontrolliert, die die Disharmonie verursachen können, wie ligamentäre, muskuläre oder ossäre Veränderungen oder Bindegewebeschwellungen. Liegt muskulär eine Hypotonie oder eine Hypertonie vor oder ist die Muskulatur ausgeglichen, obwohl die Kontur links/rechts Unterschiede aufzeigt?

Wie ist die Hautfarbe, gibt es lokale Differenzen? Wie ist der Farbton (rötlich, blau, weiß, grau etc.)? Liegen Hautveränderungen vor? Sind Narben vorhanden? Wo und inwieweit sind diese ein Störfeld? Hierfür gibt es einige Tests, u. a. aus der Kinesiologie. Eine störende Narbe ergibt häufig eine Bewegungseinschränkung. Entstört man die Narbe, muss die Beweglichkeit direkt besser werden. In dem Fall ist die Narbenbehandlung ein wichtiger Teil der Therapie.

Die Körperinspektion fängt bei den Füßen an und verläuft dann nach kranial. Dabei vergleichen wir immer wieder die beiden Körperhälften miteinander. Ist eine Symmetrie vorhanden, gehen wir weiter in der vergleichenden Betrachtung, ansonsten zeigen sich statische Störungen und Veränderungen. Die Abweichungen werden bei der Bewegungsdiagnostik extra berücksichtigt. Als Hilfsmittel setzen wir gerne eine Lotlinie ein, dazu verwenden wir ein Lot oder einen Laser.

6.1.2.1 Inspektion von dorsal

Wir beginnen mit dem Studium des Rückfußes: Liegt eine Asymmetrie vor, so ist das ein Hinweis auf eine Störung.

- Stehen die Calcanei in Valgus- oder Varus-Stellung? Wie viele Zehen sehen wir von lateral oder eventuell von medial, wie verlaufen die senkrechten Linien? Normal wäre ca. ein Zeh von lateral, dies stimmt überein mit einer Abduktionsstellung von ca. 15°, wobei es hier deutlich individuelle Unterschiede gibt. Wichtig ist wiederum die optimale Parallelität von rechts und links. Hat der Patient X- oder O-Beine und wie stehen diese im Verhältnis zu den Füßen? Ein Hinweis, welche Kette überwiegt: Die aufsteigende Kette neigt zu Valgus-X-Beinen, und die absteigende Kette eher zu Valgus-O-Beinen.
- Wie liegen die waagerechten Linien von Knien, Glutealfalte, SIPS (Spina iliaca posterior superior, hinterer oberer Darmbeinstachel), Schulter (Angulus inferior scapulae) und die Verbindungslinie des linken und rechten Winkels zwischen Schulterlinie und Nackenlinie? Stehen linkes und rechtes Acromion auf gleicher Höhe? Hier sollte man jedoch beachten, dass das Acromion beim Rechtshänder immer leicht nach kaudal tendiert. Der Schulter-Nacken-Punkt ist ein Hinweis auf eine eventuelle Wirbelsäulenschiefstellung.

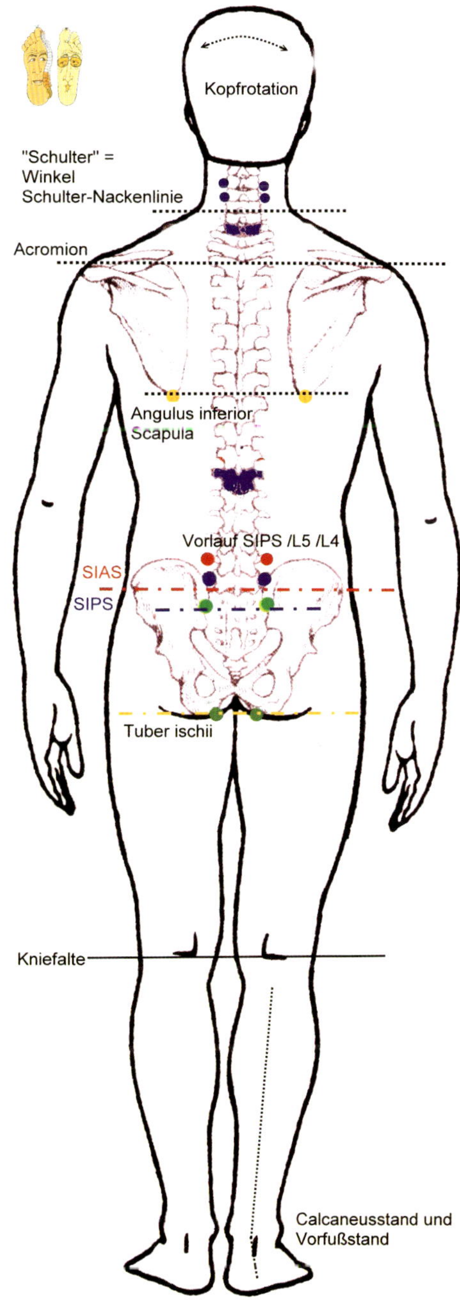

Abb. 19: Inspektion von dorsal

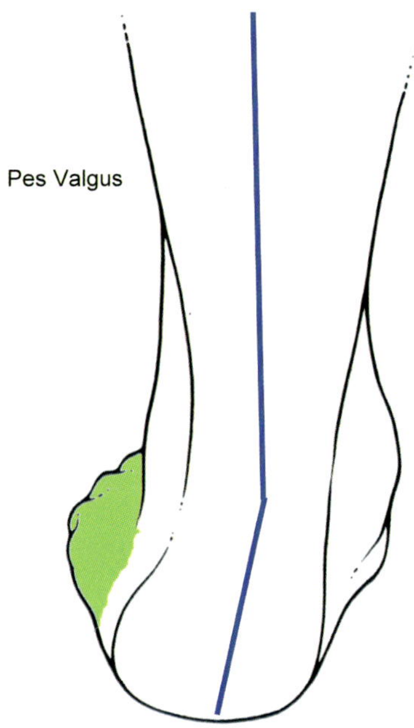

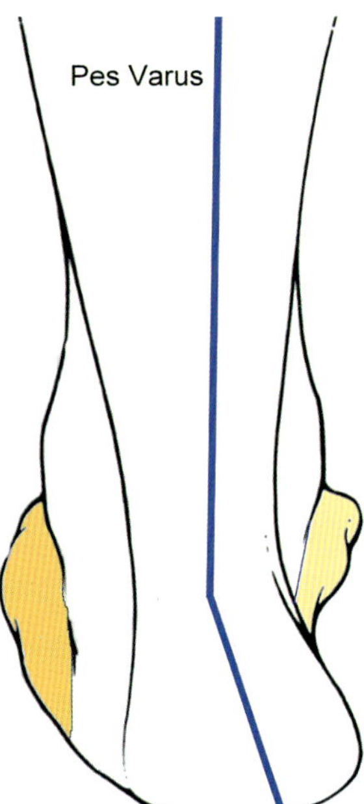

Abb. 20: Füße von dorsal

- Wie ist die Armschleuse: Gleichmäßig, oder ist eine Seite länger oder breiter? Wie ist dieser Unterschied zum Rest des Körpers? Steht eine Hand vor oder hinter der Körperseitenlinie? Liegt eine Skoliose C- oder S-förmig vor, wo ist die größte Kurve, stimmt diese Skoliose mit der Abweichung der Füße und der unteren Extremität oder eher mit der Fehlstellung der oberen Körperhälfte überein? Wird der Kopf gerade gehalten oder in einer Lateroflexion, mit oder ohne Drehung, sichtbar? Stehen die Lateroflexion und die Rotationsstellung in gleicher Richtung oder gegensinnig?

6.1.2.2 Inspektion von lateral

- Wie stehen die Füße – parallel oder steht ein Fuß weiter vor?
- Steht das Becken im Verhältnis zur Fußstellung links oder rechts rotiert? Wie verhalten sich Schulterlinie und Beckenlinie, stehen diese in einer Ebene?
- Liegt eine Knieflexion oder Hyperextension vor?
- Liegt eine Hüftflexion vor?
- Steht der Körper vom Fuß aus vorwärts geneigt oder aus dem Becken der Schulter-Nacken-Region heraus?

- Ist die Wirbelsäulenkrümmung der Lordose und Kyphose harmonisch, vergrößert oder verringert?
- Ist genügend Körperspannung vorhanden oder hängt der Patient in seinen Bändern? Oder weist er vielleicht eine extreme Körperspannung auf?
- Liegen SIAS (Spina iliaca anterior superior; vorderer oberer Darmbeinstachel) und SIPS (hinterer oberer Darmbeinstachel) auf gleicher Höhe und wie ist die Stellung des Iliums im Verhältnis zur entgegengesetzten Seite? Die beiden SIAS und SIPS bilden, in ausgeglichener Situation, eine waagerechte Ebene, wobei eine minimale Anteflexionsstellung noch normal ist. Eine Posteriorstellung bedeutet fast immer eine Störung der Viszera, ventrale myofasziale Ketten, ventrale Narben etc., oder es liegt eine aufsteigende Pes-varus-Funktionskette vor.
- Hängen die Arme entspannt an der Körperseite oder sehen wir auch hier eine Rotation?
- Steht ein Scapula mehr in Latero-Elevation oder oder liegt eine Scapula posterior vor (Der Angulus inferior der Scapula steht dann hinter der Lotlinie)?
- Bestätigen sich die Anhaltspunkte, die wir dorsal gefunden haben?

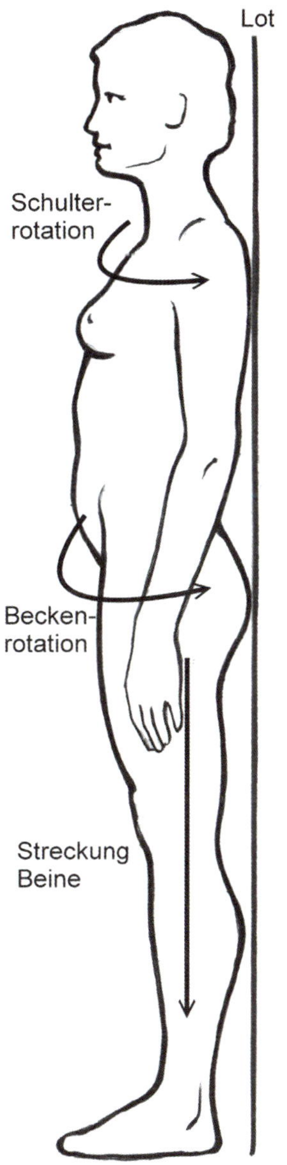

Abb. 21: Inspektion von lateral

6.1.2.3 Inspektion von ventral

Wir achten zuerst auf deutliche Unterschiede der Gesichtssymmetrie (siehe Kapitel 9.5.), aber natürlich unter der Voraussetzung, dass kein Gesicht vollständig harmonisch aufgebaut ist. Der Kopf wird in drei gleiche Teile geteilt:

- Die erste Trennlinie verläuft direkt unter der Haargrenze, die zweite Trennlinie verläuft direkt unter den Nasenflügeln.
- Augenlinie und Mundlinie verlaufen parallel und waagerecht. Die Linien von den Augen zu den Mundwinkeln müssen links und rechts den gleichen Abstand zur Mittellinie haben.
  - Die Ohren stehen auf einer Höhe.

- Es folgt die Kontrolle der Anhaltspunkte der dorsalen und lateralen Inspektion.
- Wie stehen die Claviculae zueinander – ist das Erscheinungsbild mehr oder weniger symmetrisch?
- Stehen die SIAS auf einer Linie?

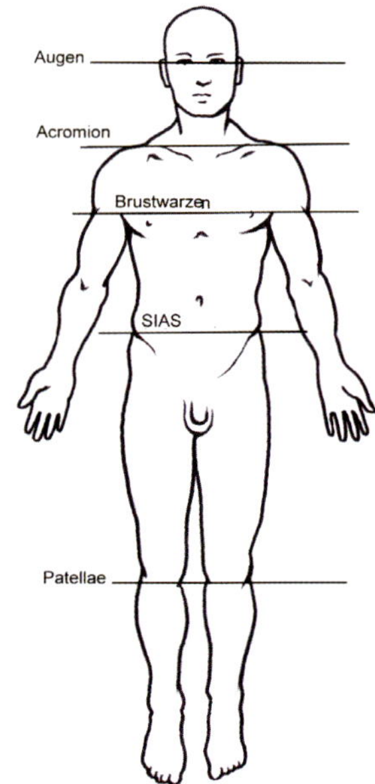

Abb. 22: Inspektion von lateral

Stehen die Patellae auf gleicher Höhe oder nach innen oder außen rotiert, und ist diese Rotation im Einklang mit den weiteren Inspektionspunkten?

Wie sehen die Zehen aus in Form und Stand, sind eventuell Krallenzehen, Hammerzehen, Kalknägel, Pilznägel etc. vorhanden?

6.1.3 Neurophysiologische Tests

Diese Tests werden in der Praxis häufig durchgeführt, weil sie nicht nur wegen ihrer neurologischen Bedeutung, sondern bei kleineren Abweichungen auch statische Hinweise geben können.

6.1.3.1 Romberg-Tests

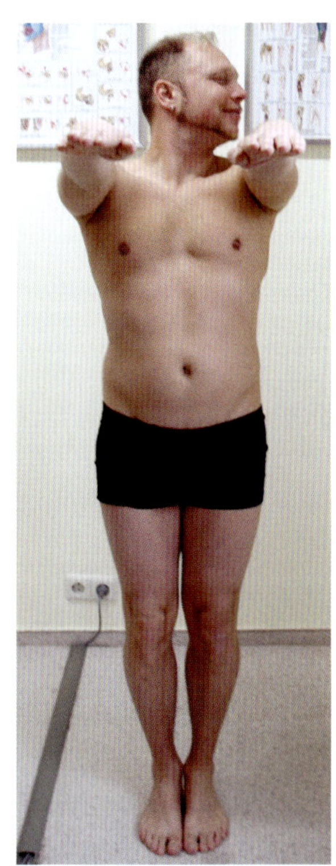
Abb. 23: Romberg

Der Patient stellt die Füße zusammen und der Behandler beobachtet, ob der Patient mit offenen Augen das Gleichgewicht halten kann. Dann werden die Füße etwas breiter gestellt, bis der Patient mit offenen Augen stabil steht. Da die Patienten meist mit etwas abduzierten Füßen stehen, führen wir diesen Test in dieser Fußstellung durch.

Jetzt schließt der Patient die Augen – wird das Schwanken größer?

Der Romberg-Test ist mehr eine Funktionsprüfung der Positions- und Gelenksensibilität (Hinterstrang). Die cerebellare Ataxie ändert sich nicht beim Augenschließen. Dabei spricht der Patient eher über unsicheres Stehen/Gehen, während bei einer vestibulären Störung eher über Schwindel gesprochen wird.

Danach werden die Arme waagerecht nach vorne gestreckt:

- Oft werden jetzt Schwankungen wahrgenommen, die vorher noch nicht sichtbar waren (Störung im ZNS).
- Die Hände in Supinationsstellung: Senkt sich jetzt ein Arm, liegt ein Verdacht auf eine minimale zentrale Parese vor.
- Kopf drehen: Auch hier darf keine Unruhe stattfinden oder sich ein Arm senken. Dies kann sonst ein Hinweis auf eine Durchblutungsstörung sein, meistens der A. carotis kontralateral. Achtung: Ein Hörschaden kann diesen Test verfälschen (Gleichgewichtsorgan).
- Die Arme drehen sich eher zum hypokonvergenten Auge hin (siehe Kapitel 9.6).
- Wenn eine starke Exophorie (siehe Kapitel 9.6) vorliegt, drehen die Arme eher zu dem Auge mit der stärksten Exophorie hin als zur Hypokonvergenzseite.

6.1.3.2 Unterberger-Tretversuch

Der Patient wird jetzt aufgefordert, mit geschlossenen Augen auf der Stelle zu treten. Dabei sollte nur eine minimale Rotation auftreten. Der Raum soll so wenig wie möglich akustische oder visuelle Reize aufweisen, um den Patienten keine Anhaltspunkte zu geben.

- Der Unterberger-Tretversuch ist ein Test für das vestibuläre System. Bei Störungen dreht man vom gereizten Labyrinth weg. Oft findet man bei diesen Patienten auch einen Nystagmus.
- Man dreht zum fehlenden Zahn (Loch) hin (siehe Kapitel 9.5 – Das stomatognathe System).
- Man dreht zum hypokonvergenten Auge hin.

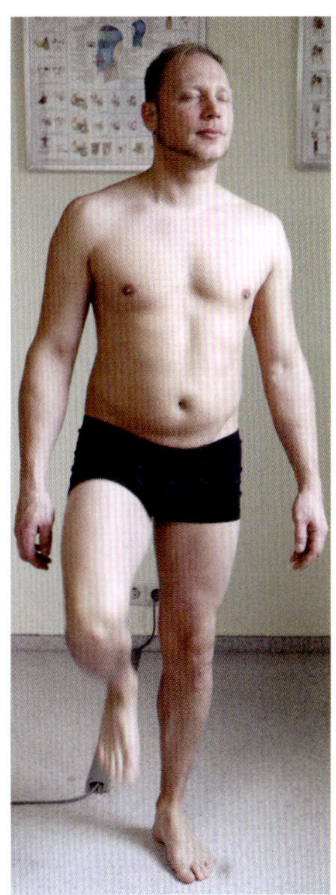

Abb. 24: Unterberger-Tretversuch

6.1.3.3 Sternlauftests

Dies ist eine Variante des Unterberger-Tretversuchs mit der gleichen Aussagekraft. Der Patient geht mit geschlossenen Augen und gestreckten Armen in einem stillen Raum jeweils fünf Schritte vorwärts und rückwärts.

Bei Störungen im Labyrinth im Ohr entsprechen die Bewegungsaussagen denen des Romberg- und des Unterberger-Tests.

Romberg-, Unterberger- und Sternlauftests weichen normalerweise in gleicher Richtung ab. Ist dies nicht der Fall, so liegt meistens eine deutliche Störung der aufsteigenden Kette vor.

Es ist also wichtig, immer wieder nachzufragen, wie weit die Fußform und der Fußabdruck zur Körperhaltung und zum Verhalten des Patienten passt. Wo liegen Disharmonien in Statik und Bewegung vor? Die Art der Bewegung ist uns oft noch wichtiger als die Beurteilung der Gelenkbeweglichkeit. Lieber eine etwas eingeschränkte, aber harmonische Beweglichkeit als eine disharmonische Bewegung, die sich über komplette Bewegungsbahnen hinwegzieht.

Viele unserer Patienten kommen mit chronischen oder rezidivierenden Beschwerden in die Praxis. Diese müssen aber nicht immer dort ihre Ursache haben, wo der Patient sie angibt – das ist das Verfängliche. Prinzipiell kann man sich in der Praxis an der folgenden Richtlinie orientieren:

Erst mehrere Störfelder zusammen verursachen Beschwerden. Wenn der Patient nur ein Störfeld hat, wird er dies meist kompensieren können und keine Beschwerden bekommen. Sobald ein zweites Störfeld hinzukommt, wird er hin und wieder mit Beschwerden in der Praxis erscheinen. Erst wenn drei oder mehr Störfelder vorliegen, wird der Patient kontinuierlich Beschwerden haben. Das Beschwerdebild kann sich aber immer wieder ändern.

Eine Kette ist so stark wie ihr schwächstes Glied. Aber das schwächste Glied ist wiederum abhängig von der geforderten Belastung. Sitzen ergibt ganz andere Beschwerden als Stehen, Gehen oder Laufen. In jeder Situation wird der Bewegungsapparat anders belastet und es zeigen sich immer andere Schwachstellen.

Wir suchen also Hinweise, wo die primäre Ursache oder die Ursachen für die Beschwerden zu finden sind. Dabei achten wir u. a. auf primäre Abweichungen von Knie und Hüfte sowie auf viszerale Störungen. Im folgenden Schema sprechen wir erst nur die Sensoren grob an, die weiteren Erklärungen finden Sie in dem bezüglichen Kapitel.

6.1.3.4 Differentialdiagnose der aufsteigenden und absteigenden Ketten

Tab. 4: Differentialdiagnose (D.D.) aufsteigende und absteigende Kette

Absteigende Kette	**Aufsteigende Kette** (als Beispiel wieder der Pes planovalgus oder Plattfuß)
• Primäre Störung der Sensorik im Kopfbereich (Augen, Mund, Ohren und Nase)	• Primäre Störungen durch Fußfehlstellungen
• Schulterlinie und Beckenlinie laufen parallel. Schiefstand des Körpers wird von der Lateralität bestimmt, aber vom Auge verursacht (Gleichzeitigkeit).	• Schulterlinie und Beckenlinie laufen gegensinnig
• Ilium anterior mit funktionell längerem Bein (posterior = kürzer)	• Illium anterior mit funktionell kürzerem Bein.
• Körper knickt in den Hüften weg (Biss)	• Körper kommt mehr in eine schlaffe Haltung
• Sowohl Arme als auch Beine als Füße stehen in Endorotation, aber: – Beine neigen zur O-Beinstellung – die abgeflachten Füße stehen parallel oder adduziert	• Sowohl Arme als auch Beine und Füße stehen in Endorotation, aber: – Beine neigen zur X-Beinstellung – die abgeflachten Füße stehen mehr abduziert

6.1.4 Klinische Funktionsdiagnostik aus Sicht der Podo-Posturaltherapie

Unter den zahlreichen zur Verfügung stehenden klinische Funktionstests werden wir hier nur diejenigen beschreiben, die wir fast immer durchführen, weil sie spezifische Aussagekraft für die Podo-Posturaltherapie haben. Viele Tests interpretieren wir anders als z. B. die klassische Osteopathie oder wir fügen ergänzende Kommentare hinzu.

6.1.4.1 Tests, die immer durchgeführt werden:

6.1.4.1.1 Stand auf einem Bein

Hier kontrollieren wir, inwieweit das Gleichgewicht gestört ist und ob ein Links-Rechts-Unterschied sichtbar ist. Auch schauen wir, ob der Patient eher in Richtung Valgus oder Varus kompensiert. Selbst ein minimaler Trendelenburg nach kurzer Zeit Stehen auf einem Bein, ist eine Koordinationsstörung und muss daher berücksichtigt werden.

6.1.4.1.2 Flexionstests im Stehen

Die Tests werden im Stehen durchgeführt an SIPS, L5, L4, oft auch noch an L3. Jedes Niveau hat seinen eigenen Vorlauf. Wir suchen den Punkt, an dem sich beim Flexionstest der Vorlauf von einer Seite auf die andere oder auf eine ausgeglichene Flexion ändert.

6.1.4.1.3 Iliumstellung

Im Kapitel 9.3.5. Primäre Abweichungen Becken und Wirbelsäule beschreiben wir, inwieweit die Beckenstellung und das längere oder kürzere Bein ein Hinweis dafür ist, ob die absteigende oder die aufsteigende Kette dominiert. Hier noch einmal kurz zusammengefasst:

Im Stehen:
- kurzes Bein mit einer Ilium-anterior-Stellung = aufsteigende Kette
- langes Bein mit einer Ilium-anterior-Stellung = absteigende Kette

Der Test im Liegen gibt uns einen Hinweis, ob eine Iliosakralgelenk-Fixation oder -Blockade vorliegt.
- Sehen wir im Liegen ein längeres Bein, aber im Stehen an gleicher Seite das kürzere Bein, liegt eine aufsteigende Kette vor.
- Sehen wir im Liegen ein längeres Bein und im Stehen an gleicher Seite ebenfalls ein längeres Bein, liegt eine absteigende Kette vor.

6.1.4.1.4 Flexionstest SIPS

Ein rechter Vorlauf bedeutet z. B., dass die rechte Beckenseite entweder durch eine absteigende Kette mit nach oben gezogen wird oder dass die linke Seite durch die aufsteigende Kette aus dem Fuß, u. a. durch Hypertonie der ischiokruralen Muskulatur, nach unten fixiert wird. Es sagt uns also nicht, an welcher Seite das Iliosakralgelenk blockiert oder fixiert ist und erst recht nicht, welche Seite schmerzt – denn das ist in vielen Fällen die frei bewegliche Seite.

6.1.4.1.5 Flexionstest LWS

Auch hier kann eine Fixation oder Blockade von proximal oder distal vorliegen.

6.1.4.2 Unterscheidungen in der Bewegungsdiagnostik

6.1.4.2.1 Die Stellung eines Gelenkes

Wie stehen die Referenzpunkte zueinander, ohne Aussage über die Funktion der zugehörenden Strukturen?

Eine Fehlstellung ist in vielen Fällen frei beweglich oder weist nur eine Fixation auf.

6.1.4.2.2 Die Fixation eines Gelenkes

Die Gelenkbewegung ist eingeschränkt durch das periartikuläre, muskuläre oder myofasziale Gewebe. Es kommt schnell zu einer eingeschränkten Mobilität, die auch zu einem vollständig fixierten Gelenk führen kann.

Muskuläre oder myofasziale Techniken verbessern oder beheben die Störung. Bei chronischen Beschwerden kehren die Fixationen aber schnell wieder.

Die podo-posturalen Maßnahmen (Podosohle® etc.) können die Fixationen lösen und sorgen dafür, dass der Patient bei chronischen Beschwerden nicht wieder in seine alte Fehlhaltung zurückfällt. Hierdurch richtet sich der Körper in eine mehr physiologische Haltung auf, die eingeschränkten Bewegungen werden harmonischer und gehen weiter.

6.1.5.4.3 Die Blockade eines Gelenkes

Durch eine intra-artikulare Ursache kommt es zu einem fast unbeweglichen Gelenk. Die Blockade lässt sich weder durch muskuläre oder myofasziale Therapien noch durch weitere podo-posturale Maßnahmen lösen. Der Patient reagiert mit Ausweichbewegungen. Die Blockade muss zuerst gelöst werden, erst dann kann im weiteren Behandlungsverlauf die Podosohle® angemessen werden.

- Auch hier kann eine Fixation von proximal oder von distal oder eine Blockade vorliegen. Neben der Beweglichkeit der Referenzpunkte sind folgende Aspekte wichtig:
- Wie ist der Bewegungsablauf?
- Ist die Bewegung freier, flüssiger?
- Treten weniger Schmerzen auf?
- Wie groß ist der Boden-Finger-Abstand vor und nach dem Unterlegen?

6.1.4.3 Podo-posturale Bedeutung dieses Tests

- Nach dem Unterlegen der Elemente müssen die verschiedenen Flexionstests ausgeglichener sein, sonst liegt eine schwere Fixation oder eine Gelenkblockade vor.
- Wo die Flexionstests gegensinnig verlaufen, liegt eine vakante Fixation oder Blockade vor. Die Fixation wird nach richtigem Unterlegen besser oder verschwindet vollständig, eine Blockade bleibt jedoch.
- Auch wird der sogenannte Finger-Boden-Abstand nach dem Unterlegen besser sein, vor allem im Bewegungsablauf.

6.1.4.3.1 Bestimmung der Wirbelsäulenkrümmungen

Tab. 5: D. D. physiologischer Flachfuß und pathologischer Senkfuß

Physiologischer Flachfuß (Yin)	Pes valgus (pathologisch)
• Flachere Füße, aber normale Blaudruckkonturen	• Calcaneus valgus
• Muskulatur ausgeglichen mit weniger Spannung	• Muskulärer Dysbalance • Hypotonie der statischen Muskeln mit häufigen reaktiven Hypertonien und Myogelosen der dynamischen Muskulatur
• Wirbelsäulenkurven harmonisch	• Wirbelsäulenkrümmungen vergrößert
• SIAS und SIPS in einer waagerechten Ebene	• SIAS und SIPS zeigen eine Beckenverwringung
• Die LWS-Lordose ist eher etwas weniger prominent, tiefster Punkt liegt ca. bei L3	• Die LWS-Lordose ist verstärkt, tiefster Punkt lieg auf L4–5
• BWS eher minimal kyphotisch mit einer nur sehr minimalen Rotation	• BWS deutlich kyphotisch mit Rotation zum Pes valgus hin • Pes-valgus-Bein ist kürzer mit einem Ilium anterior, Rotation des Körpers vom Valgusbein weg
• Kopf ist aufrecht, minimal vor der Lotlinie	• HWS ist abgeflacht, Kopf geht in Flexionsstellung
• Allgemein etwas schlaffere Körperhaltung	• Deutlich schlaffe Haltung mit Körperverwringung

Tab. 6: D. D. physiologischer Hohlfuß und pathologischer Varusfuß

Physiologischer Flachfuß (Yin)	Pes valgus (pathologisch)
• Hohlere Füße, aber normale Blaudruckkonturen	• Calcaneus varus
• Muskulatur ausgeglichen, aber etwas mehr Eigenspannung	• muskuläre Dysbalance, Hypertonie der statischen und dynamischen Muskulatur
• Wirbelsäulenkurvatur harmonisch	• Wirbelsäulenkrümmungen weniger stark
• SIAS und SIPS in einer waagerechten Ebene	• SIAS und SIPS zeigen eine Beckenverwringung • Pes-varus-Bein ist länger mit einem Ilium posterior, Rotation des Körpers um die Längsachse zum Bein hin
• Etwas größere LWS-Lordose, tiefster Punkt liegt ca. auf LWS 3	• Die LWS-Lordose mehr abgeflacht, tiefster Punkt auf LWS 2–3

Physiologischer Flachfuß (Yin)	Pes valgus (pathologisch)
• BWS leicht abgeflacht	
• Kopf aufrecht, mit deutliche Lordose	• HWS weniger lordotisch, Kopf wird extrem aufrecht getragen.
• Allgemein eine aufrechte stabile Körperhaltung	• Deutliche straffe Haltung mit Körperverwringung

6.1.4.3.2 Scapula-Test

Die Hände auf die Scapulae legen, Handwurzel am Angulus inferior, Finger in Richtung Akromion. Scapula und Angulus inferior stehen minimal nach dorsal und folgen der Wirbelsäulenkrümmung. Der Margo medialis scapulae verläuft parallel zur Wirbelsäule.

Beim Pes valgus steht die Brustwirbelsäule mehr kyphotisch mit einer Rotation zum Pes valgus hin. Sie schiebt daher die Scapula nach kranio-lateral, der Angulus inferior steht dann mehr dorsal und die Hand liegt mehr waagerecht.

Beim Pes varus steht die Wirbelsäule mehr senkrecht mit einer Rotation vom Pes varus weg. Sie schiebt die Scapula nach kaudo-medial, mehr senkrecht und der Angulus inferior steht mehr anterior, die Hand liegt mehr senkrecht.

Tab. 7: Bedeutung der verschiedenen Scapulastellungen

Scapula anterior mit WS auf einer Linie	Scapula anterior und Gesäß nach dorsal
Zehen krallen	Metalgien
Wadenschmerzen	Verlust Capiton Metatarsale
Krämpfe	Hallux valgus
Druck Retropatellar	Schwere Beine
Chondromalaxie	Ansatztendinosis Pes anserinus
Tronchantitis	Sehnenentzündungen
Piriformis-Syndrom	Psoas-Syndrom
	Lendenstarre

6.1.4.3.3 Kopfrotationstest

Im Stehen wird der Kopf so weit wie möglich nach links und rechts gedreht. Dabei legt der Behandler die Hände locker auf die Schultern, die Finger vorne an den M. trapezius und den Daumen links bzw. rechts am Processus spinosus T1.

- Wie weit kann der Patient den Kopf drehen, bevor T1 sich bewegt?
- Wenn die Bewegung nicht auf beiden Seiten gleichmäßig verläuft, liegt immer eine Störung vor.
- Verglichen wird vor allem der Bewegungsverlauf, aber auch die Bewegungsfreiheit der HWS vor und nach dem Unterlegen der Elemente.
- Wie ist der Bewegungsablauf? Erfolgt eine gleichmäßige Rotation des Kopfes oder geht ein Bewegungsabschnitt mehr in Flexion oder Extension? Dieses gibt immer einen Hinweis auf eine Fixation oder Blockade in einem bestimmten Teil der HWS.
- Treten Kompensationsbewegungen im Schultergürtel und der BWS auf?

6.1.4.3.4 Flexionstests der HWS

Dieser Test hilft uns bei der Wahl bestimmter Elemente. Sinnvoll ist dieser Test von C0–C3: Oft finden wir eine Differenz, diese sollte nach dem Unterlegen kleiner geworden oder nicht mehr vorhanden sein.

6.1.5 Sonstige sensorische Tests

Die Tests für das stomatognathe System, das visuelle System etc. werden zur besseren Einordnung in den jeweils entsprechenden Kapiteln (Kapitel 9 und 10) beschrieben.

6.1.6 Podografische und podoskopische Diagnostik

6.1.6.1 Der dynamische Fußabdruck

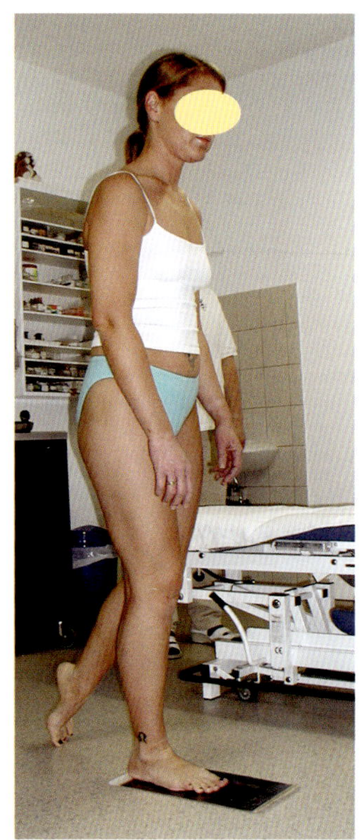

Abb. 25: Podotrack

Für den Abdruck benutzen wir entweder den Podotrack (Folie) oder Podografen (spezielles Stempelkissen). Vorteil des Podotracks ist, dass dessen Abdrücke geeicht sind: Jeder Druck ergibt eine genau festgelegte Farbintensität. Durch eine Kalibrierkarte wird die Druckbelastung pro

cm^2 bestimmt. Dieses ist vor allem wichtig bei diabetischen Füßen oder bei einer Neuropathie.

In der Regel nehmen wir den Podografen, da hier die Abdrücke noch feiner dargestellt werden. Wir beurteilen die Farbunterschiede und die Fußform im Abdruck, können aber keine Farbskala mit verschiedenen Fußabdrücken vergleichen.

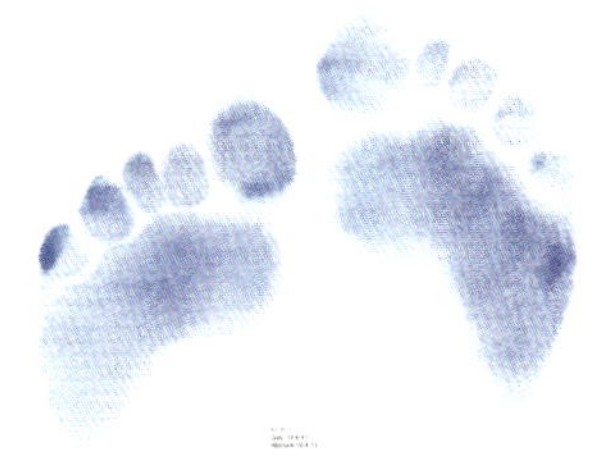

Abb. 26: Blaudruck

Der Podograf besteht aus einem Holzbrett und einer Gummiplatte, zwischen die ein Papier eingelegt werden kann. Die Gummiplatte wird auf der Seite, die mit dem Papier Kontakt hat, ganzflächig mit Stempelfarbe bestrichen. Der Patient läuft dann entspannt über den geschlossenen Podografen und „bedruckt“ so das eingelegte Blatt Papier.

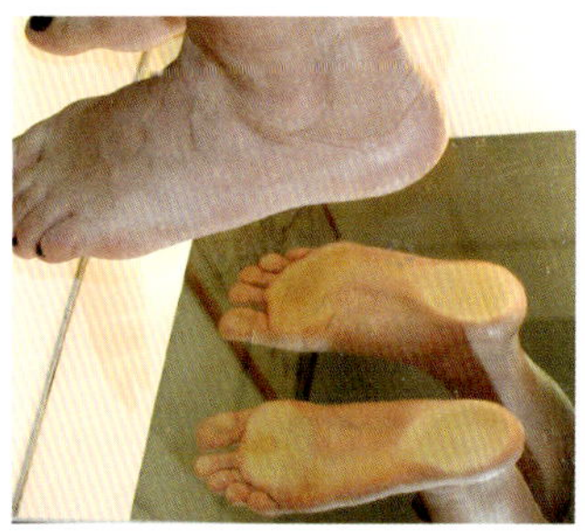

Abb. 27: Podoskop

Bei Bedarf werden weitere Abdrucke mit und ohne Zahnspange, Brille oder anderen Hilfsmitteln gemacht und miteinander verglichen. Somit haben wir einen sehr guten Eindruck, inwieweit das jeweilige Hilfsmittel die Statik positiv oder negativ beeinflusst.

6.1.6.2 Podoskopische Untersuchung

Auf dem Podoskop sehen wir den statischen Abdruck der Füße. Ein statischer Abdruck auf Papier ist nur bei bestimmten Fußpathologien, wie z. B. der Morton-Neuralgie, notwendig. Dabei werden gedanklich folgende Punkte markiert:

- Art. MTP 1 und 5 (MTP = Metatarsophalangeale)
- Mitte der Malleolen
- Mitte des Os naviculare (Navicularpunkt)

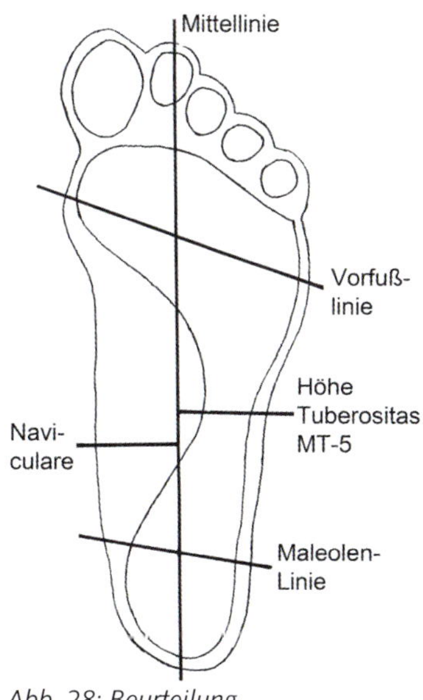

Abb. 28: Beurteilung des Fußstands

6.1.7 Einteilung zur Beurteilung des Fußstands

Der Fuß wird wie folgt eingeteilt:

- Verbindungslinie der beiden MTP-Markierungen
- Verbindungslinie der Malleolen-Markierungen
- Das Os naviculare ist bei vielen Füßen schlecht zu palpieren und liegt ca. 1 cm proximal der Tuberositas MT5.

Wir teilen den Fuß in ein dynamisches und ein statisches Dreieck ein. Die Elemente zur Normalisierung der aufsteigenden Ketten werden auf dem Podoskop unter das statische Dreieck des Fußes gelegt. Welche Elemente benutzt werden, wird anhand der klinischen Funktionsdiagnostik in Abgleich mit dem dynamischen und statischen Fußabdruck bestimmt. Dabei ist weniger mehr: Vor allem am Anfang der Behandlung sollte man nicht zu viele Elemente gleichzeitig legen, da es schnell zu einer Überreizung des Systems kommen kann. Zum Schluss bestimmt immer der dynamische Fußabdruck die genaue Lage der Elemente.

6.1.7.1 Bedeutung der Vorfuß- und Malleolenlinien

1. Divergieren die Vorfußlinie und die Malleolenlinie medial, liegt ein Abduktionsfuß, meistens auch ein abgeflachter Fuß („Plattfuß“) vor.
2. Divergieren die Vorfußlinie und die Malleolenlinie lateral, liegt ein Adduktionsfuß, meistens auch Varusfuß vor.

6.1.7.2 Bedeutung des Calaneusabdrucks anhand des Navicularwinkels

Der Abdruck des Calcaneus sollte leicht eiförmig sein, auslaufend auf den vierten Strahl und gleichmäßig belastet. Dieser Fersenabdruck ist jedoch eine Rarität. In der Praxis sieht man ihn fast nie, da die Patienten mit Beschwerden kommen und somit in der Regel immer eine Fußfehlstellung haben.

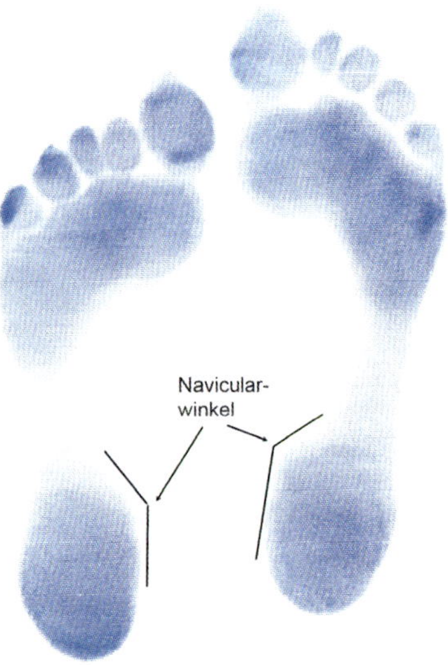

Abb. 29: a (links) und b (rechts): Blaudrucke Ferse etc.

Der Calcaneusabdruck ist in den meisten Fällen größer, eher ein Rechtteck, und es entsteht medio-distal ein Winkel, der sogenannte Navicularwinkel. Sobald wir diese mediale Abflachung sehen, sprechen wir von einem funktionellen Plattfuß oder Calcaneus valgus.

Anhand des Navicularwinkels ordnen wir den Valgusfuß ein (Richtschema):

1. Grad: Der Navicularwinkel liegt deutlich hinter dem Navicularpunkt.
2. Grad: Der Navicularwinkel liegt auf oder wenig vor dem Navicularpunkt.
3. Grad: Der Fußabdruck ist fast komplett ausgefüllt. Der Navicularwinkel liegt deutlich vor der Navicularlinie und ist häufig nicht mehr sichtbar.
4. Grad: Der Fußabdruck ist vollständig ausgefüllt bis über die mediale Fußlänge.

Bei einem Varusfuß ist der Abdruck des Calcaneus runder und weist in Richtung des fünften Strahls, die Belastung ist lateral stärker als medial.

Bei einem echten Hohlfuß liegt fast runder Calcaneusabdruck vor, wobei die Belastung hier mehr in der Mitte des Abdrucks liegt.

6.1.7.3 Fußeinteilung Längsrichtung

Der Fuß wird in Längsrichtung in drei gleiche Teile eingeteilt. Anhand dieser Linien beurteilen wir die Fußfehlstellung im Bereich des Mittelfußes:

- Bei einem ausgeglichenen Fuß füllt der Blaudruck im Mittelfuß den lateralen Bereich der äußeren roten Linie aus.
- Ist dieser Bereich nur unter dem fünften Strahl ausgefüllt, liegt ein Varusfuß vor.
- Ist dieser Bereich nur unter dem vierten Strahl ausgefüllt, liegt ein Pes insuffizientia vor. Dieser gehört funktionell zum Valgusfuß.
- Ist dieser Bereich und zusätzlich noch ein Teil des Mittelbereichs ausgefüllt, dann liegt ein Valgusfuß ersten Grades vor (Pes pronatus).
- Sind beide lateralen Bereiche ausgefüllt, sprechen wir über einen Valgusfuß zweiten Grades (Pes flextus).
- Ist das Längsgewölbe vollständig abgeflacht und sind alle drei Bereiche ausgefüllt, sprechen wir von einem Valgusfuß dritten Grades (Pes planus).
- Ist der Bereich voll ausgefüllt und geht über die mediale Line hinaus, ist dies ein Valgusfuß vierten Grades.

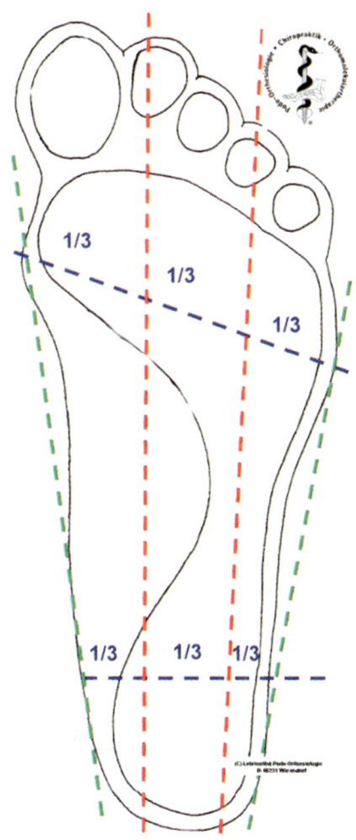

Abb. 30: Fußeinteilung Längsrichtung

6.1.7.4 Der Vorfußabdruck

Dieser Abdruck ist bei einem ausgeglichenen Fuß gleichmäßig. Die Abdrucklinie liegt ca. 1,5 Daumenbreiten proximal hinter den Metatarsalköpfen.

- Beim Hohlfuß bleibt der Vorfußabdruck relativ gleichmäßig, ist aber viel schmaler. Die Abdrucklinie liegt bis ca. 1 Daumenbreite proximal der Metatarsalköpfchen.
- Beim Varusfuß ist der Vorfußabdruck schmal und der Druck zeigt sich mehr lateral.
- Beim Valgusfuß wird der Vorfuß breiter und der Druck ist mehr nach medial gerichtet.
  - Je flacher der Fuß, desto länger wird der Vorfußabdruck.

Alle drei Abschnitte des Abdrucks müssen im Einklang sein – dann kann zwar eine Fußfehlstellung vorhanden sein, aber diese ist in sich harmonisch. Die meisten unserer Füße sind aber mehr oder weniger disharmonisch. So sehen wir sehr oft einen Calcaneus valgus mit einem Vorfuß varus. Der Vorfußabdruck ist lateral stärker belastet, aber länger als bei einem Varusfuß. Es liegt somit ein disharmonischer Valgusfuß vor. Die Probleme können hier sehr vielschichtig sein.

Die Fehlstellung bzw. Kompensation, die wir in den Füßen finden, reicht bis in die Wirbelsäule hinein.

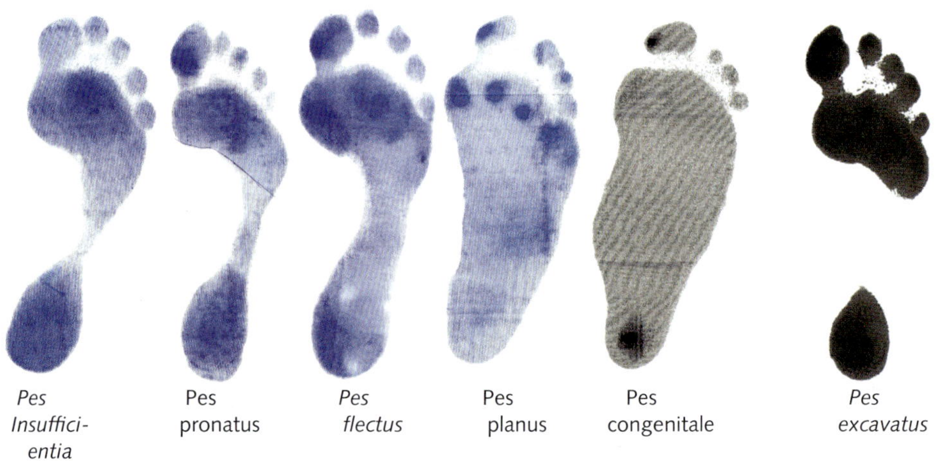

Abb. 31: Schema der Fußabdrücke

6.1.8 Elektronische diagnostische Unterstützung

Elektronische Unterstützung der Diagnostik wird immer beliebter. Leider lassen sich viele Therapeuten zu sehr von dieser Elektronik beeinflussen und vernachlässigen die notwendige klinische Funktionsdiagnostik. Wir beurteilen den Patienten anhand unserer klinischen Funktionsdiagnostik und müssen immer wieder feststellen, dass die elektronischen Hilfsmittel uns eher verwirren und oft zu einer fehlerhaften Diagnostik und Therapie führen.

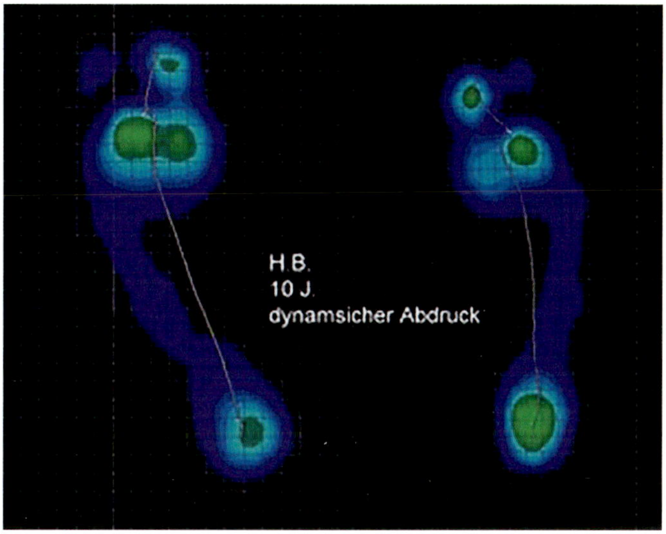

Abb. 32: Dynamisch auf Zebris (Dynamischer Abdruck mit einer elektronischen Druckplatte)

Die klinische Funktionsdiagnostik bleibt daher das A und O unserer Diagnostik. Wir benutzen die elektronische Multifunktions-Kraftmessplatte von Zebris und mehrere Webcams, mit denen wir gleichzeitig mehrere Aufnahmen machen können; hauptsächlich für die Dokumentation unserer Arbeit.

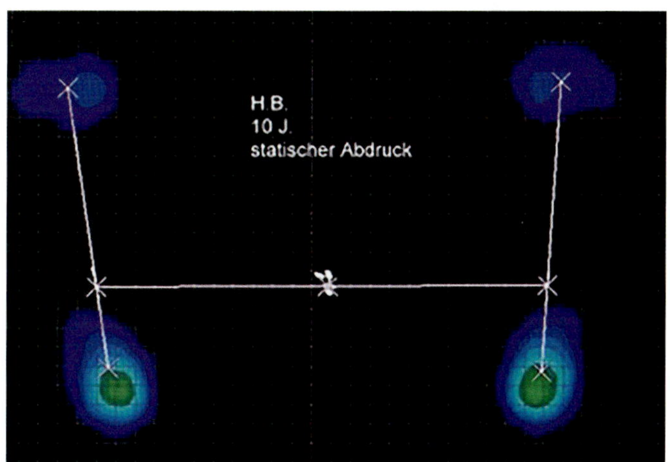

Abb. 33 (rechts): Statisch auf Zebris (Dynamischer Abdruck mit einer elektronischen Druckplatte)

Die elektronische Druckplatte liegt in einem reizarmen Raum, denn jeder Reiz, wie z.B. Bilder, die im Blickwinkel aufgehängt sind oder Musik aus dem Nebenraum, wird die Haltung und den Abdruck verändern. Der Patient steht entspannt in seiner für ihn normalen Stellung 30 Sekunden lang auf dieser Platte. Die Fußstellung sollte nicht vorgegeben werden, da sich ansonsten das Ergebnis ändert.

Wichtig ist das Ergebnis der Schwerpunktlinie: Wie schwankt der Patient? Diese Schwankungen sollten unter dem Körperschwerpunkt minimal sein. Bei Abweichungen sehen wir uns die Fußbelastung nochmal an. Auch werden Aufnahmen mit und ohne Schuhe, Podosohle®, Brille usw. gemacht, immer in Verbindung mit der Druckmessplatte, um Veränderungen zu registrieren.

Wir beobachten:

- Wie setzt der Patient den Fuß auf? Normalerweise fängt der Abdruck in Supination (Calcaneus varus) an und geht dann in die Pronation. Die Belastungslinie verläuft mit einem kleinen S-förmigen Bogen vom Calcaneus zum Großzehballen und dann zum Großzeh.
- Wichtig ist der Verlauf dieser Linie, die im Blaudruck nicht sichtbar ist. In seltenen Fällen sehen wir einen Knick, die Linie verläuft kurz rückwärts.
- Wenn das nach wiederholtem Abdruck immer wieder geschieht, sollte man sehen, ob die Platte nicht zu nahe an der Wand steht. Wenn nicht, muss untersucht werden, inwieweit eine neurologische Störung vorliegt.

6.1.9 Bildaufnahme mit Webcams und Linienmuster

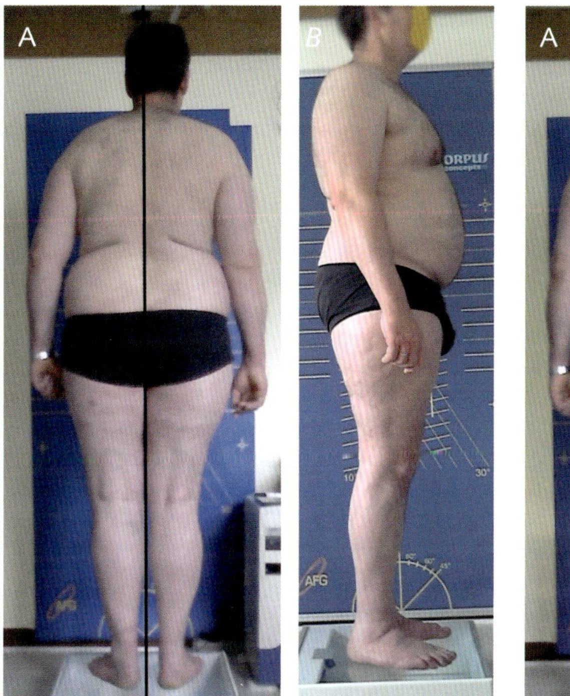

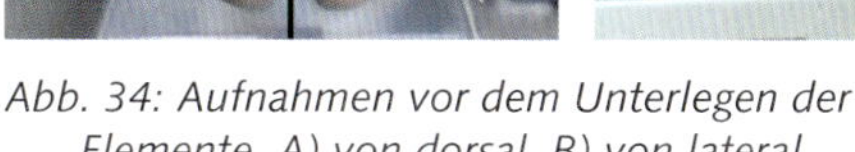
Abb. 34: Aufnahmen vor dem Unterlegen der Elemente. A) von dorsal. B) von lateral

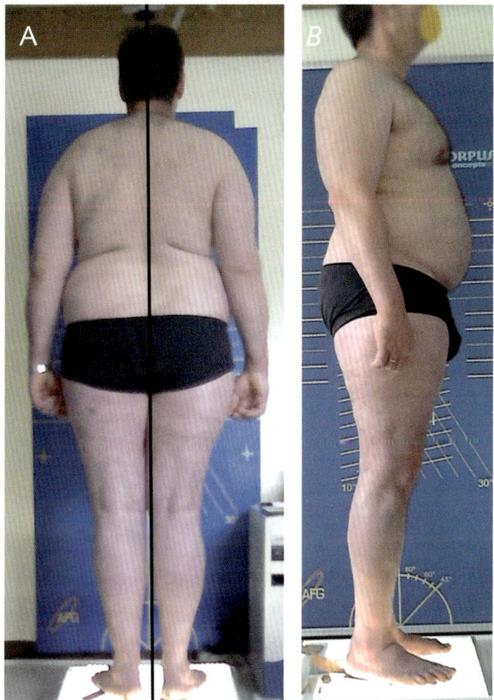

Abb. 35: Aufnahmen nach dem Unterlegen der Elemente. A) von dorsal. B) von lateral

Sowohl vor als auch seitlich des Patienten ist auf der Wand ein Gittermuster angebracht. Mittels Webcams und einem speziellen Programm sind wir in der Lage, gleichzeitig Bilder aus verschiedenen Richtungen zu machen und das vor, während und nach dem Unterlegen der Elemente.

6.1.10 Der Rückenscanner

Wir haben zwei verschiedene Systeme von Rückenscannern ausprobieren können. Bis jetzt haben sie uns nicht überzeugen können bezüglich einer validen Aussage. Bei jeder Einatmung oder Ausatmung entsteht ein anderes Bild. Den Atem anzuhalten, ergibt aber immer Verspannungen und ist also auch keine Lösung. Dazu muss man immer bedenken, dass kein Wesen eine absolut gerade Haltung hat. Die Form sagt nichts über die Funktion des Körpers aus. Ein absolut gerader Körper kann auf Dauer nicht optimal funktionieren.

6.2 Die unterschiedlichen Verspannungen und Verkürzungen der Muskulatur

1. Passiv hypoton verkürzt = hypoton konzentrisch
2. Passiv hypoton verlängert = hypoton exzentrisch
3. Aktiv hyperton verkürzt = hyperton konzentrisch
4. Aktiv hyperton verlängert = hyperton exzentrisch

Wenn wir in der Lage sind, diese Unterschiede wahrzunehmen, verfeinert dies unsere Diagnostik enorm und wir kommen näher zu einer gezielteren Behandlung der primären Ursachen der Beschwerden.

- **Passiv hypoton verkürzt – hypoton konzentrisch**
  - Der Muskel fühlt sich „weicher", schlaffer an und neigt auf Dauer zur Verklebung. Ein verklebter Muskel fühlt sich wiederum etwas härter, „strähniger" an.
  - Bei passiver Dehnung entsteht keine deutliche Zunahme der Spannung.

- **Passiv hypoton verlängert – hypoton exzentrisch**
  - Der Muskel fühlt sich dünner an mit einer bestimmten „Schlaffheit", aber weniger stark als ein hypoton verkürzter, da hier noch eine Dehnung des Gewebes vorliegt.
  - Bei passiver Verkürzung entsteht keine Änderung der Spannung.
- **Aktiv hyperton verkürzt – hyperton konzentrisch**
  - Dies ist der typische konzentrisch verkürzte Muskel, dick und hart wie eine Wurst.
  - Bei Dehnung entsteht ein Wiederstand.

- **Aktiv hyperton verlängert – hyperton exzentrisch**
  - Dies ist der typische exzentrisch verlängerte Muskel, dünner als der konzentrisch hypertone Muskel, hart wie ein Seil.
  - Bei der passiven Verkürzung folgt eine Entspannung des Muskels.

Beim Lesen erscheint das Prinzip einfach und logisch zu sein. Versuchen Sie aber, es in die Praxis umzusetzen, werden Sie vor allem am Anfang eventuell große Schwierigkeiten haben, diese Unterschiede wahrzunehmen. Trotzdem ist es extrem wichtig. Wir diskutieren dieses Thema oft mit Studenten und anderen Behandlern, vor allem wenn wir mit skoliotischen Abweichungen der Wirbelsäule arbeiten. Auch für diese Feineinstellung der Palpation zählt „Übung macht den Meister!" – also ran an die Arbeit und nicht aufgeben!

6.3 Behandlungsregeln der Podo-Posturaltherapie:

1. Die Podo-Posturaltherapie beschäftigt sich mit chronischen Beschwerden. Akute Beschwerden werden mittels anderer Therapien behandelt.
2. Chronischen Beschwerden liegen immer mehrere Ursachen zugrunde, die alle so weit wie möglich behoben werden müssen.
3. Sind strukturelle Änderungen vorhanden, die man nicht weiter verbessern kann, muss der Körper so gut wie möglich auf diese gefestigte neue Situation eingestellt werden.
4. Liegen Blockaden oder Fixationen vor, werden diese in der Regel erst behoben und die spezifische podo-posturale Untersuchung auf den nächsten Termin verlegt.
5. Die Behandlung endet nicht, wenn die Symptome verschwunden sind, sondern erst, wenn das Haltungssystem neu eingestellt ist (Reedukation oder Reprogrammierung).
6. Die Beseitigung des Problems benötigt häufig die vierfache Zeit der Entstehung.
7. Die Behandlung chronischer Patienten geschieht in den meisten Fällen in enger Zusammenarbeit der verschiedenen Disziplinen, die das Therapierepertoire der jeweils anderen gut kennen.
8. Die wichtigste Person im Team ist der Patient selbst: Ohne seine aktive Mitarbeit ist kein dauerhafter Erfolg zu erwarten.

7. Der Plattfuß oder Knick-Spreiz-Senkfuß

Wir unterscheiden drei Arten von abgeflachten Füßen:

- den Babyfuß,
- den flachen Fuß,
- den statischen pathologischen Plattfuß oder Knick-Senk-Spreizfuß.

7.1 Der Babyfuß

Die volle Form des Babyfußes entsteht u. a. durch das Fettgewebe Capiton sowie das noch nicht voll funktionsfähige Nervensystem (siehe Kapitel 9.2.1 – Die Entwicklung der unteren Extremität). Das Gewebe verändert sich langsam, nachdem das Kind beginnt, die Füße zu belasten.

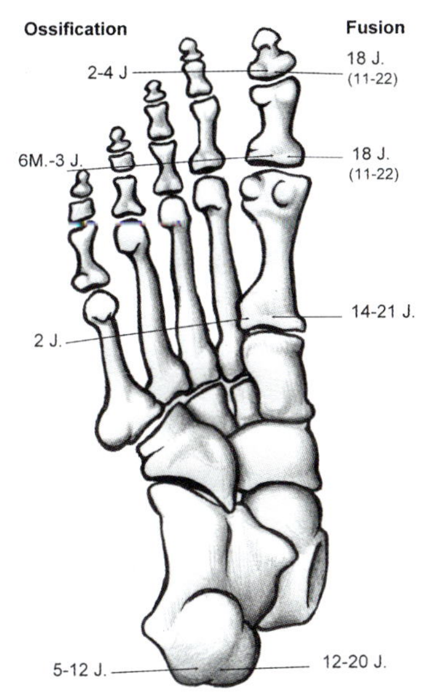

Abb. 36: Entwicklung des Fußes

7.2 Der Flachfuß

Wir unterscheiden den physiologischen Flachfuß, der oft bei den Naturvölkern gesehen wird, und den kongenitalen Flachfuß als Deformität.

7.2.1 Der physiologische Flachfuß

Viele Naturvölker, aber auch Yin-Menschen haben von Natur aus einen eher flachen Fuß. Der M. quadratus plantae ist dabei schwächer entwickelt. Er unterstützt weniger die Flexionsfunktion des M. flexor digitorum longus, sodass der Fuß flacher wird. Da der Körper mit dieser Fußform geboren wurde und alle anderen Strukturen hierauf eingestellt sind, ergeben sich keine primären Haltungsstörungen. Kommt es doch zu Haltungsänderungen, führen diese irgendwann zu Störungen im gesamten Bewegungsapparat und somit auch im Fuß.

Der physiologisch flache Fuß beim Yin-Menschen:
- Fersenabdruck unauffällig, ohne Ecke im Verlauf der medialen Fersenlinie
- Flacher im Abdruck
- Etwas breitere Mittelfußbelastung
- LWS etwas flacher
- Allgemein niedriger Muskeltonus, nicht hypoton
- Scapulae minimal posterior, mehr „gelassene" Haltung

7.2.2 Der kongenitale Flachfuß als Deformität

Hierzu gehören verschiedene aplastische und dysplastische Verformungen. Primär entstehen beim Stehen und Gehen körperliche Probleme, meist ein schnelles Ermüden oder ein Abduktionsschritt über 45°.

Die pathologischen Fußdeformitäten mit ihren statischen Einflüssen auf den Körper werden genauer besprochen im Kapitel der Fußpathologien (siehe Kapitel 9.2. Primäre Fußabweichungen).

7.3 Der statische pathologische Plattfuß oder Knick-Senk-Spreizfuß

Wenn wir eine Änderung beschreiben, gehen wir aus didaktischen Gründen immer von einer rechten Situation aus, wobei also die Änderung des rechten Fußes primär ist.

Die gezeigten Blaudrucke sollten nur als Hinweis für die genannte Abweichung/Pathologie gesehen werden, obwohl der Blaudruck sicherlich viel mehr Hinweise für die Therapie gibt.

Patienten mit funktionellen Plattfüßen (Knick-Senk-Spreizfüßen) oder hypotonen Füßen verlieren an Körperspannung und der Energiehaushalt ist vermindert.

Der Patient neigt schnell zu einer übertriebenen Beschreibung der Beschwerden und redet gerne etwas länger. Die Angaben der Patienten sind oft übertrieben, daher ist eine genaue Funktionsdiagnose immer angezeigt.

Auch die Fußmuskulatur hat weniger Energie. Sie können die Fußform unseres Fundaments nicht länger aufrecht halten. Jetzt passieren zwei Dinge:
1. Der Fuß und der Körper geben der Schwerkraft nach.

2. Es werden von den Sensoren der Füße, den Propriosensoren und Exterosensoren, verringerte Impulse an das zentrale Nervensystem gesendet. Auf diesem neurophysiologischen Weg entsteht ein anderes Haltungsbild. Diese neue falsche Haltung wird als normal angesehen, zu der man unbewusst immer zurückkehren will.

7.3.1 Ursachen der Störung

Ursachen der Störung sind z. B.:

- Störungen des Nervus Sympathikus: Der Sympathikus sorgt für eine zu hohe Körperspannung. Leidet der Sympathikus, z. B. durch organische Erkrankungen, kommt es in den meisten Fällen zu einem Tonusabfall, der sich automatisch in der gesamten Haltung widerspiegelt.
- Bindegewebeschwäche, die in vielen Fällen angeboren ist, kann ein weiterer Faktor sein, der unsere Haltung verändern lässt.
- Störungen der inneren Organe beeinträchtigen nicht nur über das sympathische Nervensystem, sondern ändern auch die Energie über das Meridiansystem.
  - Konzeptionsmeridian → stark
  - Gouverneur → schwach
  - Blasenmeridian → schwach

- Eine Hypotonie der statischen Muskulatur ist oft die Folge von subkortikaler Dysbalance oder sympathischen Störungen.
- Psychische Störungen führen über das limbische System u. a. zu Dysfunktionen des subkortikalen Systems.
- Fehlbelastungen z. B. durch Übergewicht führen zu einem erhöhten Druck auf die Füße und einem Absenken der Fußgewölbe, meist einseitig.
- Absteigende Ketten, z. B. Augenfehlstellungen, cranio-mandibulare Dysfunktionen, stomatognather Apparat, Hörstörungen etc. verursachen schon nach einigen Monaten reaktiv eine aufsteigende Kette, die sich verselbständigt und auch noch stört, wenn die Grundursache schon behandelt ist.

7.3.2 Einige Symptome:

- Statische Schmerzen, Schmerz beim längeren Stehen und bei längerer Bewegung (Muskelkraft fehlt).
- Primäre Schmerzen im Rücken, Knien und weniger in den Füßen.
- Schmerzen im Schulter-Nacken-Bereich.
- Der Patient zieht sich in sich zurück, wird introvertiert und träge, neigt zu depressiven Verstimmungen.

- Die Atmung wird flacher, der obere Teil der Lungen und die Bauchatmung werden eingeschränkt.
- Es können CMD, Augenfehlstellungen, Organstörungen u. a. resultieren.

7.3.3 Biomechanisch sichtbare Veränderung der Statik beim Plattfuß

Die Änderung der Statik wird in erster Instanz biomechanisch sichtbar: Die agonistisch wirkende Muskulatur wird passiv verkürzt, eine passive konzentrische Hypotonie neigt auf Dauer zu Verklebungen. Die antagonistisch wirkende Muskulatur wird passiv verlängert und kann dieser Verlängerung aufgrund ihrer Hypotonie nicht optimal entgegenwirken, eine passive exzentrische Hypotonie.

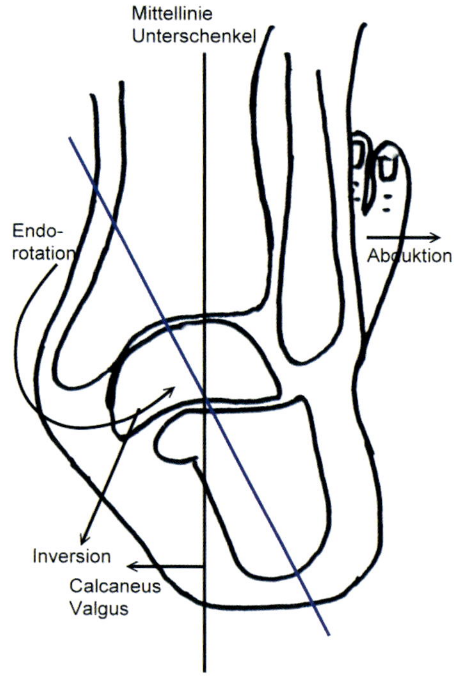

Abb. 37: Abknickender Fuß

- Das Längsgewölbe wird länger, der Fuß dreht mehr in die Abduktion, Pronation.
- Von dorsal gesehen sind lateral mehrere Zehen sichtbar.
- Das Abflachen des Fußes verursacht eine funktionelle Beinverkürzung.
- Der Calcaneus kippt in Valgus.
- Die Wadenmuskulatur und die langen Flexoren der Zehen versuchen, die Calcaneusstellung aufrechtzuerhalten.

7.3.4 Folgen des (asymmetrischen) Absenkens des Fußgewölbes:

- Wadenkrämpfe durch Überbelastung der eher hypotonen Muskulatur,
- venöse Stauungen und Schwellungen, bevorzugt im Bereich des medialen Malleolus,
- beginnende vaskuläre Störungen,
- Bildung von Keratosen (Mangeldurchblutung),
- schwindendes Fettgewebe (Capiton), vor allem im Vorfuß,
- häufig leichter Hallux valgus.

- Die Morton-Neuralgie (meist zwischen 3. und 4. Strahl) kann ebenfalls eine Folge des Abflachens sein.
- Der Talus folgt dem Calcaneus, da er sich durch die Hypotonie des periartikulären Gewebes nicht stabilisieren kann. Er kippt nach medial, distal weg und dreht dabei in Endorotation.
- Tibia und Fibula folgen diese Endorotation, was zu einer Verwringung der beiden Knochen führt.

Abb. 38: Gegenrotation der Tibia und Fibula

Schmerzen am Knie lateral (Blockade in der Art. tibio-fibulare Superior) oder später auch medial auf Höhe des Gelenks durch Meniskopathie.

Eventuell Gangunsicherheiten und Knieschwächen, da vor allem der M. quadriceps femoris und M. sartorius passiv verkürzt werden.

Hüftgelenksbeschwerden sind eher sekundär. Der Femurkopf dreht im Acetabulum nach dorsal, der M. sartorius und M. iliopsoas verkürzen passiv und neigen, wie alle anderen passiv verkürzten Muskeln, zu passiver Insuffizienz und Verklebungen.

Ilium und Sacrum kippen nach anterior, wodurch das Bein funktionell länger wird und dadurch die vorhandene funktionelle Beinverkürzung zum Teil aufgehoben wird.

Deshalb bleibt das Bein an der Plattfußseite im Stehen kürzer.

7.3.5 Differentialdiagnose im Stehen

- Aufsteigende Kette durch den Plattfuß.
- An der Seite des Ilium anterior ist das Bein funktionell kürzer.
- Absteigende Kette: An der Seite des Ilium anterior ist das Bein funktionell länger und bildet als Ausgleich einen minimalen Plattfuß.

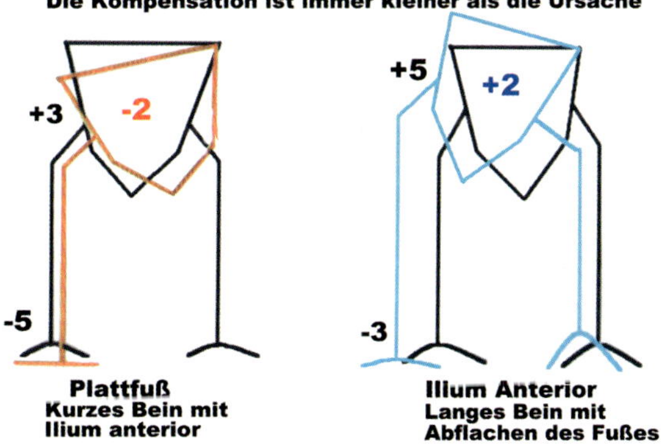

Bild 39 Beinlängendifferenz und Becken

- L4 und L5 sind durch das Bandsystem sehr fest mit dem Ilium verbunden und folgen somit der Beckenbewegungen. Die Lordose wird tiefer und der tiefste Punkt verschiebt sich von L3 auf L4 und L5. Hier liegt eine Ursache für die Lumbalbeschwerden, die beim Plattfuß primär auf arthrogene Probleme zurückzuführen sind.

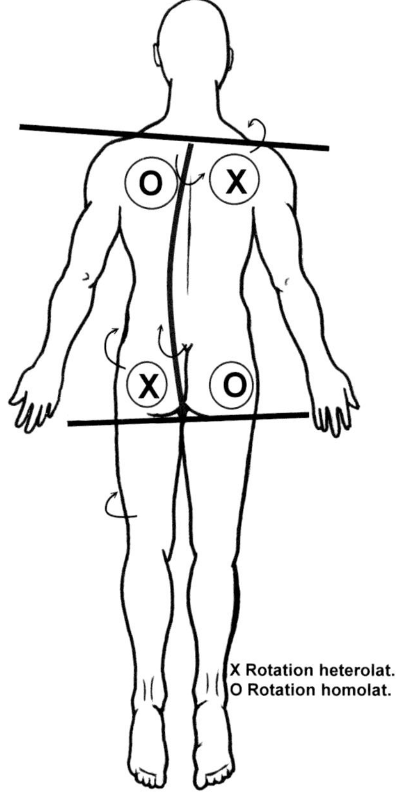

Abb. 40: Haltung beim Plattfuß von dorsal gesehen

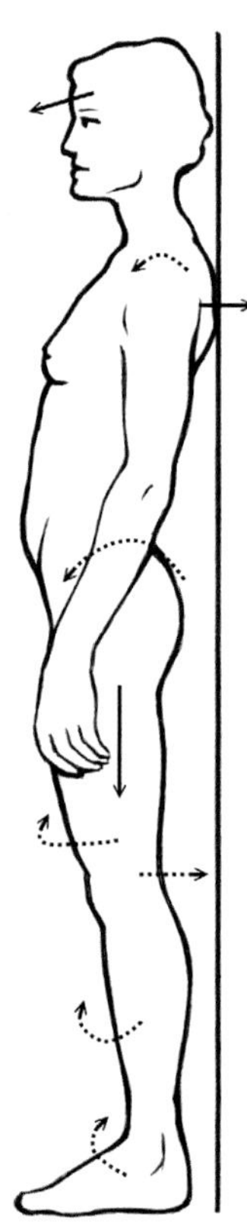

Abb. 41: Haltung beim Plattfuß von lateral gesehen

- Das Ilium kippt rechts mehr in Anteriorstellung und verursacht somit eine Beckenrotation nach links, demzufolge dreht die Lendenwirbelsäule ebenfalls nach links.
- Durch den Beckenschiefstand entsteht eine funktionelle Skoliose mit der Konvexität zum kürzeren Bein hin.
- Die Kompensation der Schiefstellung geht von den Augen aus, der „Knickpunkt" liegt auf Höhe T6–8.
- Als Reaktion auf die Rotation und die tiefere Lendenlordose entsteht in der Brustwirbelsäule eine verstärkte Kyphose mit Rotation nach rechts.
- Die Scapula steht in Laterorotation/Protraktion rechts mehr als links, der Angulus inferior kommt jetzt hinter der Lotlinie zu liegen („Scapula posterior").

- Der Schulter-Nacken-Winkel steht rechts höher.
- Der Kopf ist nach rechts geneigt, nach links rotiert und die Rechtsrotation ist eingeschränkt.
- Der Kopf neigt nach ventral mit der dazugehörenden passiven Muskelverkürzung.

7.3.6 Weitere Auswirkungen des Plattfußes auf den Körper

Beispiel: größerer Plattfuß rechts
Beim Plattfuß ist die Basisspannung der Muskulatur hypoton.

Weitere Einflüsse:
- Das rechte Bein wird funktionell kürzer und dreht in Endorotation.
- Das Collum femoris dreht in Retroversion und gibt einen Impuls ins Acetabulum nach dorsal.
- Das Ilium kippt nach anterior, rechts mehr als links, das Ilium anterior rechts muss aber nicht blockieren.
- Das Ilium „zieht" das Sacrum mit nach anterior, das ist ein mechanischer Vorgang.
- Osteopathisch gesehen entsteht eine Sacrumstellung L/L, die Basis rechts anterior/inferior, der Angulus inferior laterales (AIL) posterior/inferior und der SI-Spalt rechts tiefer.
- Durch die kräftigen ligamentären Verbindungen folgen L4, L5, Sacrum und Ilium.

Das bedeutet:
- Rechts-konvexe Skoliose durch das kürzere rechte Bein mit einer tief-lumbalen Hyperlordose und eine Rotation der Lendenwirbelsäule nach links.
- Eigentlich müsste nun eine Rotation nach rechts erfolgen. L3 macht dies auch (er ist der erste frei bewegliche Wirbel ab kaudal), L4–5 haben allerdings einen Konflikt zwischen physiologischer „Wunschdrehung" und pathologischer „Mussdrehung". Dadurch entstehen Wringkräfte mit einem erhöhten Risiko für eine Arthrose, teils bis zur Hernia Nucleus Pulposus L4 und L5 bis S1.
- Die Symphyse steht rechts tiefer mit einer Rotation nach ventro-caudal – dadurch entstehen Reizungen im Bandsystem.
- Die HWS bildet eine leichte Ausgleichsskoliose, also rechts konkav.
- Das Os temporale folgt der Bewegung des Iliums.
- Das rechte Kiefergelenk wird in der Öffnungsphase funktionell eingeschränkt.

Allgemeine Einflüsse auf Bänder, Muskeln und Gelenke:

- Die hypotone statische Muskulatur sorgt für eine Instabilität der Gelenke.
- Die dynamische Muskulatur muss jetzt mehr arbeiten, um diese Instabilität aufzufangen. Dies führt zu einer Überlastung der dynamischen Muskulatur, welche mit Verspannungen, Übersäuerung etc. reagieren.
- Die passiv gedehnten Strukturen verursachen wenige Probleme, da sie in der Hypotonie nachgeben.
- Die passiv verkürzten Strukturen wie Muskeln und fasziales System „verkleben" auf Dauer und verhindern dann eine schnelle Normalisierung der gesunden optimalen Haltung.
- Es ist bekannt, dass z. B. Ligamente nach einem sechs- bis achtwöchigen geänderten Verlauf die Strukturrichtung an die veränderte Situation angepasst haben. Dies verhindert ebenfalls eine bleibende Verbesserung der Beschwerden. Chronische Störungen müssen also länger behandelt werden, auch wenn der Patient keine Beschwerden mehr hat, damit die Struktur sich wieder normalisieren kann. Eine Störung braucht daher ca. die vierfache Re-Edukationszeit zur Stabilisierung der neuen physiologischen Stellung.

7.3.6.1 Einfluss auf Fuß und Unterschenkel

- Dehnung der medialen und passiven Verkürzung des lateralen Bandsystems.
- Ein Einknicken des Fußes um die verlängerte Achse vom unteren Sprunggelenk bis zu MT3 und MT4, häufig geht mit einer rezidivierenden Blockade des Os cuboideum nach plantar einher.
- Die hypotonen statischen kurzen Fußmuskeln können das Lig. plantare longum und die Fascia plantaris weniger regulieren. In den verschiedenen myofaszialen Ketten entstehen Dysbalancen.
- Die Zugrichtung des M. flexor hallucis longus wird nach lateral geändert und kann einen Hallux valgus verursachen.
- Die Mm. peronei werden passiv verkürzt und verkleben auf Dauer. Der M. tibialis anterior wird passiv gedehnt, ist aber hypoton und wird, außer der Instabilität, relativ wenige Probleme verursachen.
- Die Fibula bekommt einen Impuls nach kranial und folgt, wie die Tibia, in Endorotation.
- Die Gegenrotation zwischen Tibia und Fibula führt zu Stress, vor allem in der proximalen Art. tibio-fibularis, da es zusätzlich komprimiert wird. Dadurch entstehen Blockaden und Schmerzen lateral am Fibulaköpfchen, welche von den Patienten oft als Knieschmerzen beschrieben werden.

- Die Membrana interossea wird durch den Calcaneus valgus leicht gespannt, aber durch den Hochstand der Fibula wieder ausgeglichen und verursacht somit wenige Beschwerden.
- Durch die Hypotonie der Muskulatur ist die Muskelpumpe für den venösen Rückfluss eingeschränkt. Dies fördert die Varizenbildung im Unterschenkel.
- Die statischen Supinatoren werden eher passiv gedehnt und können die optimale Haltung nicht stabilisieren. Sie müssen von den dynamischen Muskeln unterstützt werden. Dies führt zu Überlastung vor allem der dynamischen Muskeln.
- Die Pronatoren werden eher passiv verkürzt und verlieren dadurch schnell an Kontraktionskraft.

7.3.6.2 Einfluss auf Knie und Oberschenkel

- Die Endorotation des Unterschenkels führt zu Verwringungen im Kniegelenk.
- Die Kreuzbänder werden gedehnt und gereizt (vor allem das Lig. cruciatum anterius), dadurch entsteht eine minimale Kompression im Kniegelenk und somit auch auf die Menisken.
- Der mediale Meniskus neigt durch seine dreifache Verbindung eher zu einer Läsion als der laterale Meniskus.
- Durch die Endorotation wird u. a. der M. vastus medialis passiv verkürzt. Die Folge ist eine Instabilität des Kniegelenks, vor allem im ersten Teil der Standphase, der sogenannten Initial Contact Phase und Loading Response Phase. Der Patient hat das Gefühl, beim Auftreten „in die Knie zu gehen".
- Durch das Ilium anterior wird der M. rectus femoris passiv verkürzt. Er ist bereits hypoton und kann das Knie ebenfalls nicht stabilisieren. Die Stabilisation durch den M. rectus femoris findet vor allem im ersten Teil der Pre-Schwing-Phase statt. In dieser Phase unterstützt er die Vorwärtsbewegung der Hüfte. Bei einer passiven Verkürzung reagiert der Muskel zu spät und zu wenig, die Folge ist eine Gangunsicherheit.
- Der M. tensor fasciae latae kann durch die Flexion des Hüftgelenks die Kniestreckung ebenfalls nicht stabilisieren. Zur Kompensation überstreckt der Patient das Knie, um es mechanisch zu stabilisieren.

7.3.6.3 Einfluss auf die Hüfte

- Das Collum femoris dreht in Retroversion Endorotation und schiebt das Ilium somit nach anterior bei leichter Flexion der Hüfte.
- Lig. ilio-femorale; der craniale Teil ist mit der Sehne des hypotonen M. rectus femoris verschmolzen.

- Einige Fasern des ebenfalls etwas hypotonen M. gluteus minimus strahlen in den oberen Teil des Ligamentes ein. Dadurch verliert das Lig. ilio-femorale an muskulärer Steuerung.
- Das Lig. pubo-femorale ist teils mit Fasern des M. pectineus verschmolzen und verliert somit ebenfalls einen Teil seiner muskulären Steuerung.
- Das Lig. ischio-femorale ist im distalen Bereich mit Fasern des M. obturatorius externus verschmolzen und wird dadurch leicht gedehnt.
- Die ischiocrurale Muskulatur wird passiv gedehnt.

7.3.6.4 Einfluss auf das Iliosakralgelenk

- Das Lig. ilio-lumbale wird durch das Ilium anterior und die Konvexität der LWS rechts gedehnt, dadurch entsteht im Ligament eine deutlich spürbare Spannungserhöhung.
- Das Lig. sacro-iliacale anterior wird durch das Ilium anterior ebenfalls gedehnt. Die Sacrumnutation hebt diese Dehnung zum Teil wieder auf, es bleiben eine minimale Dehnungsspannung und Druckerhöhung im Iliosakralgelenk.

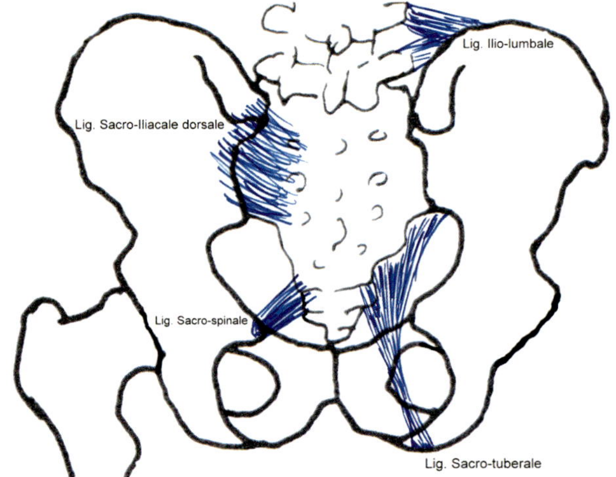

Abb. 42: Ligamente des Beckens

- Die Spannung der Ligg. sacro-spinale und sacro-tuberale ändert sich fast nicht.
- Die Lamina P. V. G. R. S. (pubo, vesico, genito, recto, sacralis) wird passiv verkürzt, da das Os coccygis bei einer Ilium-anterior-Stellung in eine Kontranutation kippt. Dies verursacht einen Stabilitätsverlust des Beckenbodens, die Organe im kleinen Becken neigen zu einer Absenkung.
- Der linke M. gluteus max. wird durch die Drehung des Sacrums gedehnt. Oft spüren wir hier eine leichte exzentrische Hypertonie.
- Die Mm. glutei medius und minimus werden in ihrer Hypotonie gedehnt und können dadurch das Becken in der Standbeinphase nicht mehr optimal stabilisieren. Diese Stabilisation ist aber eine der wichtigsten Voraussetzungen des richtigen Gehens. Es entstehen Gangabweichungen und Verspannungen dieser Muskeln und der dazu gehörenden Muskelketten.

7.3.6.5 Einfluss auf die LWS

- Die Ligg. inter- und supraspinalia werden durch die Lordose etwas entspannt, es kommt zu einer Instabilität und einer Dysbalance der LWS.
- Der hypotone M. erector spinae wird rechts gedehnt und links passiv verkürzt.
- Die tiefen autochthonen Muskeln wie Mm. multifidii und rotatores werden durch die Hyperlordose passiv verkürzt, was durch die heterolaterale Rotation zusätzlich verstärkt wird und zu einer weiteren Instabilität der LWS führt.
- Dies alles wird in Form von ermüdenden Schmerzen wahrgenommen.

7.3.6.6 Einfluss auf die BWS

- Sie bildet eine kompensatorisch nach rechts rotierte Kyphose mit Muskeldysbalancen.
- Die posturale Kompensation der Skoliose fängt bei den Augen an: Die visuelle Wahrnehmung hat das Bestreben eines waagerechten Blickes. Der „Schnittpunkt" der Skoliose liegt in Höhe T6–9.
- Die Scapula steht rechts höher und ist mehr nach ventral gekippt (Elevation und Protraktion), der Angulus inferior wandert hinter die Körperlotlinie (Scapula posterior).
- Der Brustkorb wird eingeengt, die Atmung wird flacher.

7.3.6.7 Einfluss auf die HWS

- Hier tritt die Hyperlordose als Gegenkorrektur zur BWS-Kyphose in den Vordergrund mit einer kompensatorischen Lateroflexion links-konvex und einer Rotation nach links: Es kommt zu Blockaden der HWS.
- Die passive Dehnung des M. sternocleidomastoideus und der Mm. scaleni links kann zu einem neurovaskulären Kompressionssyndrom (auch bekannt als Thoracic-outlet-Syndrom) führen. Rechts entsteht die Kompression eher durch eine mögliche Blockade der ersten Rippe.
- Der N. vagus (vegetativ) hat eine starke Relation zum M. sternocleidomastoideus und kann durch Reizung des Muskels beeinflusst werden.
- Die größeren dynamischen Nackenmuskeln rechts müssen arbeiten, damit die Kompensation stattfinden kann. Diese neurophysiologisch hypoton gewordenen Muskeln werden überbelastet, was zu Ermüdungsschmerzen führt. Oft sehen wir hier die Entstehung von Kopfschmerzen durch Überbelastung der großen Muskulatur. Der M. trapezius ist einer der meist betroffenen Muskeln.

7.3.6.8 Einfluss auf das Cranium

- Die Dura mater wird durch die Sacrumnutation gedehnt, das Occiput folgt der Bewegung des Sacrums.
- Die Synchondrosis spheno-basilaris (SSB) gerät sowohl rechts als auch links in Extensionsspannung.
  - Das SSB ist kein sichtbares Gelenk und am Schädel nicht aufzufinden. Dies ergab eine Untersuchung unserer Gruppe an ca. 30 Schädelpräparaten, die uns die Erasmus Universität Rotterdam während eines anatomischen Studientags zur Verfügung stellte. Es wird vermutet, dass die wahrgenommene „Bewegung" im SSB auf eine intraossäre Reaktion zurückzuführen ist. Dass in diesem Gebiet etwas passiert, ist in der Praxis bekannt, die genaue Erklärung steht allerdings noch aus.
- Das Os temporale folgt der Bewegung des Iliums und dreht rechts nach anterior. Diese Bewegung gehört physiologisch zur SSB-Flexion. Es tritt eine Irritation in der Sutura occipito-mastoidea und den dazugehörenden Strukturen auf.
- Die Drehung vom Os temporale hat Einfluss auf das Kiefergelenk. Dieses wird in eine geschlossene Position gedrängt, sodass das Öffnen des Mundes auf der rechten Seite erschwert wird, es entsteht ein Fehlbiss.
- Durch die Verbindung zu den anderen Schädel- und Gesichtsknochen sind auch hier Folgen zu erwarten, so können Störungen des N. facialis und N. trigeminus Schmerzen verursachen.

Es sind bei Weitem nicht alle Einflüsse auf den Körper beschrieben, vieles kann noch erweitert werden. Diese Übersicht gibt aber ein Bild von den komplexen Störungen, die aus einer Fußfehlstellung resultieren können.

7.3.7 Die Entwicklung des Plattfußes

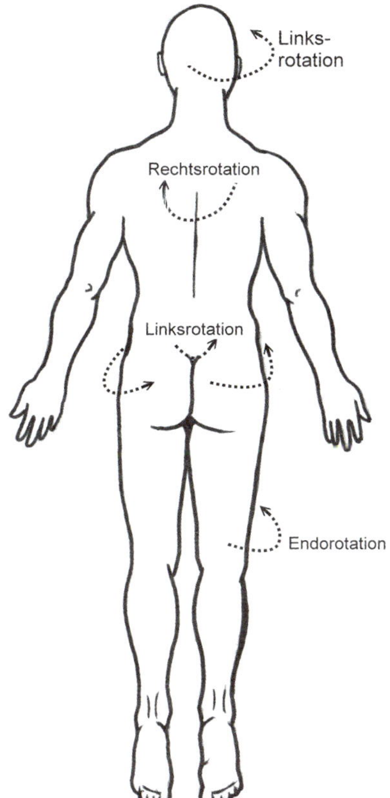

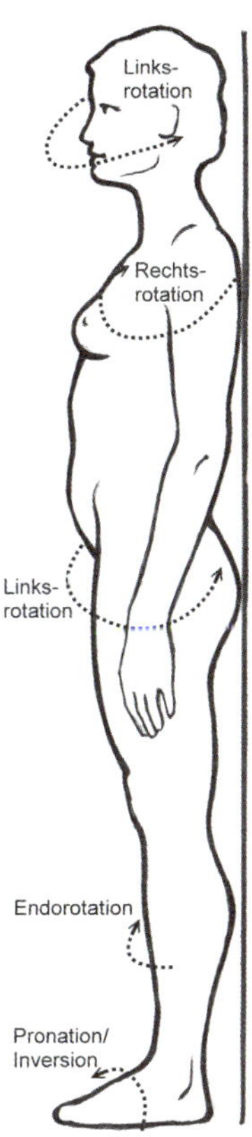

Abb. 43 (links), Körperdrehung von dorsal
Abb. 44 (rechts), Körperdrehung von lateral

Die Abflachung des Fußes entwickelt sich in den meisten Fällen langsam. Alle oben genannten Symptome und Änderungen sind nicht von Anfang an sichtbar. Grundsätzlich kommen in der Praxis noch andere Störfaktoren dazu, die das reine Bild der Fußfehlstellung verwischen. Es hängt von der Erfahrung und Geschicklichkeit des Behandlers ab, ob die Symptome mit ihren möglichen Ursachen richtig interpretiert werden und ein individuell optimaler Therapieplan erstellt werden kann.

Wir teilen die Entwicklung des Plattfußes in fünf Stadien ein, die ineinander übergehen:

- Vorstufe des Plattfußes oder Pes insufficientia
- Plattfuß 1. Grades oder Pes pronatus
- Plattfuß 2. Grades oder Pes flexus

- Plattfuß 3. Grades oder Pes planus
- Plattfuß 4. Grades oder Pes pathologica bzw. Pes congenitale

7.3.7.1 Pes insufficientia und Pes pronatus

Die Trägheit z. B. durch chronische Ermüdung, Stress oder psychische Belastung oder falsches Gehen (z. B. durch falsche Schuhe), kann eine ligamentäre Atrophie und eine muskuläre Hypotonie der Füße hervorrufen. Der Talus und das Os naviculare drehen minimal mit dem Calcaneus in Endorotation. Es kommt zu leichten Blockaden zwischen Os naviculare und Os cuboideum.

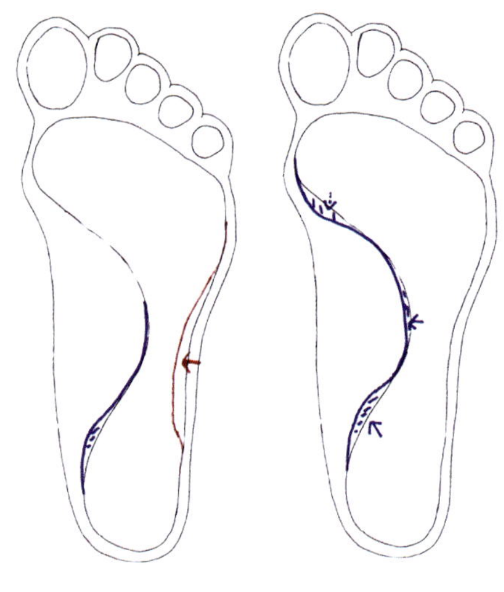

Abb. 45a (links) und 45b (rechts): Pes insufficientia und Pes pronatus

Ohne Belastung, z. B. im Liegen, sind die Füße normal beweglich. Die kleinen Fußmuskeln sind leicht hypoton und können eine längere Belastung beim Stehen und Gehen nicht standhalten.

Beim Pes insufficientia sind nach einer Ruheperiode die Muskeln wieder belastbar und die Symptome verschwunden. Wird der Pes insufficientia aber nicht behandelt, entsteht ein Pes pronatus. Mechanische Faktoren wie z. B. Übergewicht, schwere oder einseitige Arbeit (Fließbandarbeit), aber auch eine Schwangerschaft, zwingen den Calcaneus immer weiter in die Valgus-Stellung. Absteigende Ketten und Erkrankungen verstärken das Problem.

Anfangssymptome:
- Müdigkeit, Antriebslosigkeit, Introvertiertheit,
- Durch die allgemeine Schlaffheit der Ligamente und Muskeln neigt der Patient zu einer relativen Hypermobilität.
- Brennen der Füße,
- Patient kann schlecht stillstehen und wechselt immer wieder die Belastung der Füße.

Spätere Symptome:
- Lange Fußmuskulatur wie M. flexor hallucis longus und M. flexor digitorum longus wird hypoton.

- Die oberflächliche Wadenmuskultur (z. B. M. triceps surae) versucht, die Fehlstellung auszugleichen und wird eher hyperton.
- Kniebeschwerden entstehen lateral auf Höhe Caput fibulae.
- Allgemeine Abnahme der Muskelspannung, der Körper verliert an Kraft, der Patient ermüdet schneller und berichtet häufig von ermüdenden Lumbalschmerzen.
- Energieverlust der inneren Organe.

Folgen sind u. a.:

- Ein Energieverlust der statischen Muskulatur bedeutet eine weitere Belastung der dynamischen Muskulatur, deren Stoffwechsel für diese Arbeit nicht geeignet ist.
- Das Lig. calcaneonaviculare plantare und das Lig. talocalcaneum interosseum sind durch ihren Spannungsverlust nicht in der Lage, die Kippung zu verhindern und werden gedehnt.
- Die Valgus-Stellung des Calcaneus nimmt zu und nimmt den Talus mit nach mediodistal und in eine Endorotation.
- Der Vorfuß dreht leicht nach außen in die Abduktion und Pronation.
- Die Endorotation des Talus verursacht eine Endorotation in der Malleolengabel, die zu einer Verwringung im Unterschenkel und den dazugehörigen Beschwerden führt.
- Die Endorotation der Tibia verursacht eine Änderung im Verlauf des Lig. patellae, die Folgen sind Schmerzen unterhalb der Kniescheibe.
- Dysbalance der myofaszialen Ketten.
- Die Knie werden leicht überstreckt, um Stabilität zu gewährleisten. Auch hierdurch können Knieschmerzen entstehen.

Vorsicht in der Pubertät: Ist hier eine Ursache für den Morbus Osgood-Schlatter zu finden – z. B. durch pubertäre Probleme, hormonelle Umstellung usw. sowie den zusätzlichen Zug des Lig. patellae an der Tuberositas tibiae (deren knöcherne Entwicklung erst mit ca. 12–14 Jahren abgeschlossen ist)?

7.3.7.1.1 Podoskopie

- Im Anfangsstadium wird der laterale Fußrand weniger belastet, die Mittelfußbelastung wird schmaler, liegt mehr nach medial, unter MT4.
- Der Ansatz des medialen Navicularwinkels ist erkennbar und wird im Laufe der Zeit immer deutlicher sichtbar. Die Mittelfußbelastung wird beim Pes pronatus breiter, jetzt unter MT4 und 5.
- Der Großzehenballen wird mehr belastet und zeigt einen größeren und stärkeren Abdruck.

7.3.7.1.2 Therapie

Erste Aufgabe ist es, die Ursache zu bekämpfen. Hierzu gehören z. B. die Änderung der Lebensart und psychischen Haltung, Ernährungsumstellung, passendes Schuhwerk, richtige Fußmassage und Übungen, z. B. mit der Skolisohle® (verbessern die Energie der Fußmuskulatur). Zusätzlich sollte eine podo-orthesiologische Sohle (Podosohle®) angefertigt werden, sie verbessert und festigt auf neurophysiologischem Weg die Haltung.

Weitere podo-posturale Untersuchungen bezüglich des Einflusses absteigender Ketten sollten berücksichtigt werden. Ebenso können osteopathische, chiropraktische und andere naturheilkundliche Therapien sinnvoll sein.

7.3.7.2 Pes flectus und Pes planus

Das Abflachen der Füße geht kontinuierlich weiter, das Längsgewölbe wird immer flacher. Wie schnell und weit dies geschieht, ist unterschiedlich und u. a. abhängig von der Veranlagung des Patienten und zusätzlichen Faktoren. Es kann bis zu einem vollständigen Bodenkontakt der Füße kommen.

Die Energie der statischen Muskulatur lässt weiter nach, die dynamische Muskulatur wird mehr und mehr beansprucht. Da diese hierzu nicht geeignet ist, entstehen Übersäuerungen, Myogelosen etc. Die Endorotation des Femurs, die bereits im 1. Grad einsetzt, wird nun deutlicher. Das Collum femoris dreht nach dorsal und rotiert das Ilium nach anterior.

Jetzt entsteht mehr und mehr das komplette Bild, wie wir es in der Zusammenfassung beschrieben haben (siehe Kapitel 7.3.6).

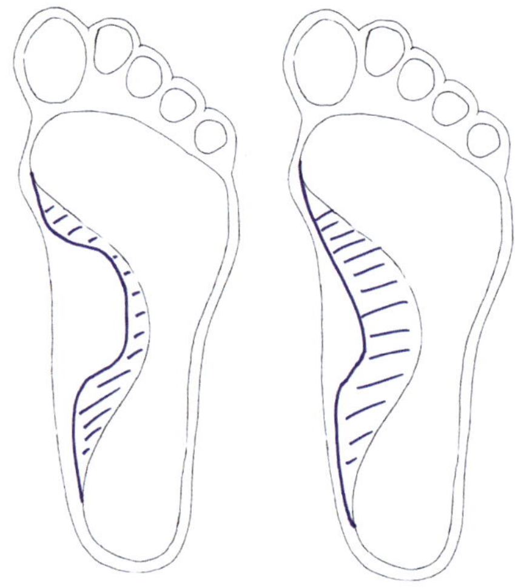

Abb. 46a (links) und 46b (rechts): Pes flectus und Pes planus

Durch weitere Abflachung des Längsgewölbes kann es zu einer Subluxation von Talus und/oder Naviculare kommen. Das führt unter Umständen zu Schmerzen auf dem Fußrücken. Die Patientin – es handelt sich eher um Frauen als um Männer – gibt brennende Schmerzen um den Malleolus medialis an. Nachts ist die Stelle gefühllos. Lokal zeigt sich oft eine Schwellung vor dem Malleolus medialis. Dies kann ein Hinweis auf ein Tarsal-Tunnel-Syndrom sein. Durch Irritationen während des Gehens kann es zu einer Ödembildung im Art. talo-crurale und talo-calcanea mit ähnlichen Symptomen kommen.

Der Vorfuß wird weiter in Abduktion gezwungen, die Belastung auf das Caput metatarsale 1 wird größer. Die Metatarsalen werden durch Nachlassen der Muskelspannung von u. a. M. adductor hallucis, Pars transversa, Mm. lumbricales und Mm. interossei gespreizt (Knick-Senk-Spreiz-Fuß).

Es entwickeln sich mehr und mehr starke Bewegungseinschränkungen und Schmerzen in allen Fußgelenken. Stehen und Gehen auf den Vorfüßen wird instabil. Der Druck wird beim Gehen größer und mehr auf die Hacken verlegt, das Abrollen ist stark verringert.

Durch das Nachlassen der Muskelspannung wird die Muskelpumpe schwächer und es entstehen Besenreiser und Varizen.

7.3.7.2.1 Pathologien beim Pes flectus

Mit dem Plattfuß 2. Grades sind oft schon erhebliche Fußpathologien verbunden (siehe Kapitel 9.2):

7.3.7.2.1.1 Reizung der Metatarsalköpfe

Durch das Spreizen des Vorfußes und den verminderten Stoffwechsel verschwindet das Fettgewebe unter dem Fuß (Capiton) langsam. Somit entsteht mehr Druck auf die Metatarsalköpfe und Artt. metatarsophalangeales (MTPs). Mögliche Folge sind periostale Reizung, Arthrosen usw.

CAVE: Die Überbelastung der Metatarsalen ist auch eine mögliche Ursache der Resorptionszonen von Looser. Hier findet eine erhöhte Resorption der Knochensubstanz statt. Im Röntgenbild sehen wir deutliche lokale Osteoporosestellen, teilweise mit zusätzlichen periostalen Knochenveränderungen als Reaktion auf die lokale Osteoporose. Es können Spontanfrakturen vor allem bei den Metatarsalen auftreten.

7.3.7.2.1.2 Deformationen der metatarsophalangealen Gelenke

Durch die Änderung der Gelenkstellung und die nun zu klein gewordenen Schuhe – denn der Plattfuß wird länger und somit ändert sich auch die Schuhgröße, was viele jedoch nicht beachten – kommt es zu Verformungen der Zehen und Fehlstellungen in den Artt. metatarso-phalangeales.

7.3.7.2.1.3 Ödeme

Durch die Fehlstellung und der schlechten Stoffwechsellage treten Schwellungen im Vorfuß auf, die zu Schmerzen und Bewegungseinschränkungen führen können.

7.3.7.2.1.4 Hallux valgus

Durch die geänderte Fußstellung, die Hypotonie der Muskelketten und die größere Belastung des Artt. metatarsophalangeales entsteht oft ein Hallux valgus, der zu erheblichen Bewegungsstörungen im ganzen Körper führen kann.

7.3.7.2.1.5 Plantarfasziitis und Fersensporn

Durch Kippung des Calcaneus entsteht mehr Druck auf dem Tuber calcanei; Processus medialis. Dazu kommt ein Zug am Lig. plantare longum, es entstehen Reizungen mit erhöhten Risiken für Schwellungen, einer Art von Bursa und Spornbildung.

Viele diagnostizierte Fersensporne sind kein echter Fersensporn, sondern eine Reizung des Chiasma plantare. Es ist wichtig, diese Schmerzphänomene voneinander unterscheiden zu können, da sie unterschiedlich behandelt werden müssen (siehe Kapitel 9.2).

7.3.7.2.1.6 Morton-Neuralgie

Durch die Hypotonie und eine Schwellung im Fuß entsteht manchmal Druck auf den Nerv zwischen den Metatarsalen. Vor allem zwischen MT3 und MT4 entstehen Probleme, da hier die Zweige aus den Nn. plantare laterale und mediale ein kleines Ganglion bilden – der Nerv ist somit dicker, gerade dort, wo der Fuß in der Längslinie des unteren Sprunggelenks einknickt. Dadurch entstehen stechende Schmerzen beim Gehen, vor allem dann, wenn zu schmale Schuhe getragen werden (sehr häufig bei Frauen).

7.3.7.2.1.7 Verformungen der Zehen

Hier sollte man mit einem gut ausgebildeten medizinischen Fußpfleger oder Podologen zusammenarbeiten, der eventuell Orthesen, Nagelspangen usw. anfertigen kann. Regelmäßig sehen wir eine Subluxation des metatarsophalangealen Gelenks. Hier ist häufig eine extreme Hornhautbildung unter dem subluxierten Zeh als Schutz des Gelenks sichtbar.

Der Patient hat ein Gefühl „als ob der Fuß durchbricht". Durch die Stoffwechselstörungen und Druck auf die Nägel werden diese oft dicker, z. B. Kalknägel, was häufig zu Schulterproblematiken führt.

Wenn der Digitus II unter den Digitus I kommt, entstehen sehr oft Magenprobleme, die mit Leberstörungen einhergehen.

7.3.7.3 Pes pathologica bzw. Pes congenitale

Neben dem sich entwickelnden Plattfuß 3. Grades gibt es auch den angeborenen oder durch Pathologien erworbenen Plattfuß, wie z. B. den
- Pes planus rheumaticus
- Pes planus arthroticus
- Pes planus traumaticus
- Pes planus congenitale

Diese sind bei Erwachsenen propriozeptiv/neurophysiologisch oft sehr schlecht zu behandeln.

Übrigens: In unserer langjährigen Arbeit mit ADHS-Kindern haben wir fast nur Kinder mit einem Plattfuß 3. oder 4. Grades gesehen – dies steht in absolutem Kontrast zur Hyperaktivität dieser Kinder. Die meisten dieser Kinder sind aber auch hypoton in der Muskulatur und haben oft ein gestörtes Bewegungsbild. Die normale motorische Entwicklung hat fast immer große Defizite. So kann z. B. fast keines dieser Kinder eine Rolle vorwärts machen, auf einem Bein hüpfen etc. Bei Nachfragen ergibt sich häufig, dass die Kinder oft nicht gekrabbelt sind oder andere kindliche Reflexe und Aktivitäten „übersprungen" haben.

Heute werden viele Kinder auch als ADHS-Kinder beurteilt oder besser verurteilt, obwohl sie einfach nur sehr aktiv sind. Der dynamische Fußabdruck hat uns hier schon oft weiter geholfen, den richtigen Therapieansatz zu finden.

8. Der Hohlfuß: Pes varus und Pes adduktus

Beim optischen Hohlfuß unterscheiden wir:

- den physiologischen Hohlfuß
- den pathologischen Hohlfuß
- den statischen Varusfuß
- den Pes adduktus

8.1 Der physiologische Hohlfuß

Hierbei handelt es sich um einen gesunden Fuß mit einem optisch höheren Gewölbe. Das Körpergewicht wird auf eine kleinere Fersen- und Vorfußfläche übertragen. Der Mensch mit einem physiologischen Hohlfuß entspricht oft mehr dem Yang- als dem Yin-Typ. Er hat einen höheren Muskelbasistonus und ist etwas rigider in seiner Haltung, sowohl physisch als auch psychisch. Die Haltung ist mehr aufrecht, mit einer weniger tiefen Lendenlordose und einem etwas aufrechten Becken (nach Lewit ein sogenanntes Hochassimilationsbecken). Er ist derjenige, der eher vorangeht, während der physiologische Flachfußmensch eher ruhiger und abwartender ist.

Dieser Fuß zeigt also keine Pathologien auf, er passt zum Menschen. Form und Funktion darf man nicht verwechseln.

8.2 Der pathologische Hohlfuß

Diese Fußform sehen wir hauptsächlich bei neurologischen Pathologien wie z. B. Spastiken oder Folgen von Polio. Diese können in Einzelfällen mittels podo-orthesiologischer Therapiesohlen (Podosohle®) gelindert werden, hier handelt es sich aber um eine sehr individuelle und spezifische Arbeit mit dem Patienten. Wir werden in diesem Buch daher nicht weiter auf diese Problematik eingehen.

Es können auch andere Fußanomalien vorhanden sein, welche in vielen Fällen nicht mehr mit einer podo-orthesiologischen (neurophysiologischen) Sohle behandelt werden können. Diese Patienten sollten dann weiter an einen Fachmann bzw. -frau überwiesen werden.

8.3 Der statische (pathologische) Varusfuß

Der Patient ist nicht nur körperlich, sondern oft auch psychisch angespannt. Häufig sehen wir hier Patienten mit einer harten Schale, aber weichem Kern. Sie wollen schnell Resultate sehen, reagieren während der Untersuchung oft sehr schlecht, haben ein schlechtes Körpergefühl: „Nein, es hat sich nichts geändert!" Bei diesen Patienten ist man schnell geneigt, mehr Elemente zu legen; man sollte aber bedenken, dass diese Patienten oft empfindlich sind. Die Gefahr der Erstverschlimmerung ist sehr groß und diese kann durchaus heftig ausfallen. Daher ist weniger in vielen dieser Fälle mehr.

Abb. 47: Foto auf Podoskop

Bei einem statischen Varusfuß handelt es sich um eine Hypertonie der (statischen) Muskulatur. Es findet ein kontinuierlicher Kampf gegen die Schwerkraft und die dadurch entstehenden biomechanischen Änderungen statt. Anders als beim Plattfuß ist beim Varusfuß daher wenig konkret sichtbar (Fußstatik etc.).

Wir sehen hier muskuläre und artikuläre Fixationen durch die kontinuierliche Belastung der statischen Muskeln. Die Änderungen laufen über das subkortikale System, wie in der Neurophysiologie besprochen (siehe Kapitel 5.3.5.), und verursachen auf Dauer auch hier wieder Störungen, die längerfristig behandelt werden müssen.

Die Muskeln sind hyperton verkürzt oder gedehnt. Letzteres verursacht mehr Probleme und muss dementsprechend angesprochen werden.

8.3.1 Biomechanische Änderungen beim Pes varus

Jede biomechanische Änderung wird eingeleitet durch Verspannungen der Muskulatur, sei es aktiv, konzentrisch oder hyperton. Gleichzeitig wird die ebenfalls hypertone antagonistische Muskulatur gedehnt und wehrt sich dagegen (aktiv exzentrisch hyperton). Das heißt, die statische Muskulatur der Fußsohlen verkrampft; der Calcaneus wird, bedingt durch die Hypertonie der statischen Muskulatur, in eine senkrechte Position gebracht und dreht sich aus der physiologischen Valgus-Stellung – es kann ein Varuswinkel entstehen.

Der Vorfuß dreht nach medial, die Füße stehen mehr parallel. Dadurch wird der Fuß kürzer, das mediale Längsgewölbe hohler.

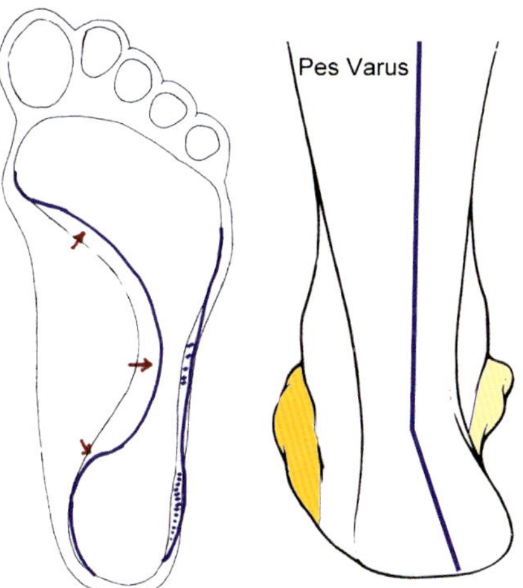

Abb. 48 (links): Schema des Abdrucks des Pes varus
Abb. 49 (rechts): Schema des Fersenstands des Pes varus

- Die Belastungsspanne im Mittelfuß wird schmaler, unter dem 5. Strahl aber wieder etwas breiter.
- Die lateralen Bänder werden gedehnt. Dies führt erst zu Reizungen und später zu Distorsionen, wenn die hyperton gedehnten Mm. peronei durch Überlastung nicht mehr ausreichend stabilisieren können.
- Die medialen Bänder werden verkürzt, dies führt auf Dauer zu Kontrakturen.
- Die hypertonen Plantarflexoren und Supinatoren verkürzen sich konzentrisch hyperton.
- Der M. triceps surae und die tiefen Flexoren verursachen häufig einen falschen Fersensporn (siehe Kapitel 9.2.3.4).
- Der Talus wird nach dorso-lateral in eine Exorotation gezwungen.
- Die hypertonen Pronatoren und Extensoren werden gedehnt, sind exzentrisch hyperton.
- Der Unterschenkel folgt dieser Bewegung, es entsteht eine Verwringung zwischen Tibia und Fibula.
- Die Fibula zieht leicht nach distal mit einer Dehnung im proximalen Art. tibio-fibulare.
- Die Membrana interossea wird durch die Rotation und durch die Verlagerung der Fibula ebenfalls gedehnt, dadurch entsteht hier eine Reizung.
- N. peroneus profundus und superficialis kommen (durch die Drehung der Fibula, im M. peroneus und M. plantaris und die Streckung der Membrana interossea) unter Spannungsstress. Dies kann zu Parästhesien am ventralen Unterschenkel führen (Shin splint).
- Die Exorotation im Unterschenkel führt weniger schnell zu einer biomechanischen Spannung im Knie, da der Oberschenkel in leichter Exorotation steht und somit schneller folgen kann.
- Die Menisken sind weniger belastet als beim Plattfuß. Die leichte Kreuzbandinstabilität wird durch die hypertone Muskulatur aufgefangen.
- Der M. vastus medialis wird in seiner Hypertonie gedehnt, was oft zu Beschwerden führt.

- Durch die Fußfehlstellung wird das (rechte) Bein länger.
- Das Collum femoris dreht nach vorne in Anteflexion.
- Es entsteht ein Ilium posterior, welche die biomechanische Verlängerung teilweise kompensiert.

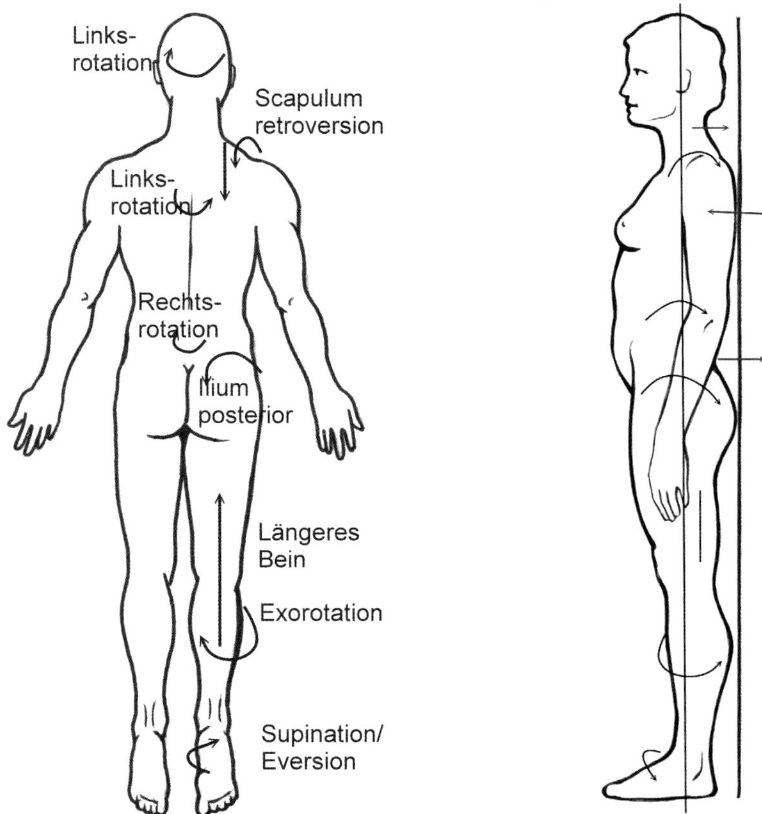

Abb. 50 (links) und 51 (rechts): Verwringung von dorsal und lateral

- Durch das Ilium posterior wird die Hüfte mehr gesteckt und die hypertonen Flexoren gedehnt. Der hypertone M. rectus femoris führt zu Dehnungsschmerzen und Bewegungseinschränkungen in Knie und Hüfte. Oft tritt eine Kompressionsneuralgie des N. cutaneus femoralis lateralis auf.
- Die Hypertonie des M. quadriceps femoris führt zu retropatellaren Schmerzen.
- Ebenfalls wird der M. sartorius gedehnt, somit sind leichte Spannungsschmerzen in der Leiste möglich, aber auch Reizung der Pes anserinus superficialis.
- Der M. semimembranosus hat einen Ansatz am medialen Meniskus, bei Hypertonie des Muskels wird der Meniskus medialis nach medial subluxiert.

- Der M. popliteus hat einen Ansatz am lateralen Meniskus. Bei Hypertonie wird der laterale Meniskus nach dorsal subluxiert.
- Der M. iliopsoas wird in seiner Hypertonie gedehnt, es kommt zu einer Kompression im Hüftgelenk mit der Gefahr einer verfrühten Hüftarthrose.
- Durch die enge Verknüpfung des M. psoas und der Niere kann es zu einer Nierenreizung kommen.
- Sehen wir beim Plattfuß eher Senkungstendenzen der Beckenorgane, so kommt es beim Varusfuß eher zur Verkrampfung dieser Organe und der Beckenbodenmuskulatur.
- Die Lamina P. V. G. R. S. (pubo, vesico, genito, recto, sacralis) wird gedehnt, da das Steißbein bei einer Ilium-posterior-Stellung in Nutation kippt, entgegengestellt zum Sacrum.
- Dies verursacht neben der muskulären Hypertonie einen Druck von unten auf die Beckenbodenorgane und eine Spannung auf die durch die Lamina verlaufenden Öffnungen.
- Das Sacrum kommt rechts mehr in Posterior- bzw. Superiorposition, Kontranutation.
- Die LWS flacht etwas ab, links-konvex mit Rotation nach rechts; dies stimmt mit der physiologischen Rotation überein, es tritt keine starke Verwringung auf.
- Obwohl das Ilium posterior schon eine minimale Verkürzung des Beines ergibt, bleibt das rechte Bein im Stehen länger. Im Liegen wird ein kürzeres Bein gemessen, da hier die Fußstellung ignoriert wird.
- Die rechts-konkave hypertone Muskulatur wird passiv verkürzt.

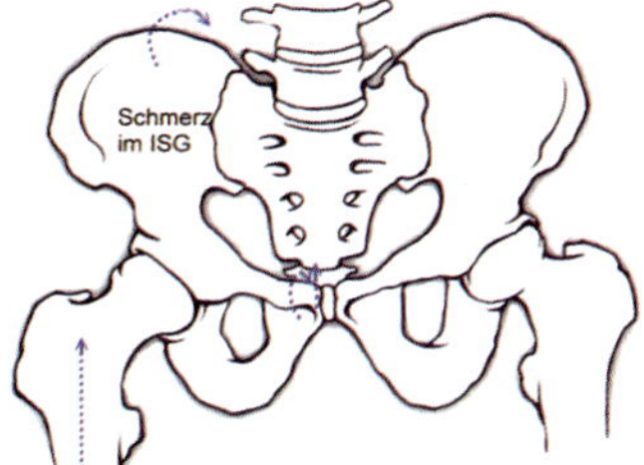

Abb. 52: Beckenverwringung bei Pes varus

- Durch die Rotation rechts werden auch die tiefer liegenden Muskeln schneller kontrahiert, was zu einer erhöhten Kompression in den Gelenken und vor allem auch beim Diskus führt.
- Die Ligg. inter- und supraspinale kommen durch das Abflachen der Lordose ebenfalls mehr unter Spannung und so entsteht mehr Druck auf den Diskus.
- Die hypertonen, tiefen und autochthonen Muskeln werden gedehnt und verursachen ebenfalls eine Kompression.
- Dies alles führt schneller zu einer Hernierung des Nucleus pulposus (Bandscheibenvorwölbung bis -vorfall).
- Die linksgeneigte lumbale Wirbelsäulenabweichung wird von den Augen aus korrigiert. Es entsteht eine Skoliose mit dem tiefsten Punkt in der mittleren BWS auf Höhe T 5 bis T 9. Die paravertebrale Muskulatur rechts ist hyperton verkürzt.
- Das rechte Bein ist im Stehen länger, die rechte Schulter steht senkrechter vor der Lotlinie (Scapula anterior) und tiefer, der Margo mediale steht dichter an der Wirbelsäule.

- Der linke M. latissimus dorsi wird in seiner Hypertonie gedehnt, was zur Kompression und Endorotation in der Schulter führt.
- Die HWS steht rechts-konvex mit einer Abflachung der Lordose.
- Die Mm. sterno-cleido-mastoideus, pectoralis minor und scaleni links sind konzentrisch hyperton, was zu einem Thoracic-outlet-Syndrom führen kann.
- Die Dehnung der hypertonen Nackenmuskulatur führt häufig zu einseitigem Kopfschmerz.
- Das Occiput folgt der Bewegung des Sacrums. Das SSB-Gelenk steht somit in Flexionsspannung, rechts stärker als links, es kommt zu einer Irritation.
- Das Os temporale folgt der Bewegung des Iliums und dreht rechts nach posterior. Diese Bewegung gehört physiologisch zur SSB-Extensionsspannung. Es tritt eine Blockade im Occipito-Temporal-Gelenk auf.
- Durch die Drehung des Os temporale wird das Kiefergelenk rechts in eine offene Position gedrängt; das Schließen des Mundes wird somit auf der rechten Seite erschwert, es entsteht ein Fehlbiss.
- Auch die anderen Gesichtsknochen sind durch die Fehlstellungen der Kopfgelenke mit betroffen; es kommt unter Umständen zu Neuralgien.

8.3.2 D. D. dynamischer oder statischer Pes varus

Tab. 8: D.D. Varusfüße

Dynamischer Pes varus	Statischer Pes varus
• Druck auf Köpfchen MT5 eher punktuell erhöht (D. D. Problem Kiefergelenk oder hintere Zähne)	• Druck unter Köpfchen MT5 großflächiger und nicht so scharf begrenzt. (D. D. Beschwerden Schulter oder eventuell cervico-thoracaler Übergang CTÜ)
• Mittelfußabdruck schmaler	• Mittelfußabdruck eher breiter, aber ohne medialen Fersenwinkel

8.3.3 Instabiler Valgus-Varus-Fuß

- Geht in Bewegung zu schnell in Valgus-Stellung,
- statisch oft fast normal,
- starke Belastung der LWS,
- oft flacher Rücken, der Körper steht nach vorne geneigt, wie bei einer Scapula anterior, aber eher in einer Linie. Somit liegt zu viel Gewicht vor dem Körperschwerpunkt, die sogenannte dorsale Kette wird zu stark belastet.

8.4 Der Pes adduktus varus

Neben dem statischen Varusfuß gibt es auch noch den Fuß, der teils nach medial abweicht. Der Fuß steht während der Embryonalphase in einer Varus-Stellung, die nach der Geburt in einen geraden Fuß übergehen sollte. Während dieser Entwicklung kann es zu Störungen kommen, wobei der Vorfuß oder der Calcaneus nach medial stehen bleibt. Arbeitet man rechtzeitig an dieser Fehlstellung, kann man mit minimalen Impulsen oft eine weitere Verbesserung erreichen. Bei einem ausgewachsenen Fuß kann man nur noch die statischen Folgen reduzieren. Im letzten Fall ist das kontinuierliche Tragen der Therapiesohle notwendig.

Wir unterscheiden also drei Fehlstellungen:

1. den totalen Pes varus
2. den Pes adducto metatarsale
3. den Pes adducto calcaneale

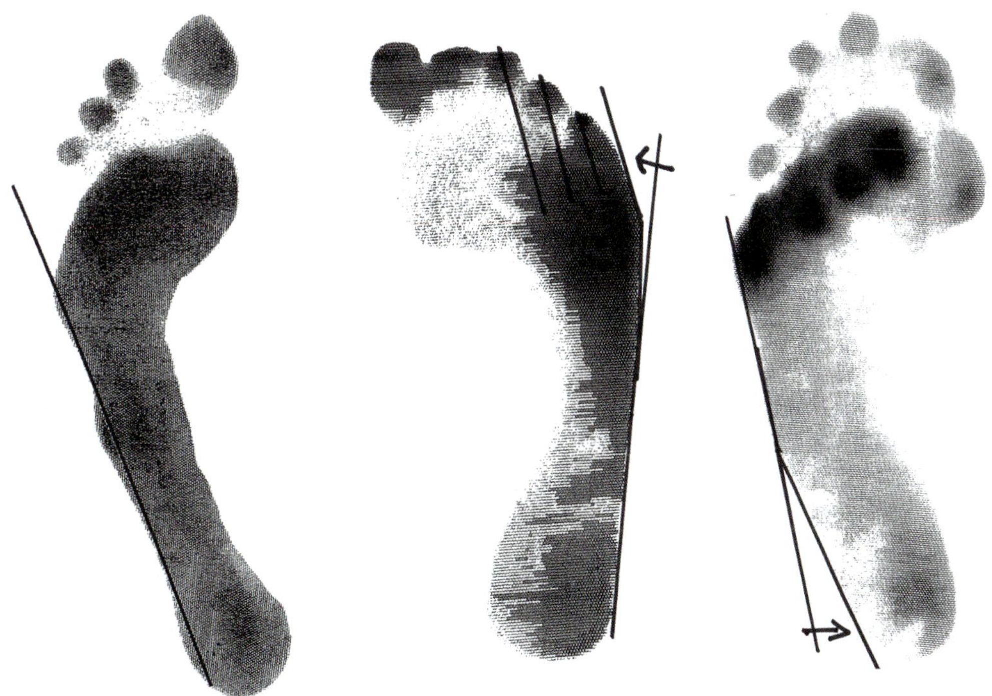

Abb. 53, 54, 55: Die Adduktionsfüße: totaler Pes varus (links), Pes adducto metatarsale (mitte) und Pes adducto calcaneale (rechts)

8.4.1 Totaler Pes varus

Den totalen Pes varus sehen wir u. a. bei chronischen Distorsionen, bei Menschen mit viel Stress und bei einigen Pathologien (z. B. nach einer Klumpfuß- oder Sichelfußoperation). Dies sollte man jedenfalls genau abklären. Er wird wie ein Varusfuß behandelt und bekommt somit in den meisten Fällen ein laterales Calcaneuselement und ein laterales Vorfußelement (siehe Kapitel 9.8.).

8.4.2 Pes adducto metatarsale

Der Vorfuß weicht nach medial ab (Adduktion). Im Stehen sehen wir eine deutliche Außenrandbelastung des Vorfußes. Der Vorfuß hat eine leichte Sichelstellung.

Beim Gehen sehen wir eine normale oder mediale Calcaneusbelastung mit einer deutlichen lateralen Vorfußbelastung. MT3 bis 5 weichen nach medial aus, die 4. und 5. Phalangen verlaufen deutlich nach medial.

Die Abweichung finden wir vor allem bei den Artt. tarsometatarsales 4 und 5. Dies verursacht oft Beschwerden in der Wirbelsäule auf Höhe T 5 bis 9.

8.4.3 Pes adducto calcaneale

In diesem Fall weist die Art. calcaneocuboidea eine Fehlstellung auf. Der Calcaneus scheint nach medial verschoben. Diese Fehlstellung verursacht oft chronische Wirbelsäulenprobleme in Höhe der unteren Brustwirbelsäule und am thoracolumbalen Übergang.

Im statischen Abdruck sehen wir oft eine Sichelform des Rückfußes, der sich im Vorfuß nicht weiter fortsetzt. Der dynamische Abdruck zeigt uns in der Regel einen Calcaneus valgus. Zeichnet man eine Linie entlang des MT5, knickt diese Linie an der Tuberositas deutlich nach medial ab – eigentlich müsste diese Linie am lateralen Rand des Calcaneus weiter verlaufen.

8.5 Differentialdiagnostik: Valgusfuß (Senk-Spreizfuß) und Varusfuß (Hohlfuß)

Tab. 9: D.D. Valgus-Varusfuß

Valgusfuß	Varusfuß
Hypotonie der posturalen Muskulatur:	Hypertonie der posturalen Muskulatur:
	Passiv verkürzte Muskeln neigen zu einer konzentrischen Hypertonie.
Die plantaren Fußmuskeln verlieren Spannung und der Fuß flacht ab.	Die plantaren Fußmuskeln verspannen, der Fuß wird „hohler".
Der Schwerkraft wird „nachgegeben", neurophysiologisch geben die Extero- und Propriosensoren weniger Impulse ab. Biomechanisch werden Änderungen eher „akzeptiert".	Der kontinuierliche Kampf gegen die Schwerkraft wird sowohl neurophysiologisch in einer Überreizung der Extero- und Propriosensoren, als auch biomechanisch ausgetragen.
Änderungen sind deutlich wahrnehmbar.	Die Folgen sind weniger sichtbar, aber gut spürbar.
Periartikuläre Verkürzungen sind passiv-hypoton und neigen daher eher zu Verklebungen.	Die gedehnte Muskulatur setzt sich zur Wehr und versucht die Änderung zu verhindern. Sie werden exzentrisch hyperton.
Periartikuläre Dehnungen sind hypoton und geben einfacher nach, sie sind daher weniger störend.	Die entstehende Kompression der Gelenke führt zu einer Dysbalance und auf Dauer zu Gelenkänderungen und Muskelschmerzen.
Die Gelenke müssen mehr ligamentär, kapsulär gehalten werden und werden dadurch eher instabil.	Achtung: Exzentrisch hypertone Muskeln fühlen sich „härter" an als konzentrisch hypertone Muskeln. In der Diagnostik sollte darauf besonders gut geachtet werden.

Bleiben diese statischen Veränderungen bestehen, passt sich das Gewebe der geänderten Belastungsrichtung an. Ligamente ändern ihren Verlauf schon nach ca. sechs bis acht Wochen. Auch die Knochentrabekel ändern auf Dauer ihre Ausrichtung, allerdings wesentlich langsamer. So werden sich auch die Belastungslinien der weiteren periartikulären Strukturen ändern.

Das neurophysiologische Bewegungsschema wird schon schnell an die Änderungen angepasst. Fragt man die Patienten, ob sie gerade stehen, sagen sie oft ja, obwohl ein deutlicher Schiefstand mit wahrnehmbaren Muskeldysbalancen sichtbar und tastbar ist.

Bei chronischen Beschwerden wird der Körper also immer wieder in seine alte Fehlposition zurückgesetzt, sowohl neurophysiologisch als auch strukturell/biomechanisch.

Es dauert ca. drei- bis viermal so lange, wie die Zeit, die die Beschwerden schon bestehen, das falsche Bewegungsmuster wieder in seine physiologische Position zurückzubringen.

Eine längerfristige Begleitung und das kontinuierliche Nachjustieren der optimalen Haltung sind daher bei jeder chronischen Störung unentbehrlich.

Hier, also bei der Behandlung chronischer Störungen, bekommt die Podo-Posturaltherapie bzw. Podo-Orthesiolgie eine große, wenn nicht sogar die zentrale Rolle zugeschrieben.

9. Primäre Abweichungen des Haltesystems

Wie am Anfang schon erwähnt, müssen wir immer nach mehreren Ursachen beim Patienten mit Beschwerden suchen. Neben den primären Fußfehlstellungen, wie Knick-Senk-Spreizfüße (Plattfuß) oder Hohlfüße etc., gibt es natürlich auch weitere primäre Abweichungen, die eine Fußfehlstellung sowie eine Störung der Körperhaltung und -mobilität nach sich ziehen.

Wenn wir das Prinzip der Störung verstehen, können wir oft über den Fuß eine Korrektur der Kompensation und somit eine Verringerung der Beschwerden erreichen. Bei diesen Fällen sind Sonderelemente oft eine sinnvolle Ergänzung der neurophysiologischen Basissohle. Diese Sonderelemente müssen genau so individuell eingesetzt werden wie die Basiselemente. Wir können in dem Buch daher nur grobe Richtlinien und Gedankenan regungen geben.

Zusätzliches Problem (zu den vom Patienten wahrgenommenen Beschwerden) ist, dass sich die funktionellen Fußabweichungen festigen, wenn sie länger als ca. neun bis zwölf Monate bestehen. Dann werden sie nämlich selbst zum Störfaktor und verursachen wiederum Beschwerden.

Lösen wir die Fußfehlstellungsprobleme, ohne nach weiteren möglichen Ursachen zu suchen, behandeln wir den Patienten nur zur Hälfte und er wird nach einer gewissen Zeit zu uns oder einem Kollegen zurückkommen. Wir müssen also so schnell wie möglich weitere Ursachenforschung betreiben.

In diesem Kapitel werden wir einige Abweichungen und deren mögliche Folgen im Bewegungsapparat beschreiben, die eine funktionelle Fußfehlstellung nach sich ziehen.

9.1 Behandlungskonzept bei Ursachen außerhalb einer Fußfehlstellung

- Die Podo-Posturaltherapie wird in den meisten Fällen in Verbindung mit Osteopathie, Chiropraktik und/oder manuellen Therapien durchgeführt.
- Die manuellen Behandlungsarten sollten Fixationen und Blockaden lösen. Die Podo-Posturaltherapie sorgt dafür, dass die Beschwerden sich nicht wieder festigen und ein neues Bewegungsmuster eingeschliffen werden kann.

- Werden die verschiedenen Therapien Hand in Hand durchgeführt, hat man die größte Chance auf einen dauerhaften Erfolg.
- Um keine Verwirrung zu schaffen, versuchen wir, die Abweichungen so weit wie möglich mit den osteopathischen Begriffen zu beschreiben.
- In der Podo-Posturaltherapie beschreiben wir in erster Instanz die Stellung der Gelenke und Strukturen und untersuchen erst danach, ob es auch zu Fixationen und Blockaden (Funktionsstörungen) der Gelenke oder Strukturen gekommen ist. Es kann daher durchaus sein, dass die Stellung und die Fixation/Blockade eines Gelenks nicht in gleicher Richtung verlaufen. Dies sehen wir z. B. oft im Iliosakralgelenk.
  Beispiel: Ilium anterior in der Podo-Posturaltherapie
  - Eine Stellung des Ilium, wobei der SIPS höher steht als der gleichseitige SIAS. Eine Stellung muss aber nicht immer zu einer Blockade (eingeschränkte Gelenkbewegung) führen. In einzelnen Fällen sehen wir bei einer Anteriorstellung selbst eine Posteriorblockade. Wenn man sich nicht mit der Podo-Posturaldiagnostik beschäftigt, wird dieses Problem oft übersehen und somit falsch behandelt. In der Osteopathie wird nicht auf die (physiologische) Stellung geachtet, nur auf eine Blockade. Ein höher stehender SIPS wird fast immer mit einer ilium anterior Blockade im ISG gleich gesetzt.

Über die sensorischen Störungen durch andere Körpersensoren wie z. B. Auge, Mund, Ohren wird in Kapitel 9.5. gesprochen.

9.2 Primäre Fußpathologien

Der menschliche Fuß ist etwas sehr Besonderes. Er garantiert uns die aufrechte Haltung; sobald im Fuß eine Änderung auftritt, spiegelt sich diese im ganzen Körper wieder.

Der Fuß sammelt alle Informationen, die vom Boden auf uns einwirken. Und der Körper stellt sich ständig auf die neue Informationen von unten ein. Jede Einschränkung ändert die Informationsübertragung und stört die natürliche Körperstatik. Fast jede Fußabweichung verursacht daher eher Probleme im Körper als im Fuß selbst.

Unter primären Fußpathologien verstehen wir strukturelle Abweichungen der Füße. Diese Pathologien verursachen ein anderes Gangbild, das u. a. die Beweglichkeit des Beckens stark beeinflussen kann. Der Patient kommt in den meisten Fällen daher mit Rückenbeschwerden und selten mit Fußbeschwerden in die Praxis.

Alle hiernach genannten podo-posturaltherapeutischen Maßnahmen sind Zusatzmaßnahmen. Es wird immer mit einer individuellen Podosohle® angefangen. Sinnvollerweise sollte die Behandlung mittels Osteopathie/Chiropraktik, Ultraschall, Taping-Techniken, Injektionstechniken und weiteren naturheilkundlichen Maßnahmen unterstützt werden.

Um zu verstehen, welche Probleme die Abweichungen in der Fußstruktur verursachen können, hier ein Beispiel: Ein Ilium anterior ist für die meisten immer gleichzusetzen mit einem längeren Bein. Sie sehen nicht nach der Ursache, sondern nur nach dem Symptom. In unserem Beispiel verursacht der Pes valgus eine Endorotation des Beines und somit eine Ilium-anterior-Stellung. Das Bein wird durch die Valgus-Stellung kürzer, was durch die anteriore Iliumstellung teils, aber nicht komplett ausgeglichen wird. Das Bein erscheint im Stehen kürzer. Liegt nur eine Anteriorstellung vor, wird bei der Beinlängenmessung im Liegen kein Unterschied festgestellt. Liegt eine Ilium-anterior-Blockade vor, sehen wir bei der Messung im Liegen ein längeres Bein. Hier kommt es oft zu einer Diskussion mit den Patienten: „Der Arzt/Heilpraktiker/Osteopath hat gesagt, das Bein ist länger, und Sie sagen nun, es ist kürzer? Wer hat jetzt recht?" Auch in der Kollegenschaft wird dieses Thema heiß diskutiert.

9.2.1 Die Entwicklung der unteren Extremität

Teils werden Fußprobleme schon im Mutterleib vorgegeben. Da wir hier aber mit der Podo-Posturaltherapie nicht arbeiten können, werden wir diese Problematik nicht weiter besprechen. Nur in der Anamnese sollte man auch auf die Schwangerschaft und die ersten Entwicklungsjahre zu sprechen kommen.

Viele Fußbeschwerden können bereits kurz nach der Geburt oder in den ersten Lebensjahren verhindert werden. Kenntnisse über den kindlichen Fuß und dessen Entwicklung sind natürlich Voraussetzung. Bei Verdacht einer frühkindlichen Fußabweichung struktureller oder neurologischer Art sollte man direkt mit Spezialisten der entsprechenden Fachrichtungen zusammenarbeiten.

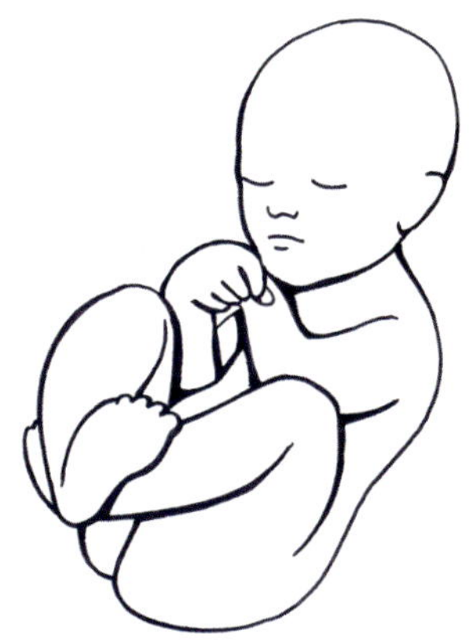

Abb. 56: Fötale Haltung

Liegen Fußhaltungsstörungen vor, kann man mit einer Kombination aus Podo-Posturaltherapie und spezifischer Krankengymnastik oder Spiraldynamik Verbesserungen erreichen. Wichtig ist, dass durch die Therapie die physiologische Entwicklung des Kindes nicht gestört wird oder das Kind in eine unphysiologische Haltung gezwungen wird.

Eines der größten Störfelder ist der Kinderschuh. Solange das Kind nicht läuft, braucht es keine Schuhe. Auch im Haus nicht. Warme Anti-Rutsch-Socken sind dann vollständig ausreichend. (Nur bei einem rauen Boden, z. B. Teppichboden, sollte man auf Anti-Rutsch-Socken verzichten, da diese das Kind leicht stolpern lassen.)

Je mehr Bewegungsfreiheit der Fuß hat, umso natürlicher kann er sich entwickeln und sich auf die zukünftige Belastung vorbereiten. Ein gesunder Fuß und eine entsprechend funktionierende Sensorik sind extrem wichtig für die Entwicklung einer gesunden Körperstatik und des Gleichgewichts.

Erst wenn das Kind nach draußen geht und die Verletzungsgefahr extrem zunimmt, braucht man einen Schutz. Die Schuhe sollten dann nicht zu viel Stabilität geben, aber auch nicht zu groß sein und in keinem Fall ein vorgefertigtes Fußbett oder Ähnliches besitzen. Wichtig ist und bleibt die freie Entwicklung des Fußes.

Die häufigsten Fußfehlstellungen bei Kindern sind Plattfüße und Equino-varus-Abweichungen (Spitzfuß). Sie sind meistens angeboren, die Folge neurologischer Abweichungen oder durch die verspätete oder nicht vollständig durchgeführte Derotation der intrauterinen Position bedingt.

Ab dem dritten fötalen Monat stehen die Beine in Flexion und Abduktion, sie sind etwas nach außen gedreht und gekreuzt. Die Füße stehen in Plantarflexion und Adduktion, mit der Fußsohle gegen den Unterleib gedrückt.

In der weiteren Entwicklung des Fötus drehen die Oberschenkel nach innen, die Füße drehen sich immer weiter nach außen und lehnen sich dann an die Uteruswand an.

Wenn diese Rückrotation aus irgendeinem Grund abweicht, wird das Kind oft mit einer Fußabweichung wie Pes equino-varus, Sichelfuß, Klumpfuß o. Ä. geboren.

Durch Kontrakturen der Beinmuskulatur oder durch Fehlstellungen im weiteren Bewegungsapparat kann die Fußstellung fixiert werden. Z. B. wird der Pes equines, der Vorfußstand, durch Verkürzung des M. triceps surae verursacht; ein Pes valgus kann auch durch verspannte oder zu kurze Pronatoren entstehen; den Pes calcaneus, den Hackenstand, sehen wir z.B. auch bei verkürzten Fußextensoren.

Werden diese Abweichungen nicht schon im Kindesalter korrigiert, entstehen strukturelle Knochenfehlstellungen, die auf Dauer chronische Störungen im weiteren Bewegungsapparat nach sich ziehen. Diese Korrektur sollte so weit wie möglich die körpereigenen

Regulationskräfte stimulieren. Eine Operation ist zwar nicht immer zu verhindern, sie sollte aber als allerletzter Notgriff gesehen werden, da hier eine Endgültigkeit verankert wird.

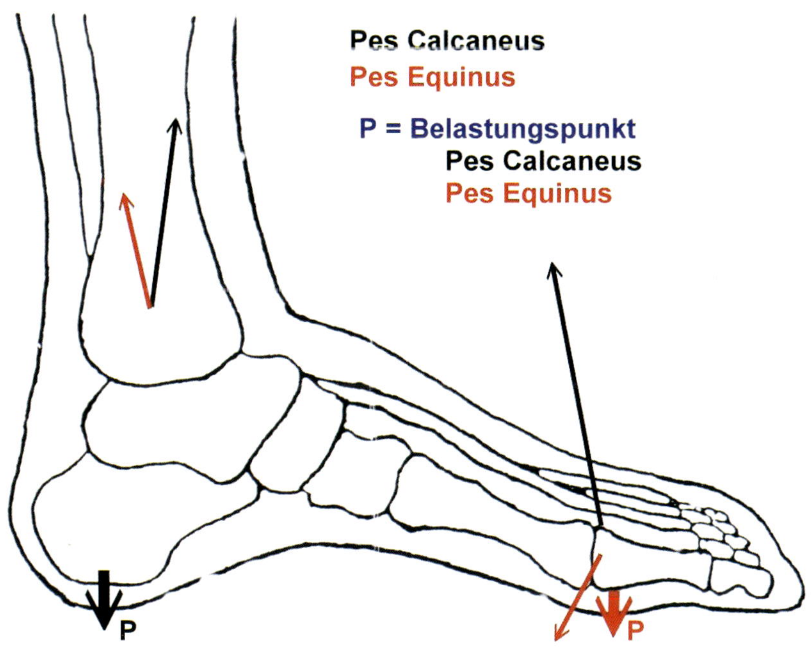

Abb. 57: Pes calcaneus

9.2.2 Die Entwicklung vom Babyfuß zum erwachsenen Fuß

Der Babyfuß ist flach und mit viel Fett ausgefüllt. Die Knochen sind nur als kleine Knochenkerne vorhanden. Wie der Fuß einmal aussehen soll, ist aber schon vorprogrammiert.

Der Kinderfuß wird aufgrund seines Aussehens sehr oft fälschlicherweise als Plattfuß interpretiert und behandelt. Dies stört die normale Entwicklung der Haltung und Bewegung. Das individuelle Fußgewölbe entwickelt sich erst im Laufe der Jahre und darf nicht durch falsche Schuhe, Fußbett und andere angebliche Hilfen verformt werden.

9.2.2.1 Die Knochenbildung (Ossifikation)

Voraussetzung für eine normale Körperentwicklung ist die Knochenbildung und die der verbindenden Gelenke. Bedenken wir, wie lange die Füße wachsen – die letzten Wachstumsfugen im Fuß, die Metatarsalen, schließen sich erst zwischen dem 15. und 21. Lebensjahr; solange sind auch Verformungen und leider auch Missbildungen der Strukturen möglich. Da der ganze Körper auf beiden Füßen ruht, wird jede Entwicklungsstörung der Füße auch eine Entwicklungsstörung im Körper nach sich ziehen. Auch die Ossifikation des Beckens ist erst im Laufe der Pubertät abgeschlossen. Das Acetabulum schließt sich erst zwischen dem 13. und 16. Lebensjahr.

Denken wir nur an die (Schuh-)Mode, die vor allem in dieser Entwicklungszeit einen enormen gesundheitlichen Einfluss auf den jungen Menschen hat...

Genauso verhält es sich mit dem Sport: Dieser sollte sehr gut dosiert und auf den noch wachsenden Körper abgestimmt werden. Leider gibt es sehr viele Sportarten, die gerade am Ende der körperlichen Entwicklung die größten Leistungen verlangen – es ist also nur logisch, dass so viele ehemalige Leistungssportler später ernsthafte körperliche Probleme bekommen.

9.2.2.1.1 Die wichtigsten ossären Stadien in der Entwicklung der unteren Extremität

Der Fuß:

- Die Fußlänge bleibt während des Wachstums konstant bei ca. 15 % der Körperlänge.
- Die Fußbreite nimmt im Laufe des Wachstums relativ zur Körpergröße ab.
- Mit ca. vier Jahren ist die Entwicklung des Os naviculare und Metatarsalköpfe abgeschlossen. Dies fällt zusammen mit dem Auftreten des Morbus Köhler (idiopathische Nekrose des Os naviculare oder metatarsale).

Das Knie:

- Dessen Entwicklung ist erst zu Beginn der Pubertät abgeschlossen.
- Die Entwicklung des Knochenkerns der Tuberositas tibiae ist mit ca. 14 Jahren abgeschlossen. Denken Sie hier an Morbus Osgood-Schlatter.
- Die Wachstumsfugen schließen sich aber noch später (ca. 17. bis 18. Lebensjahr).

Die Hüfte:

- Die Entwicklung der Hüfte besteht aus mehreren Elementen:
  - Die Wachstumsfuge des Hüftkopfes schließt sich erst im Alter von ca. 19 bis 20 Jahren.
  - Der Winkel zwischen Collum und Schaft, der CCD-Winkel (Centrum-Collum-Diaphyse-Winkel), hat seine Endstellung erst zwischen dem 16. und 20. Lebensjahr erreicht.

Der Mensch ist neurophysiologisch betrachtet eine Frühgeburt. Das periphere Nervensystem ist zwar komplett angelegt, aber noch nicht voll funktionsfähig. Erst wenn sich die Myelinscheiden komplett gebildet haben, können die Nerven optimal genutzt und deren Möglichkeiten auch bewusst eingesetzt werden. Hinzu kommt die Erweiterung des Nervensystems durch Vernetzung. Die spätere Komplexität des Nervensystems ist u. a. abhängig von der Art, wie die Kinder es nutzen und trainieren können.

Die Entwicklung des menschlichen Nervensystems verläuft nach gewissen Grundregeln, von denen wir einige kurz erläutern möchten:

- Von cranial nach kaudal: Die obere Extremität z. B. kann früher bewusst aktiviert werden als die untere Extremität; im Liegen kann das Kind nach einem Gegenstand greifen, es kann aber noch nicht sitzen.
- Von zentral nach peripher: Beim Greifen z. B. erfolgt die Bewegung erst aus der Schulter heraus. Das Kind schlägt mehr oder weniger die Arme zusammen und hofft, dass es dann den Ball fängt, später fängt es mit den Händen, und noch später kann es der Ballbewegung folgen.
- Motorisch von grob nach fein: Wenn ein Kind z. B. anfängt zu zeichnen, geschieht dies erst mit groben, nicht erkennbaren Linien. Mit der Zeit wird das Bild erkennbar, später kann es das Bild innerhalb der vorgegebenen Linien einfärben.

9.2.2.2 Die Entwicklung von Stehen und Gehen

Auch für das Stehen und Gehen gelten die gleichen Regeln. Hier ist vor allem die Entwicklung des Plexus lumbo-sacralis wichtig. Dieser entsteht aus den Wurzeln L1–S3. Erst nachdem die Entwicklung des Plexus lumbo-sacralis funktionell abgeschlossen ist, kann der Mensch anfangen, seine Fähigkeiten in dieser Region bewusst zu erweitern.

Die Reifung des Nervensystems ist mit ca. sechs Jahren abgeschlossen, auch hier sollte man die Individualität nicht aus dem Auge verlieren.

Da die Entwicklung aller Nervenzweige nicht gleichzeitig abgeschlossen ist, werden während der Entwicklung immer wieder physiologische Dysbalancen auftreten, speziell sichtbar bei den Knien.

Da die Extensoren und die Adduktoren eher aktiv angesteuert werden können als die Abduktoren, hat das Kind anfänglich im Stehen meistens O-Beine, die sich mit ca. zweieinhalb Jahren angleichen. Dabei sind die Füße physiologisch immer noch flach. Im weiteren Verlauf der Entwicklung sind erst die Fußextensoren und -pronatoren vorne in der Entwicklung voll funktionsfähig. Die Knie stehen jetzt in X-Stellung, die Füße sind noch abgeflacht und ein aktives Abrollen findet noch nicht statt. Durch die Dysbalance der Muskelspannung in den Füßen sehen die Füße noch flach aus. Das Kind ist jetzt ca. drei Jahre alt. Oft sind die Eltern dann beunruhigt, kaufen vorgeformte Schuhe und verlangen Einlagen für das Kind. Die Aufgabe des Behandlers ist es, die Eltern richtig aufzuklären, um ein unnötiges, teilweise schädigendes Eingreifen in die Entwicklung zu verhindern.

Trotzdem sollte man kontrollieren, inwieweit die X-Beine und flachen Füße noch innerhalb der physiologischen Grenzen liegen.

- Beinstellung links und rechts parallel.
- Abstand der medialen Malleolen beträgt bei gestreckter Beinhaltung ca.10 cm. (Abhängig von der Größe des Kindes)
- Und beim leicht gestützten Zehenstand ziehen sich die Beine fast grade.

Das gesamte Nervensystem ist physiologisch mit ca. sechs Jahren ausgereift und kann sich nun durch Üben weiterentwickeln. Geübt werden sollten dann alle Formen von Koordinationsspielen. Mit dem Fallen und Aufstehen entwickelt sich das Kind weiter. Es ist nun auch die Zeit, in der das Kind schulreif wird, was aber nicht bedeutet, dass es vorher nicht gefördert werden darf. Das Kind hat einen enormen Bewegungsdrang. Dies sollte berücksichtigt werden, denn nur mit einer optimalen motorischen Entwicklung ist eine intellektuelle und psychische Entwicklung möglich. Leider ist die Bewegungsfreiheit der Kinder heutzutage extrem eingeschränkt, sowohl in den Schulen als auch im häuslichen Umfeld.

Da ein Kind nicht gleichmäßig wächst, wird es immer minimale Abweichungen in der Beinstellung haben, oft auch eine leichte Beinlängendifferenz, Beckenschiefstand etc. Die Kunst ist es nun, einzuschätzen, inwieweit diese Abweichungen noch als physiologisch zu betrachten sind. Daher sollte man, vor allem bei Verdacht auf eine pathologische Entwicklung, Kinder häufig (spätestens alle drei bis vier Monate) kontrollieren und wenn nötig eine entwicklungsbegleitende Therapie beginnen.

Die podo-orthesiologische Sohle beim Kleinkind

Prinzipiell fangen wir mit der Podo-Orthesiologie erst bei Kindern ab ca. sechs Jahren an, da dann das Nervensystem voll funktionsfähig ist und aktiv benutzt werden kann. Vor dem sechsten Lebensjahr sind sehr leichte Reize am Fuß möglich, aber nur unter bestimmten Voraussetzungen. Auch nach dem sechsten Lebensjahr wird nur mit leichten Reizen gearbeitet, erst der erwachsene Fuß kann den üblichen Reiz vertragen.

Zusammengefasst:

- Es muss immer bedacht werden, dass der Kinderfuß grundsätzlich noch abgeflacht ist. Erst wenn das Nervensystem fast fertig ist, bildet sich die Fußform.
- Bei der Behandlung gilt immer: So wenig wie möglich, so viel wie nötig – sowohl bezüglich Höhe der Elemente als auch der Anzahl. Dieser Satz gilt für die Kindersohle noch mehr als für eine Erwachsenensohle.
- Bei Kindern ist eine (Fersen)Erhöhung nur sehr vorsichtig einzusetzen. Durch das Wachstum wechselt die Beinlänge sehr schnell, eine (Fersen)Erhöhung würde dann schnell negativ wirken.
- Wegen des Wachstums müssen Kontrollen öfter durchgeführt werden, auch wenn nicht immer eine Änderung vorgenommen werden muss. Prinzipiell lassen wir die Kinder ca. drei- bis viermal pro Jahr, spätestens vor dem Kauf neuer Schuhe, zur Kontrolle kommen. So ist gleich abzuklären, ob die neuen Schuhe größer sein müssen und auf was man beim Kauf achten sollte. Die neue Podosohle® kann dann auf die neuen Schuhe abgestimmt werden.

9.2.2.3 Untersuchung des Kinderfußes

Dies sollte mit sehr viel Geschick und Gefühl gemacht werden. Da die Knochenzentren noch nicht ossifiziert sind, kann man schnell eine Verletzung zufügen.

- Kontrolle der Mobilität
- Kontrolle der Muskellänge
  - Triceps surae mit seiner Achillessehne
  - Mm. peronei
  - Extensoren (Dorsalflexoren)

Zur Diagnostik möglicher pathologischer Knochenstrukturen oder bei Verdacht auf eine pathologische Lage z. B. des Talus sollte ein einfaches Röntgenbild angefordert werden, um hier dann sinnvoll eingreifen zu können.

9.2.2.4 Weitere Therapie und unterstützende Maßnahmen bei problematischen Kinderfüßen

Liegt eine Abweichung vor, sollte so schnell wie möglich die passende Therapie eingeleitet werden. Der Fuß ist in den meisten Fällen noch so mobil, dass auf geringe Reize sehr gut reagiert wird.

Sehr wichtig für die richtige Fußstellung sind:

- die richtige Schlafhaltung: Das Baby kann, z. B. durch Kissen unterstützt, mehr auf die Seite gelegt werden (regelmäßig kontrollieren).
- die richtige Sitzhaltung: Keine Sitzhaltung mit den Füßen neben den Hüften, sondern im sogenannten Zen-Sitz oder Sitzen auf einem kleinen Hocker, mit den Füßen unter den Hocker gelegt.
- Osteopathische bzw. therapeutische Begleitung, tägliche Massage und/oder Dehnübungen – nicht nur der Füße, sondern auf jeden Fall der unteren Extremität bis hinauf in den Hüftbereich.
- Die Übungen sollten den Eltern gezeigt werden, um sie dreimal täglich zu wiederholen – jedoch mit der Weisung, diese nicht zu übertreiben!
- Ist das Kind etwas älter, können mehr aktive Übungen gemacht werden, wie z. B. die bekannten Krall-Übungen, Laufen auf den Zehen etc. Auch die Skolisohle® kann jetzt langsam zum Einsatz kommen, denn mit dieser wird vor allem die statische Muskulatur trainiert, während die meisten allgemein durchgeführte Übungen mehr die dynamische Muskulatur trainieren.
- Sind die Füße noch etwas zu klein für die Skolisohle®, kann man anfänglich mit den Schuhen auf dieser üben. Damit verliert man zwar den wichtigen Reiz, der direkt von der Fußsohle ausgeht, aber die Koordination wird trotzdem stark geschult, das Resultat ist eine verbesserte Haltung und Fußstellung.
- Über Ernährung/Gewicht, Allergien etc. sollt nachgedacht werden, damit die Stabilität und Flexibilität des Bewegungsapparates gefördert wird.
- Die Schuhe sollten ausreichend groß sein, gleichzeitig aber ausreichend Halt geben. Zu große Schuhe sind genauso schädlich für den Kinderfuß wie zu kleine Schuhe. Hat das Kind zu viel Bewegungsfreiheit im Schuh, verliert es an Stabilität und „schwimmt" in den Schuhen. Die Folge ist oft eine Überlastung des Fußes mit entstehenden Fußproblemen.
- Wenn notwendig, sollte eine kindgerechte Podosohle® angefertigt werden.
- Spezifische orthopädische Schuhe und Einlagen sind manchmal notwendig, wenn schwerere Pathologien vorliegen.

Obwohl wir die ganze Zeit über die Fußabweichungen bei Kindern sprechen, sollte man vor allem auch die anderen sensorischen Systeme sehr genau mit untersuchen. Abweichungen der Augen, des stomatognathen Apparats (Mund/Kausystem), aber auch die Ohren können erhebliche Haltungsschäden verursachen, wobei die Füße reaktiv eine Abweichung von der Normalstellung aufweisen.

Werden die entsprechenden Systeme optimal behandelt, erreicht man gerade bei Kindern schnelle und bleibende Erfolge. Werden bei der Behandlung Störungen übersehen, können im schlechtesten Fall irreparable Schäden entstehen, die spätestens im Alter zu Beschwerden führen.

9.2.3 Einige Fußpathologien

Bei den beschriebenen Pathologien werden einige Sonderelemente angesprochen. Obwohl wir hier die grobe Lage beschreiben können, ist es immer wieder eine sehr individuelle Platzierung, die vorgenommen werden muss. Die richtige Lage und Wahl der Elemente finden wir nur bei der Untersuchung auf dem Podoskop im Vergleich zum podografischen Abdruck und der klinischen Funktionsdiagnostik.

9.2.3.1 Morbus Dudley-Morton (Brachii-Syndrom)

In den meisten Fällen ist das MT1 betroffen, es liegt eine anatomische Verkürzung vor. Beim Gehen rollt der Fuß zu schnell und mehr nach medial ab. Somit entsteht bei jedem Schritt eine schnellere, vergrößerte Ilium-anterior-Bewegung. Die Patienten kommen daher eher mit Beschwerden im Becken und an der unteren LWS als mit Symptomen am Fuß. Beim Gehen kompensieren viele Patienten, indem sie mehr über die Außenseite des Fußes abrollen. Beim Rennen ist diese Kompensation aber nicht aufrecht zu halten, hier wird im Iliosakralgelenk die Endstellung der Anteflexion nicht erreicht. Funktionell bleibt das Iliosakralgelenk in Posterior-Stellung

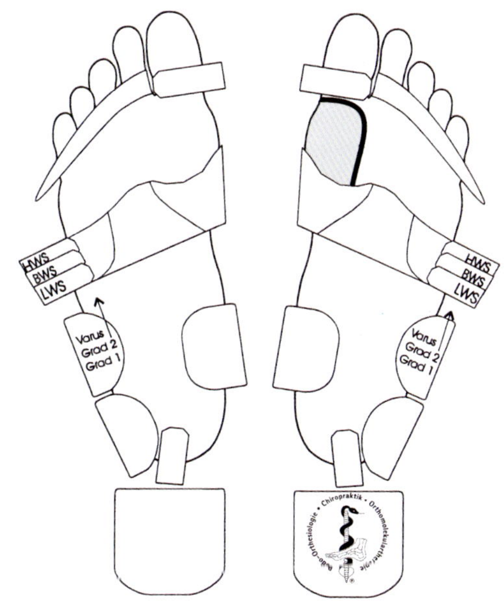

Abb. 58: Schema einer Sohle bei Dudley-Morton

hängen und das kontralaterale Bein kann nicht so weit nach vorne gestellt werden, wie es müsste.

Es entsteht eigentlich immer ein Zuviel beim Abrollen über den Großzehballen oder ein Zuwenig beim Abrollen über die laterale Seite. Es kommt zu einer Rotation im Bein mit einer Reizung des Iliosakralgelenks.

Typisch für ein Dudley-Morton ist die Instabilität des CTÜ mit Schulterproblemen und Kopfschmerzen.

Diese Patienten brauchen immer ein internes capitales Element mit einer exakt gelagerten Verlängerung unter dem Metatarsalkopf 1. Somit wird das Abrollverfahren des Fußes verbessert und es können die Beschwerden im Becken und vor allem in der CTÜ erheblich verringert werden.

9.2.3.2 Pes avatus oder der griechische Fuß

Hier liegt eine anatomische Verlängerung, meistens des zweiten Strahls vor – in den meisten Fällen des MT2, seltener der Grundphalanx. Das MT2 ist jetzt länger als das MT1. Der Blaudruck zeigt diese Verlängerung, indem die Linie MT2–5 nicht gerade ist, aber unter den betroffenen MT weiter nach distal verläuft.

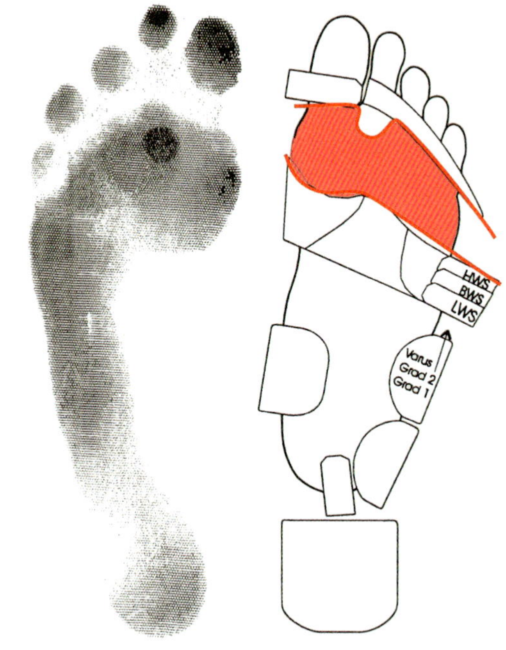

Abb. 59: Schema der Sohle bei Pes avatus

Beim Gehen kann jetzt nicht über den ersten Strahl abgerollt werden, es wird stattdessen am Ende des Schrittes über den zweiten Strahl abgerollt. In den meisten Fällen weicht der Patient aber aus, indem er den Fuß etwas mehr abduziert und dabei verstärkt über das Köpfchen des MT1 abrollt. Durch die Kompensation über das Köpfchen von MT1 entsteht oft ein sekundärer Hallux valgus. Das Bein wird mehr in Endorotation gebracht, was wiederum zu einer Ilium-anterior-Stellung führt. In einigen Fällen sehen wir beim Gehen eine erhöhte kontralaterale Körperrotation sowie oft eine

Einschränkung der unteren HWS oder der CTÜ. Andere Patienten rollen mehr über die Außenseite des Fußes ab, hierbei bleibt das Ilium fast immer in einer Posterior-Stellung stecken.

9.2.3.3 Morton-Neuralgie

Die Morton-Neuralgie ist eine Reizung des N. plantaris, meistens zwischen MT3 und MT4. Zwischen den MT1 und 2 gibt es keine Morton-Neuralgie, dies ist wahrscheinlich auf die unterschiedlichen Funktionen des ersten und zweiten Stahls zurückzuführen. Neben der Reizung des Nervs sehen wir oft auch eine Störung der Durchblutung in diesem Bereich.

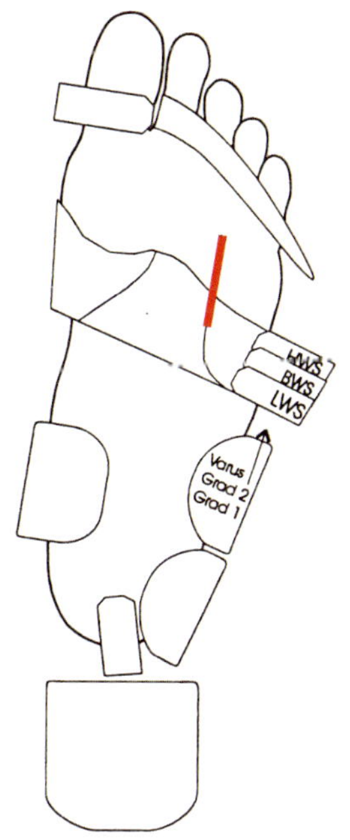

Abb. 60: Schema der Sohle bei Morton-Neuralgie

Frauen ab 40 Jahren sind deutlich mehr betroffen als Männer oder jüngere Personen. Die Schuhe, oft zu klein und zu schmal geschnitten, mit zu hohen Absätzen und zu dünner Sohle, sind eine der tragenden Ursachen dieser Beschwerden.

Viele Patienten haben gleichzeitig eine Atrophie des Capitons, dem schützenden und stützenden Fettgewebe unter dem Fuß. Die statische Muskulatur des Fußes reagiert schwächer und fast immer sehen wir ein Abflachen des medialen Fußgewölbes.

Einige Patientinnen kommen mit Schmerzen im Vorfuß, vor allem bei längerem Gehen, häufig in den falschen Schuhen. Wenn wir den Fuß zusammendrücken, wird der Schmerz provoziert. Druck mit Daumen und Zeigefinger zwischen den Metatarsalen verursacht weiterhin heftigen Schmerz.

Beim Gehen wird der Fuß extrem in Supination abgerollt, seltener in eine Pronation. Das Abrollen mit einer eingeschränkten Pronation bedeutet aber auch, dass die Vorwärtsbewegung des Iliums in anterior gebremst wird. Der kontralaterale Schritt wird verkürzt. Es kommt zu Beschwerden im Iliosakralgelenk und in der LWS. Wenn die Beweglichkeit im Vorfuß eingeschränkt wird, ist auch der CTÜ oft eingeschränkt.

Es wird daher ein exakt platziertes Entlastungselement zwischen die betroffenen Metatarsalen gelegt. (siehe Kapitel 9.2.3.3) Dadurch werden die Metatarsalen ein wenig auseinander gebracht und der Nerv bekommt wieder mehr Platz. Die Schwellung nimmt ab und die Durchblutung nimmt zu. Durch die Podosohle® wird die Statik des Fußes geändert und dadurch die Ursache der Problematik behoben oder zumindest verbessert.

9.2.3.4 Fersensporn, Chiasma-plantare-Syndrom, Plantarfasciitis oder Achillodynie

Viele Patienten kommen mit der Diagnose Fersensporn in die Praxis. In den seltensten Fällen liegt jedoch ein echter Fersensporn vor bzw. ist dies die Hauptursache der Beschwerden. Wichtig ist es hier, eine sehr genaue Differentialdiagnostik durchzuführen, wobei die Anamnese uns schon sehr gute Hinweise auf die tatsächliche Ursache der Schmerzen gibt.

9.2.3.4.1 Fersensporn

Hier handelt es sich um eine Spornbildung unter der Ferse. Meistens ist der Ansatz des Lig. calcaneonaviculare oder der Ansatz der Sehne des M. adductor hallucis, Caput obliquum, betroffen. Fast immer liegt ein abgeflachter Fuß vor, in seltenen Fällen wird von einem vorangegangenen Trauma (harte Fersenlandung) berichtet.

Der Fersensporn schmerzt bei jeder Druckbelastung der Ferse. Der Patient gibt oft einen stechenden Schmerz an, der sich durch Druck sehr gut lokalisieren lässt.

Die Druckstelle muss exakt lokalisiert und für bestimmte Zeit entlastet werden, damit sich der Sporn zurückbilden kann. Gleichzeitig muss die Stellung des Fußes geändert werden, d. h. der Fuß muss aufgerichtet werden, um die Druckbelastung zu verändern.

9.2.3.4.2 Chiasma-plantare-Syndrom

Unter dem Fuß, auf Höhe des Os naviculare, befindet sich eine Kreuzung der Sehnen des M. flexor hallucis longus und des M. flexor digitorum longus. Durch oft nicht deutlich definierte Ursachen kommt es zur Reizung dieser Strukturen und zu Verklebungen der beiden Sehnenscheiden. Beim Gehen entsteht jetzt eine erhöhte Zugbelastung des Chiasma.

Es entsteht ein ziehender Schmerz, der sich medial unter dem Fuß auf Höhe des Os naviculares befindet. Fast immer finden wir neben dem lokalen Druckschmerz auch eine Schwellung unter dem Os naviculare. Der Patient gibt Schmerzen bei den ersten Schritten nach dem Aufstehen an, die sich nach einigem Gehen meistens deutlich verringern oder komplett verschwinden. Die tiefen Wadenmuskeln (Anfang der tiefen Frontalkette) sind bei der Untersuchung und Behandlung extrem verspannt und schmerzhaft.

Die Schmerzstelle sitzt meistens genau auf dem internen calcanealem Element, daher sollte hier mit einem Dämpfungsmaterial eine exakte Entlastung der Druckstelle erfolgen, damit kein weiterer Reiz entsteht.

9.2.3.4.3 Plantarfasciitis

Die Plantarfaszie ist eigentlich die Verlängerung der Achillessehne und stellt somit den Anfang der oberflächlichen Rückenkette dar. Es handelt sich um eine extrem kräftige, mehr oder weniger zweiteilige Sehnenplatte. Die Achillessehne hat ebenfalls eine Verbindung zu dem tiefer liegenden Lig. plantare longum. Die Mm. abductor hallucis longus und abductor digiti minimi setzen direkt an der Plantarfaszie an und haben an den oberflächlichen Strukturen der Achillessehne, des M. gastrocnemius einen Einfluss auf die oberflächliche Dorsalkette. Die Mm. flexor hallucis brevis und flexor digiti minimi brevis setzen am Lig. plantare an und haben eher eine Verbindung zu den tiefen Strukturen der Achillessehne, zum M. soleus und weiter zum M. popliteus. Sie beeinflussen mehr die Bewegung des Knies. Der M. popliteus hat nicht nur eine Verbindung zum lateralen Meniskus, sondern auch eine indirekte Verbindung zur tiefen Frontalkette.

Es wird von morgendlichen Schmerzen bei den ersten Schritten berichtet, die nach ca. drei bis fünf Schritten verschwinden, aber immer wieder nach einer längeren einseitigen Haltung wie Sitzen etc. auftreten.

Die Schmerzen verlaufen unter dem ganzen Fuß und ziehen oft in die Wade sowie in die oberflächlichen Muskeln. Es gibt keinen lokalen Druckschmerz unter dem Fuß, vielmehr ist die komplette Fußsohle empfindlich.

In den meisten Fällen reicht hier eine Basissohle, eventuell unterstützt von einem exakt platzierten Dorsal-Ketten-Element. Wie immer ist die genaue Lage dieses Elementes nur auf dem Podoskop exakt zu bestimmen.

9.2.3.4.4 Achillodynie

In diesem Fall sind die Schmerzen nicht unter dem Fuß, sondern hinten an der Ferse und ziehen in die Wade.

Während die Plantarfasziitis eher bei Patienten vorkommt, die sich normal oder sogar wenig bewegen, sehen wir die Achillodynie eher bei Sportlern. Viele Patienten tragen beim Sport die falschen Schuhe, daher muss bei jeder Achillodynie unbedingt der Sportschuh kontrolliert werden. Auch muss beobachtet werden, wie der Patient sich während des Sports bewegt. Ein Golfer z. B., der eine neue Hüfte bekommen hat, kann beim Abschlag keinen klassischen Stand einnehmen, häufig ist ein offener Stand notwendig. Auch gibt es Patienten, die den vorderen Fuß am Ende des Schwungs im weiteren Verlauf der Bewegung mitnehmen müssen, damit sie keine Verletzungen bekommen. Vor allem das Letztere ist vielen Golfern und vor allem vielen Profigolfern nicht bekannt.

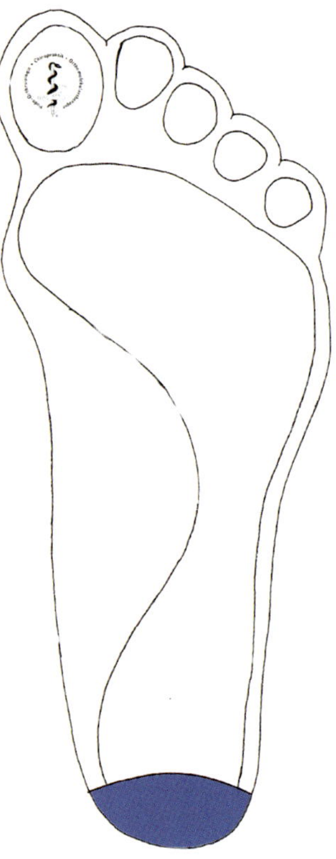

Abb. 61: Schema der Sohle bei Achillodynie

Viele Achillodynien sind eigentlich eine Bursitis. Diese Bursa sitzt hinter der Achillessehne, gerade oberhalb des Ansatzes dorsal am Os calcaneus. Durch Fehlbelastung kommt es zu einer erhöhten Reizung und einer Anschwellung der Bursa. Oft sehen wir zusätzlich einen erhöhten Druck durch den Schuh.

Differentialdiagnostisch muss man eventuell noch einen Morbus Haglund abklären, der in den meisten Fällen auf einen falschen Schuh zurückzuführen ist. Durch den Druck des Schuhrandes entsteht eine Gewebewucherung unter der Haut oder an der Achillessehne, die verknöchern kann.

Es wird ein spezielles Achillessehnenelement eingebaut, das die Spannung der Achillessehne verringert. Dieses Element darf nicht zu schnell entfernt werden, da es sonst zum Rezidiv kommt.

9.2.3.5 Metalgien

Verschiedene Ursachen können zu Schmerzen im Vorfuß führen: Manchmal ist es ein Gefühl „wie durchgetreten", wie bei Stoffwechselstörungen; hier entstehen schützende Keratosen, die in vielen Fällen auch schmerzhaft sind. Es können aber auch Warzen oder Hühneraugen unter den Füßen belastend sein. In allen Fällen führt dies dazu, dass der Vorfuß nicht gerne belastet wird. Der Schritt wird abgebremst und kürzer, der Patient fängt an zu staksen. Das Becken und die Wirbelsäule schwingen nicht mehr, die ganze Bewegung wird steifer, unbeweglicher.

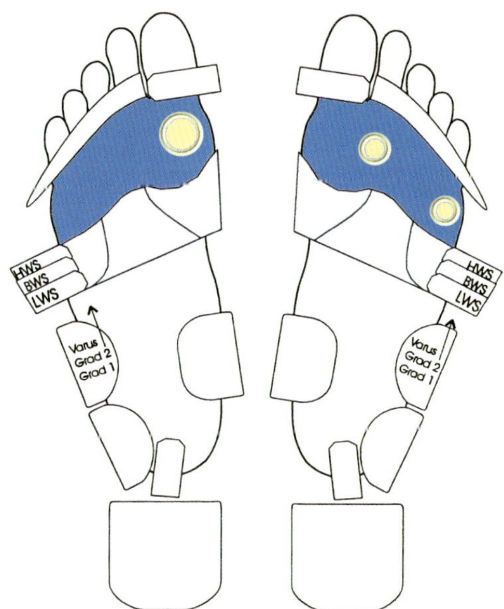

Abb. 62: Schema der Sohle bei Metalgien

Hier wird ein dünnes Polster aus verschiedenen Materialien unter den Vorfuß gelegt, um den Druck zu verringern. Bei jüngeren Patienten ist es möglich, diese Polsterung wieder zu entfernen, wenn sich der Fuß in eine bessere Stellung stabilisiert hat.

9.2.3.6 Instabilität des Fuß- oder Sprunggelenks

Es gibt viele Ursachen für eine Fußinstabilität, die alle anders behandelt werden müssen. Liegt eine nicht proprizeptiv zu beeinflussende Schwäche vor, wie z. B. bei einigen älteren Patienten, Patienten nach Hirnschlag etc., muss die Instabilität gestützt werden. Erst dann kann man eine propriozeptive Versorgung angehen.

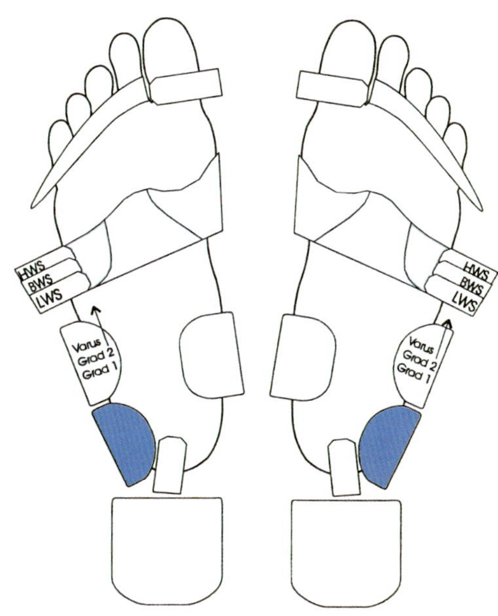

Abb. 63: Schema der Sohle bei Instabilität

Bei Patienten nach einer Distorsion ist die Propriozeption noch vorhanden und kann mit einem individuellen lateral calcanealen Element stabilisiert werden.

9.2.3.7 Hallux valgus

Der Hallux valgus hat sehr viele Ursachen, daher ist eine Standardbehandlung auch nicht möglich: z. B.

- Familiäre Vorbelastung
- Schuhe
- Pes valgus
- Dysbalance M. peroneus longus und M. tibialis anterior

9.2.3.7.1 Der familiäre Hallux valgus

Bei jüngeren Patienten mit einem Hallux valgus liegt fast immer eine familiäre Veranlagung vor. In der Anamnese hören wir von den „schrecklichen Füßen“ der Eltern und Großeltern. Diese Hallux-Füße sind oft relativ stark ausgebildet. Mittels der Podosohle® mit interner retrocapitaler Versorgung kann die weitere Halluxbildung verringert oder sogar verhindert werden. Wichtiger ist es aber, den Hallux mobil zu halten mittels einer Kombination aus Podosohle®, Mobilisation und Fußübungen.

9.2.3.7.2 Schuhe als Ursache

Auch der Schuh kann eine Halluxbildung unterstützen oder verstärken. Zu schmale Schuhe, oft noch zu klein und mit einem zu hohen Absatz, sind prädestiniert für eine Halluxbildung. Andere, mehr fußgerechte Schuhe sind ein wichtiger Teil der Therapie, der aber häufig erst angenommen wird, wenn der Leidensdruck zu groß wird. Die Behandlung der Sekundärschäden (Rücken und Nacken) steht dann im Vordergrund.

9.2.3.7.3 Pes valgus

Der Pes valgus verursacht eine Abduktionsstellung des Vorfußes mit einer Abschwächung der Muskelspannung. Die Zugrichtung der Muskeln wird geändert. Der M. flexor hallucis longus bekommt eine mehr diagonale Zugrichtung, die die Hallux-Bildung verstärkt. Das Os metatarsale 1 steht relativ gerade. Es ist selten eine Hypermobilität im Tarsometatarsalgelenk 1 sichtbar, der Caput metatarsale 1 ist nicht sehr ausgeprägt.

Hier reicht im Anfang die Podosohle® mit einem internen retrocapitalen Element und Muskeltraining aus.

9.2.3.7.4 Dysbalance zwischen M. peroneus longus und M. tibialis anterior

Diese beiden Muskeln haben proximal fast einen gemeinsamen Ansatz, teilen sich dann in einem ventralen und lateralen Verlauf mit jeweils einer anderen Innervation und kommen medial unter dem Fuß am Os cuneiforme 1 / Os metatarsale 1 wieder zusammen. Sie bilden also eine Art Steigbügel. Der M. peroneus longus bringt den Fuß mehr in Pronation/Flexion, der M. tibilais anterior mehr in Supination/Extension. Wenn diese beiden Muskeln im Gleichgewicht sind, ist eine gute Fußhaltung schon wesentlich einfacher zu gestallten.

Überwiegt die Spannung im M. peroneus longus, entsteht eine typische Form von Pes pronatus. Der mediale Rand wird nach unten gezogen und gleichzeitig wird das Os cuboideum etwas angehoben und fixiert. Der Vorfuß steht mehr in Valgus-Stellung und breiter mit einem erhöhten Druck unter dem MT1 und einer beginnenden Hallux-Bildung, gleichzeitig steht der Rückfuß mehr gerade, fast in Varus-Stellung. Der MT1 und Digitus I sind rotiert, der Nagel steht nach medial und es bildet sich oft eine erhebliche und vor allem sehr störende Vorwölbung am Caput metatarsale 1. Weitere Kontrollen ergeben oft eine Hypermobilität in der Art. tarsometatarsale 1 und eine Abduktionsstellung von MT1. Es entsteht eine erhöhte Spannung in der lateralen Kette. Diese Abweichung sehen wir häufig bei Frauen und Personen in stehenden Berufen.

Beim Aufstehen und Hinsetzen sehen wir, dass die Knie leicht nach innen knicken. Im Einbeinstand steht die Patientin relativ unsicher, das Knie wird jetzt noch mehr nach innen gedreht.

Dominiert der M. tibialis anterior, so entsteht eher ein Shin-splint- bzw. Tibialis-anterior-Syndrom (siehe Kapitel 9.8.2.2.4).

9.2.3.7.5 Folgen eines Hallux valgus

Es entsteht ein Druck auf das Caput metatarsale 1, erstens durch die Fehlstellung und zweitens durch den Druck der Schuhe. Somit entwickelt sich hier ein Ödem, dadurch vergrößert sich der Caput metatarsale 1, es bildet sich ein Bursa. Dieser verursacht einen lokalen Schmerz, der durch eine Standveränderung verringern werden kann. Der Fuß wird mehr in eine Abduktion gestellt. Das Abrollen des Fußes, das normalerweise über den Großzeh geschieht, verläuft jetzt über den lateralen Fußrand.

Die genaue Diagnose zeigt uns nicht nur eine Abweichung des Großzehs, sondern auch eine Änderung der anderen metatarsophalangealen Gelenke. Der Vorfuß korrespondiert mit dem Oberkörper und Kopf. Eine Änderung im Vorfuß verursacht häufig Spannungen und Blockaden im CTÜ. Durch die Schonhaltung entstehen Probleme im Iliosakralgelenk, der Schaltstelle zwischen unterer Extremität und Wirbelsäule.

Neben notwendigen Übungen zur Stabilisation der richtigen Haltung im Stehen und Gehen fertigen wir eine Podosohle® mit eventuellen Sonderelementen an. Hierbei arbeiten wir vor allem mit den Mm. flexor hallucis longus und brevis und/oder dem M. peroneus longus.

9.2.3.7.6 Halluxoperationen

Auch nach einer Halluxoperation kann man sehr gut podo-postural arbeiten, damit kann in den meisten Fällen ein Rückfall verhindert werden. Die erste Frage ist aber, welches Gelenk mit welcher Technik operiert wurde. Liegt ein Röntgenbild nach der OP vor, erleichtert es die Untersuchung. Zusätzlich sind die Auswirkung der Operation und die Kompensationen bei jedem Patienten sehr unterschiedlich. Erst wenn man diese Informationen hat, kann man entscheiden, ob eine podo-posturale Versorgung sinnvoll ist und welche Elemente eingesetzt werden können.

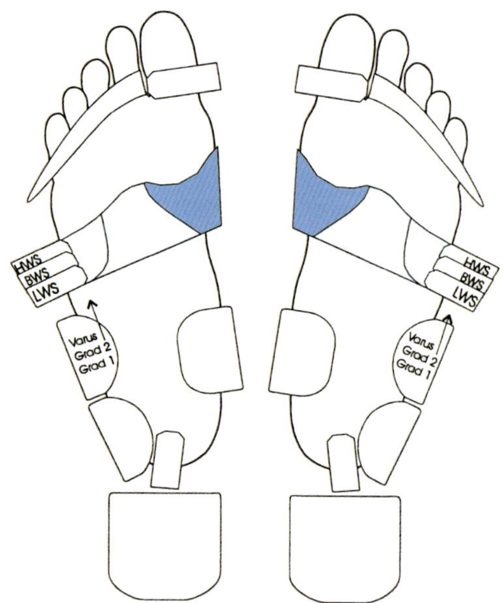

Abb. 64: Schema der Sohle bei Halluxoperation

9.3 Kniebeschwerden und Knieabweichungen

Viele Patienten haben Kniebeschwerden. Oft liegen statische Störungen der Füße oder primäre Knieabweichungen vor.

Bei Kniebeschwerden ohne deutlichen Hinweis auf eine Ursache sollten wir immer in den absteigenden Ketten, z. B. der Mund- oder Augenkette, aber auch in den viszeralen Ketten (vor allem im Unterleib) nach Störungen suchen. In vielen Fällen kompensiert das Knie die Probleme zwischen absteigenden und aufsteigenden Ketten und kommt hierbei selbst in Bedrängnis. Bei ursächlichen Störungen der absteigenden Ketten sollten andere Spezialisten hinzugezogen werden. Es wäre gut, wenn diese Spezialisten die Podo-Posturaltherapie kennen, damit eine optimale Zusammenarbeit zum Wohle des Patienten stattfinden kann. Daher werden in diesem Buch auch einige Schnelltests, die wir in unserer Praxis durchführen, als Hilfestellung für die interdisziplinäre Kommunikation besprochen.

Allgemeine Einführung
Patienten mit Kniebeschwerden klagen vor allem über Schmerzen, das Einknicken des Knies, eine Blockierung des Gelenks und Schwellungen. In vielen Fällen sind aber auch noch andere Beschwerden vorhanden, die durch die Knieprobleme verdeckt werden. Die eigentliche Ursache sitzt jedoch woanders und muss auch dort behandelt werden (einige Beispiele: Hüftbeschwerden oder Fußbeschwerden, die erst genannt werden, wenn die Knieprobleme sich bessern; ebenso Beschwerden der Wirbelsäule).

9.3.1 Schmerzen

Knieprobleme sind eine Krux in der Praxis. Als Vordiagnose wird häufig Arthrose genannt, aber die Arthrose an sich ist nicht schmerzhaft, also muss noch etwas anderes vorliegen wie z. B. eine Entzündung, myofasziale Spannungen, Schwellungen usw. Wieso die Arthrose immer zuerst diagnostiziert wird, werden wir hier nicht weiter erkunden. Trotzdem ist die Arthrose immer noch eine Alterserscheinung. Bei jüngeren Patienten mit Schmerzen muss man doch eher an eine Verletzung oder Überbelastung denken.

Wichtige anamnestische Fragen sind immer:
- Wo sind die Schmerzen lokalisiert? (Am besten immer zeigen lassen.)
- Wie äußern sich die Schmerzen (akut, zeitweise bei bestimmten Bewegungen usw.)?
- Was sind es für Schmerzen (stechend, ziehend, klopfend usw.)?
- Wann treten die Schmerzen auf (Tageszeit, Belastung, während bestimmter Bewegungen)?
- Wann haben die Schmerzen begonnen (vor Tagen, Wochen, Monaten)?
- Was war vorher? Eine Zeitlinie ist in jedem Behandlungsplan vorteilhaft. Dazu kann man eine Schmerzskala von 1–10 einführen, damit man den Behandlungsverlauf dokumentieren kann.

9.3.1.1 Wo werden die Schmerzen angegeben?

Beim Plattfuß (Knick-Senk-Spreizfuß):

- Medial am Knie
  - Durch die Endorotation und das Anziehen der Kreuzbänder kommt der mediale Meniskus etwas mehr unter Druck. Es kann zu einer Reizung des medialen Meniskus oder der medialen Plica kommen.
  - Bei Abflachung eines physiologischen Flachfußes, der sogenannte Retroversionstyp (Yin-Menschen), sind die ischiocruralen Muskeln kürzer. Bei einer Belastung entsteht schneller eine Reizung des Pes anserinus superficialis. Ist der M. semimembranosus auch noch verspannt, z. B. durch falsches Training oder Störungen der dorsalen myofaszialen Kette, kann es zu einer zusätzlichen Subluxation des medialen Meniskus nach mediodorsal kommen.
  - Die leichte X-Bein-Stellung, die häufig beim statischen Plattfuß auftritt, kann zu Dehnungsschmerz des Lig. collaterale mediales führen.
- Lateral am Knie
  - Hier sehen wir eher eine Blockade oder Reizung im Art. tibio-fibulare superior, verursacht durch die aufsteigende Kette.
- Schmerzen medial auf den Mm. vastus medialis
  - Hier sehen wir oft eine zusätzliche pastöse Schwellung. Beim Plattfuß dreht der Unterschenkel in eine Endorotation, dies führt zu einer passiven Verkürzung des M. vastus mediales. Die Folge ist eine Instabilität in der Endstreckung des Knies.
  - Möglich ist aber auch eine eventuelle Senkung oder Operation im Unterleib. Hierbei sehen wir regelmäßig eine Schwellung und eine leichte Insuffizienz des M. vastus mediales.

Bei einem Varusfuß:

- Schmerzen im unteren Drittel des Schienbeins
- Diese werden durch die Exorotation von Tibia und Fibula und die Verschiebung der Fibula nach distal, gegenüber der Tibia, verursacht. Es entstehen eine Zugbelastung der Membrana interossea und Symptome wie beim Shin-Splint- oder Tibia-anterior-Syndrom, vor allem bei Belastung (siehe Kapitel 9.8.2.2.4).
- Schmerzen lateral am Unterschenkel
  - Sie sind in vielen Fällen zurückzuführen auf erhöhte Spannungen in den Mm. peronei longus und brevis. Die Varus-Stellung, z. B. nach der Distorsion, verursacht eine Supinationsstellung der Füße mit einer Exorotation. Die Mm. peronei sind anscheinend nicht in der Lage, diese biomechanischen Folgen zu kompensieren. Sie werden exzentrisch hyperton gedehnt. Es entstehen Schmerzen in der lateralen Peroneusloge und Einschränkungen der Durchblutung.

- Schmerzen oberhalb und hinter der Patella
  - Am Ansatz des M. quadriceps femoris auftretende Schmerzen sind meist auf Reizungen des M. rectus femoris zurückzuführen. Der M. rectus femoris wird bei einem Varusfuß exzentrisch hyperton gedehnt, was zu Schmerzen führt. Auch der hypertone M. vastus medialis wird gedehnt und schmerzt. Der hypertone M. vastus lateralis kann sich mehr oder weniger verkürzen, weil Zugrichtung und biomechanische Drehrichtung parallel verlaufen. Dies alles führt zu einem Patellahochstand, mehr oder weniger mit einem Akzent nach lateral.
  - Kranial an der Patella entsteht eine Ansatztendinose, die oft auch von retropatellaren Schmerzen begleitet ist.
- Cranio-mediale Schmerzen
  - Treten diese im Bereich des Vastus medialis auf, können sie ebenfalls auf die statische Fehlbelastung zurückzuführen sein, man sollte aber auch immer auf Unterleibsprobleme achten.

Wissenswert:
Ein neuer Laufschuh wird in Fachgeschäften oft auf einem elektrisch betriebenen Laufband mit einer vorab eingestellten Geschwindigkeit angemessen. Aber jeder, der auf einem Laufband läuft, braucht eine Einlaufzeit: Diese beträgt bei geübten Sportlern ca. 15 Minuten. Das bedeutet, dass erst nach mehr als 15 Minuten ein mehr oder weniger individuelles Laufmuster zu erwarten ist.

Während der ersten 15 Minuten läuft der Sportler auf dem Laufband fast immer mit einer Pronation – wenn nicht, muss an eine Blockade der Fußgelenke gedacht werden. Der jetzt empfohlene Schuh ist daher fast immer ein sogenannter Anti-Pronationsschuh. Dieser verursacht bei vielen Sportlern ein Shin-Splint-, Tibialis-anterior- oder Peroneussyndrom.

9.3.2 Sekundäre Knieprobleme

- Instabilität des Kniegelenks, Einknicken im Knie
  - Ursache ist der Kraftmangel des M. quadriceps femoris, vor allem aber des M. rectus femoris. Der M. quadriceps femoris kontrahiert während des Gehens am Ende der Schwungphase; beim Auftreten, dem Fersenkontakt, nimmt die Kraft exzentrisch zu, da das Knie durch die Schwerkraft leicht angewinkelt wird. Er streckt dann das Knie gegen die Schwerkraft (konzentrische Kontraktion).
    Sobald das Körpergewicht vor die Gelenklinie kommt, kann sich der M. quadriceps femoris entspannen, die Schwerkraft hält die Streckung des Knies fest.

Kraftmangel spielt im Allgemeinen bei der Entwicklung des Plattfußes eine Rolle. Durch die Kippung des Iliums nach anterior nähern sich Origo und Insertion. Der Muskel verliert somit an Kraft und kann das Knie nicht mehr halten. Ein Muskel ist am kräftigsten bei ca. 110 % seiner Länge und exzentrische Kraftentwicklung kostet mehr Energie als konzentrische Kraftentwicklung. Beim Stehen ist der Patient schnell geneigt, das Knie zu überstrecken, damit keine Kraftanspannung des M. quadriceps femoris verlangt wird. Andere Ursachen des Einknickens sind z. B. Flexionskontrakturen, Flexionsblockaden durch z. B. eine sogenannte „Gelenkmaus" (freier Gelenkkörper im Gelenk) oder allgemein Schmerzen. In den meisten Fällen reicht eine Basis-Podosohle® zur Stabilisierung.

Knieinstabilität

Durch die Haltungsänderung des Plattfußpatienten entstehen eine Flexion der Hüfte und ein Ilium anterior. Somit kommen Ursprung und Ansatz des M. rectus femoris dichter zusammen und er verliert dadurch an Basisspannung.

Die Zugrichtung und somit die Rotation im Knie werden durch den geänderten Ansatzwinkel des M. rectus femoris geändert. Durch diese Kombination von biomechanischen Faktoren verliert der Muskel seine kniestabilisierende Funktion. Vor allem der ältere Patient knickt regelmäßig mit dem Knie weg, vor allem beim Gehen, aber z. B. auch beim Absteigen vom Fahrrad.

Eine sekundäre Flexionsstellung des Knies sehen wir u. a. bei:

- Hüftabweichungen
- Störungen im Urogenitaltrakt und Darmsystem
- Narben unterhalb des Nabels
- Fußfehlstellungen
- Meniskus-, Bänder- und anderen primären Kniegelenkproblemen

9.3.3 Primäre Knieprobleme

9.3.3.1 Gelenkblockade

- Gelenkblockaden sind mehr oder weniger akute Beschwerden, die aber rezidivierend sein können. Ursache kann u. a. sein:
  a) Meniskus(sub)luxationen
  b) Meniskusriss
  c) Gelenkmaus (Corpus liberum)

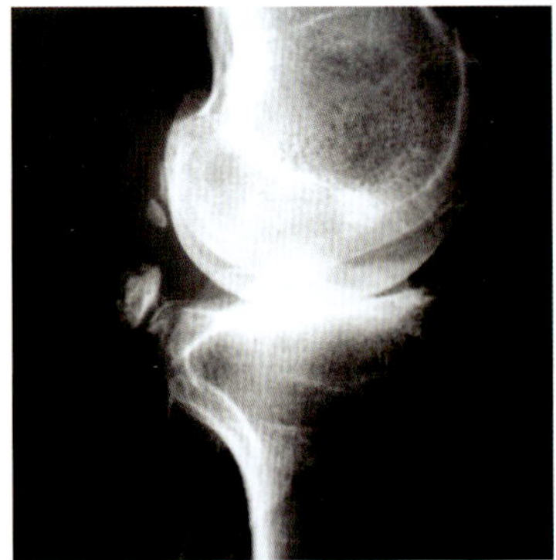

Abb. 65: Röntgenbild einer Gelenkmaus im Knie

Das Problem bei der Gelenkblockade ist nicht nur die akute Blockade, die weitere Schäden am Gelenk verursacht, sondern auch die Schonhaltung, die eingenommen wird. In vielen Fällen sehen wir einen leichten Flexionsstand im Knie mit einer dazu gehörenden Beckenfehlstellung, in den meisten Fällen nach anterior. Nicht in allen Fällen wird durch das Ilium anterior die Beinlänge ausgeglichen. Oft sehen wir noch eine minimale funktionelle Beinlängendifferenz, die sich durch eine Fersenerhöhung nicht ausgleichen lässt. Auch wird öfter eine Verstärkung der Anteriorstellung im Becken oder eine Vergrößerung der Knieflexion als Folge der Fersenerhöhung sichtbar. Wenn keine Blockaden oder Fixationen im Bein oder Becken vorliegen, wird eine 1–3 mm starke Fersenerhöhung eine Normalisierung und das Aufrichten des Ilium anteriors bewirken.

Unbewusst versucht der Patient zu korrigieren, indem er den Vorfuß im Stehen und Gehen mehr belastet, der Fuß neigt dabei eher zur Varus-Stellung (Supination). Vor allem der Vorfuß bekommt lateral eine größere Belastung. Hierdurch entstehen häufig homolaterale Schulterbeschwerden sowie Schmerzen und Bewegungseinschränkungen. Mittels einer Podosohle® mit einem Sonderelement für die Kniefehlstellung können wir die manuelle Behandlung unterstützen und den Erfolg stabilisieren. Die Sohle mit dem homolateralen Knieelement bedeutet somit eine Entlastung für die Schulterbeschwerden.

Eine Mobilisierung des Gelenks kann als Erste-Hilfe-Maßnahme notwendig sein. Dabei sollte man immer die Ausgangsposition als Bezugspunkt nehmen und nie das Bein unter Krafteinwirkung über die Blockade hinweg bewegen.

Eine Blockierung entsteht vor allem beim Strecken: Zur Mobilisierung das Knie beugen und anschließend vorsichtig mit leichter Dehnung und/oder mit Rotationsbewegungen wieder strecken.

Meniskussubluxationen entstehen häufig durch eine Hypertonie der Mm. semimembranosus (medialer Meniskus) und popliteus (lateraler Meniskus) oder bei traumatischen Verletzungen im Knie. Weiterhin findet man sie öfter in Verbindung mit Varusfüßen (auch wenn diese durch falsche Schuhe verursacht werden) und weniger bei Valgus-Problemen. Durch den Zug des M. semimembranosus in Verbindung mit der Exorotation entsteht eine Subluxation des medialen Meniskus. Diese Subluxation führt in erster Instanz zu einer Bewegungseinschränkung, später zu einem Meniskusanriss. Die Einschränkung im Knie führt zu Kompensationshaltungen im Fuß, aber auch in der Hüfte und im Becken.

Der M. popliteus bringt beim Anwinkeln im Knie den lateralen Meniskus nach dorsal in Sicherheit, muss ihn aber beim Strecken wieder in seine Ausgangsposition zurückgleiten lassen. Eine Hypertonie des M. popliteus führt daher schnell zu einer Subluxation des lateralen Meniskus nach dorsal.

Durch eine Basis-Podosohle® mit einem individuellen Knieelement werden die Fehlstellung des Knies und die Belastung der Menisci korrigiert. Eine Mobilisierung des Meniskus mit der zugehörigen Muskulatur etc. verstärkt den Erfolg.

Eine Gelenkmaus entsteht beim Plattfuß etwas schneller, weil der Stoffwechsel schlechter ist und gleichzeitig die Gelenkbelastung größer wird. Es kommt daher schneller zu arthrogenen Absplitterungen. Mit der Podosohle® kann man mit einem zusätzlichen Knieelement versuchen, die Kniestellung so zu ändern, dass die Maus keine weiteren Einschränkungen verursacht. Eine vollständige Lösung des Problems ist aber leider nicht möglich. In letzter Instanz wird zur Operation geraten, aber auch hier muss man mit Folgeschäden rechnen.

9.3.3.2 Knieschwellungen

Schwellungen des Knies sehen wir u. a. bei Überlastung, meistens diffus um die Patella herum und in Höhe des Gelenkspaltes. Die klassischen Schwellungstests geben hier meistens ein genaueres Bild. Eine retropatellare Schwellung kommt u. a. bei Fehlbelastungen des M. quadratus femoris vor. Die Patella wird festgesetzt und hemmt die Flexion, die Reizung führt dann zu der diffusen Schwellung. Bei der Baker-Zyste sehen wir eine Schwellung in der Kniekehle, es treten Beschwerden im letzten Teil der Streckung und bei der Endflexion auf. Differentialdiagnostisch müssen wir die Verspannung der posturalen Dorsalkette mit dem M. popliteus ausschließen. Bei vielen angeblichen Baker-Zysten finden wir hier eine starke Verspannung, die entweder direkt die Beschwerden verursachen oder die Baker-Zyste verstärken. Hier hilft meistens eine intensive manuelle Behandlung dieser Kette. Podo-postural muss immer wieder an das individuell eingestellte Knieelement gedacht werden.

Eine Schwellung nach einer Arthroskopie ist leider keine Seltenheit. Hier spielt das sogenannte Plica-Syndrom die größte Rolle. Durch eine Reizung der Kapsel (Pars synovialis) wird bei Belastung besonders viel Synovialflüssigkeit (Synovia) gebildet. Gleichzeitig findet eine Wucherung der Membran statt. Beides verursacht eine Schwellung mit Bewegungseinschränkung im Knie. Bei anhaltender Belastung kann es zur Verhärtung der Plica kommen, die sich wie ein Fremdkörper im Gelenk verhält.

Bei Jugendlichen sehen wir öfter eine schmerzhafte Schwellung am Ansatz des Lig. patellae an der Tuberositas tibiae. Hier handelt es sich meistens um einen noch aktiven Morbus Osgood-Schlatter.

Der Morbus Osgood-Schlatter wird als idiopathische Nekrose beschrieben, er entsteht aber fast immer beim Abflachen des Fußes, selten oder nie bei einem Varusfuß. Durch die Fehlstellung des Unterschenkels (Endorotation) und die Instabilität entsteht eine Art Ansatztendopathie am Lig. patellae. Durch weitere Stoffwechselereignisse, wie die in dieser Periode auftretenden hormonellen Änderungen, kann es zu einer Aufweichung des Ansatzes kommen (siehe Abb. 66). Bei weiterer Belastung ist im schlimmsten Fall mit einem Abriss der Patellasehne zu rechnen. Daher muss eine Zeit lang auf stärkere Belastung und Sport verzichtet werden.

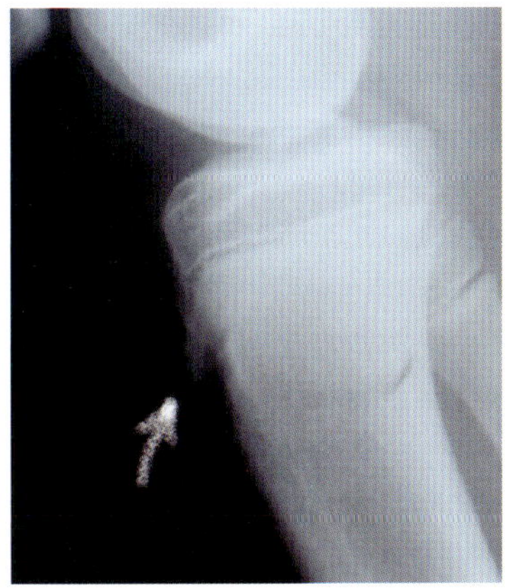

Abb. 66: Röntgenbild eines Morbus Osgood-Schlatter

Die Wachstumsfuge ist in der Pubertät noch nicht komplett geschlossen, dies führt zu einer weiteren Schwachstelle dieser Region.

Bei Schwellungen wird meistens eine antalgische Haltung und Bewegung vorgefunden. Der Fuß wird in vielen Fällen wie bei einer Blockade reagieren. Bei leichten Schwellungen wird sehr schnell das Abrollen des Fußes wie auch das Durchstrecken der Hüfte eingeschränkt. Dieses verminderte Abrollen führt zu chronischen Blockaden im Fuß und im Becken, vor allem aber im Sprunggelenk: Hier schädigt das Bewegungsmuster dauerhaft. Blockaden im Sprunggelenk führen in der Regel zu Blockaden im Hüftgelenk, die oft kontralaterale Schulterbeschwerden nach sich ziehen. Es muss also sehr individuell geschaut werden, wie der Fuß abrollt, wie die weitere Kompensation verläuft und wo eine zusätzliche Bewegungseinschränkung vorliegt. Das alles bestimmt, welche Sonderelemente in der Basis-Podosohle® verwendet werden müssen.

9.3.3.3 Crurale Verkürzung

Bei der cruralen Verkürzung handelt es sich in den meisten Fällen um eine Entwicklungsstörung oder Folge eines Unfalls, z. B. Knochenbruch. Obwohl minimale Unterschiede (1 bis 3 mm) in der Länge auch angeboren sein können, werden diese in den meisten Fällen während des Wachstums gut ausgeglichen und verursachen somit keine Probleme.

Bei Verdacht auf eine crurale Verkürzung wird der Unterschenkel von der Kniefalte bis zum Malleolus vermessen. Es handelt sich in den meisten Fällen um eine anatomische Beinlängendifferenz. Bei Brüchen ist aber eine Rotationskomponente nicht auszuschließen. Diese führt zu einer anatomischen und funktionellen Beinlängendifferenz und verursacht sehr schnell eine chronische Iliosakralgelenk-Verwringung.

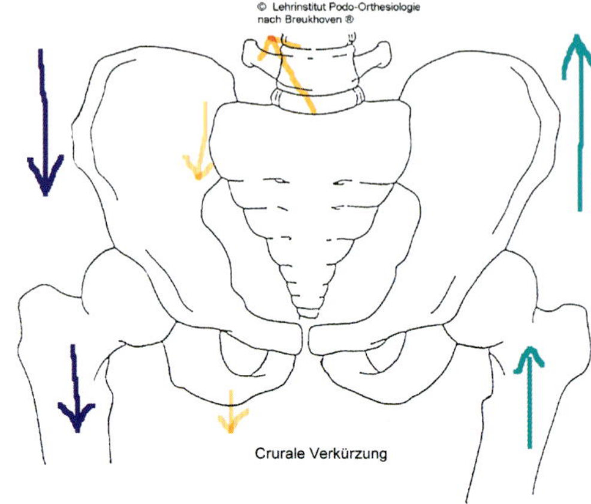

Abb. 67: Schema der cruralen Verkürzung

Im Stehen wird das kürzere Bein oft leicht überstreckt, der Fuß wird in Varus-Stellung gebracht. Reicht dies nicht aus, wird das längere Bein angewinkelt und der Fuß geht in Valgus-Stellung.

Beim Gehen erfolgt ein kürzerer und längerer Schritt, wobei man beim kürzeren Schritt auf das kürzere Bein „fällt": Der sogenannte Initial Contact ist entweder sehr kurz oder oft gar nicht vorhanden, auch die Endphase des Abrollens geht oft verloren. An der kurzen Seite finden wir im dynamischen Abdruck oft einen Calcaneus valgus, der schon in Valgus-Stellung aufkommt und zu wenig über den Großzeh abrollt. Im Fuß findet somit weniger Bewegung in varus-valgus statt. Diese eingeschränkte Bewegung verursacht eine eingeschränkte Bewegung im homolateralen Iliosakralgelenk. Es kann hier zu Blockaden kommen. Diese sind aber nur dauerhaft zu lösen, wenn man die crurale Verkürzung und die Fußfehlstellung mittels einer Podosohle® und einer minimale Totalerhöhung im Millimeterbereich behandelt.

Beim Stand auf einem Bein bleibt das Becken gerade, es zeigt sich also kein Trendelenburg-Zeichen beim Gehen, höchstens eine leichte Seitwärtsbewegung.

Wir sehen hier also eine deutliche Diskrepanz zwischen dem statischen und dynamischen Abdruck:

- Statisch: Kurzes Bein bildet einen Pes varus, langes Bein eher einen Pes valgus.
- Dynamisch: Kurzes Bein bildet einen Pes valgus, langes Bein rollt physiologisch ab.

Neben der normalen Podosohle® muss man hier eine Erhöhung einsetzen. Auch hier arbeiten wir anders als in der klassischen Orthopädie: Wir gleichen schon den kleinsten Unterschied aus, aber selten 100 %; und zwar mit einer Totalerhöhung im Millimeterbereich bei der anatomischen Beinlängendifferenz, eventuell kombiniert mit einer Fersenerhöhung, wenn eine zusätzliche Rotation vorliegt.

9.3.3.4 Genu varum

O-Beine sind bei Kindern in den ersten beiden Lebensjahren noch normal. Bei älteren Patienten liegt oft eine Arthrose vor. Ursachen sind u. a.:

- Übergewicht
- Osteoporose
- Hormonelle Veränderungen
- Probleme in den absteigenden Ketten. (Bei der primär aufsteigenden Kette finden wir öfter X-Beine mit einem Plattfuß 2. oder 3. Grades.)

Patienten mit einem Überbiss und einer hierdurch verursachten absteigenden Kette haben öfter O-Beine. Betrachtet man die komplette Haltung, sehen wir leicht abhängende Schultern, eine Endorotation der Beine, dabei werden die Füße nach innen gedreht (Vorfußadduktion) und der Oberkörper aus dem Becken heraus nach vorne gebracht.

Auch bei Valgusfüßen sehen wir hängende Schultern – eines der ersten Merkmale, das uns als Haltungsstörung auffällt. Der Körper ist dann mehr in sich zusammengesackt, die Schulterlinie steht hinter der Lotlinie, das Ilium steht anterior, die Beine in Endorotation, aber die Knie in X-Bein-Stellung und die Füße werden vorne mehr nach außen gestellt (Vorfußabduktion):

Liegt bei jüngeren Patienten ein Genu varum vor, so ist oft eine Entwicklungsstörung ursächlich. Diese wird in den meisten Fällen schlechter kompensiert als das X-Bein und muss daher öfter zusätzlich stabilisierend behandelt werden.

Die mediale Gelenkfläche wird mehr beansprucht, der mediale Meniskus ist stabiler verankert als der laterale Meniskus, daher sehen wir öfter Degenerationen und Meniskopathien an der medialen Seite.

Die Ursache für ein Genu varum muss so genau wie möglich festgelegt werden, um eine Basisbehandlung aufzubauen. Podo-postural können wir hier oft mit einem individuell eingestellten Knieelement erhebliche Erleichterungen erreichen.

9.3.3.5 Genu valgum

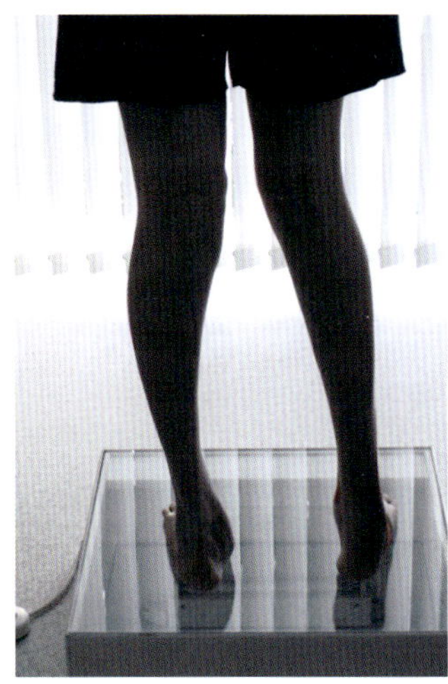

Abb. 68: Genua Valga

X-Beine sind eine physiologisch-anatomische Entwicklung der unteren Extremität, die oft zusammen mit einer physiologischen Valgus-Stellung der Füße auftritt. Sie entwickeln sich zwischen dem zweiten oder dritten und dem sechsten Lebensjahr. In verschiedenen orthopädischen Lehrbüchern liest man, dass ein minimales Genu valgum noch bis zum Ende der Pubertät physiologisch sein kann. Wir müssen aber sehr wohl unterscheiden zwischen einem physiologischen und einem pathologischen Genu valgum. Dazu machen wir in der Praxis einen Dreier-Test:

- Beträgt der Abstand der Malleolen ca. 8 bis 10 cm?
- Ist eine relative Symmetrie der Beinachse links-rechts vorhanden?
- Verschwindet die Valgus-Stellung beim Zehenstand fast komplett?

Ist das Ergebnis dieser drei Tests positiv, dann sollten wir das Kind zwar hin und wieder kontrollieren, aber es erfolgt keine Therapie. Weicht einer der drei Tests ab, müssen wir weiter nach der Ursache suchen und dementsprechend behandeln.

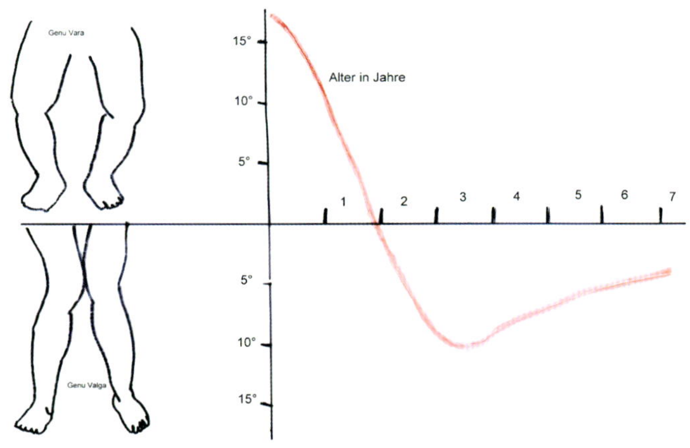

Abb. 69: Entwicklung Genu Valga

Wieso ist ein Genu valgum physiologisch – die Beine waren doch vorher gerade? Hier spielen vor allem Nerven- und Knochenwachstum eine Rolle. Das Nervensystem ist noch nicht zu 100 % funktionsreif, u. a. durch die noch nicht fertig ausgebildete Myelinscheide. Im Alter von ca. drei Jahren ist der N. tibialis vollständig von einer Myelinscheide ummantelt. Die zugehörigen Muskeln wie Fußheber und Fußpronatoren können unbewusst gesteuert werden und sind somit kräftiger mit einer höheren Basisspannung. Der N. fibularis communis ist aber noch nicht so weit, die zugehörige Muskulatur wie Wadenmuskulatur und plantare Fußmuskulatur kann noch nicht unbewusst gesteuert werden und sind daher schwächer ausgebildet. Dieses Ungleichgewicht verursacht physiologische X-Beine.

Auch das Knochengerüst ist noch nicht voll ausgereift, die meisten Wachstumsfugen sind noch offen. Durch die Instabilität im Knochensystem entstehen schnell Fehlstellungen, die sich meistens von selbst wieder normalisieren, manchmal aber bleibende Fußabweichungen verursachen. Daher kann eine Behandlung auch bei kleinen Kindern notwendig sein.

Differentialdiagnostisch dürfen wir die Möglichkeiten einer zerebralen Parese nicht vergessen, daher muss immer nachgefragt werden, wie die Geburt und die Entwicklung des Kindes bis jetzt verlaufen ist. In den meisten Fällen reicht eine Basis-Podosohle® mit einem individuell ausgemessenen Knieelement aus. Bei älteren Patienten und schwereren Fällen ist fast immer ein zusätzlicher Calcaneus-Stabilisator notwendig.

Bei Kindern muss man noch vorsichtiger, sanfter, aber nicht unbedingt weich arbeiten, da sie sehr sensibel reagieren. Kinder werden in der Regel auch alle drei Monate, aber spätestens nach sechs Monaten neu kontrolliert. Ist eine Behandlung erfolgreich abgeschlossen, wird das Kind bis nach der Wachstumsphase weiterhin kontrolliert.

9.3.3.6 Genu flexum

Das Knie steht in einer Flexionsstellung, die Endstreckung wird nicht erreicht, z. B. durch eine Flexionskontraktur der Kniebeuger.

Ursachen können sein:

- Primär-epiphysäre Wachstumsstörungen,
- Dysplasien oder Aplasien der Tibiacondylen,
- angeborene Muskelverkürzungen.

Therapeutisch muss man sehr genau schauen, ob eine Erhöhung angesagt ist und welche Art der Erhöhung notwendig ist. Es gilt aber immer zu bedenken, dass eine gerade Wirbelsäule in den seltensten Fällen eine physiologische, gesunde Wirbelsäule ist. Geht man in die Natur, sehen wir nie einen perfekt geraden lebendigen Organismus. Alle Pflanzen und Tiere haben eine physiologische Krümmung und Schiefstellung. Wieso wir uns Menschen das nicht erlauben, sollte schleunigst überdacht werden.

9.3.3.7 Genu recurvatum

Ursachen eines Genu recurvatum sind z. B. eine Entlastungshaltung, wobei das Kniegelenk festgesetzt wird und fast ohne Muskelkraft gehalten werden kann (Schlafhaltung beim Pferd). Diese entsteht bei einer Entlastung des überforderten M. quadriceps femoris und vor allem des M. vastus medialis, der für die Endstreckung im Knie verantwortlich ist. Wir sehen dies mehr bei Plattfußpatienten, wenn die statische Muskulatur hypoton wird und die dynamische Muskulatur die statische Funktion übernehmen muss. Der Stoffwechsel der dynamischen Muskulatur ist auf die statische Arbeit nicht eingerichtet. Der dynamische Muskel wird überlastet, es bilden sich Myogelosen. Ein typischer dynamischer Muskel ist der M. vastus medialis. Ist dieser Muskel nicht mehr in der Lage, die Endstreckung des Knies durchzuführen, wird der Patient zur Entlastung das Knie überstrecken und ossär verriegeln. Typisch hierbei ist die frei bewegliche Patella. Eine Basis-Podosohle® reicht hier oft aus.

Beim Hohlfuß entsteht die Überstreckung eher auf biomechanischem Weg und durch Belastung der hypertonen Muskeln. In diesem Fall ist die Patella fixiert. Das Knie wird zur Kompensation der Beinlänge leicht nach vorne gestellt mit einer leichten Spitzfußstellung. Diese Spitzfußstellung kann sich schnell fixieren, was zu sekundär-statischen Fußabweichungen führt und wiederum eigene Probleme verursacht. Auch hier reicht oft eine Basis-Podosohle®.

9.3.3.8 Chondropathie der Patella

Das patello-femorale Gelenk ist biomechanisch nicht ideal aufgebaut. Die Patella ist eigentlich nur ein Sesamoid in der Patellasehne zur Umlenkung der Kraft des M. quadriceps femoris. Durch den physiologischen Valguswinkel zwischen Femur und Tibia wird die Zugrichtung der Patellasehne nach lateral verlagert, somit wird die Patella bei jeder Kontraktion des M. quadriceps femoris (M. vastus lateralis) nach cranio-lateral gezogen.

Die laterale Gelenkfläche wird daher mehr belastet, dies verursacht manchmal bereits in der Pubertät eine degenerative Änderung des Patellaknorpels.

Beschwerdebild:

- Schmerzen bei Belastung, zunehmend beim Treppensteigen;
- Schmerzen um die Patella;
- Bei längerem Anwinkeln des Knies wird zwischendurch das Knie zur Entlastung gestreckt;
- Bewegen der Patella verursacht Krepitation (Knochenreiben);
- Druck auf der Patella ist schmerzhaft, manchmal spürt man einen leichten Hydrops;

Differentialdiagnose: Möglich ist ein Morbus Osgood-Schlatter, wobei hier die Lokalisation der Schmerzen mehr vorne unter der Patella, Ansatz des Lig. patellae an der Tuberositas tibiae liegt. Ein Morbus Osgood-Schlatter sieht man fast nur bei Jugendlichen in der Präpubertät.

Eine Basissohle mit einem Knieelement gibt in vielen Fällen eine dauerhafte Entlastung.

9.3.4 Primäre Hüftabweichungen

Patienten mit Hüftabweichungen kommen oft in die Praxis. Nur selten liegt ein deutlicher Befund vor. Dann handelt es sich in der Regel um schwere Abweichungen oder schwere Arthrosen. Sind die Hüftabweichungen minimal, werden sie radiologisch oft nicht festgestellt. Trotzdem ergeben diese minimalen Abweichungen schon statische Störungen, die sich im Laufe der Jahre, meistens in Knie, Becken und Rücken, bemerkbar machen

Schwere Hüftabweichungen ergeben oft Hüftbeschwerden mit Schmerzausstrahlungen in die Leiste. Leichte Hüftabweichungen ergeben eher Beschwerden in Knie, Becken oder/und Wirbelsäule. Schmerzen seitlich am Trochanter major sind in vielen Fällen keine Folge von Hüftabweichungen, sondern stammen eher aus dem Bereich L5 bzw. Iliosakralgelenk oder Störungen der lateralen Kette.

Übrigens: Fast alle Frauen mit unklaren Hüft- oder Knieirritationen haben auch Unterleibsprobleme. Oft liegt eine chronische Blasenentzündung oder eine Gebärmutteroperation, eine Totaloperation, eine Senkung der Gebärmutter etc. vor. Inwieweit diese Probleme bei Männern auf eine mögliche Prostataproblematik zurückzuführen sind, ist unklar.

9.3.4.1 Coxa anteverta, Coxa retroverta

Der Winkel zwischen Collum und Diaphysis femoris, der CCD-Winkel, beträgt bei der Geburt ca. 135–142°, beim Kleinkind ca. 145° und am Ende der Wachstumsphase 125–127°. Die Abnahme des Winkels geht nicht gradlinig vonstatten, sondern schwankt. Das Collum femoris dreht sich intraossär von anterior nach posterior gegenüber den Condylen.

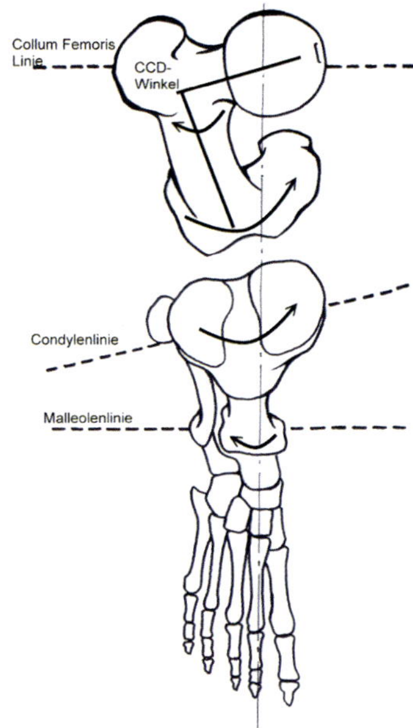

Abb. 70: Intraossäre Rotation

Bei der Coxa anteverta bleibt das Collum gegenüber der Condylenlinie zu weit vorne, was eigentlich einer Exorotation gleichkommt. Um den Hüftkopf optimal in der Pfanne zu platzieren, dreht das Kind unbewusst das ganze Bein in Endorotation. Beim Laufen stolpert das Kind oft über die eigenen Füße. Im Sitzen sind die Knie nach innen rotiert. Durch eine spezielle Podosohle® und einige Übungen kann diese Wachstumsstörung relativ schnell verbessert werden. Bleibt die Abweichung bestehen, hat der Erwachsene oft starke Beschwerden in Hüfte und Iliosakralgelenk.

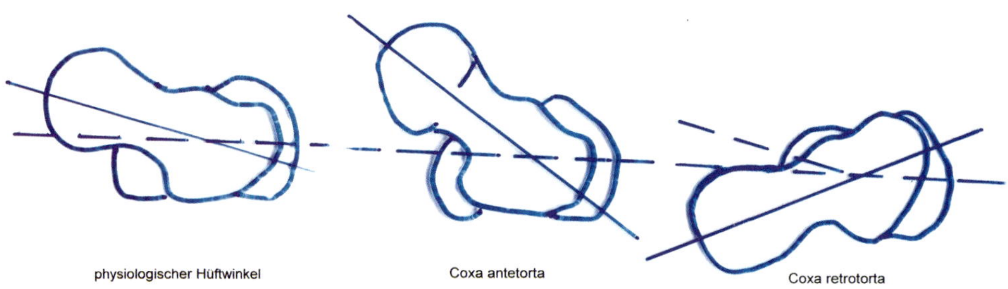

Abb. 71: Coxa anteverta und retroverta

In der Anamnese wird meistens angegeben, dass das Kind ein Bauchschläfer war oder dass eine Sturzgeburt vorlag. Im Stehen sehen wir ein nach innen rotiertes Bein mit einem Calcaneus valgus. Lässt man das Kind laufen, geht es gerne mit nach innen gedrehten Füßen, einem Calcaneus varus und einer Fußpronation. Meistens sind es bindegewebeschwache Mädchen.

Beim weitaus seltener auftretenden Coxa retroverta, wobei das Collum femoris zu weit nach dorsal steht, korrigiert das Kind über einen Exorotationsgang. Es entstehen später weniger Hüft- und Iliosakralgelenksprobleme, sondern Fuß- und Kniebeschwerden.

Die physiologische Stellung sollte direkt mittels einer Podosohle® unterstützt werden.

9.2.4.2 Coxa valga (rechts)

Hierbei handelt es sich um eine Abweichung, die sich im Laufe des Wachstums entwickelt und bei der der Winkel zwischen Collum femoris und Diaphysis femoris (CCD-Winkel) bei Erwachsenen größer als 127° ist.

Der Winkel nimmt während der kindlichen Wachstumsphase von ca. 145° auf den erwachsenen Wert von ca. 124–127°ab. Diese Entwicklung zum erwachsenen CCD-Winkel verläuft nicht gleichmäßig. Mal ist der linke Winkel etwas kleiner, dann wieder der rechte. Kinder passen sich auf dieses physiologisch unregelmäßige Wachstum an, aber zum Schluss muss der CCD-Winkel der beiden Hüften gleich sein; schon der kleinste Unterschied von 1° verursacht Probleme in der Haltung, die von den Gelenken kompensiert werden müssen.

Die zusätzliche Rotation des Collum femoris nach vorne (Antetorsion) oder nach hinten (Retrotorsion) wird oft in der Entwicklungsphase nicht berücksichtigt. Während der Entwicklung kann es zu einer Verzögerung kommen, der Winkel bleibt zu groß und es liegt noch eine Rotation vor. In der Praxis sehen wir bei einer Coxa valga in den meisten Fällen eine zusätzliche Coxa anteverta – warum, ist nicht klar. Da es sich um eine Entwicklungsstörung handelt, ist der Körper nicht auf diese Abweichung angepasst und es entstehen im Laufe der Zeit Probleme.

Das Bein wird anatomisch länger mit einer Rotationsstellung nach vorne oder hinten. Der Fuß versucht diese Verlängerung zu kompensieren, indem er abflacht. Bei der Coxa antetorta kommt ein Druck im Acetabulum nach ventral hinzu und es entsteht ein Ilium posterior, welcher die Beinlänge teils, manchmal auch komplett kompensiert. Häufig kippt das kontralaterale linke Ilium zum Ausgleich der Beinlängendifferenz nach anterior. Inwieweit die Iliosakralgelenke sich auch formmäßig an die neue Belastung anpassen, ist nicht klar.

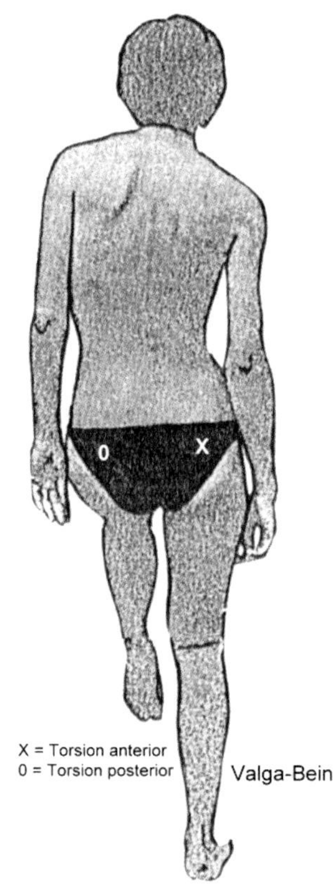

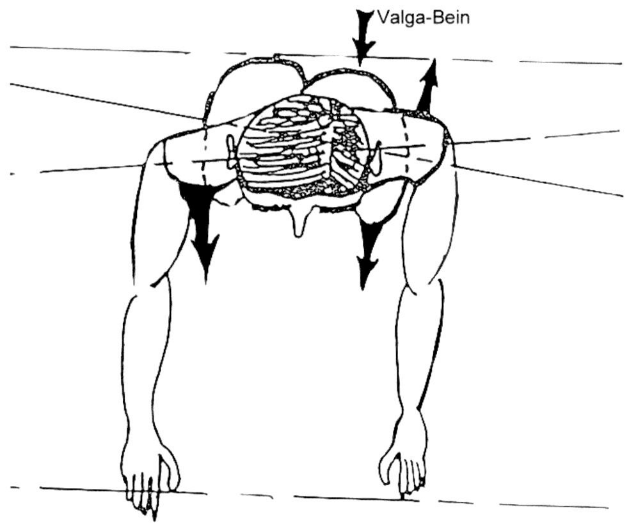

Abb. 72 (links): Coxa valga, Stand auf einem Bein
Abb. 73 (rechts): Coxa valga, Sicht von oben

Wenn das alles nicht ausreicht, gewöhnt sich die Patientin (es sind mehr Mädchen als Jungen betroffen) an, das rechte Bein im Stehen anzuwinkeln, dabei dreht das Knie nach innen oder außen, abhängig von der zusätzlichen Rotation. Werden die Beine im Stehen gestreckt, dreht die Patientin den Körper, das Becken wird nach vorne geschoben, der Thorax dreht kompensatorisch nach hinten. Der Arm an der Valga-Seite (längeres Bein) hängt ein wenig hinter dem Po, der andere Arm ein wenig vor dem Körper. Dies ist ein sehr typisches Zeichen, das vor allem bei den leichteren Formen vom Coxa valga auffällt.

Beim Vorwärtsbeugen mit gestreckten Beinen dreht der Körper nach rechts. In vielen Fällen entsteht eine chronische Blockade im Iliosakralgelenk rechts. Der Patient spricht oft über Hüftschmerzen, zeigt jedoch auf die Glutealregion oder auf den Trochanter major, was fast immer auf ein Iliosakralgelenkproblem hinweist. Auch die Symphyse wird asymmetrisch und ist oft schmerzhaft. Der Körperschwerpunkt wird nach anterior/links verschoben.

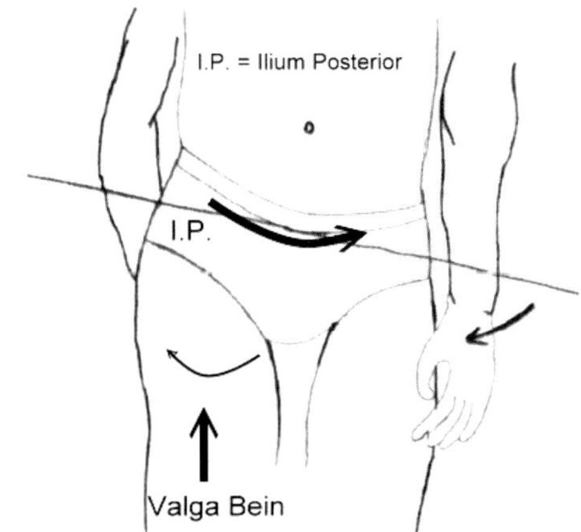

Abb. 74: Coxa Valga, Sicht von vorne

Die Hüftabduktion ist vergrößert, die Adduktion ist eingeschränkt. Beim Stehen auf dem rechten Bein macht der Körper zur Kompensation eine Seitwärtsneigung nach rechts. Die Abweichung im Becken setzt sich in der LWS fort.

Der Coxa-valga-Patient hat typische Hypertonien:

- Coxa valga und Plattfuß: Hypertonie des M. quadratus plantae
- Coxa valga und Hohlfuß: Hypertonie des M. abduktor hallucis und M. latissimus dorsi

An der Valga-Seite:

- Schmerzen unter dem Malleolus lateralis (Hinweis auf Arthrose der Hüfte)
- M. piriformis
- M. quadriceps femoris (Fixierung der Patella)
- M. tibialis anterior
- M. abductor digiti minimi
- M. peroneus longus
- M. tensor fasciae latae
- M. quadratus lumborum
- M. latissimus dorsi (mehr beim Hohlfuß)
- M. splenius capitis und cervicis (Schmerz bei heterolateraler Rotation)

An der gesunden Seite:

- M. abductor hallucis (mehr beim Hohlfuß)
- M. triceps surae
- M. semitendinosus

- Mm. glutei
- M. erector spinae
- M. serratus anterior (herpesähnlicher Schmerz, manchmal selbst mit kleinen Bläschen, aber ohne Herpesbefall)

Zur Therapie empfiehlt sich eine Fersenerhöhung der gesunden Seite. Diese verursacht eine kompensatorische Rotation im Iliosakralgelenk und deblockiert das Becken. Zudem hilft eine normale (individuelle) Podosohle®.

Vorsicht bei Kindern im Wachstum, vor allem unter sechs Jahren, hier liegt oft ein physiologischer Beinlängendifferenz vor auf Grund des unregelmäßigen Wachstums: Eine Erhöhung kann schnell zu epiphysäre Probleme führen und somit zu Wachstumsstörungen. Dies gilt nicht nur bei der Erhöhung beim Coxa valga, sondern generell für Erhöhungen bei Kindern im Wachstum!

9.3.4.3 Coxa vara

Auch diese Abweichung entsteht meistens nach der Geburt. Der Körper ist also nicht auf diese Abweichung eingestellt. Der normale CCD-Winkel bei Frauen ist kleiner als bei Männern (ca. 125° und breiteres Becken im Vergleich zu ca.127° und schmaleres Becken). Der CCD-Winkel beim Coxa vara ist kleiner als 125°, es findet aber üblicherweise keine Drehung im Oberschenkelwinkel statt. Allgemein sind mehr Frauen als Männer betroffen.

Es entsteht ein leichter Wackelgang bilateral, der Entengang (unilateral und unter ca. 115°); erst wenn die Abweichung größer ist (ca. 110°), entsteht ein deutliches Trendelenburg-Zeichen. Solange die Abweichung auf beiden Seiten gleichmäßig ist und 120° nicht unterschreitet, gibt es weniger Probleme. Unilateral hingegen ergibt schon die kleinste Abweichung Probleme.

Ursprung und Ansatz der Abduktoren kommen im Laufe der Entwicklung relativ dicht zusammen, dies ergibt eine Schwächung. Ein Muskel ist unter leichter Dehnung am kräftigsten. Beim Stehen auf dem rechten Bein kann die Muskulatur das Gewicht nicht halten, der Körper fällt links ab und ergibt einen Trendelenburg. Die meisten Beschwerden entstehen beim Gehen (ermüdend) und werden in der Leiste angegeben.

Das rechte betroffene Bein wird kürzer, die Abduktion ist eingeschränkt. Das längere linke Bein wird oft angewinkelt und mit dem Knie nach innen gedreht, wobei der laterale Fußrand angehoben ist.

Therapeutisch ist eine Totalerhöhung zum Ausgleich des Beckenschiefstandes und zur Entlastung der Hüfte angezeigt, vor allem sinnvoll bei stehender Arbeit.

Der Höhenausgleich hat keinen Effekt auf die Hüftinstabilität, da die Ursache nicht weggenommen werden kann. Behebt man aber die WS-Kompensation, entstehen hier weniger Probleme.

9.3.4.4 Total-Endo- oder Teilprothese der Hüfte

Kommt ein Patient mit einer Total-Endoprothese (TEP) in die Praxis, liegen meistens auch statische Störungen vor.

Obwohl die modernen TEP immer genauer werden, ist es eine Ausnahme, wenn die neue Hüfte genau den gleichen Winkel und die gleiche Rotation aufweist wie die ersetzte natürliche Hüfte. Es entstehen Abweichungen sowohl in der sagittalen als auch in der frontalen Ebene.

Die nach der Operation auftretenden Probleme entstehen u. a. durch:

- einen anderen Collum-Diaphysen-Winkel (CCD-Winkel)
- eine Drehung der TEP: Während der Implantation wird der Kopf sehr oft und manchmal nur minimal zu weit nach ventral oder dorsal gedreht (Coxa anteverta oder retroverta).
- eine muskuläre Dysbalance durch eine geänderte Zugrichtung und Länge der Hüftmuskulatur sowie Muskelverletzungen während der Operation.
- eine Dysbalance durch Verletzung kleinerer Nerven während der Operation, vor allem des N. glutaeus superiors; dadurch werden die Mm. glutaeus medius und minimus oft in Mitleidenschaft gezogen.

Das operierte Bein wird somit fast immer eine Längendifferenz und eine Rotationsstellung aufweisen, die dann u. a. zu chronischen Iliosakralgelenkproblemen, Knie- oder Rückenbeschwerden führen können.

Hier muss dann erst die Abweichung näher untersucht werden. Abhängig von der neuen Abweichung müssen die Elemente in der Podosohle® gelegt oder geändert werden. Oft wird an der OP-Seite ein Hüftelement gesetzt.

9.3.4.5 Coxarthrose

Nach Lewit stehen in den meisten Fällen das Promontorium und die Hüftgelenksachse hinter der Kopflotlinie, so wie wir das auch beim Überlastungsbecken und dem Hohlfuß sehen. Das stimmt überein mit unserer Aussage, dass der Varusfuß und der Hohlfuß eher zu Arthrosen im Hüftgelenk führen, während der Valgusfuß eher mit Kniebeschwerden in die Praxis kommt.

Der Varusfuß hat einen kontinuierlichen Kampf gegen die Schwerkraft zu leisten. Das bedeutet, dass viele hypertone Muskeln unter einer konstanten Zugbelastung stehen (exzentrische Hypertonie) und die überspannten Gelenke somit komprimiert werden. Das trifft u. a. auch auf den M. iliopsoas zu. Es kommt zu einer enormen Kompressionsbelastung auf das Hüftgelenk, und das bedeutet, dass die Arthrosegefahr erhöht wird.

Ein Blaudruck bringt hier oft schon Hinweise, um eventuell mit einem zusätzlichen Hüftelement zu arbeiten, wenn eine Arthrose oder eine andere Hüftabweichung vorhanden ist.

9.3.4.6 Abduktorenkontraktur

Eine Verspannung der kompletten lateralen Kette ist hierbei oft sichtbar. Die Ursachen sind vielfältig. Unterscheiden müssen wir hier zwischen der aufsteigenden Kette mit Reizung der lateralen Kette und der absteigenden Kette.

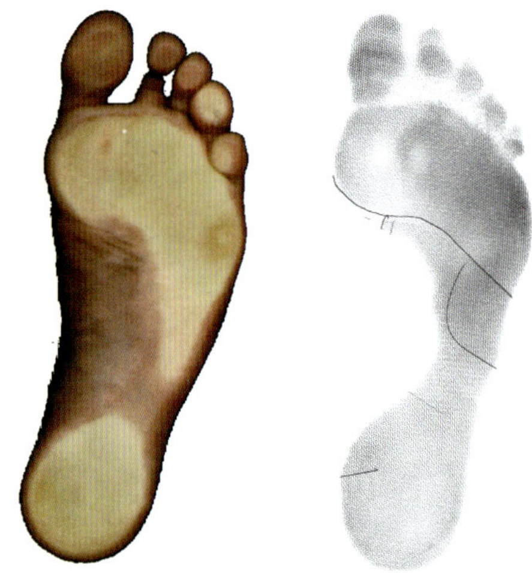

Abb. 75 (links): Statischer Blaudruck einer Abduktionskontraktur

Abb. 76 (rechts): Dynamischer Abdruck einer Abduktionskontraktur

Bei der absteigenden Kette sehen wir im Stehen, dass durch die Kontraktur der Abduktoren das rechte Bein hochgezogen wird. Im Stehen ist die Pofalte rechts höher und so erscheint das Bein länger. Der Patient steht hier aber mehr auf dem Vorfuß, damit er Bodenkontakt hält. Sagt man dem Patienten, er soll seinen rechten Fuß flach auf den Boden bringen, wird er dabei das linke Bein anwinkeln. Trotzdem bleibt die Pofalte an der rechten Seite höher, denn das Becken kann nicht zur linken Seite gekippt werden – hierzu müssen die Abduktoren sich dehnen lassen.

Im Liegen scheint das rechte Bein kürzer, da die Abduktoren das Bein nach oben ziehen. Im Gehen verhält das rechte Bein sich wie ein zu kurzes Bein: Die Schrittlänge rechts wird verkürzt. Sobald das rechte Bein Bodenkontakt hat, wird das linke Bein angewinkelt.

Podografisches Ergebnis
Statisch:

- Kurzes Bein → breitere Mittelfußbelastung
- Langes Bein → schmalere Mittelfußbelastung
  → Kontrakturseite

Dynamisch:

- Kurzes Bein → schmalere Mittelfußbelastung
- Langes Bein → breitere Mittelfußbelastung
  → Kontrakturseite

Therapie
Die rechte Seite wird mit einer Totalerhöhung unterlegt. Die Erhöhung ist maximal 80 % der Beinlängendifferenz und wird stufenweise entfernt, sobald dies möglich ist. Sie dient zur Entspannung der kontrahierten Muskulatur. Da keine Rotation vorliegt, sollte man hier eine Totalerhöhung und keine Fersenerhöhung vornehmen. Weiterhin sollte mit einer normalen Podosohle®, Osteopathie usw. gearbeitet werden, damit die Ursache behoben wird.

9.3.4.7 Adduktorenkontraktur

Durch Ermüdung oder falsches Training, Dysbalance zwischen Bauchmuskeln und Adduktoren entsteht häufig eine Kontraktur der Adduktoren, z. B. bei Fußballern.

Das rechte Adduktionsbein wird durch die Kontraktur senkrecht unter den Körper gebracht. Meistens ist der M. adduktor brevis betroffen, dies ergibt eine scheinbare Verlängerung des Kontrakturbeines. Das kurze linke Bein bildet einen Hohlfuß und wird eventuell zum Längenausgleich auch noch auf den Vorfuß gestellt. Die Fußmuskeln links werden hyperton. Das rechte Knie wird zur Entlastung der Muskulatur überstreckt und als Ganzes nach vorne gestellt, damit der Beckenschiefstand besser ausgeglichen wird. Das rechte Bein zur Kompensation der Länge anzuwinkeln funktioniert nicht, da die Adduktoren dies nicht erlauben.

Das betroffene rechte Bein schmerzt an der Innenseite, das linke eher über die dorsale Kette. Hier wird oft eine Ischialgie oder gar eine Bandscheibenproblematik als Ursache der Schmerzen genannt. Die Beschwerden treten eher im Gehen als im Stehen auf. Auffallend sind die immer wieder genannten Beschwerden und Schmerzen beim Stuhlgang, weil in den meisten Fällen auch der Beckenboden verspannt ist. Dies verstärkt oft den Verdacht auf Bandscheibenvorfall.

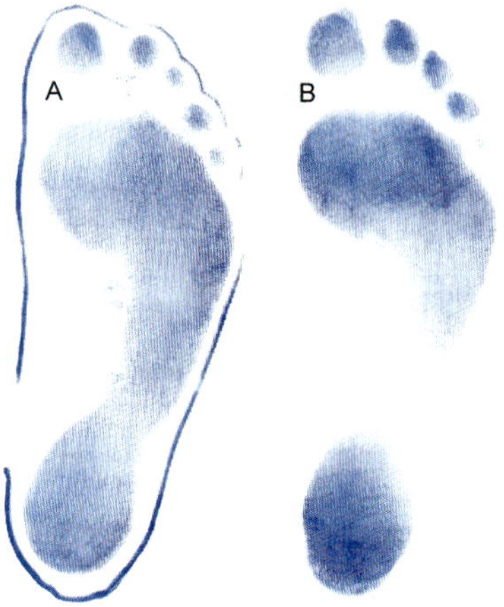

Abb. 77: Blaudrucke einer Adduktionskontraktur

Podografisches Ergebnis

Statisch:

- Kurzes Bein → schmalere Mittelfußbelastung
- Langes Bein → breitere Mittelfußbelastung → Kontrakturseite

Dynamisch:

- Kurzes Bein → breitere Mittelfußbelastung
- Langes Bein → schmalere Mittelfußbelastung → Kontrakturseite

Therapie

Oft wird unter das kürzere Bein eine Erhöhung gelegt. Das ist nach unserer Meinung falsch, denn dadurch wird die Kontraktur verstärkt, das Bein noch weiter nach innen gezogen.

Die Adduktorenkontraktur kann man podo-orthesiologisch bzw. podo-postural nur schlecht behandeln.

Natürlich muss für die eventuell vorliegende Fußabweichung – häufig liegt ein Hohlfuß vor – eine neurophysiologische Sohle angefertigt werden, damit eine neue Kontraktur nach der Therapie verhindert wird. Jedoch sollte dann aber keine Fersenerhöhung gelegt werden, solange die Kontraktur nicht behoben ist.

Als unterstützende Therapien sind hier vor allem Osteopathie und Chiropraktik sinnvoll.

9.3.5 Primäre Abweichungen von Becken und Wirbelsäule

Am Anfang steht immer die Physiologie. Ohne Physiologie keine Pathologie – daher müssen wir uns erst ein wenig mit den verschiedenen physiologischen Haltungen beschäftigen.

Während unserer jährlichen Besuche in der Anatomie-Abteilung der Erasmus Universität in Rotterdam, Niederlande, bekommen wir die Möglichkeit, uns mit spezifischen funktionellen Problemen zu beschäftigen. So haben wir uns öfter mit den verschiedenen sakralen Anteilen des Iliosakralgelenks beschäftigen können und festgestellt, dass kein Iliosakralgelenk gleich ist. Selbst bei einem Sacrum unterscheidet sich die linke von der rechten Seite.

Welche Bedeutung hat das für uns?
Wenn die Gelenke so unterschiedlich sind, werden die dazu gehörenden Menschen auch insgesamt ganz unterschiedlich „funktionieren". So kann es also sein, das ein Ilium anterior auch mal ein kurzes Bein hervorrufen kann. Unsere theoretische Grundlage, nach der z. B. auch die Osteopathie arbeitet, wird auf den Kopf gestellt. Die Praxis zeigt aber, dass die didaktisch gemeinte Hilfestellung bei den meisten Patienten vorzufinden ist. Also kann man die osteopathische Aussage, dass z. B. ein Ilium anterior das Bein funktionell verlängert, stehen lassen. Man sollte nur daran denken, dass es auch mal anders sein kann. Für eine gute Therapie sind daher Kenntnisse und Erfahrungen in klinischer Funktionsdiagnostik absolute Voraussetzung.

Auch Lewit („Manuelle Medizin", S. 81 ff) hat sich schon mit den verschiedenen physiologischen Beckentypen beschäftigt, sie nur nicht mit dem physiologischen Fußstand in Verbindung gebracht. Wir haben die Information von Lewit in dem unten stehenden Schema verarbeitet und mit unserem Wissen erweitert. Es war schön zu sehen, dass wir auch hier auf gleicher Linie sind – das bestätigt uns die Richtigkeit unserer Therapie.

9.3.5.1 Physiologische Fußstellungen und Beckentypen nach Lewit ergänzt mit den podo-posturalen Informationen [29; 81-83]

Tab. 10:

	Assimilationsbecken	Normales Becken	Überlastungsbecken
Kreuzbeinneigung	50°–70°	35°–50°	15°–30°
Neigung der Deckplatte S1	15°–30°	30°–50°	50°–70°
Lage der Bandscheibe L4	Oberhalb der Beckenkämme	In Höhe der Beckenkämme	Unterhalb der Beckenkämme
Stellung des Promotoriums im Beckenring	Exzentrisch dorsal	In der Mitte	In der Mitte oder ventral
Form von L5	Rechteckig	Trapezförmig	Trapezförmig
Form der Bandscheibe L5	Rechteckig und Höher als L4	Elementförmig und niedriger als L4	Elementförmig und niedriger als L4
Beweglichstes Segment	L5/S1	L4/L5	L4/L5

	Assimilationsbecken	Normales Becken	Überlastungsbecken
Wirkung des Lig. Iliolumbale	Geringe Fixation von L5	Gute Fixation von L5	Gute Fixation von L4 und L5
Gewicht tragende Struktur	Deckplatte von S1	Deckplatte von S1	Gelenke L5/S1 und Iliosakralgelenk
LWS-Krümmung	Flach	Durchschnittlich	Erheblich
Röntgenstatik	Promontorium und Hüftgelenke vor dem Kopflot	Promotorium und Hüftgelenke beinahe in Kopflot	Promotorium und Hüftgelenke hinter dem Kopflot
	Oft fehlender Doppelkontur ISG	Je weiter die beide ISG-Konturen voneinander sind, desto SCHMALER erscheint der Spalt	
Klinik	Hypermobil, Diskopathie L5, Bänderschmerz	Blockierungen, Diskopathie L4	Arthrosen L5/S1, Iliosakralgelenk und Hüfte
Symphyse	Komprimiert		Öffnet sich
Kopflot äußeren	vor Naviculare	Os naviculare	hinter Naviculare
Gehörgang	Mehr	Promontorium 4 mm vor Kopflot	eher hinter dem Kopflot
	Weniger	Hüftgelenkquerachse 12 mm vor Kopflot	mehr oder gleich
	Weniger	T 12 liegt ca. 4 cm dorsal von L5	mehr
Fußform	Flach	„Normal"	hohl
Muskeltonus	Niedrig	„Normal"	höher
Podo-postural	Yin-Typ		Yang-Typ
	Hängt im miofaszialen Apparat		Neigt eher zu Verkrampfungen im miofaszialen Apparat
	Schulter eher posterior		Schultern eher anterior
	Ruhig, Introvertiert		Dynamisch, Extrovertiert
	Ligamentäre Schmerzen		Muskuläre Schmerzen
	Besser bei leichter Bewegung		Besser in Ruhe
	Eher etwas labil, wehleidig		Ungeduldig, will schnell Verbesserung spüren
	Eher etwas Vorfußgang		Eher etwas mehr Fersengang

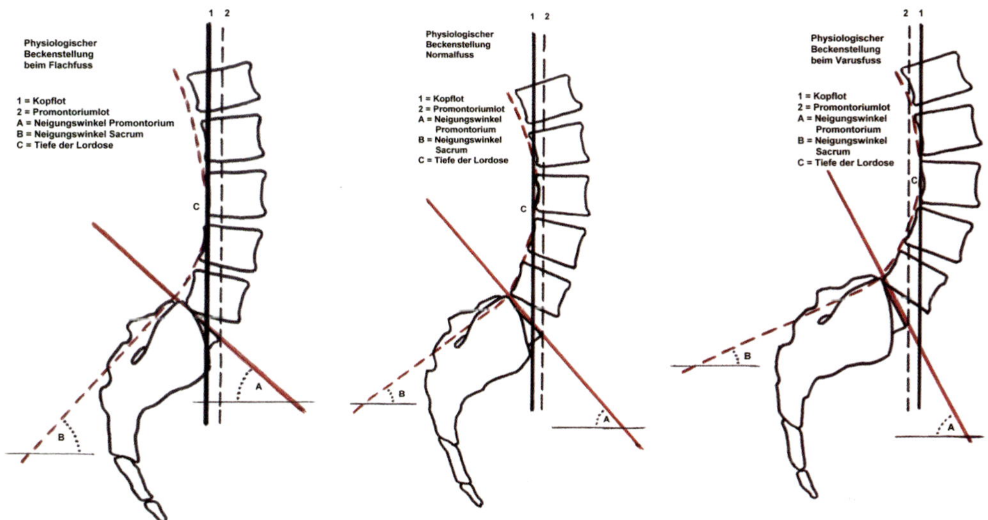

Abb. 78 (links): Beckenstellung bei Flachfuß
Abb. 79 (mitte): Beckenstellung bei Normalfuß
Abb. 80 (rechts): Beckenstellung bei Holhlfuß

Neben den auch von Lewit beschriebenen unterschiedlichen Stellungen des Beckens sehen wir auch eine sehr unterschiedliche Lage und Winkelstellung des Iliosakralgelenks gegenüber dem Promontorium des Sacrums. Leider haben wir bis heute keine Möglichkeit gefunden, Aufnahmen vom ganzen Becken mit Einsicht des Iliosakralgelenks inklusive der Hüften und L5 und L4 zu sehen und zu beurteilen. Hier könnte man eventuell feststellen, wie sich die Unterschiede im Iliosakralgelenk auf das Hüftgelenk und die Stellung von L5 und L4 auswirken.

9.3.5.2 Verschiedene Formen des Iliosakralgelenkes

Verschiedene ISG-Formen

Sowohl der Winkel im ISG versus Promontorium (A) als auch der Winkel im ISG (B) sind unterschiedlich

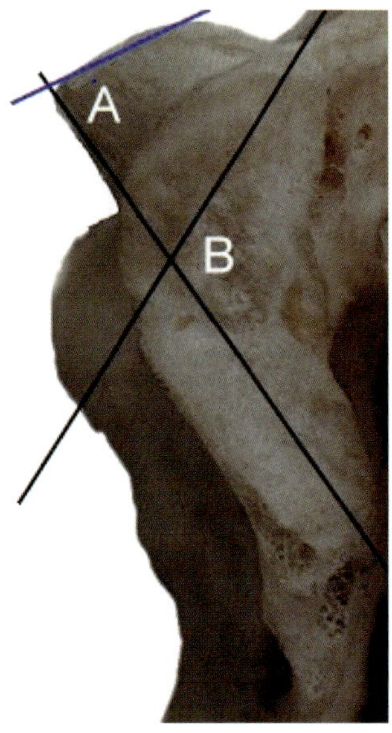

Abb. 81: dunkeles sacrum (A)

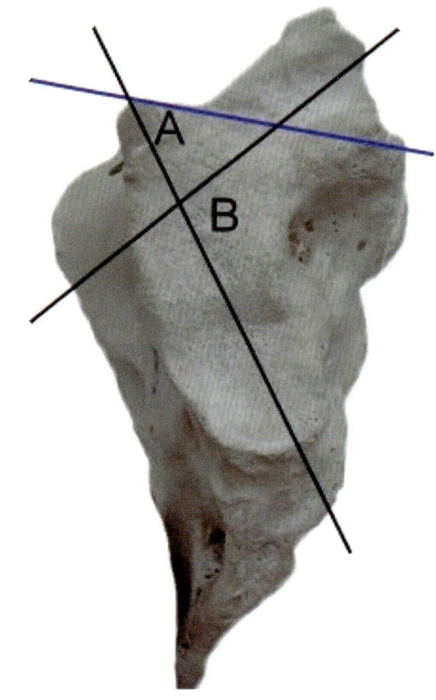

Abb. 82: helleres sacrum (B)

Vergleichen wir A (Abb. 81) mit B (Abb. 82)

- Die Winkel (B, Abb. 82) der beiden „Ohren" des Iliosakralgelenks sind schärfer.
- Beide Ohren bei A (Abb. 81) sind fast gleich lang gegenüber den deutlichen Unterschieden bei B (Abb. 82).
- Das Iliosakralgelenk liegt bei B (Abb. 82) höher als das Promontorium, bei A (Abb. 81) liegt es niedriger.
- Der Drehpunkt des Gelenks liegt bei B (Abb. 82) kurz unter dem Promontorium, bei A (Abb. 81) liegt der Drehpunkt tiefer.

Wir vermuten, dass die unterschiedlichen Stellungen des Iliosakralgelenks in Verbindung mit dem physiologischen Hohlfuß oder Plattfuß stehen, dies wird jedoch noch zu untersuchen sein. Was die unterschiedliche Iliosakralgelenkstellungen hinsichtlich Ilium anterior bzw. posterior, Upshift/Downshift, Inflair/Outflair etc. bedeuten, ist ebenfalls noch nicht ausreichend bekannt. Auch inwieweit sich diese unterschiedlichen Gelenkstellungen in der Wirbelsäule fortsetzen, ist noch weitgehend unbekannt. Wir vermuten aber, dass man ähnliche Unterschiede feststellen kann.

Dies alles bestätigt die Aussage, dass kein Mensch gerade ist und im sogenannten Normlot steht. Er steht in *seinem* Lot, mit all seinen Krümmungen und Drehungen. Solange die Muskulatur ausgeglichen ist und die Gelenke optimal belastet werden können, ist der Patient vom Bewegungsapparat aus gesehen gesund.

Wir dürfen den Patienten nicht in eine vorgegebene Linie oder Haltung bringen, sondern müssen ihm helfen, in sein eigenes Gleichgewicht (Lot) zurückzufinden.

Leider kommen nur Patienten mit Beschwerden zu uns, sodass dieser Idealzustand in der Praxis kaum oder gar nicht zu finden ist.

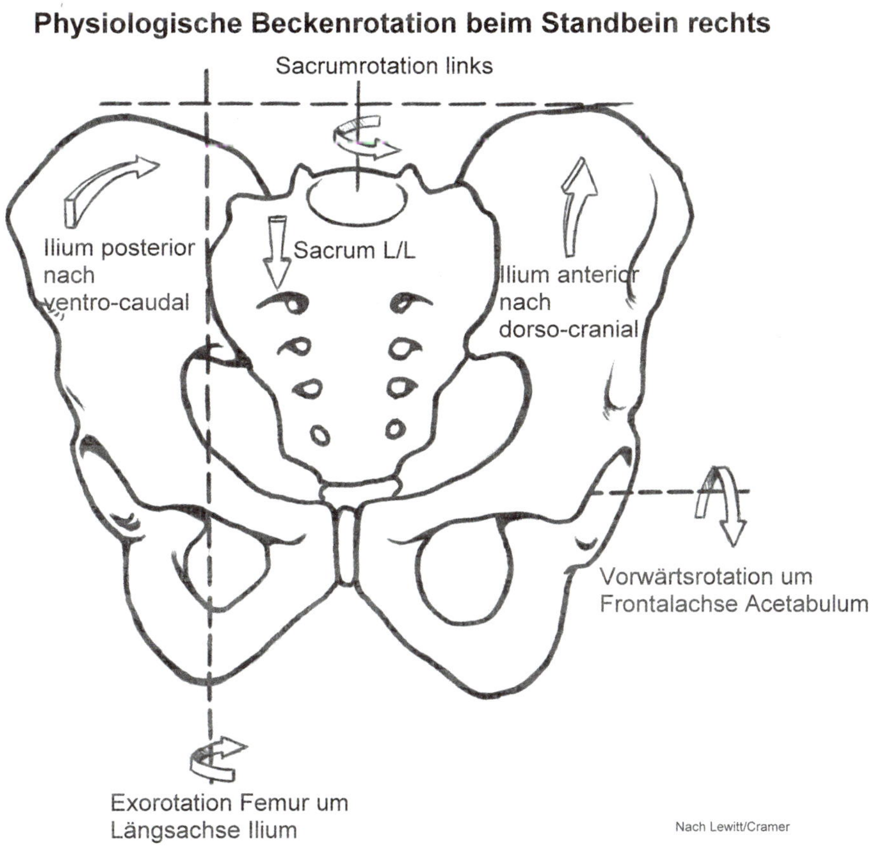

Abb. 83: Hüftrotation und Iliosakralgelenk

Die physiologische, gegensinnige Beweglichkeit von Ilium und Sacrum im Iliosakralgelenk ist anders als die pathologische Beweglichkeit aufgrund einer Fixation des Iliosakralgelenks, dann ist diese mehr gleichsinnig.

Wenn das Ilium nach anterior verläuft, geht der SIPS nach oben, das Tuber ischiadicum aber nach unten [29; 84-86].

Die Beweglichkeit des Beckens ist auf der Standbeinseite ganz anders als auf der Spielbeinseite: Auf der Standbeinseite sehen wir ein Ilium posterior mit einer Exorotation des Beines. Auf der Spielbeinseite erfolgt eine Rotation um eine latero-laterale Achse nach vorne, also keine Endorotation, wobei sich die Beckenschaufel nach dorso-cranial schiebt. Somit gibt es in der Bewegung immer eine sehr individuelle, disharmonisch aussehende Bewegung im ganzen Becken. Auch wird deutlich, dass sich die Beinlängen im Stehen immer um einige Millimeter unterscheiden, beim Rechtshänder ist meistens das linke Bein kürzer.

Theoretisch (nach Lewit) ist das Standbein kürzer. Die große Diskussion ist immer noch, ob der Fuß aufgrund der größeren Gewichtsbelastung jetzt mehr in Valgusstellung geht oder in Varusstellung, um den Längenunterschied weiter auszugleichen.

Wenn der Patient in die Praxis kommt, hat er ein Problem, somit ist unseres Erachtens eine echte Aussage schwer zu treffen. Ein Ausgleich der Beinlänge oder ein Gleichrichten des Beckens darf daher nicht das Ziel unsere Behandlung sein. Wir achten immer auf eine individuelle harmonische Muskelspannung, sowohl im Stehen als auch während der Testbewegungen.

Elektronische Messgeräte, wie der Rückenscanner oder die Druckmessplatte, sind daher keine Voraussetzung für unsere Therapie. Wir setzen die Druckmessplatte nur ein, um zu sehen, inwieweit die Verbesserung der Beschwerden einhergeht mit einer ausgeglicheneren Druckbelastung.

Alle lebenden Wesen haben eine physiologische Schiefe, die zur Harmonie des Körpers gehört. Diese physiologische Schiefe zu begradigen, ist ein Eingriff in die Körperstatik und muss zwangsläufig zu Beschwerden führen.

9.3.5.3 D. D. Senkspreizfuß beim Yin- oder Yangmenschen

Mindestens 80 % unserer Patienten haben irgendeine Form von Knick-Senk-Spreizfüßen, wobei meist ein Fuß stärker betroffen ist als der andere. Was bedeutet dies für den Yin- bzw. Yang-Menschen?

Tab. 11: D.D. abgeflachte Füße

Yin-Mensch mit abgeflachten Füßen	Yang-Mensch mit abgeflachten Füßen
Durch den jetzt noch niedrigeren Tonus entstehen eher Organsenkungen, dies sieht man vor allem bei den Unterleibsorganen und der Niere.	Der pathologische Yang-Mensch akzeptiert seine Schwäche schlechter und kommt psychisch deutlicher aus dem Gleichgewicht.
Das physiologisch etwas mehr senkrechte Sacrum kippt jetzt etwas in die Nutation. Das myofasziale System verliert an Kraft, es kann zu einem Abgleiten von L5 nach ventral kommen.	Das physiologisch schon etwas in Nutation stehende Sacrum wird jetzt weiter in die Nutation kippen. Dazu kommt die Abnahme myofaszialer Spannung, L5 neigt schneller zum Abgleiten als beim Yin-Typ.
Die schon physiologisch leicht kyphotische BWS-Haltung kommt noch weiter in die Kyphosehaltung. Die BWS-Störungen sind eher auf periartikuläre Fixationen als auf artikuläre Blockaden zurückzuführen.	Die steilstehende BWS neigt jetzt zu einer dreidimensionalen Kyphosierung. Die Gelenke sind hierauf nicht eingestellt und neigen zu Extensionsstellung, es entstehen daher schnell schmerzhafte Blockaden.

9.3.5.4 Ilium anterior oder posterior

In der Podo-Posturaltherapie unterscheiden wir streng zwischen der Stellung, Fixation und der in seltenen Fällen eintretenden Blockade im Iliosakralgelenk.

Die vier Kontrollpunkte des Beckens, SIAS und SIPS links und rechts, stehen in einer Nullposition in einer waagerechten Ebene, wobei eine leichte Absenkung nach ventral als normal anzusehen ist. Die Stellung des Sacrums ist physiologisch abhängig vom Beckentyp. Beim Hochassimilationsbecken (Yin-Mensch) ist das Promontorium mehr waagerecht und die lumbale Lordose etwas flacher. Beim Überlastungsbecken (Yang-Mensch) ist das Promontorium mehr diagonal gestellt, der Vorderrand steht tiefer als der hintere Rand. Die lumbale Lordose ist größer.

Bei der Iliosakralgelenk-anterior-Stellung steht der SIAS etwas tiefer als der SIPS. Die Bewegung ist frei, kann aber auch in anterior oder in posterior blockieren. Sind Muskeln, Bänder etc. gelockert, kann sich das Iliosakralgelenk wieder frei bewegen.

Bei der nur sehr selten auftretenden echten Iliosakralgelenk-Blockade bewegt sich das Ilium gegenüber dem Sacrum nicht oder sehr schlecht nach posterior, weil sich das Gelenk in sich blockiert hat. Dies sehen wir aber fast nur bei einem Trauma oder einer Schwangerschaft; hier ist fast immer eine Manipulation notwendig.

Bei der Iliosakralgelenk-Fixation wird das Gelenk durch das umliegende myofasziale Gewebe in seiner Position gehalten. Sind diese gelockert, kann sich das Iliosakralgelenk wieder frei bewegen.

9.3.5.4.1 Flexionstests im Stehen

Nur wenn beide SIPS gleich verlaufen, ist alles in Ordnung. Wenn einer der SIPS vorläuft, muss man weiter suchen, wo die Blockade oder die Fixation stattfindet. Was jedoch nicht stimmt, ist die immer wieder gehörte Behauptung, dass die Störung immer an der Seite des vorlaufenden SIPS liegt. Sie ist entstanden, weil in den meisten Therapien nicht über aufsteigende und absteigende Ketten gedacht wird, sondern man immer nur das Iliosakralgelenk und die Wirbelsäule im Mittelpunkt der Problematik sieht. In der Praxis ist es sehr oft aber genau umgekehrt: Die Seite des vorlaufenden SIPS ist frei, die Fixierung sitzt an der anderen Seite.

Dies ist abhängig von der Ursache der Störung. Liegt eine aufsteigende Kette vor, wie z. B. bei Fußproblemen oder Spannung in den ischiocruralen Muskeln, wird der SIPS eher nach unten fixiert und die freie Seite läuft eher mit nach vorne. Umgekehrt ist es bei einer absteigenden Kette, bei der die Ursache oberhalb des Iliosakralgelenks zu suchen ist. Hier finden wir eher einen vorlaufenden SIPS an der Seite der Störung.

Die wichtigste Frage ist also: Was ist die Ursache der Fehlstellung oder Fixation/Blockade? Dazu gibt es einer relativ einfachen Richtlinie: Wir achten vor allem auf die Kombination Ilium anterior oder posterior und längeres oder kürzeres Bein. Dies ist ein erster Hinweis darauf, ob primär eine absteigende oder aufsteigende Kette vorliegt.

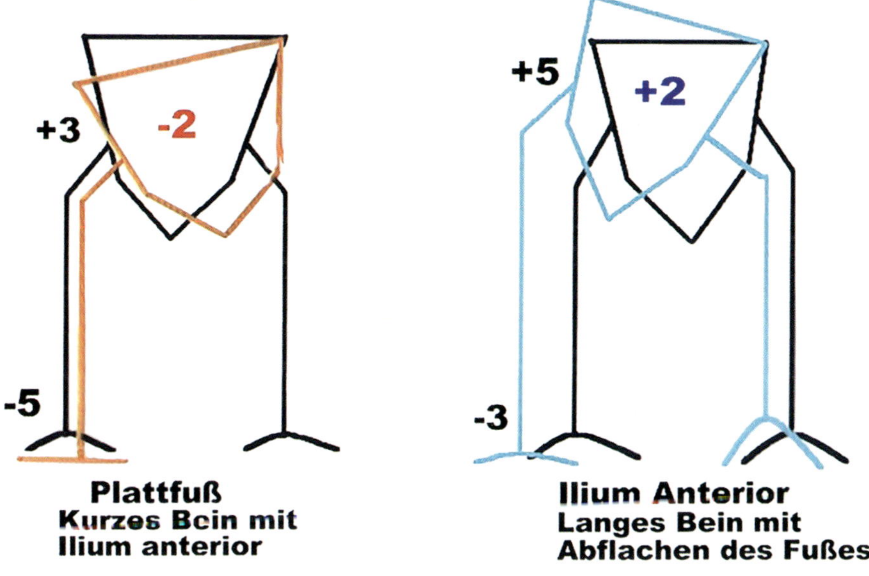

Abb. 84: Beinlängendifferenz aus Sicht des Iliosakralgelenks

Die Frage ist jetzt: Ist das Bein im Stehen länger oder kürzer?

Kürzer: Die Ursache der Störung muss primär in der unteren Extremität, vor allem im Fuß gesucht werden.

Länger: Die Ursache muss oberhalb des Iliosakralgelenks gesucht werden, z. B. in den Sensoren des Kopfes, Narben, Wirbelsäulenprobleme etc. Das Iliosakralgelenk wird aus der Region L4 und L5 innerviert. Oft liegt hier die Ursache der Iliosakralgelenk-Beschwerden und der Fixation statt im Iliosakralgelenk selbst.

Beim Ilium posterior dreht sich dieses Schema um. Die absteigende Kette bearbeiten wir mittels Techniken der Osteopathie und Chiropraktik, unterstützt von weiteren naturheilkundlichen Verfahren. Auch müssen wir eventuell auf die Unterstützung von hierauf spezialisierten Zahnärzten, Optometristen etc. zurückgreifen. Daher ist es wichtig, dass wir einige Schnelltests für z. B. die Augen und den Mundraum kennen, um unsere Teamkollegen korrekt über die Problematik zu informieren. Die Feinabstimmung der Probleme und die Therapie macht dann der Spezialist im Team.

Die aufsteigenden Ketten können wir sehr gut podo-postural therapieren. Hierzu muss ein Fußabdruck angefertigt werden; dann folgt die klinische Funktionsdiagnostik, dabei muss aber genauer auf die vorgefundene Problematik eingegangen werden.

Abhängig von der Diagnostik wird neben den Basiselementen mit einem Iliosakralgelenk-Element, einem muskulären Hüftelement oder myofaszialen Element gearbeitet.

Ändert sich die Körperhaltung nicht so, wie wir das erwarten, oder weicht der Patient aus, müssen wir zwei Sachen beurteilen:

1. Wir müssen kontrollieren, ob die Elemente richtig liegen und ob man nicht zu viele Elemente gelegt hat. Im Zweifel sind zuerst die Sonderelemente zu entfernen.
2. Gleichzeitig muss kontrolliert werden, ob sich an der weiteren Statik etwas ändert: Dreht der Patient die Hüften weg? Ist eine Bewegungseinschränkung aufgetreten? Spürt man Widerstand bei der Bewegungskontrolle. Wie ist die Kopfrotation? Eventuelle Kontrolle der Schulterabduktion/Elevation etc.

Es kann aber auch sein, dass man erst manuell vorarbeiten muss und erst bei einer späteren Sitzung eine podo-posturale Fußversorgung machen kann.

Achtung: Der Patient muss nicht gerade sein, aber sollte in seinem myofaszialen Gleichgewicht stehen.

9.3.5.5 Upshift oder Downshift

Hier handelt es sich fast immer um ein Trauma: Der Patient ist z. B. vom Pferd gefallen, auf dem Eis ausgerutscht etc. Daher ist es oft eine subakute Störung mit primärer Ursache im Beckenbereich. Als Unterstützung kann man eventuell mit einer kleinen Totalerhöhung arbeiten, oft reichen 1–2 mm schon aus. Durch die sehr kurzfristige Totalerhöhung unter dem Upshift-Bein kann man eine Schiefstellung und die daraus folgende Überbelastung der Muskulatur (Liegt hier eventuell eine Abduktorenkontraktur vor?) verringern. Sobald das Problem gelöst ist, muss die Erhöhung entfernt werden und der Patient eventuell podo-postural eingestellt werden.

Inflair oder Outflair

Hier handelt es sich um ein sogenanntes Gapping der Iliosakralgelenke, die aber sehr selten ist. Palpiert man die SIPS, dann steht einer deutlich mehr zur Mittellinie hin als der andere, theoretisch aber auf gleicher Höhe. Bei einem Ilium posterior verschiebt sich der SIPS etwas mehr zur Mittellinie hin, ist dabei aber gleichzeitig weiter nach caudal verlagert. Man muss also erst ein Ilium posterior/anterior ausschließen oder behandeln, bevor man ein Inflair/Outflair feststellen kann [18; 358].

Außer traumatischen Ursachen sind oft Narben oder viszerale Störungen die Ursache. Die Sohle ändert die Körperhaltung, aber nicht primär die Ursache.

9.3.5.6 Beckeninstabilität

Beckeninstabilität sehen wir u. a. bei abgeflachten Füßen. Dabei kippt das Sacrum in die Nutatation, der Steiß wird mit der Spitze nach anterior verlagert, Symphyse und Steiß nähern sich an. Verschiedene Beckenbodenmuskeln werden passiv insuffizient, so u. a. der M. levator ani, der M. pubo-coccygeus und die Lamina sacro-recto-genito-vesiculo-pubicale, also das komplette Diaphragma pelvis. Der Beckenboden wird passiv verkürzt. Es kommt zu Senkungsstörungen im kleinen Becken, Schmerzen im lumbo-sacralen Übergang und im Gesäß oder direkt am Os coccygis oder im Perineum zwischen After und Genitalien. Sympathisch wird der Beckenboden aus T10–12 versorgt, auch hier kann es zu Beschwerden kommen.

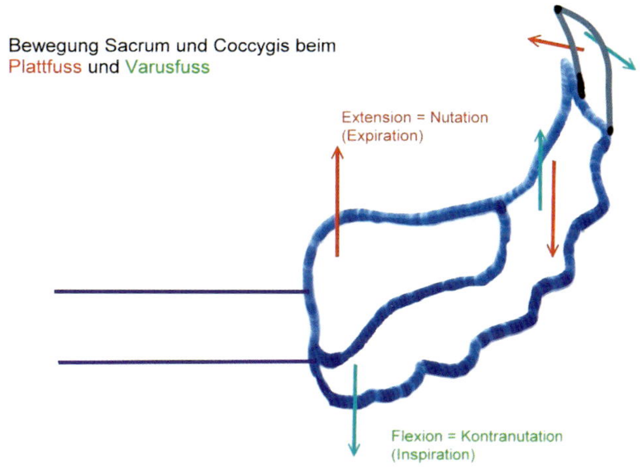

Abb. 85: Sacrumbewegung

Bei Schwangeren sehen wir ein komplexes Störfeld: Die Füße flachen ab und machen den Beckenboden passiv insuffizient, das Gewicht nimmt vor allem im Becken zu und die Ligamente erschlaffen hormonell bedingt als Vorbereitung auf die Geburt.

Bei Beckeninstabilität arbeiten wir gerne mit einem Sonderelement lateral an der Ferse, um das Becken besser zu stabilisieren .

Tab. 12: Beckenkippungen bei Fußfehlstellungen

Sacrum Nutation (Valgusfuß)	Sacrum Kontranutation (Varusfuß)
• Cristae iliacae nähern sich an	• Cristae iliacae tendieren auseinander
• Tubera ischiadica tendieren weiter aus einander zu gehen	• Tubera ischiadica nähern sich an
• Wird gebremst durch Dehnung der Lig. sacro-tuberale, sacro-spinale, ilio-lumbale	• Wird gebremst durch das Lig. sacro-iliacum posterior
• Steiß distal nach ventral	• Steiß distal etwas nach dorsal
• Der Beckenboden wird hypoton und passiv insuffizient	• Der Beckenboden wird hyperton und kommt unter Dehnungsspannung
• Das Senkungsrisiko wird erhöht	• Fast kein Senkungsrisiko, eher Verspannungen, „Spasmus“

9.3.5.7 Beckenbewegung beim Plattfuß

Auftritt mit zu wenig Exorotation bedeutet, dass das Iliosakralgelenk weniger in posterior geht. Die lordotische Kurvatur der LWS wird verstärkt. Das Abstoßen vom Boden ist zwar in Endorotation eher zu viel, aber die Kraft fehlt – das Iliosakralgelenk „fällt“ in Anterior-Stellung. Die Kurvatur der LWS wird passiv vergrößert. Die Lateralbewegung vergrößert sich durch die Hypotonie der Abduktoren – Trendelenburg ähnlich. Die Rotation geht durch den Energieverlust verloren.

Jede Instabilität des Iliosakralgelenks ergibt auch eine Instabilität in der Symphysis pubica.

9.3.5.8 Morbus Bechterew

Der Morbus Bechterew (Spondylitis) gehört zu den entzündlichen Gelenkerkrankungen des rheumatischen Formenkreises. Er führt zu Schmerzen, meist anfangend im Iliosakralbereich, und Versteifung der Wirbelsäule. Die ersten Symptome treten meistens schon im jungen Erwachsenenalter auf. Die Grundursache ist mittels Podo-Posturaltherapie natürlich nicht zu lösen, wir können aber durch die neurophysiologische Sohle und ständige Kontrolle die Beschwerden lindern und den Körper optimal aufrecht halten. In der Praxis unterstützen wir die Behandlung mit der Osteopathie/Chiropraktik, Übungstherapie und Naturheilverfahren.

Wir sehen meistens eine tiefe Lendenlordose und eine BWS-Kyphose, dazu eine Flexionsstellung der Hüfte und der Knie.

Wenn wir dem Patienten sagen, dass er die Arme nach oben strecken soll, winkelt er zur Kompensation die Knie an. Fast immer haben diese Patienten Knick-Senk-Füße. Neben der Basissohle ist oft ein Hüftelement uni- oder bilateral sinnvoll. Dagegen sind Knieelemente oft weniger wirksam, da diese meistens durch die Fehlstellung der Hüfte hervorgerufen werden.

In einigen Fällen, besonders im Anfangsstadium, ist ein Iliosakralgelenk-Element sinnvoll, da es das Iliosakralgelenk entspannt. Man muss aber testen, ob das Element besser uni- oder heterolateral wirkt. Die Beschwerden werden sehr oft an der noch freibeweglichen Seite angezeigt, da diese Seite überkompensieren muss. Diese „gesunde" Seite kann aber nach kurzer Zeit schnell irritieren, dann sollte das Element schnellstens wieder entfernt werden.

9.3.5.9 Morbus Scheuermann

Es handelt sich um eine juvenile Wachstumsstörung, die in der Regel in der Vorpubertät entsteht. Die Deckplatten einiger Wirbel sind nicht kräftig genug, um den Druck des jeweiligen Nucleus pulposus des Diskus entgegenzuwirken. Es entstehen röntgenologisch sichtbare Einkerbungen in der Deckplatte der Wirbelkörper, die sogenannten Schmorl'schen Knötchen. Es kommt zu Schmerzen und Haltungsstörungen. Die thorakale Hyperkyphose flacht nicht ab, wenn die Arme nach oben gestreckt werden, und wird meistens durch eine lumbale Hyperlordose kompensiert. Die meisten Morbus-Scheuermann-Patienten haben Varusfüße, die im Laufe der Jahre wieder abflachen können. Diese Mischung aus Fußstellung und Form der Wirbelsäule bleibt immer sichtbar. An der Seite der stärksten Kyphose ist oft ein BWS-Element sinnvoll.

9.3.5.10 Kyphose

Die Kyphose ist nur ein Symptom. Es ist wichtig, die tiefer liegende Ursache zu suchen. Es handelt sich sehr oft um einen Scheuermann, Bechterew, eine schlaffe Haltung oder in einigen Fällen um viszerale Störungen. Eventuell muss röntgenologisch abgeklärt werden, was die Ursache ist, es kann sich auch um eine primäre Wirbelsäulenabweichung handeln.

Abhängig von der Ursache kann man mit Sonderelementen Verbesserungen erreichen.

Tab. 13: D.D. bei Kyphosen

Differentialdiagnose bei Kyphosen: Arme nach oben strecken	
Kyphose flacht ab	Muskuläre oder statische Kyphose
Kyphose bleibt	Morbus Scheuermann oder Morbus Bechterew
	Morbus Scheuermann: Kompensiert in der Lendenwirbelsäule
	Morbus Bechterew: Kompensiert durch Flexion der Knie

Auch hier muss man abklären, inwieweit eine primäre Skoliose durch z. B. Keilwirbel oder Blockwirbel vorliegt. Wir können nur die myofasziale Skoliose korrigieren. Eine ossäre Skoliose können wir nicht korrigieren.

Der erste kritische Zeitpunkt für das Erwerben von Skoliosen ist der Abschluss der neurophysiologischen Grundentwicklung im Alter von etwa 6 bis 7 Jahren.

Es können viele Ursachen gefunden werden für eine erworbene Skoliose, z. B.:

- Sensorische Störungen
  - Fußabweichungen
  - Augenabweichungen
  - Kieferstörungen (80 % alle festen Zahnspangen verursachen nach Bricot eine Skoliose)
- Narben außerhalb der Mittellinie
- Hormonelle Umstellungen
- Unfälle
- Fehlbelastung durch einseitige Belastung (z. B. Fließbandarbeit)

Die meisten Skoliosen sind sogenannte idiopathische Skoliosen, für die man keine eindeutige Ursache findet. Diese Patienten haben aber häufig eine sensorische Fehlsteuerung ausgehend von den Füßen oder dem Mundbereich, auch einige Augenabweichungen können zu Skoliosen führen.

Podo-postural fertigen wir immer eine neurophysiologische Sohle mit Sonderelementen im Bereich der BWS oder des Kiefers an. Neben der neurophysiologische Sohle bekommen fast all unsere Patienten die Skolisohle® als Trainingsgerät mit.

9.3.5.11 Die Skolisohle®

Abb. 86: Skolisohle® am Fuß *Abb. 87: Knöpfe parallel* *Abb. 88: Knöpfe diagonal*

In den 1980er-Jahren haben wir, zusammen mit Karel Breukhoven, die Skolisohle® aufgebaut und kontinuierlich weiterentwickelt. Das Prinzip beruht auf dem Stelzenlaufen, was die meisten Kinder heute leider nicht mehr kennen und können, da sich die Koordinationsfähigkeit verschlechtert hat.

Der Patient läuft in den Trainingssandalen nur auf den sogenannten Knöpfen mit einer Standfläche von ca. 1 cm². Er sollte ruhig gehen, mit kleinen Schritten, für ca. fünf Minuten. Die Einstellung der Knöpfe kann so verändert werden, dass jedes Mal andere Muskelketten angesprochen werden können.

Ursprünglich war das Ziel die Verbesserung der muskulären Kurve der Skoliose. Weil festgestellt wurde, dass es auch bei anderen Beschwerden hilft, wird die Sohle aber auch bei allerhand Formen der Instabilität des Bewegungsapparates eingesetzt, z. B. nach Distorsionen, nach Operationen der unteren Extremitäten, nach Hernien etc. Sie stabilisiert und festigt die gesunde aufrechte Haltung. Die Einstellung der Knöpfe muss aber sehr individuell erfolgen.

- Ein Knopf in der Mitte bedeutet Anspannung der plantaren Fußmuskulatur und der autochtonen Lendenmuskulatur.
- Ein Knopf hinten bedeutet Entspannung der plantaren Fußmuskulatur und der autochtonen Lendenmuskulatur.
- Diagonal eingestellte Knöpfe geben unterschiedliche Informationen an das zentrale Nervensystem. Dies ist eine der höchsten Stufen des Koordinationstrainings und zielt auf optimale Gelenkstabilität und dynamische Koordination während der Bewegung.

9.3.5.12 Narben

Im statischen Abdruck sehen wir einen Varusfuß, im dynamischen Abdruck einen Valgusfuß:

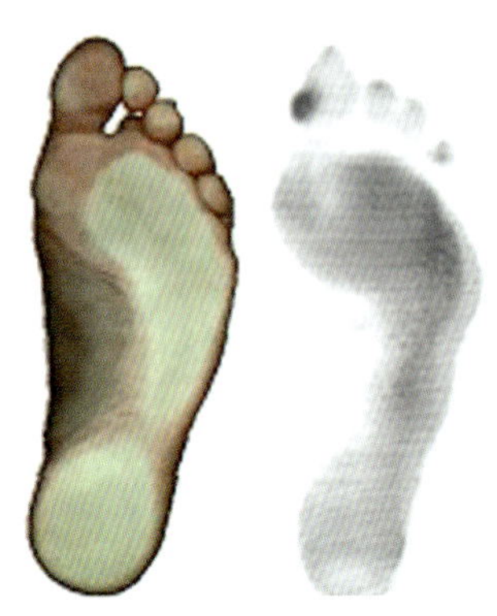

Abb. 89: Elektronischer Abdruck bei einem Narbenstörfeld
Abb. 90: Der dazu gehörende dynamische Blaudruck

Narben ändern fast immer den Grundtonus der darunter liegenden Muskeln. In den meisten Fällen findet sich eine Hypertonie. Die Durchblutung wird gestört, was wiederum zu anderen Problemen führt. Fast immer treten minimale Haltungsstörungen auf, die den Körper aus der Balance bringen. Der Körper zieht meist zur Narbe hin. Auch können energetische Störungen auftreten, vor allem bei querverlaufenden Narben, sie durchtrennen oft einen oder mehrere Meridiane. Vor der Narbe kommt es oft zu einem Stau des Energieflusses im Meridian (Fülle), hinter der Narbe kommt es eher zu einer sogenannten Leere.

Häufig treten auch hormonelle Störungen auf, der Puls wird langsamer, der Blutdruck ändert sich. Ursache ist u. a. eine geänderte Adrenalinausschüttung. Einige Patienten sprechen selbst über Gewichtsprobleme nach einer Operation. Auch scheint die Allergiebereitschaft erhöht. Die Stärke der Beschwerden ist nicht immer an der Größe der Narbe zu erkennen.

Oft sehen wir eine Einschränkung der Kopfrotation zur Seite der Narben hin. Wenn wir jetzt das Ohr in Höhe des Allergiepunktes zusammenfalten, wird die Rotation besser. Dies ist ein Zeichen dafür, dass eine Narbe meistens ein homolaterales Störfeld ist. Dieser Test funktioniert auch bei anderen Bewegungseinschränkungen. Kneift man jetzt die Narbe, kann man durch den Bewegungstest genau herausfinden, welche der Narben gestört ist.

Nachdem man die Narbe kurz entstört hat, stehen die Füße meistens beide in Valgusstellung, sowohl statisch als auch dynamisch.

Tab. 14: Schnelldiagnose: Aufsteigende oder absteigende Kette bei Senkfüßen

Aufsteigende Kette	Absteigende Kette
Ilium anterior bei kürzerem Bein im Stehen	Ilium anterior bei längerem Bein im Stehen
Schulter- und Beckenlinie verlaufen gegensinnig. Auf der Seite des Senkfußes stehen das Becken tiefer und der Schulter-Nacken-Punkt höher.	Schulter- und Beckenlinie verlaufen gleichsinnig zur Seite der dominanten Hand.
Neigt zu X-Bein-Stellung	Neigt zu O-Bein-Stellung
Füße stehen in Abduktion, Beine und Arme drehen in Endorotation	Füße stehen in Adduktion, Beine und Arme drehen in Endorotation

9.4 Die myofaszialen Ketten in der Podo-Posturaltherapie

Alle myofaszialen Ketten, die wir in der Podo-Posturaltherapie direkt ansprechen können, fangen bei den Füßen an. Andere Ketten lassen wir erst einmal außer Acht.

9.4.1 Die myofaszialen Funktionsketten

Faszienketten sind Kraftketten, „die den Körper von einem Ende zum anderen zu einer Einheit verbinden" (Paoletti 2001, S. 180) und multifunktionell ausgerichtet sind:

Die myofaszialen Funktionsketten passen sich, wie auch z. B. das Knochengewebe, der gegebenen Belastung an. Sie ändern sich sowohl in der Stabilität und Festigkeit als auch in der Richtung. Die Faserrichtung verläuft in Richtung der Zugbelastung. Wird z. B. durch die Fußfehlstellung die Zugrichtung geändert, so wird sich auch die myofasziale Faserrichtung ändern. Die Funktionskette hat somit eine andere Wirk- und Zugrichtung, die nach der Behebung der Ursache für die Veränderung, z. B. bei der Fußfehlstellung, noch weiter besteht und wiederum sechs bis acht Wochen braucht, um sich einigermaßen an die neue Situation anzupassen.

Einseitige Arbeit, Sport und spezielle Haltungs- und Bewegungsänderungen verursachen eine myofasziale Anpassung. Neben der ständigen neurophysiologischen Anpassung an Fehlbelastungen sehen wir hier eine wichtige Begründung für den Einsatz der neurophysiologischen Therapiesohle.

Die Muskeln sind die Kraftzentralen von Haltung und Bewegung, sie können durch bewusste und unbewusste Kontraktion die myofaszialen Ketten beeinflussen.

Die Faszien sind Bindegewebeanteile im Körper, die alle Strukturen in sich abgrenzen, aber auch netzförmig miteinander verbinden. Sie bilden oberflächliche und tiefe Schichten, sind miteinander und mit der Umgebung mittels lockerem Bindegewebe („Loose Tissues") verbunden. Dieses lockere Bindegewebe zwischen den Faszien sorgt für die Verschiebbarkeit des Gewebes und für die Ernährung des Gewebes etc. Das lockere Bindegewebe bildet u. a. den sogenannten Pischinger-Raum und ist Aufenthaltsort für u. a. Lymphozyten, Monozyten und Mastzellen.

Unter Zug werden Verstärkungen in der Faszie gebildet, welche zusammen mit der dazugehörenden Muskulatur eine Funktionskette durch den Körper bilden. Diese Ketten werden myofasziale Funktionsketten genannt.

Die verstärkten faszialen Strukturen, Tractus, Ligamente etc., bilden stabilisierende, aber auch elastische Elemente der Funktionsketten, die nicht nur gedehnt werden können, sondern auch selbst kontraktile Elemente haben.

Im Gegensatz zum Muskel ist die Spannung der Faszie nicht bewusst zu regeln.

Faszien sind auch wichtig für die Stabilität des Körpers. Sie umschließen z. B. die Muskeln, einzelne Muskelbündel bis hin zu einzelnen Muskelfasern, die so einen Halt während der Kontraktion bekommen. Ohne Faszie würde die Kraft der Muskelkontraktion verpuffen.

Faszien umschließen auch die Organe, sodass deren Motilität (Eigenbewegung) somit gewährleistet werden kann.

Die ossären Elemente bilden die Stabilität des Bewegungsapparats, an dem die Muskeln und das fasziale Gewebe einen Halt finden.

Gelenke bilden die Bewegungseinheiten. Sie werden durch fasziales Gewebe und Muskeln stabilisiert und bewegt.

Die Funktionskette wird (z. B. durch die geänderte Haltung) verkürzt und ändert dadurch oft die Zugrichtung. Die umschlossenen Strukturen wie z. B. die Gelenke werden falsch bewegt oder fixiert. Es kommt zu Friktionen und Punktbelastung und somit auf Dauer zu Schädigungen wie z. B. Arthrosen.

Organe, die in einer fixierten Funktionskette eingeschlossen sind, können sich ebenfalls schlecht bewegen, ihre Motilität ändert sich. Es kommt zu funktionellen Organstörungen, die in erster Instanz mittels Ultraschall, Radiologie oder Labor nicht festzustellen sind. Daher sind Funktionsstörungen mit all ihren Folgen wesentlich häufiger als offiziell anerkannt.

Ursachen und Folgen beeinflussen sich gegenseitig. Myofaszialen Störungen können u. a. verursacht werden durch parietale, viszerale oder cranio-sacrale Dysfunktionen, durch Infektionen, Narben, Entzündungen, körperlichen und psychischen Stress oder Traumata.

Was oft vergessen wird, ist, dass diese Störungen auch durch langanhaltende Fehlhaltungen des Körpers verursacht und auch gefestigt und gehalten werden können, auch wenn es nur der Fuß oder ein einzelnes Gelenk ist.

Über sechs Wochen anhaltende Dysfunktionen der myofaszialen Ketten fixieren sich im System und werden dadurch selbst zu einer neuen Störung. Diese Störung bleibt noch lange nach der Behebung der ursprünglichen Dysfunktion erhalten. Sie können den Körper wieder aus der Balance ziehen und somit die gleichen oder ähnlichen Beschwerden hervorrufen.

Über das neurophysiologische System werden die Dysfunktionen nach einiger Zeit abgespeichert. Das heißt, trotz der myofaszialen Änderung führt das neurophysiologische System den Körper wieder zurück in seine Gewohnheitshaltung, auch wenn diese funktionell nicht optimal ist. Die pathologische Zugrichtung des myofaszialen Systems unterstützt diese Fehlhaltung. Wir müssen also beides, den neurophysiologischen Regelkreis und das myofasziale System ändern.

Das myofasziale System braucht wenigstens sechs bis acht Wochen, um sich strukturell zu ändern. Das neurophysiologische System braucht meist viel länger, also ist in vielen Fällen auch dieses der ausschlaggebende Störfaktor.

Die Zeit vom Beginn der Beschwerden bis zur Behandlung kann häufig mit vier multipliziert werden: So lange kann eine neurophysiologische Aufbauzeit dauern. Die Beschwerden an sich, wie Schmerz oder deutlich wahrnehmbare Bewegungseinschränkungen, sind relativ schnell zu beheben, aber die Rückfallgefahr in die pathologische Haltung ist noch gegeben. Daher muss der Patient sehr gut aufgeklärt werden, damit man ihn auch in der Zeit weiter begleiten kann, nachdem seine Beschwerden bereits abgeklungen sind. Diese Begleitung sollte nicht nur aus manueller oder podo-posturaler Arbeit bestehen, sondern auch mit Haltungs- und Verhaltenstraining ergänzt werden. Dabei sind tägliche spezielle therapeutische Übungen angezeigt.

Tom Myers (2010) unterscheidet unterschiedliche myofasziale Meridiane bzw. anatomische Zugketten. Auch diese sollte man differenziert betrachten, da sie unserer Meinung nach auch abhängig sind von der individuellen Haltung. Daher wird jeder myofasziale Zug auch Auswirkung auf alle anderen myofaszialen Strukturen und Ketten haben.

Trotzdem sind diese Ketten sehr gut als Richtschnur für die Therapie einzusetzen.

9.4.2 In der Podo-Posturaltherapie können folgende Ketten direkt angesprochen werden

9.4.2.1 Oberflächliche Dorsalkette (ODK)

Sie ist eine direkte Verbindung von der Fußsohle über die dorsale Seite des gesamten Körpers bis zur Stirn.

Funktion: Streckung des gesamten Körpers, arbeitet somit sehr stark der flektierenden Einwirkung der Schwerkraft entgegen. Bei Hypertonie dieser Kette kann es zu einer überstreckten Haltung kommen, eine typische Haltung beim Varusfuß.

Verlauf: plantare Fläche der Zehen → M. abduktor hallucis, M. abduktor digiti minimi → Fascia plantaris → Calcaneus → Tendo calcanei (Achillessehne), M. gastrocnemius → Epicondylus medialis/lateralis femoris → M. semitendinosus, M. semimembranosus, M. biceps femoris → Tuber ischiadicum → Lig. sacrotuberale → Os sacrum → M. erector spinae, Fascia sacrolumbale → Linea nuchae inferior/superior → Galea aponeurotica → Os frontale, Margo supraorbitalis. [35; 91]

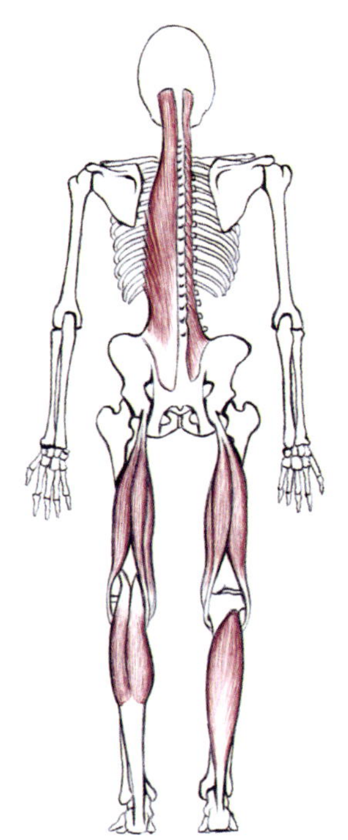

Abb. 91: Oberflächliche Dorsalkette.

Einige Bemerkungen

- Der Calcaneus liegt eingebettet in der Achillessehne und wird durch die ODK in seiner Lage fixiert. Bei zu hohen Schuhabsätzen wie z. B. High Heels wird diese ODK passiv verkürzt, also auch passiv insuffizient. Der Calcaneus wird nicht mehr am Fuß fixiert, es entsteht eine Instabilität. Eine aktive Anspannung der Wadenmuskulatur versucht das wieder aufzufangen. Letztendlich führt dies nur zu einer Hypertonie der ODK.

- Der M. semimembranosus steuert den medialen Meniskus, bei einer Verspannung des Muskels kann es u. a. zu einer Dislokation nach medial kommen.
- Der M. semitendinosus ist Teil des Pes anserinus superficialis und beeinflusst sowohl den M. gracilis als auch den M. sartorius. Letzterer setzt an der Spina Iliaca anterior superior (SIAS) an. Adduktoren haben über das Os pubis eine direkte myofasziale Verbindung zu den Bauchmuskeln.
  - Der SIAS ist ein wichtiger Knotenpunkt verschiedener Ketten:
    - Spiralkette, Lateralkette, tiefe Frontalkette
    - Indirekt: oberflächliche Frontalkette, oberflächliche Dorsalkette über das Pes anserinus superficialis
  - Die ansetzenden Muskeln sind:
    - M. obliquus internus: zieht den SIAS nach medio-cranial
    - M. transversus abdominis: zieht den SIAS nach medial
    - Lig. inguinale: zieht den SIAS nach medio-caudal
    - M. sartorius: zieht den SIAS nach caudal
    - M. iliacus: zieht den SIAS nach medio-caudal
  - Indirekt wird der SIAS auch noch durch andere am Ilium inserierende Muskeln beeinflusst.
  - Schließlich sei noch der Margo supraorbitalis als Ansatzpunkt genannt. Bei Hypertonie der ODK (Varusfuß) bekommt der Margo supraorbitalis also einen Zug nach cranial. Die Augenhöhle (Orbita) wird größer und weniger tief, sodass die Augen „herausgedrückt" werden.
  - Die Galea aponeurorotica ist auch Ansatzstelle für den M. temporalis, welcher die Galea nach lateral stabilisiert. Eine Änderung der Galea wird also auch eine Änderung der Spannung und Zugrichtung im M. temporalis verursachen, somit kann es zu Störungen im Kiefergelenk kommen.
- Eigene Beobachtungen in der Anatomie (Erasmus-Universität Rotterdam): Die Pes anserinus superficialis kann bis in das Retinaculum extensorum verlaufen, dieses hat wiederum einen direkten Einfluss auf die Stabilität der langen Extensoren des Fußes.

9.4.2.2 Tiefe Frontalkette (TFK)

Die tiefe Frontalkette ist das Zentrum der myofaszialen Zugketten (Myers 2010, S. 212). Die sogenannte Zentralkette ist das Zentrum dieser tiefen Frontalkette. Sie reicht von den Füßen bis zur Synchondrosis sphenobasilaris (SSB).

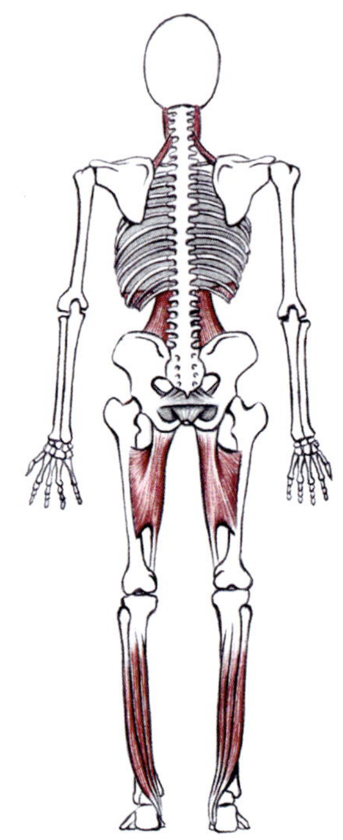

Abb. 92: Tiefe Frontalkette

Das SSB ist eine Verbindung zwischen Os sphenoidale und Os occipitale, die in der cranio-sacralen Osteopathie eine zentrale Rolle spielt. Wir haben vor vielen Jahren schon nach dieser Sutura gesucht und sie weder an kompletten Schädeln noch an Schädelschnittpräparaten gefunden. Trotzdem scheinen die Techniken, die an dieser Sutura ansetzen, zu funktionieren. Wenn diese Techniken auch unabhängig von der Wirkungshypothese funktionieren, kann man das System auch über andere Wege beeinflussen, so also auch über die Füße und andere Sensoren.

Funktion: Die wichtigste Aufgabe dieser Kette ist die zentrale Stützfunktion des Körpers. Durch den sehr zentralen Verlauf ergibt sich eine Streckung des gesamten Körpers in sich. Über die Bewegung der Diaphragmen entsteht ein maßgeblicher Einfluss auf sämtliche Körperregionen und Organe.

Verlauf: Basis der Phalangen 2–5 plantar → Tuberositas ossis navicularis, Os cuboideum, Basis ossis metatarsalis 2 und 3 → M. flexor hallucis longus, M. flexor digitorum longus, M. tibialis posterior → Facies posterior tibiae → Fibula → Fascia poplitea → Gelenkkapsel Knie → Epicondylus medialis femoris usw.

Dann teilt sich die tiefe Frontalkette auf in

- den unteren posterioren und anterioren Abschnitt bis zur LWS,
- danach folgt eine weitere Aufteilung in den oberen posterioren, oberen mittleren und oberen anterioren Abschnitt.

Bemerkung: Der M. flexor digitorum longus wird in seiner Zugrichtung durch den M. quadratus plantae nach latero-proximal reguliert. Dieser Muskel hemmt die Supination und Vorfußadduktion und unterstützt die Flexion, das Gewölbe und die M. lumbricales nach medio-caudal, er unterstützt die Flexion der Zehen, aber hemmt etwas die Fußflexion, wenn die Zehen fixiert sind. Die Mm. lumbricales werden durch das retrocapitale transversale Element beeinflusst. Somit kann die tiefe Frontalkette eine höhere Spannung beim Pes valgus oder eine niedrigere beim Pes varus bekommen, abhängig von der Lage des Elements.

In der Faszia poplitea ist diese Kette sehr oft mit der statischen tiefen Dorsalkette verbunden: Lig. plantare longum → tiefer Teil der Achillessehne → M. soleus → M. popliteus. Das Lig. plantare wird durch den M. flexor hallucis brevis und M. flexor digiti minimi brevis gesteuert.

Diese Elemente haben also eine Doppelfunktion: Im Stehen sind sie statisch und stabilisieren das Knie, in der Bewegung sind sie eine Unterstützung der Steuerung der tiefen Frontalkette. Das Ligamentum wird entweder mehr nach lateral beeinflusst (lateral subcapital) oder nach medial (medial subcapital). Diese Elemente beeinflussen auch noch die äußeren Mm. lumbricales.

Unterer posteriorer Bereich: M. adductor magnus/minimus, Septum intermusculare laterale → Ramus ossis ischii → Diaphragma urogenitale/Faszia obturatoria interna → Os coccygis → Lig. longitudinale anterius → Wirbelkörper und Lendenwirbelsäule.

Bemerkung: Das Retrocapital-Element hat einen Einfluss auf die Stabilität des Beckenbodens. Es richtet den Körper in der Mittelkette auf, indem es zentral-ventral die WS stabilisiert. Die calcanealen Elemente arbeiten über die oberflächliche Dorsalkette und somit über rechtes und linkes Os illium. Während beim Pes valgus das interne calcaneale Element das Ilium nach posterior bringt, somit die Hyperlordose der unteren LWS verringert und über diesen Weg den Abstand zwischen Os coccygeus und Pubis vergrößert, richtet und stabilisiert das retrocapitale Element das Sacrum von ventral und kräftigt die Beckenbodenmuskulatur. Es sind also unterstützende Elemente.

Bei einer Dysbalance der Ketten sollte auch immer an eine Blasensenkung und Senkungen der Unterleibsorgane gedacht werden.

Unterer anteriorer Bereich: Linea aspera → Septum intermusculare mediale → Mm. adductor brevis und longus, M. pectineus → Trochanter minor → M. iliopsoas → Wirbelkörper und Processus transversi L1 bis 5.

Oberer posteriorer Bereich: Wirbelkörper LWS → Lig. longitudinale anterius → M. longus colli → M. longus capiti → Pars basilaris ossis occipitalis.

Oberer mittlerer Bereich: Wirbelkörper LWS → Crus mediale/laterale des Diaphragma (Zwerchfell) → Centrum tendineum diaphragmatis → Mediastinum, Pericardium, Pleura parietalis → Lig. longitudinale anterius → Fascia cervicalis → Lamina praevertebralis → Raphe pharyngis → Mm. scaleni, Faszie des M. scalenus medius → Processus transversi C2–7 → Pars basilaris ossis occipitalis.

Bemerkung: Die Verbindung zu den Mm. scaleni bedeutet, dass diese Kette auch fast immer nach einem Schleudertrauma gestört ist, da dieses in der Regel einen Spasmus der Mm. scaleni und somit eine Verspannung der absteigenden tiefen Frontalkette verursacht. Über die Stellung des Disphragmas beeinflusst die tiefe Frontalkette alle inneren Organe und direkt die Atmung. Wenn wir mittels unserer Elemente die TFK-Spannung verbessern können, beeinflussen wir also automatisch auch die inneren Organe und die Atmung.

Oberer anteriorer Bereich: Wirbelkörper LWS → Diaphragma → Processus xyphoideus → dorsale Seite der Cartilagines coatales → Faszia endothoracica → M. transversus thoracis → dorsale Seite Manubrium → Mm. infrahyoidei: M.omohyoideus, M.sternohyoideus → Lamina praetrachealis → Os hyoideum → Mm. suprahyoidei: M. digastricus, M. hypoglossus, M. mylohyoideus, M. geniohyoideus → Mandibula

9.4.2.3 Die Lateralkette (LK)

Sie verläuft auf beiden Körperseiten geradlinig von der lateralen Seite des Fußes bis hinauf zum lateralen Schädel.

Funktion: Sie stabilisiert die aufrechte Körperhaltung vor allem in latero-laterale Richtung und schafft den Ausgleich bei unterschiedlichen Spannungen zwischen den Arm- und Spiralketten. Sie stabilisiert den Rumpf und die Beine bei Armbewegungen sowie die Hüftabduktion und Fußinversion und sie kontrolliert die Rumpfbewegungen in der Rotation oder Seitneigung.

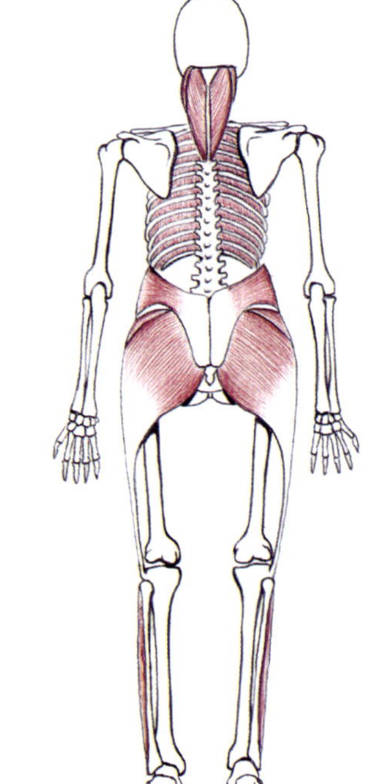

Abb. 93: Die Lateralkette.

Verlauf: Basis ossis metatarsalis 1 bis 5 → M. peroneus longus und brevis → Caput fibulae → Condylus lateralis tibiae → Tractus iliotibialis → M. tensor fasciae latae und Mm. gluteus maximus und medius → Spina iliaca anterior superior (SIAS); Crista iliaca, Spina iliaca posterior superior (SIPS) → Mm. obliquus abdominis internus und externus → unterer Rippenbogen → Mm. intercostales externi und interni → 1. und 2. Rippe → Mm. scaleni, M. splenius capitis, M. sternocleidomastoideus → Processus mastoideus

Einige Bemerkungen: Der M. peroneus longus ist auch Teil der Spiralkette. Dabei ist im Stand die Lateralkette, in Bewegung die Spiralkette aktiv.

Eine Hypertonie des M. peroneus longus zieht den Vorfuß in Pronation, drückt das Caput metatarsale 1 zum Boden und unterstützt die Bildung eines Hallux valgus. Im Stehen wird das Os cuboideum angehoben, dadurch wird die Mittelfußbelastung kleiner. In vielen Fällen zeigt sich der Calcaneus-Abdruck wieder mehr medial mit einem deutlichen Winkel. Der Blaudruck ist somit eine Mischung aus Valgus- und Varusanteilen.

Inwieweit die Lateralkette weiter in den M. tensor fasciae latae oder den M. gluteus maximus verläuft, ist vor allem abhängig vom Stand der Hüfte. Steht der Patient mehr nach vorne gebeugt, wie z. B. beim Plattfuß, dann wird eher der M. tensor fasciae latae aktiviert, im eher aufrechten Stand ist es mehr der M. gluteus maximus.

Über den Ansatz am SIAS und SIPS werden zwei gegenläufige Stabilisationszentren beeinflusst. Der M. tensor fasciae latae zieht das Ilium eher nach anterior, der M. gluteus maximus eher nach posterior.

Die Mm. obliquii abdominis sind ein Teil des Taillengürtels. Sie spannen die Fascia thoracolumbalis und stabilisieren die Lendenwirbelsäule. Weitere Spanner des Fascia-thoracolumbalis-Systems sind der M. gluteus maximus und der M. latissimus dorsi. Durch die Stabilisation des Fascia-thoracolumbalis-Systems können der M. erector spinae und die Mm. multifidii erst richtig funktionieren.

Eine Hypotonie der Mm. obliquii abdominis erzeugt eine Insuffizienz des M. erector spinae und der Mm. multifidii, da der notwendige Widerstand der Fascia thoraco-lumbalis fehlt. Eine Hypertonie hingegen verursacht ein Kontraktionsunvermögen der beiden Rückenstrecker, da sie zu stark in der Fascia thoracolumbalis fixiert werden.

Über die Mm. intercostales und die erste und zweite Rippe hat die laterale Kette einen starken Einfluss auf die Lungenfunktion.

Die Mm. scaleni und der M. sternocleidomastoideus werden nach fast jedem Schleudertrauma hyperton (Spasmus). Somit ist bei fast jedem, der schon mal ein leichtes Schleudertrauma gehabt hat, eine Funktionsstörung der Lateralkette zu finden.

9.4.2.4 Die Spiralkette

Die Spiralkette verläuft vom Fuß bis zum Hinterkopf schraubenförmig um den gesamten Körper.

Funktion: Sie stabilisiert das Körpergleichgewicht und verbindet die verschiedenen anatomischen Zugketten (ODK, OFK, Lateralkette [LK] und tiefe Frontalkette [TFK]): Sie ist vor allem in Bewegung aktiv und die hauptsächlich für die Stabilisierung der unteren Extremität sowie für die Rotation und Torsion des Rumpfes zuständig.

Verlauf: Die dorsale Spiralkette bleibt unilateral: Plantar an der Basis ossis metatarsalis 1 → M. peroneus longus → Caput fibulae → M. biceps femoris → Tuber ischiadicum → Lig. sacrotuberale → Os sacrum → Fascia lumbo-sacralis → M. erector spinae → Linea nuchae superior

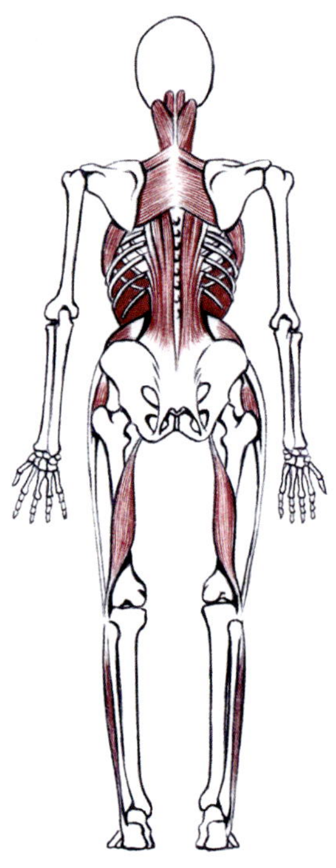

Abb. 94: Die Spiralkette

Die ventrale Spiralkette kreuzt zweimal die Mittelkette: M. tibialis anterior → lateraler Bereich der Tuberositas tibiae → Tractus iliotibialis/M. tensor fasciae latae → Crista iliaca → SIAS → M. obliquus internus abdominis → heterolateral M. obliquus externus abdominis → laterale Region Rippe 5–9 → M. serratus anterior → M. rhomboideus minor/major → Processus spinosi CTÜ C6–T5 → heterolateral zum M. serratus posterior superior → M. splenius capitis → M. splenius cervicis → Processus mastoideus → Linea nuchae superior

Man muss immer bedenken, dass die Richtung der Ketten abweichen kann, wenn chronische Beschwerden vorliegen. Sobald eine Haltung gestört ist, werden sich alle myofaszialen Kraftketten in ihrem Verlauf und ihrer Stabilität ändern. Die Zugrichtung bestimmt die Richtung der Zugketten im System. Mehr Zug bedeutet eine Zunahme der Stabilität. Im Allgemeinen reicht eine Zeit von ca. drei Monaten aus, um eine dauerhafte Änderung in Verlauf und Stabilität der Kette zu erzeugen, da sich das myofasziale System innerhalb dieser Zeit an die Fehlhaltung und die neue Krafteinwirkung angepasst und die gefestigt hat. Es braucht also auch diese Mindestzeit, um die Zugkette wieder in ihre optimale Lage zurückzubringen – ein hervorragendes Ansatzgebiet für die Podosohle®.

9.4.3 Störungen durch Dysfunktionen der myofaszialen Ketten, die in der Podo-Posturaltherapie direkt angesprochen werden können

Tab. 15: Folgen der Fußfehlstellungen

Oberflächige Dorsalkette	Pes valgus	Pes varus	Bemerkungen
M. abductor hallucis	Hypoton gedehnt	Hyperton gedehnt	
M. abductor digiti minimi	Hypton eher etwas verkürzt	Hyperton eher etwas gedehnt	
Fascia plantaris	Detonisation	Adhäsion	
Dysfunktion Os calcaneus	Valgusstellung	Varusstellung	
Dysfunktion Knie	Erhöhte Endorotation	Erhöhte Exorotation	
Ischiocrurale Muskulatur	Hypoton gedehnt	Hyperton verkürzt	
Beinlänge funktionell	kürzer	länger	Die Kombination der Beinlänge und der ISG-Stellung ist ein Hinweis ob die aufsteigende – oder absteigende Kette dominiert
Stellung ISG	Ilium anterior	Stellung ISG	
Fascia thoracolumbalis	Detonisation	Adhäsion	Denke bei der Faszie in Verbindung mit den Bauchmuskeln an die Gürtelfunktion zur Stabilisation des M. erector spinae und die Lendenwirbelsäule (LWS)
M. erector spinae	Hypoton	Hyperton	

Tiefe Frontalkette	Pes valgus	Pes varus	Bemerkungen
M. flexor hallucis longus, M. flexor digitorum longus und somit auch die Mm. lumbricales, da diese ihren Ansatz an den Sehnen des M. flexor digitorum longus haben	Hypoton gedehnt	Hyperton gedehnt	
Dysfunktion Zehengrundgelenke	Verformung	Krallen	
Dysfunktion Sprunggelenke	Inversion/Pronation	Eversion/Supination	
Bandapparat Knie	Detonisation	Adhäsion	
Adduktoren Oberschenkel	Hypoton	Hyperton	
Dysfunktion Os sacrum	Nutation	Kontranutation	
Dysfunktion Os coccygis	Kontranutation	Nutation	
Diaphragma urogenitale/ Beckenboden	Detonisation	Adhäsion	
Innere Organe	Neigen eher zur Senkung	Neigen eher zur Spasmen	
Dysfunktion LWS	Tiefere Lordose mit tiefsten Punkt unter L3	Flachere Lordose mit tiefste Punkt oberhalb L3	
M. Psoas major	Hypoton	Hyperton	
Diaphragma abdominale	Detonisation	Adhäsion	Die Atemstörungen sind unterschiedlich
myofasziale Dysfunktion Mediastinum/Fascia endothoracica, Lamina praetrachealis	Detonisation	Adhäsion	
Mm. scaleni, M. masseter	Hypoton	Hyperton	
Dysfunktion C2–C7	Tiefere Lordose	Flachere Lordose	

Lateralkette (aktiver im Stehen)	Pes valgus	Pes varus	Bemerkungen
Mm. peroneus longus und brevis	Hypoton verkürzt	Hyperton gedehnt	Die hypertone Dehnung verursacht oft Schmerzen
Dysfunktion Art. Metatarso-phalangeale 1	Bekommt mehr Druck durch die statische Änderung	Bekommt mehr Druck durch die Spannung im M. peroneus longus	
Hallux-Valgus-Form	Metatarsale wenig gespreizt	Metatarsale mehr abgespreizt und oft etwas rotiert.	
Dysfunktion Caput fibulae	Blockiert nach dorso-medial	Blockiert nach ventro-lateral	
Mm. Glutei	Hypoton	Hyperton	
Dysfunktion Becken	Statischer Trendelenburg	Neigt zur Bursa trochanterica	Einbeinstand muss ohne kleinste Bewegung im Becken mindestens zehn Sekunden gehalten werden.
Beinlängendifferenz	Becken kippt seitwärts, es entsteht das Bild einer anatomischen Beinlängendifferenz		
Mm. intercostales interni und externi	Hypoton	Hyperton	Die Atemstörungen sind unterschiedlich.
Dysfunktion 1. und 2. Rippe		Blockade	
M. sternocleidomastoideus	Hypoton	Hyperton	
Elemente zur Beeinflussung dieser Kette	Interne retrocapitale Element	Peroneuselement	

Spiralkette (aktiver in Bewegung)	Pes valgus	Pes varus	Bemerkungen
Dysfunktion Os occiput	Leichte Lockerung der sutura spheno-basilaris	Fixation Sutura spheno-basilare	Die Kette setzt sowohl am Os occipitale als auch am Os temporale an
Mm. spleni	Hypoton	Hyperton	
Mm. rhomboidei	Hypoton	Hyperton	
Schulterblattgleitlager	Instabil	Adhesion	
M. serratus anterior	Hypoton	Hyperton	Unterschiedliche Atemstörungen
Bauchmuskulatur	Hypoton	Hyperton	Man sollte bei den Bauchmuskeln in Verbindung mit der Faszie an die Gürtelfunktion zur Stabilisation des M. erector spinae und die LWS denken.
M. tensor fasciae latae und Tractus ilio-tibialis	Hypoton	Hyperton	
M. tibialis anterior	Hypoton	Hyperton	
Hallux valgus Gefahr	Statischer Hallux valgus	Muskulärer Hallux valgus	
Mm. peronei	Hypoton	Hyperton	
Caput fibulae	Fixation nach dorso-medial	Fixation nach ventro-lateral	
M. biceps femoris	Hypoton	Hyperton	
Stellung Ilium	Anterior	Posterior	
M. erector spinae	Hypoton	Hyperton	

Tab. 16: Die Elemente in ihrem Bezug zum myofaszialen System (Siehe für weitere Erklärungen 9.8. Kapitel 12 die Elemente in der Podosohle

1. Retrocapitales Element	Tiefe Frontalkette (TFK) Stabilisiert die aufrechte Haltung von ventral
2. Intern retrocapitales Element (Hallux)	Tiefe Dorsalkette (TDK) medial und TFK medial
3. Extern retrocapitales Element (lateral)	TDK lateral und TFK lateral
4. Intern calcaneales Element (valgus)	Oberflächige Dorsalkette (ODK) medial Mehr Aufrichten in Extension der Wirbelsäule
5. Extern calcaneales Element (varus)	ODK lateral Entspannt die Hyperextension der Wirbelsäule
6. Medio externes Element (Peroneus)	Lateralkette/Spiralkette (LK/SK)
7. Achillessehne	ODK mittig

9.5 Das stomatognathe System

Der Kauapparat besteht nicht nur aus dem Kiefergelenk und den Zähnen, sondern es gehören auch weitere Knochen, Muskeln und Faszien im Mund- und Halsbereich dazu.

Zum stomatognathen System zählen u. a.:

- Art. temporomandibularis (Kiefergelenk)
- Zähne
- Zunge (N. hypoglossus [XII])
- Muskulatur (N. trigeminus [V] zum Kauen und N. glossopharyngeus (IX) zum Schlucken)
- Os hyoideum (Zungenbein)
- Die Muskeln, die bei der Mundbewegung für Körperstabilität sorgen, vor allem die Mm. trapezii, sternocleidomastoidei, pectorales sowie diejenigen, die die Atmung mit regulieren wie z. B. die Mm. scalenii.

Bei der Behandlung des stomatognathen Apparates sollte auch immer an die myofaszialen Ketten gedacht werden.

9.5.1 Der Kauapparat

Eine Störung des Kauapparats kann sowohl durch externe Ursachen als auch durch das myofasziale System im Mund bedingt sein. Die Folge ist, dass der Biss und das Kiefergelenk aus dem Gleichgewicht geraten. Nach einiger Zeit verursachen diese Biss- und Kieferstörungen auch Probleme außerhalb des Mundes – bei vielen körperlichen Problemen kann man die Ursache hier finden.

Jeder Eingriff in die Strukturen des Mundes sollte daher genau überlegt sein. Auch in der Zahnversorgung ändert sich heute sehr vieles zum Positiven, aber wir sehen leider immer noch, dass Zähne falsch eingeschliffen oder sogar unnötig extrahiert werden oder dass zu schnell mit fest aufgesetzten regulierenden Systemen gearbeitet wird.

Eine gute haltungsregulierende Mundversorgung sollte daher immer durch eine Form der manuellen Therapie und der Podo-Posturaltherapie begleitet werden. Erst wenn die Selbstregulationskräfte des Körpers ausgeschöpft sind, kann man an regulierende oder operative Techniken denken.

Viele Kinder mit festsitzender Zahnregulierung entwickeln eine Skoliose, da die vom Kausystem ausgehenden absteigenden Kräfte vom Körper nicht kompensiert werden können.

Liegt der Verdacht auf eine stomatognathe Störung vor, sollte man die Gesichtsform kontrollieren. Hier gibt es einige Merkmale, die in die Diagnostik mit einfließen sollten. Dabei sollte man immer wieder daran denken, dass der Mensch nie symmetrisch ist. Also können auch diese Linien eine kleine physiologische Abweichung haben, die man belassen sollte.

Einige Richtlinien

1. Die Augenlinie und die Mundlinie müssen waagerecht und parallel verlaufen (Linien A und B, Abb. 95).
2. Die Linien von der Pupille zu den Mundwinkeln (Linien C und D) laufen nach distal leicht konisch zu, müssen aber links und rechts einen gleichen Abstand zur Gesichtsmittellinie (grüne Linie) haben.
3. Die Gesichtsteile 1 (bis Mitte der Stirn), 2 (bis zur Nasenspitze) und 3 (Nasen- bis Kinnspitze) müssen gleich groß sein, geteilt durch die in der Abbildung 95 dargestellten waagerechten braunen Linien.
4. Die Gesichtsmittelinie (grün) verbindet:
   - Beide Lippenbändchen,
   - Nasenspitze,
   - Nasenwurzel,
   - Mitte der Stirn.

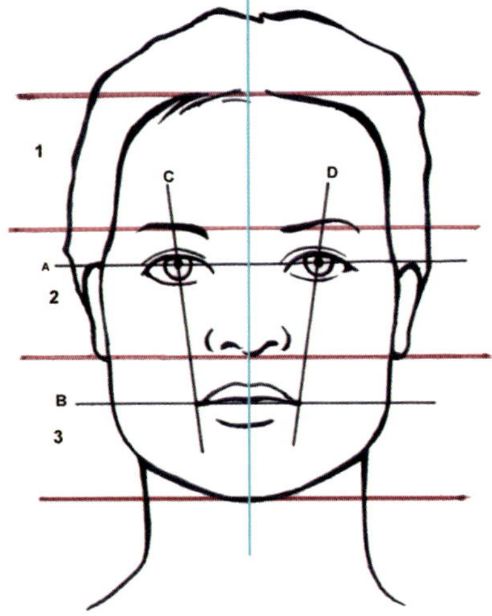

Abb. 95: Die Gesichtlinien.

Die Gesichtszüge sollten harmonisch sein; liegt jedoch eine Abweichung vor, sollte man z. B. an das craniofasziale oder das myofasziale System oder an eine Funktionsstörung der Zunge denken.

Wichtiger ist, dass keine muskuläre Disharmonie vorliegt, daher ist die Palpation sowohl der außen liegenden Muskeln als auch der im Mund befindlichen Muskulatur sehr wichtig.

Basistests

Beim Öffnen des Mundes sollte zuerst nach der Mundhygiene gesehen werden, auch auf den Geruch ist zu achten.

- Fehlen Zähne oder gibt es andere Besonderheiten?
- Wie sieht die Zunge aus?
  - Farbe, Verfärbungen oder Belag sind oft Zeichen für Störungen im Stoffwechselsystem.
  - Ist die Zunge geschwollen, muss man ebenfalls internistisch weiter untersuchen.
  - Wie bewegt sich die Zunge, wenn der Patient sie herausstreckt? Liegen Seitenabweichungen vor, sollte die Zungenmuskulatur und die Beweglichkeit des Zungenbeines untersucht werden.
- Wie weit lässt sich der Mund öffnen (idealerweise drei Fingerbreit)?
- Öffnet sich der Mund harmonisch? Hierzu legen wir die Hände an das Os temporale, dann schließt der Patient locker den Mund. Wir beurteilen, wie diese Bewegung durchgeführt wird. Danach den Patienten einmal richtig zubeißen lassen und spüren, ob eine Muskeldysbalance vorliegt. Wie ist die Bewegung? Wie, wann und wo berühren sich die Zähne?

Achtung: Der Zahnschluss ist im Liegen immer anders als im Sitzen oder Stehen. Daher sollte man diesen Test im Sitzen und bei stehenden Berufen auch im Stehen durchführen.

Wir beurteilen kontinuierlich, inwieweit eine Muskeldysharmonie vorliegt oder eine asymmetrische Bewegung stattfindet. Bei Asymmetrie muss immer zuerst die Kiefermuskulatur ausbalanciert werden. Hierzu lassen wir die Patienten folgende Übung machen:

- Den Patienten je zehnmal „oooeee“ und „iiieee“ sagen lassen.
- Nun soll der Patient mit der Zunge schnalzen.
- Anschließend wieder je fünfmal „oooeee“ und „iiieee“ sagen lassen.

Danach wird erneut getestet. Die Dysbalance sollte jetzt kurzfristig ausgeglichen sein – wenn nicht, muss nach externen Störfaktoren gesucht werden.

Nach den Tests sehen wir uns den Biss genauer an. Liegt eine Okklusionstörung vor? Was kann die Ursache sein?

- Craniofasziale Dysmorphie
- Schlechte Mundhygiene
- Fehlende Zähne
- Iatrogene Okklusion u. a. durch fehlerhafter Zahnersatz
- Störungen durch Ursachen außerhalb des Gebisses wie Narben am Hals, myofasziale Störungen, z. B. als Folge von Fußfehlstellungen
- Konvergenzstörungen der Augen
- Iatrogene Orthodontie

Jede fehlerhafte Okklusion oder Zug auf die Zähne hat Einfluss auf die komplette Haltung. Diese Einflüsse können zu einer Verbesserung der Haltung führen, aber leider auch Haltungsstörungen hervorrufen. Es ist also extrem wichtig, in einem multidisziplinären Team zusammenzuarbeiten und nicht nur die Stellung der Zähne zu berücksichtigen. In die Praxis kommen regelmäßig Jugendliche mit Kopfschmerzen, Rückenbeschwerden und Wirbelsäulenfehlstellungen. Beim Nachfragen stellt sich oft heraus, dass diese Probleme erst aufgetreten sind, seitdem die Zähne reguliert werden. Die Fehlbelastung der Zähne, des Kiefergelenkes und der Mundmuskulatur verursacht sowohl miofaszial als auch neurogen gesteuerte Änderungen der Halswirbelsäule. Es entsteht eine absteigende Kette, die in der Wirbelsäule kompensiert wird. Diese Kompensation kann zu Verwringungen der Wirbelsäule und leider oft auch zu einer skoliotischen Haltung führen. Jede Regulation des stomatognathen Systems sollte osteopathisch und podo-postural begleitet werden.

Cranio-Mandibulare-Dysfunktionen (CMD oder auch TMD – Tempo-Mandibulare Dysfunktion – genannt) verursachen fast immer Okklusionsstörungen. Die Frage ist nur: Woher kommen diese CMD?

9.5.2 Die Dynamik des Kiefergelenks

Das Kiefergelenk bewegt sich in zwei Phasen: Zunächst vollführt es eine reine Rotation und anschließend folgt eine Translation. Das Öffnen des Mundes ist somit eine Rotation mit Translation. Der rechte und linke Diskus müssen sich harmonisch und frei mitbewegen können. Die Mm. pterygoideus lateralis spielen hierbei eine wichtige Rolle. Der Diskus muss sich mitbewegen, er wird dabei gesteuert durch den M. pterygoideus lateralis.

Das Kiefergelenk und den M. pterygoideus lateralis

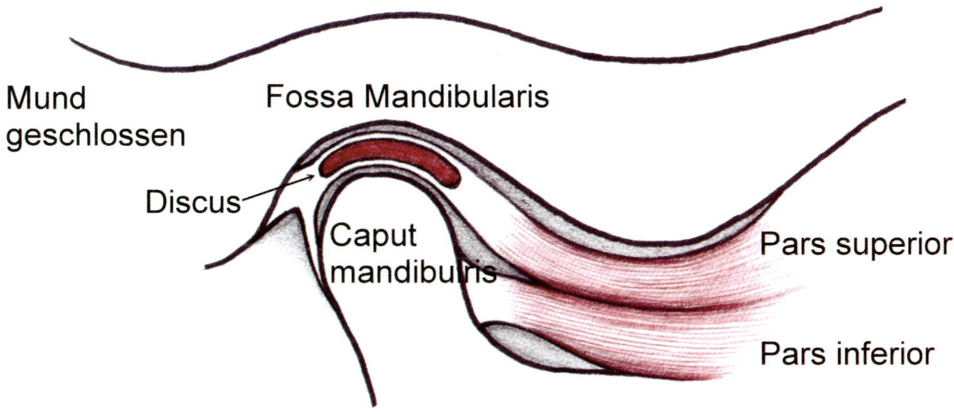

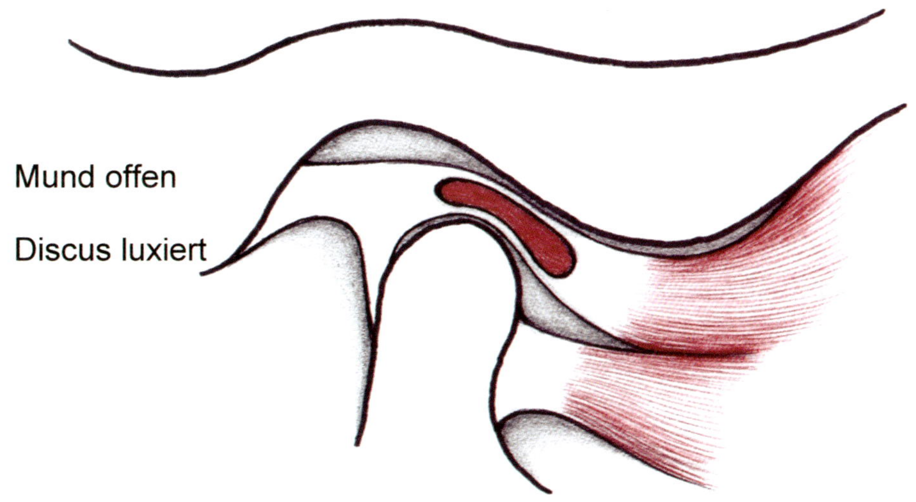

Abb. 96: Kiefergelenk und Muskulatur

Störungen des Kauapparates dekompensiert das tonische Haltesystem auf verschiedene Weise:

- Durch die muskulären Verbindungen lokal und segmental, aber auch über die verschiedenen Muskelketten bis zum Fuß,
- durch die Augenmotorik und den 11. Hirnnerv (N. accessorius, = M. trapezius und M. sterno-cleido-mastoideus),
- durch Störungen der oberen HWS mit dem N. trigeminus und dem cervico-thoracalen Übergang (CTÜ),
- durch die Bewegungen im cranio-sacralen System,
- durch die suprasegmentalen Bahnen.

9.5.3 Regeln für einen normalen Biss

Der Biss ist u.a. typabhängig. Der Yin-Mensch neigt eher zu einem leichten funktionellen Überbiss, der Yang-Mensch eher zu einem leichten Unterbiss. Jeder Biss hat also von Natur aus schon eine leichte Schieflage. Aus funktioneller Sicht sollte man diese natürliche Fehllage nicht ändern. Nimmt man dem Patienten seine natürliche Schiefe, wird er sich verwringen und krank.

Haltung beim Neutralbiss

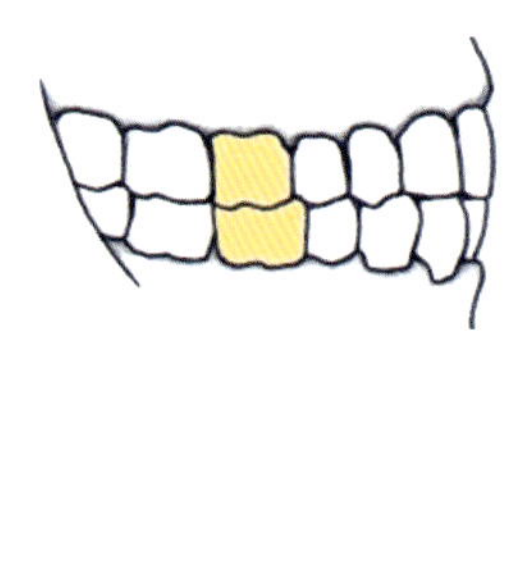

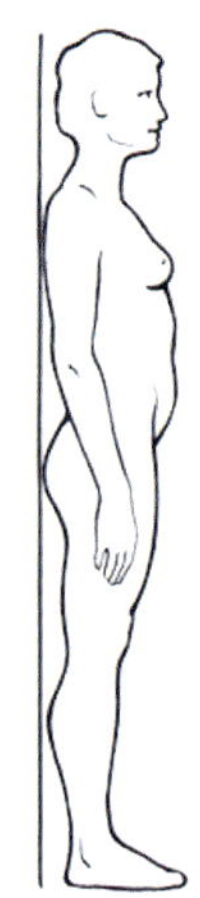

Abb. 97: Haltung bei einem neutralen Biss

Grundrichtlinien sind:

- Die oberen Schneidezähne überdecken die unteren Zähne auf 1–3 mm der sichtbaren Zahnlänge.
- Der obere Eckzahn steht beim Kieferschluss mit seiner Spitze hinter dem unteren Eckzahn.
- Die Mitte der beiden oberen, vorderen Schneidezähne sollte mit der Mitte der beiden unteren, vorderen Schneidezähne übereinstimmen.
- Öffnet man den Mund, muss das in einer fließenden Bewegung ohne Geräusche möglich sein, bis man drei Finger des Patienten quer zwischen die Zahnreihen legen kann.

9.5.4 Überbiss

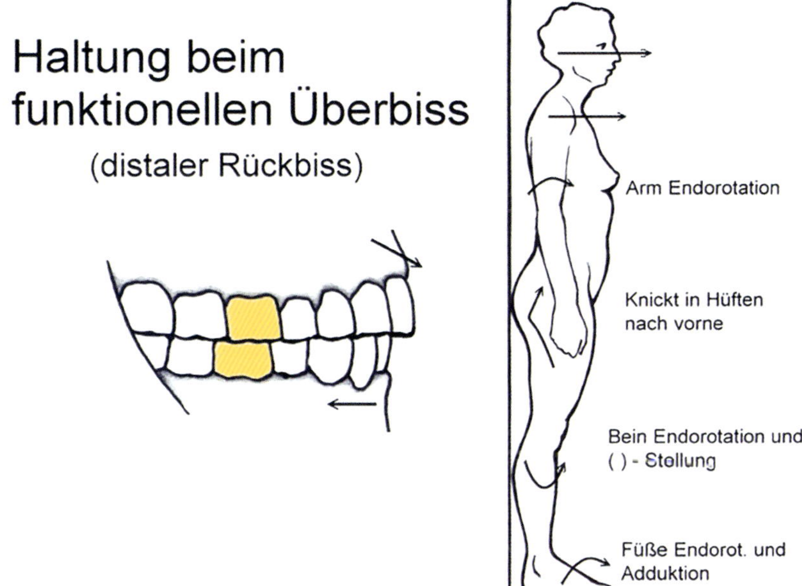

Abb. 98: Haltung beim funktionellen Überbiss

Hier stehen die Zähne der oberen Reihe weiter über den unteren Zähnen. Zeigen die oberen Zähne nach vorne, so liegt oft eine zusätzliche Störung der Zunge vor.

Der Kopf und die Schultern werden nach vorne gezogen, der Patient scheint sich in den Hüften nach vorne zu beugen. Bei der aufsteigenden Kette sehen wir eher eine Scapula posterior, nur der Kopf schiebt sich dann nach vorn.

Die meisten Patienten mit einem Überbiss (distaler Rückbiss) sind eher Yin-Typen, die etwas weniger Energie haben und vom Gemüt her gelassener sind. Hier liegt daher auch oft ein Pes valgus vor.

Entsteht diese Kieferstellung im Laufe des Lebens, so kann es leicht zu einer Diskopathie kommen. Beim Öffnen und Schließen knackt häufig das Kiefergelenk. Der Diskus bleibt oftmals in einer Subluxationsstellung fixiert. Hört man ein Knirschen, dann sollte man eher an eine Arthrose im Kiefergelenk denken.

9.5.5 Vorbiss

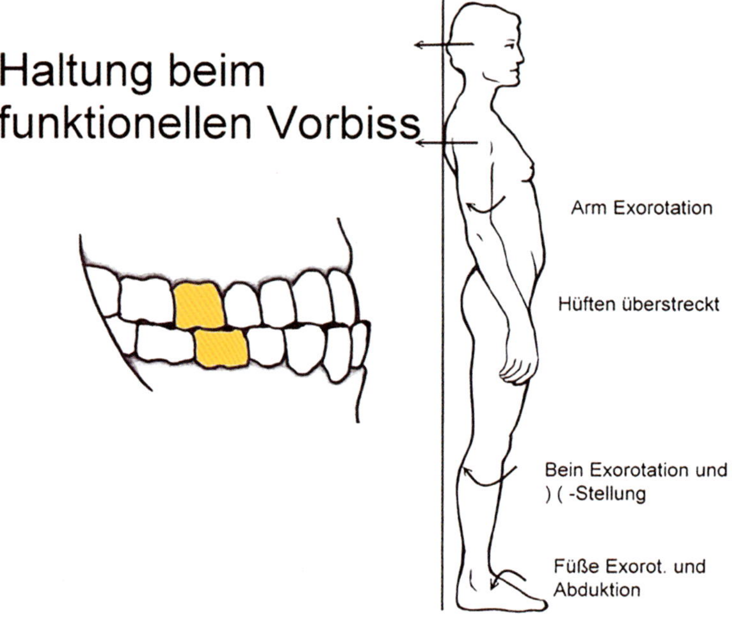

Abb. 99: Haltung beim funktionellen Vorbiss

Hierbei schiebt sich beim Kieferschluss der Unterkiefer vor den Oberkiefer. Entsteht dies im Laufe der Jahre, kann es wiederum zu einer absteigenden Kette kommen.

Die Schulter und der Kopf stehen hinter der Lotlinie, die Hüften sind fast überstreckt. Bei der aufsteigenden Kette sehen wir eher eine Scapula anterior und der Kopf zieht mehr nach hinten. Der Patient korrigiert die absteigende Kette durch einen Pes varus.

9.5.6 Der funktionelle Kreuzbiss

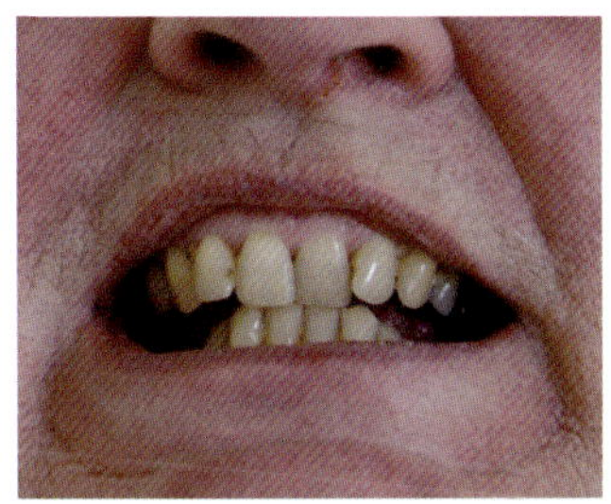
Abb. 100: Funktioneller Kreuzbiss

Durch eine Änderung in der Spannung der Kopfgelenke kann es zu einer seitlichen Verschiebung der Mandibula kommen. Die oberen und unteren Schneidezähne stehen jetzt nicht mehr über einander sondern sind seitlich verschoben.

Bei älteren Patienten ist es schwer fest zu stellen in wie weit diese Zahnstellung eine Folge oder die Ursache für weiter (Biss)Fehlstellungen ist. Bei dieser Bissform sehen wir aber immer ein komplexe Haltungsstörung von Fuß bis Kopf.

Behinderte Nasenatmung, gestörte Muskelfunktionen im ganzen Körper, Narben sowie die Lage und Bewegung der Zunge können hierbei eine Rolle spielen, sowohl als Ursache als auch als Folge.

Bei älteren Patienten sehen wir bei der aufsteigende Kette fast immer einen (minimalen) funktionellen Kreuzbiss,.

9.5.7 Falsche Okklusion durch fehlende Zähne

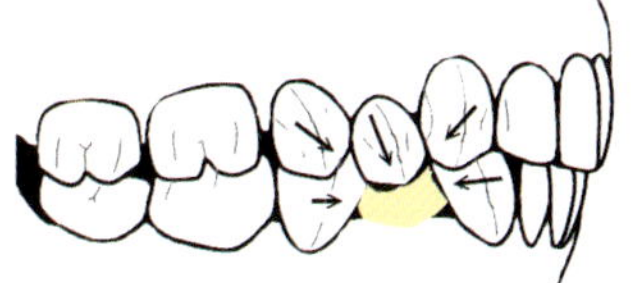
Abb. 101: Fehlende Zähne

Wenn ein Zahn fehlt, drängen die Nachbarn in diese Lücke. Nicht nur bei kleinen Kindern, auch bei Erwachsenen kommt es zu Kippungen der Zähne und manchmal auch zu eine Elongation in der Lücke. Es entsteht ein geänderter Zug an die Aufhängungen und eventuell an Wurzel und Nerven. Dies ergibt eine Reizung und Okklusionsstörung, die auf Dauer zu einer absteigenden Kette führen kann.

Die Zungenfunktion ändert sich und will immer in die Lücke, das führt oft zu eine Fehlpositionierung der Mandibula, zu Spannungen in der Halsmuskulatur und verursacht eine absteigende frontale Kette. Es ist also von vornherein nicht deutlich, wie der Körper reagiert, welche Komponenten (Zähne, Kiefergelenk, Zunge oder eventuell noch weitere Störfelder) ursächlich sind.

9.5.8 Funktioneller Kreuzbiss als Folge des Plattfußes

Tabelle 17: Folgen für den stomatognathen Apparat beim Pes valgus

Os temporale folgt das Ilium anterior	Os occipitale folgt das Sacrum
Temporale anterior = Aussenrotation = Flexion	Occiput = Extension
Blockade u.a. in der Sutura occipito-mastoidea	
Aussenrotation Mandibula	Innenrotation Maxilla
Kiefergelenk schmaler, Kieferwinkel aber breiter	Zahnreihe schmaler und Gaumen höher
Kieferspitze nach dorsal	Kieferspitze nach ventral
Funktioneller Kreuzbiss	

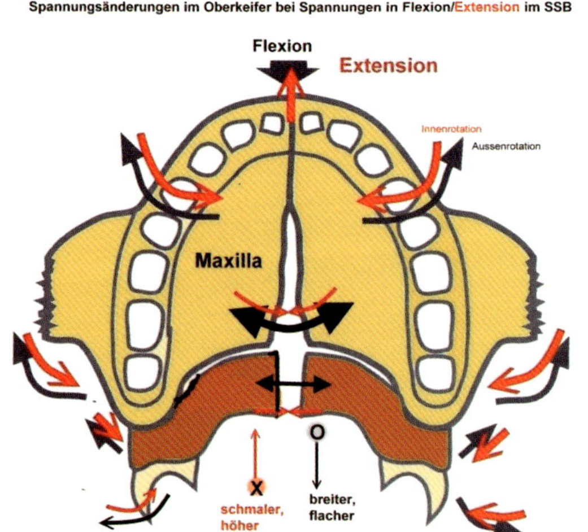

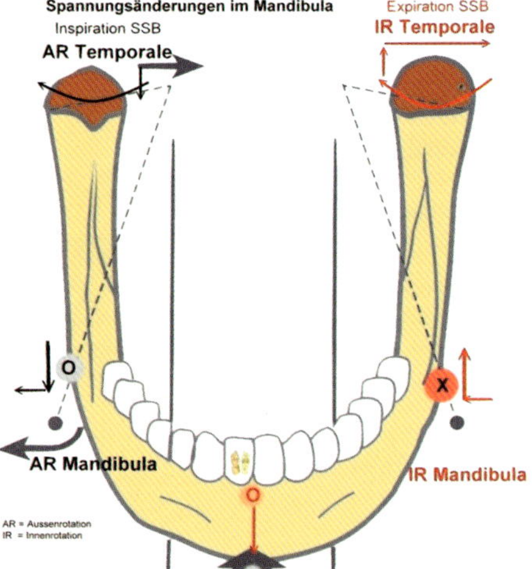

Abb. 102, 103: Maxilla und Manidibula beim Plattfuß.

Haltung bei absteigender Kette durch einen funktionellen Überbiss.
Patient kippt in Hüften nach vorne.

Haltung bei aufsteigender Kette durch Pes valgus.
Patient neigt zum Ilium anterior

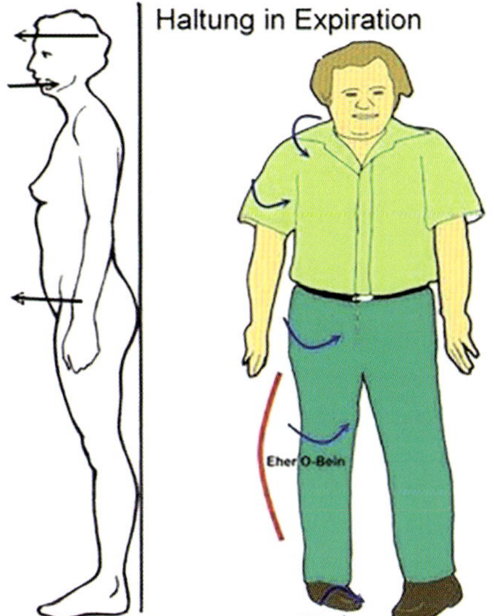

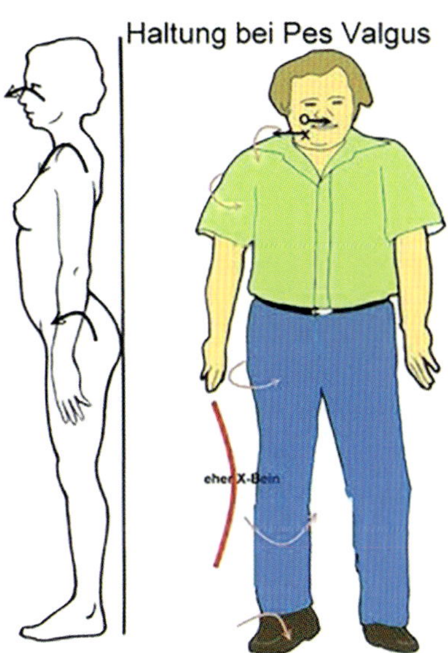

Abb. 104: Haltungen bei aufsteigender und absteigender Kette.

Wird der Biss mittels Hilfsmitteln passiv korrigiert, kommt es oft zu körperlichen Beschwerden. Zahnspangen und Bracketsysteme jeglicher Art üben enorme Kräfte auf die Zähne, die Suturen im cranio-sacralen Bereich und das Kiefergelenk aus. Diese Kräfte werden irgendwo anders im Körper ausgeglichen. Dieser Ausgleich ergibt oft unerklärliche Beschwerden und Verwringungen im Körper. Nicht selten sehen wir nach dem Einsatz von kieferregulierenden Systemen Skoliosen entstehen.

Wir sprechen jetzt vor allem über Kinder in der letzten Phase des Wachstums. In dieser Phase sind viele Knochen und Gelenke noch nicht ausgewachsen und passen sich auf Dauer dieser Verwringung an. Leider spielt das myofasziale System nicht immer so mit, wie man möchte. Die Züge an den Zähnen sind dazu oft auch noch asymmetrisch, wodurch eine dreidimensionale Verwringung entsteht.

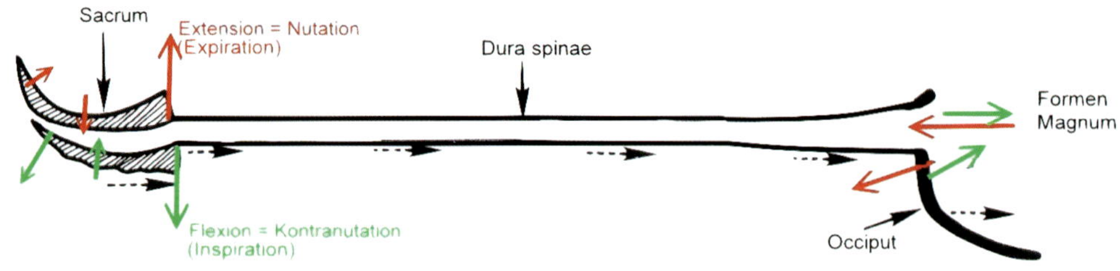

Abb. 105: Cranio-sacrale Bewegung

9.5.9 Was verursachen viele feste Bissregulationssysteme (z. B. Korrektur bei Überbiss)?

Nach der Zahnbehandlung werden die Zähne gerne in der neuen Position mittels sogenannter Retainer (Oberkiefer und /oder Unterkiefer) fixiert und blockieren dadurch weiterhin die individuell vorprogrammierte Haltung und auch die Längssuturen im Mundbereich. Der Körper wehrt sich gegen diese Verwringungen. Da der Mund fixiert ist und somit kaum reagieren kann, wird der Körper reagieren müssen. Es kommt zu unerklärlichen Beschwerden, aber auch zu Skoliosen und weiteren Fehlhaltungen.

Unterkiefer vorwärts fixiert → Innenrotation Mandibula → Temporale posterior → Os occipitale bekommt Impuls in der Streckung und fixiert C0-2 in Flexion → die Wirbelsäule fixiert sich kettenförmig nach distal → das Sacrum fixiert in Nutation → die Beine fixieren in Endorotation mit Tendenz zu X-Beinen à die Füße tendieren zum Varus.

Oberkiefer rückwärts fixiert → Impuls indirekt am Os sphenoidale in Flexion → Fixation C0-2 → die Wirbelsäule fixiert sich kettenförmig nach distal → das Sacrum fixiert in Kontranutation → die Beine fixieren in Exorotation mit Tendenz zu X-Beinen → die Füße tendieren zum Valgus.

Der Körper wird immer wieder versuchen,
in seine vorprogrammierte optimale Haltung zurückzufinden.

Man könnte nun fragen, ob man denn gar nichts tun muss, wenn die Zähne falsch stehen? Die Frage welche Korrektur vorgenommen werden soll, ist nur korrekt zu beantworten, wenn man den Patienten mit einem Spezialistenteam betreut.

Es sollte immer bedacht werden, dass nichts, was lebt, gerade ist. Stellt man also einen schönen geraden Biss her ohne Rücksicht der Körperstatik etc., dann kann dieser Biss nicht gut funktionieren und führt auf Dauer unwillkürlich zu Problemen irgendwo im Körper.

Sicher ist jedenfalls, dass immer die Funktion im Vordergrund stehen soll. Hat man eine optische Schiefstellung – egal, wo im Körper –, die reibungslos gut funktioniert, müsste eigentlich keine Behandlung stattfinden. Es ist aber durchaus sinnvoll eine regelmäßige Kontrolle durchzuführen, damit eine Entgleisung des Systems rechtzeitig behoben werden kann.

Eine schwerere Fehlstellung im Gebiss, die die normale Funktion erheblich stört und daher auf Dauer auch organische Probleme verursacht, muss behandelt werden. Hier sollten erst die funktionellen (stomatognathen) Therapien eingesetzt werden, wenn es absolut nicht anders geht, muss mit einem festen, regulierendem System gearbeitet werden. Bedenke aber, dass diese feste Systeme sehr oft zu statische Störungen wie z.B. Skoliosen, führen.

Behandler, die sich weigern, neue Wege zu erkunden und zu begehen, bleiben in ihrer Entwicklung stehen. Sie schaden damit dem Patienten, der sich mit vollem Vertrauen an ihn wendet.

9.5.10 Falsche Okklusion durch Fehler beim Schliff der Zähne, Brücken etc.

Die Zähne bilden ein hochsensibeles, kybernetisches System. Schneidezähne haben meistens eine Wurzel, die anderen Zähne fast immer mehrere. Die Nervenwurzeln sind Endäste des N. trigeminus (N. alveolaris superior und inferior).

Leider kommen immer wieder Patienten in der Praxis, die Beschwerden bekommen haben, nachdem sie beim Zahnarzt behandelt wurden. Natürlich entstehen auch diese Beschwerden sehr schleichend, daher ist eine genaue Anamnese mit exakter Fragestellung und Zeitskala notwendig.

Wenn ein neuer Zahn oder eine neue Füllung nur minimal zu hoch, zu niedrig oder ungleichmäßig geschliffen ist, kommt es zu einem minimalen, aber konstanten Fehlbiss. Der Biss und somit auch das Kiefergelenk werden minimal, aber ständig verschoben. Es kommt zu einem fehlerhaften, erhöhten oder erniedrigten Druck auf den behandelten Zahn und die weiteren Strukturen im Mund.

Das Zahnhalteapparat ist mit Propriorezeptoren ausgestattet, die Informationen über Bewegung und Position der Zähne geben und eine Verbindung zum zentralen Nucleus mesencephalicus (N. trigeminus) haben. Auch das Paradont enthält Mechanorezeptoren für Schmerz, Berührung und Druck, die zum N. trigeminus gehören. Zahnprobleme können somit sehr schnell eine Trigeminusneuralgie verursachen, es kann sogar zu einer Entzündung des N. trigeminus kommen.

Deshalb gilt: Wenn bei einer „einfachen“ Zahnbehandlung die Okklusion getestet wird, sollte das nicht nur im Stuhl halb liegend geschehen. In dieser Stellung können die meisten Patienten den Kiefer nicht stabilisieren und der Zahnkontakt kann sich schnell um einen Zahn verschieben. Wenn jetzt die Okklusion festgestellt wird, stimmt diese in den meisten Fällen nicht mehr, sobald man in eine aufrechte Position kommt. Den Biss also immer im aufrechten Sitzen und bei stehenden Berufen im Stehen testen.

Wenn eine Betäubung stattgefunden hat, kann man den Kiefer erst nicht kontrolliert bewegen. Auch dann weist der Zahnabdruck häufig Ungenauigkeiten auf. In diesem Fall empfehlen wir, das genaue Einschleifen der Zähne um mindestens ein bis zwei Tage zu verschieben.

Auch nicht zu lange warten mit dem Einschleifen der Zähne, denn dann hat man sich an den Fehlbiss gewöhnt und schon eine Kompensationshaltung (Biss) eingenommen. Wenn man nun diesen Fehlbiss fixiert, treten wieder neue Probleme auf.

9.5.11 Symptome der Okklusionstörungen

Die Beschwerden treten vor allem am Ende der Nacht bzw. frühmorgens auf. Der Patient kann nicht länger im Bett liegen, hat morgens oft einen steifen Nacken, der sich aber im Laufe des Vormittags bessert. Im Allgemeinen hat der Patient mehr Beschwerden in der oberen Körperhälfte als in der unteren.

Lokale Symptome der Okklusionstörung

- abnormales Zahnempfinden,
- lose Kronen,
- Zahnhalsentzündungen,
- Haarrisse in den Zähnen,
- Schmerzen am Zahnansatz, hypersensibele Zähne,
- Schmerzen im Gebiet des N. trigeminus.

Überregionale Symptome

- Schmerzen im Kopfbereich: an den Schläfen, um das Ohr herum, oft auch Blockaden C2 mit Reizung des N. trigeminus;
- Migräne/Kopfschmerz,
- Fixationen oder Blockaden der HWS und im Übergang von LWS zur BWS,
- Fybromialgieähnliche Beschwerden,
- Nackenbeschwerden,
- Rezidivierende Blockaden der (oberen) HWS.

9.5.12 Störungen der Stützmuskulatur des Kauapparats

Die Stützmuskulatur dekomponiert u.a. durch das ständige Zähneknirschen. Es entstehen sogenannte Triggerpunkte und Meridianstörungen. Der Patient klagt über Schluckstörungen, Störungen in der HWS, in den oberen Extremitäten und des CTÜ. Auch Brustschmerz kann als Folge dekompensierter Kaumuskulatur auftreten. (Hier sollte man aber natürlich auch an das Herz denken.)

Störungen im Kauapparat verursachen eine Reizung des kompletten N. trigeminus. Über seine Ganglien hat dieser Nerv Verbindungen zur Thalamus- und Hypothalamusregion mit ihren weiteren nervalen und hormonalen Knotenpunkten.

9.5.13 Die Zunge

Die Zunge ist ein motorisches Organ, das uns das Sprechen, Kauen, Schlucken, Saugen etc. ermöglicht, gleichzeitig ist sie aber auch ein sensorisches Organ. Die Zunge hat nur einen Fixpunkt. Bei einer Fehlposition des Unterkiefers (z.B. bei CMD) kommt es automatisch zur Fehlbelastung / Fehlpositionierung der Zungenmuskeln mit allen dysfunktionellen Auswirkungen. Dabei sollte man auch der Trias Kiefergelenk-Atlas-Zungenbein nicht vergessen.

Die Motorik der Zunge wird über den N. hypoglossus (XII) angeregt und hat einen Kern in der Medulla oblongata mit zahlreichen Afferenzen zur Formatio reticularis und den Nuclei tractus solitarii.

Der individuell empfundene Geschmack wird von der Zunge und der Nase bestimmt. Die Geschmackssensoren auf der Zunge geben ihre Information an verschiedenen Nerven weiter.

Das hintere Drittel gibt sowohl die sensorischen (süß, salzig etc.) als auch die sensiblen (Wahrnehmung wie Schmerz, Wärme, Kälte etc.) Informationen über den N. glossopharyngeus (IX) weiter, der auch die Schlund- und Gaumenmuskeln sowie die Schleimhaut des Schlundes innerviert. Die Sensibilität (z.B. durch scharfe Nahrung) an den vorderen zwei Dritteln der Zunge wird durch den N. lingualis weitergeleitet, die Sensorik in diesem Teil geht über die Chorda tympani, welcher zum N. facialis (VII) gehört.

Der N. facialis versorgt die mimische Muskulatur und den größten Teil der Speicheldrüsen. Er steht zentral in enger parasympathischer Verbindung zum N. glossopharyngeus. N. facialis, N. glossopharyngeus und N. vagus haben ein gemeinsames Kerngebiet mit Bezug zur Geschmack und Geruch (Nuclei tractus solitarii). In diesen Kernen befinden sich auch noch afferente Fasern aus dem Sinus caroticus und dem Glomus caroticum; sodass hier auch Verbindungen zu den Gefäßen und der Atmung bestehen. Die Zunge hat also viel mehr Einfluss auf den Körper als nur auf unser Geschmacksempfinden.

Eine konstante Unruhe der Zunge bedeutet einen Reiz an die Formatio reticularis und an das subkortikale Regulationssystem der Muskulatur. Eine Untersuchung der Zungenfunktion und der zugehörenden Ketten sollte daher nicht vergessen werden.

Die Zunge wird durch acht Muskeln gesteuert. Diese verbinden die Zunge mit:
1. Os hyoideum (vordere Muskelkette)
2. Mandibula (M. genioglossus, indirekt auch M. geniohyoideus und M. mylohyoideus)
3. Proc. styloideus ossis temporalis (M. styloglossus, M. stylohyoideus und M. styloglossus)
4. Pharynx (M. glossopharyngeus und M. constrictor pharyngis medius)
5. Gaumensegel

Die Zunge, die Mandibula sowie viele Kaumuskeln sind ein Teil der tiefen Frontalkette (oberer anteriorer Bereich) und haben somit eine direkte myofasziale Verbindung zu den langen plantaren Fußmuskeln und seinen kurzen plantaren Steuerungsmuskeln (siehe Kapitel 9.4.4.)

Fehlt ein Zahn, fühlt die Zunge immer wieder in dieses Loch. Dies führt zu Verspannungen in der Mundmuskulatur und den dazugehörenden Ketten, sodass es zu Schulterbeschwerden, Kopfschmerzen und zu Störungen der Körperstatik kommen kann.

Nicht nur die Zähne stören die Zungenmotorik, auch z. B. ein Piercing im Mundbereich verursacht eine gravierende Fehlpositionierung der Zunge, eine Änderung des Schluckmusters mit all seinen Folgen für die Propriozeption und die Körperstatik.

9.5.14 Untersuchung des stomatognathen Systems

Lokale Untersuchung:
- Wie öffnet und schließt der Patient den Mund, harmonisch oder unruhig?
- Wann liegen mehr Probleme vor, beim Öffnen (→ Valgusfuß) oder beim Schließen (→ Varusfuß)?

- Gibt es Geräusche beim Öffnen/Schließen?
  - Knacken, Springen: Diskrepanz Condylus und Diskus?
  - Reiben: Arthrose?
  - Knacken: Discopathie?
- Wie weit kann der Patient den Mund öffnen?
- Wie wird die Zunge herausgestreckt? Nicht selten sehen wir hier eine Abweichung nach links oder rechts.
- Gibt es temporale Muskelspannungen? Dies kann man austesten mit der „Uu...“- und ii...“-Übung. Sind andere Muskeln verspannt, sollte man diese auch (im Mund) palpieren.
- Wie ist die Kopfrotation, liegt eine eingeschränkte Bewegung der oberen Körperhälfte vor? Hier sind verschiedene Ausgangssituationen zu testen:
  - Mit leicht geöffnetem Mund den Winkel messen.
  - Mit leicht geschlossenem Mund (dazu einen Mundspatel zwischen die Backenzähne legen) die Kopfrotation links/rechts vergleichen und auf die Bewegungseinschränkung achten.
  - Nun dem Patienten ein Watteröllchen zwischen die Eckzähne legen und wiederum die Kopfrotation und eingeschränkte Bewegung testen. Dieser Test zur Entspannung des Kiefergelenks wird manchmal zusätzlich an den vorderen Schneidezähnen durchgeführt. Durch den Kontakt der Schneidezähne mit gleichzeitig freischwebenden Backenzähnen wird die Anspannung der Kaumuskulatur stark verringert, es kommt zur Entspannung der Kiefergelenke.

Normalerweise muss man die kurz geänderte Belastung auch mit einer Zwischenlagerung kompensieren können. Liegen aber Störungen im Mund vor, dann reagiert man sofort. Dies kann sowohl eine Verbesserung sein, wenn sich z. B. die Höhe angleicht, als auch eine Verschlechterung, wenn die Differenz größer wird. Oft sehen wir beides: Auf einer Seite geht es besser, auf der anderen Seite wird das Ergebnis schlechter.

Der Test mit dem Mundspatel (wir testen nicht mit einer Artikulationsfolie, das ist die Arbeit des Zahnspezialisten) ist eher ein Hinweis auf Höhendifferenzen im Biss. Der Test mit dem Watteröllchen weist eher auf Kiefergelenkstörungen oder Muskelverspannungen hin. Letzteres sollte eventuell erst mit manuellen Techniken und neurophysiologische Sohlen etc. behandelt werden, bevor intensiv am Kiefergelenk oder an der Zahnstellung gearbeitet wird.

9.5.15 Aufbau der Diagnostik

1. Kontrolle der Gesichtslinien
2. Fussabdrucke mit und ohne Zahnkontakt, Aufbissschienen etc. Diese zeigen uns, inwieweit die stomatognathe Kette Einfluss auf die Statik nimmt.
3. Stellung der Zähne
4. Fehlende Zähne
5. Kieferfunktion beim Öffnen und Schließen
6. Mundhygiene und Zahnversorgung (Füllungen etc.)
7. Zungenfunktion
8. Tests der HWS mit Mundspatel (siehe Bewegungseinschränkung des Kopfes links/rechts)
9. Tests der HWS mit Watteröllchen (siehe Kiefergelenksbewegung links/rechts)
10. Kontrolle der Verbindungen zu den anderen Sensoren
11. Kontrolle der zugehörigen Muskelketten
12. Unterberger-Tretversuch: Der Patient dreht zur Seite der Kiefergelenksdysfunktion.

9.5.16 Therapie des stomatognathen Apparats

- Zuerst behandeln wir die akute Störung und Blockade mittels manueller Therapie.
- Danach wird in der Regel eine Podosohle® angefertigt, damit die Statik über die aufsteigende Kette so weit wie möglich wieder aufgebaut wird.
- Ein Hilfsmittel, das wir sehr oft in der Praxis einsetzen, ist die Kiefertrommel:

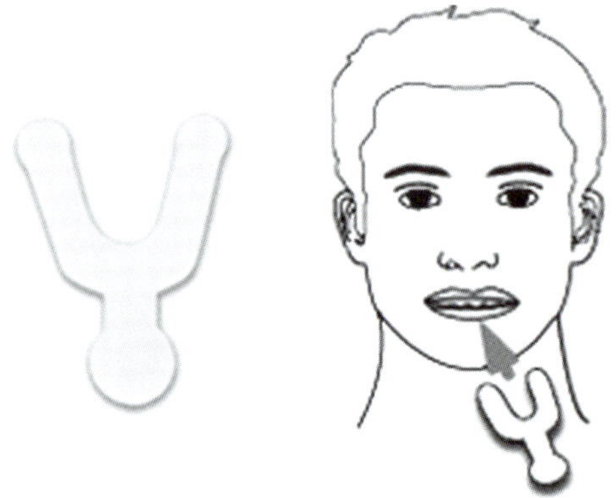

Abb. 106, 107: Kiefertrommel, Übungen für die Kiefertrommel

  - Man nimmt den Bogen locker zwischen die Zähne und bewegt mit einem Finger den kleinen Zipfel auf und ab, sodass eine Vibration entsteht. Diese Vibration spürt man bis in den CTÜ, bei entspannter Muskulatur sogar noch tiefer.
  - Dieses kleine Plastikteil sollte der Patient immer dabei haben und täglich für einige Minuten benutzen. Auch kurz vor dem Schlafengehen sollte noch für ca. drei bis fünf Minuten geübt werden, damit man entspannt in die Nacht geht.
- Brummen: Der Patient sollte versuchen, die Luft zwischen den entspannten Lippen auszupressen, so wie es kleine Kinder gerne mit Brei oder Spinat machen. Viele Patienten können das gar nicht, dann fängt man mit kurzen Stößen an.
- Weiter setzen wir immer wieder kleine Magnete und Crystal Plaster ein, um die Muskelspannung zu normalisieren (z. B. bei Zähneknirschen). Ein Crystal Plaster oder ein Magnet am Augenwinkel, auf die kleine fühlbare Delle gelegt, kann die Entspannung der Kiefer- und Augenmuskulatur unterstützen.
- Der Patient soll versuchen, so viel wie möglich beidseitig zu kauen und auf die richtige Mundhygiene zu achten.
- Wenn nötig, ist eine spezielle manuelle CMD-Therapie einzusetzen.

Rebound-Techniken

Diese Technik wird sowohl zur Detonisation der Kiefermuskulatur als auch zur Stabilisierung (neuro-muskuläre Koordination) der Kiefergelenke benutzt. Zur Detonisation wird mit etwas mehr Gegendruck gearbeitet. Zum Stabilisieren oder zur neuro-muskulären Koordination des Kiefergelenks wird mit einem extrem niedrigen Druck gearbeitet, wie bei der Feinabstimmung und dem Koordinationstraining anderer Gelenke.

Es werden grundsätzlich alle Bewegungsrichtungen behandelt.

P
P = Druckrichtung
F = Fixation mit Körper des Behandlers

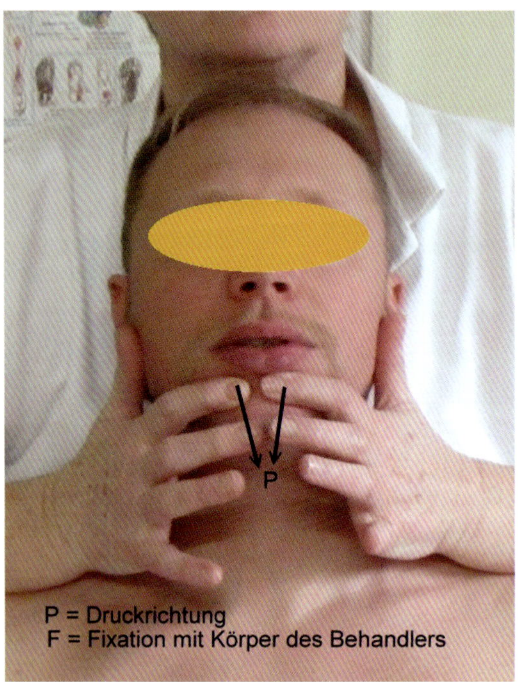

Abb. 108: Training der Schließfunktion

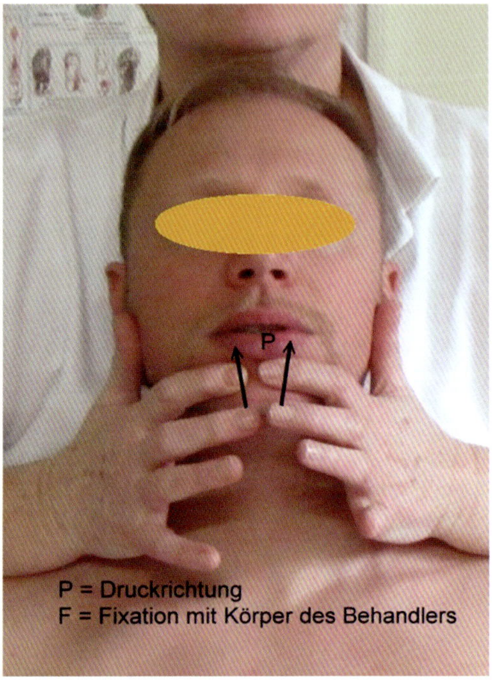

P
P = Druckrichtung
F = Fixation mit Körper des Behandlers

Abb. 109: Training des Mundöffnens

P
P
P = Druckrichtung (hinter Angulus Mandibulae)
F = Fixation Hinterhaupt mit Körper des Behandlers

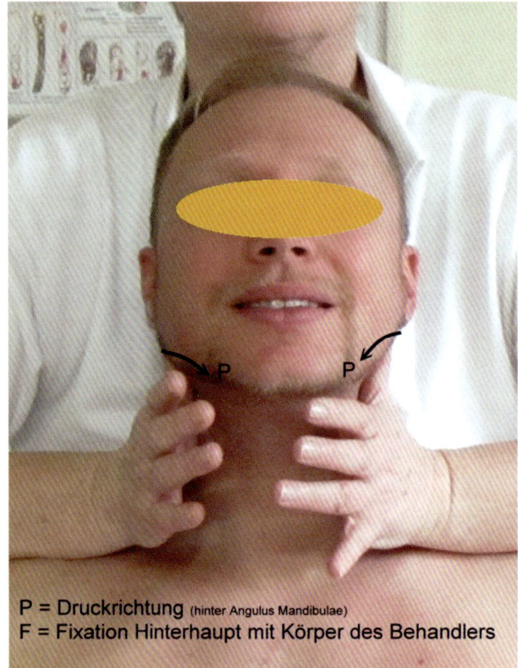

Abb. 110: Training der Detraktion

F
P
F = Fixation
P = Druck

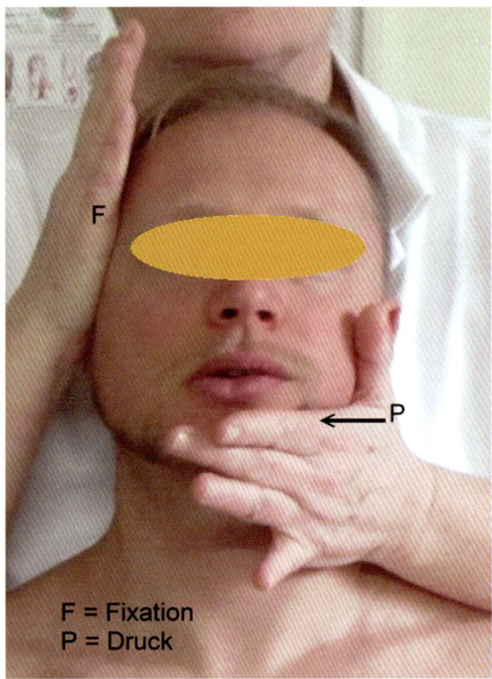

Abb. 111: Training der Seitwärtsbewegung

9.6 Die visuell absteigende Kette

Die Augen und die Füße sind die Basis der aufrechten Haltung. Hat man keinen Fußkontakt und keinen Augenkontakt, ist die räumliche Orientierung komplett gestört.

Gutes Sehen wird fast immer aus Sicht des Auges und der Sehschärfe beurteilt. Auf die Sehfähigkeit, die Funktion der Augenmuskulatur und das Nervensystem, also die visuelle Wahrnehmung, wird weniger geachtet.

Sehen ist eine Kombination zwischen Augenfunktion und visueller Wahrnehmung, die im Gehirn stattfindet. Sie ist u. a. abhängig von einer ausgeglichenen Körperhaltung.

9.6.1 Das Auge

Das Auge wird durch eine Umhüllung (Sklera) in einer Kugelform gehalten und ist ausgestattet mit verschiedenen stoffwechselaktiven Geweben (Choroidea) und visuellen Sensoren (Retina). Der Druck im Auge wird durch den Glaskörper reguliert. Der Lichteinfall wird durch die Pupille reguliert, ähnlich der Blende beim Fotoapparat. Je größer die Öffnung (f/1.4), desto kürzer kann die Belichtungszeit sein, aber desto weniger wird auch die Tiefenschärfe – meistens nur einige Zentimeter. Alles außerhalb dieses Bereichs sieht man verschwommen.

Die Pupille wird vom vegetativen Nervensystem gesteuert und ist sehr stressempfindlich. Auch die Nachtblindheit kann eine Folge einer Pupillenstörung sein.

Die Linse sorgt dafür, dass das fokussierte Bild (Brennpunkt oder Akkommodation) genau hinten im Auge auf die Retina fällt. Je flacher die Linse, desto weiter liegt der Brennpunkt weg.

Funktioniert die eigene Linse nicht mehr richtig oder ändert sich die Augenform, dann trifft der Brennpunkt nicht mehr genau auf die Retina. Man sieht verschwommen. Das Glas in der Brille wirkt wie ein Prisma. Es verlegt den Brennpunkt nach vorne (+ Glas) oder nach hinten (– Glas), damit der Brennpunkt wieder genau auf die Retina trifft. Daher muss das Glas auch exakt in der Brille eingesetzt werden. Jede Änderung, egal ob Abstand oder Winkel, zwischen Brillenglas und Auge versetzt den Brennpunkt und sorgt dafür, dass man nicht mehr scharf sehen kann. Man passt die Kopfhaltung an die Fehlstellung der Brille an. Es kommt zu Verspannungen und Änderungen der Haltung.

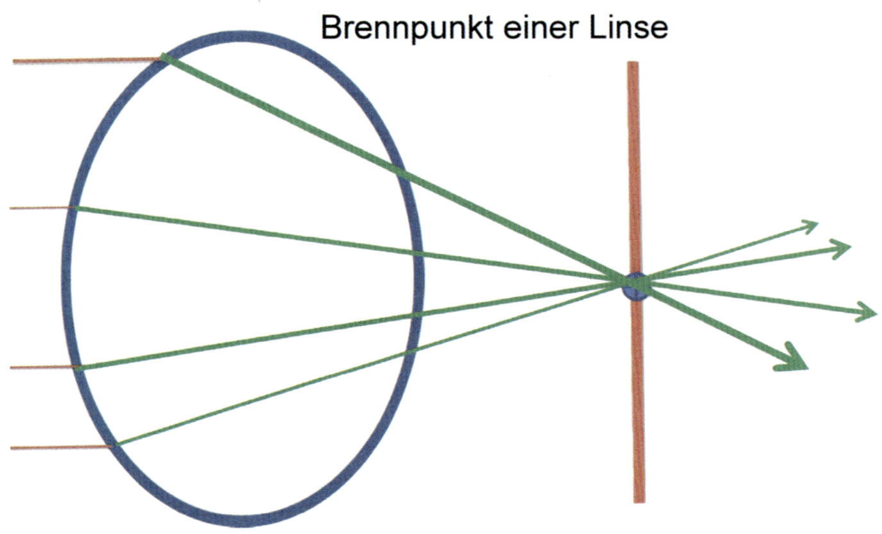

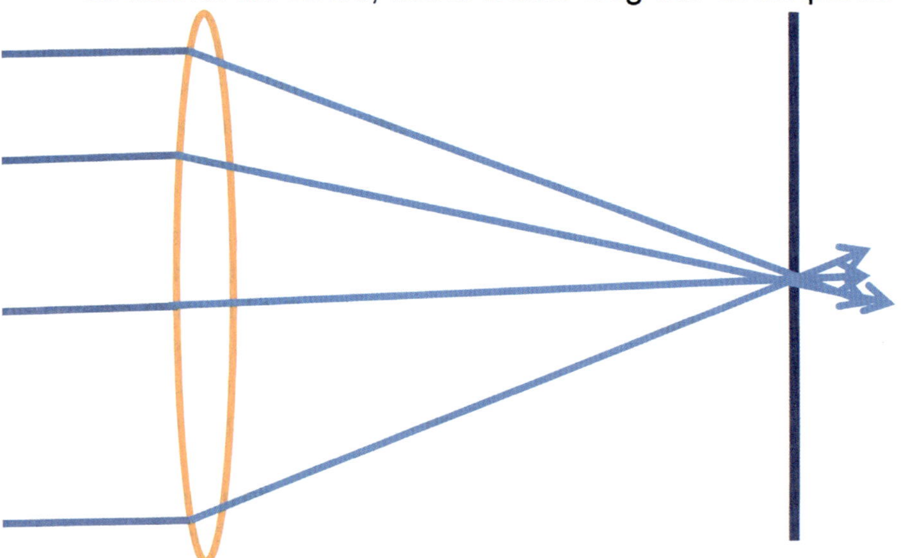

Abb. 112: Linsenform und Brennpunkt

Das Auge wird durch sechs Muskeln gesteuert. Nur wenn diese Muskeln exakt zusammenarbeiten. Die Akkomodation des Auges ist die Regulation der Brechkraft der Linse durch den parasympathisch innervierten M. ciliaris, nicht die Zusammenarbeit der äußeren Augenmuskeln. Kontraktion des M. ciliaris führt zu Erschlaffung der Zonulafasern, an denen die

Linse aufgehängt ist. Die Linse wird durch die Eigenelastizität ihrer Fasern stärker abgerundet und die Brechkraft erhöht sich. Somit können Pupille und Linse ein Bild fokussieren. Die Retina ist eigentlich die Aufnahmeplatte und entscheidet darüber, wie scharf das Bild wird, wie viel Pixel das Bild hat und wie die Farbverhältnisse sind, ob die Farbe scharf wahrgenommen wird oder eher ein Schwarz-Weiß-Bild entsteht.

Linse
Retina

Rot: Ohne Glas; Brennpunkt vor der Retina
Blau: Mit Glas; Brennpunkt trifft auf der Retina

Abb. 113: Einfluss des Brillenglases auf die Sehschärfe

9.6.2 Die Augenmuskeln

Die Augenmuskeln arbeiten in exakter Abstimmung mit dem Körper.

- Jede Änderung des Visus (Sehschärfe) verursacht eine Änderung der Augenmuskelfunktion und umgekehrt.
- Jede Störung der oberen Halswirbelsäule verursacht eine Änderung der Augenmuskelspannung und umgekehrt.
- Jede aufsteigende Kette verursacht Störungen der Augenmuskulatur und umgekehrt.
- Störungen des ZNS verursachen eine Wahrnehmungsstörung der Sehregion (Großhirnrinde) und somit eine Spannungsänderung der Augenmuskulatur und umgekehrt.

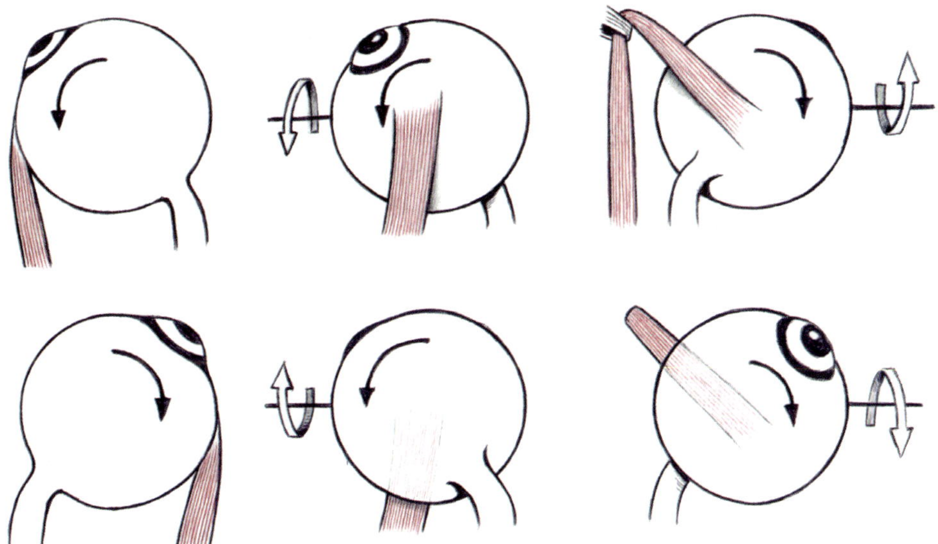

Abb. 114: Die Augenmuskeln

Die sechs Muskeln, die das Auge steuern, sind:

1. M. obliquus inferior
   - Origo entspringt medial am Margo infraorbitalis und zieht zur temporalen Seite des Bulbus
   - Funktion: Heben, Abduktion und Außenrotation
   - Innervation: N. oculomotorius (III)
2. M. obliquus superior
   - entspringt medial am Keilbeinkörper, zieht fast bis zum Orbitarand und wird hier durch eine Trochlea umgelenkt und setzt auf der temporalen Seite des Bulbus an
   - Funktion: Senken, Abduktion und Innenrotation
   - Innervation: N. trochlearis (IV)
3. M. rectus lateralis
   - Funktion: reine Abduktion
   - Innervation: N. abducens (VI)
4. M. rectus superior
   - Funktion: Heben, Adduktion und Innenrotation
   - Innervation: N. oculomotorius (III)
5. M. rectus inferior
   - Funktion: Senken Adduktion und Außenrotation
   - Innervation: N. oculomotorius (III)
6. M. rectus medialis
   - Funktion: reine Adduktion
   - Innervation: N. oculomotorius (III)

Es besteht eine anatomisch-physiologische Beziehung zwischen den Nervenkernen des III.–V. Hirnnervs, die die extrinsische Muskulatur des Augapfels innervieren, und den spinalen Nervenkernen des N. accessorius (XI. Hirnnerv), der den M. sternocleidomastoideus und den M. trapezius innerviert.

Die Rotation des Kopfes erfolgt vor allem aufgrund der Kontraktion des M. sternocleidomastoideus. Der M. trapezius dagegen ist wichtig für die Koordinierung und Anpassung der Haltung.

Die vier geraden Augenmuskeln entspringen von einem trichterförmigen Anulus tendinosus communis um den Canalis opticus mit seinem N. opticus. Bei einer Spannungsänderung der Muskeln muss das automatisch Auswirkungen auf den Nerv und auf die feinen Lymphgefäße in diesem Bereich haben.

Sind diese Muskeln nicht optimal in ihrer Zusammenarbeit mit den Colliculi superiores der Lamina tecti (Blickzentrum) aufeinander abgestimmt, kommt es zum Schielen (Strabismus) oder Mikroschielen (Phorie). Eine Phoriestörung wird häufig nicht erkannt oder ignoriert, dabei ist eine Korrektur gerade dieser Phoriestörung so wichtig für die Körperstatik.

Richtiges Sehen ist ein komplexes Zusammenspiel von Augen, optischem Nervensystem, Augenmuskeln und Körperstatik (vor allem der oberen HWS und CTÜ).

9.6.3 Die visuelle Wahrnehmung

Das Bild, das wir gerade mit dem Auge eingefangen haben, wird über den N. opticus an das Gehirn weitergeleitet.

Abb. 115: Die acht Quadranten nach van der Braak [4]

Auf der optischen Rinde im Okzipitallappen wird dieses Bild in acht Quadranten, vier vom linken Auge und vier vom rechten Auge, abgespeichert und muss hier wieder zu einem Bild vereint werden.

Gibt es irgendwo auf dem Weg vom Auge bis zur Sehrinde eine Störung, wie z. B. nach einer Gehirnerschütterung, Kopfverletzung oder einem Hirnschlag, dann bilden diese acht Quadranten keine Einheit mehr und man sieht unscharf. Neben einem notwendigen Sehtraining ist auch eine spezielle Corfobrille[3] anzuraten. Wir empfehlen hier immer das sogenannte Corfosystem von Herrn van der Braak. Mit diesem System können kleinste Fehlsteuerungen erkannt werden. Durch eine minimale, aber sehr genaue Korrektur der Phorie (Corfo) in der Sehhilfe kann die Wahrnehmung so geändert werden, dass der Patient wieder ein einheitliches Bild sieht. Diese Methode ist noch relativ unbekannt und daher gibt es leider nur wenige Optometristen, die sich hiermit befassen.

Die visuelle Wahrnehmung ist die Abstimmung der verschiedenen Augenfunktionen, die vier Kreise von Skeffington.

Nur wenn diese Prozesse einzeln alle gut funktionieren und exakt aufeinander abgestimmt sind, ist eine korrekte visuelle Wahrnehmung möglich.

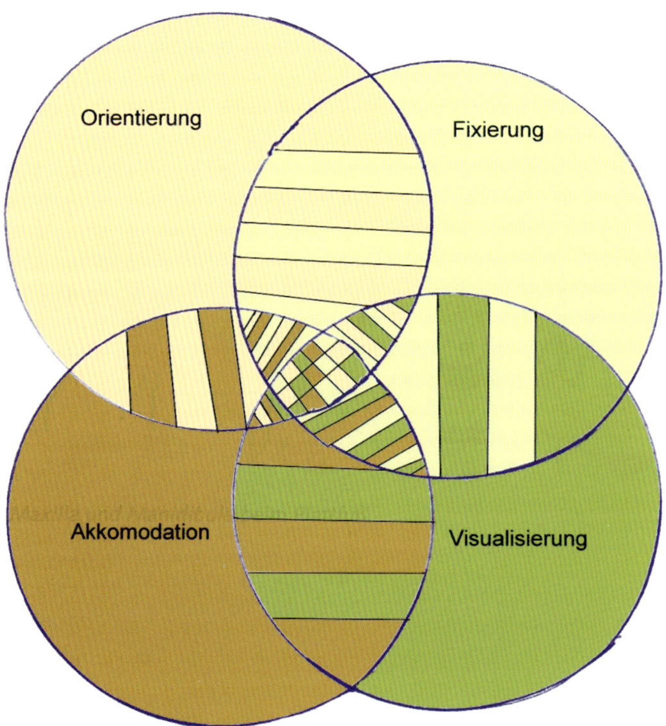

Abb. 116: Die vier Kreise von Skeffington.

3 Corfo = Korrektur der Phorie, also eine minimale Korrektur, genauestens eingestellt auf die individuelle Fehlsteuerung der Augen als Einheit.

1. Orientierung: Augenbewegung, Okulomotorik der Augenmuskeln
2. Fixierung: Winkelberechnung und Einstellung (= Vergenz) durch richtige Koordination der Augenmuskeln
3. Akkomodation: Scharfstellen auf das Objekt durch Änderung (Akkomodation) der Linsenform und der Pupillengröße. Somit kann das Bild aus seiner Umgebung hervorgehoben werden (dreidimensionales Sehen)
4. Visualisierung: Vorstellen, was es ist bzw. sein könnte, Abgleich mit bekannten Bildern, Zurückgreifen auf das gesammelte Wissen aus der Vergangenheit

9.6.4 Die Mikro-/Winkelfehlsichtigkeit oder Phorie

Fast jedes lebende Wesen hat eine minimale Phoriestörung. Diese ist physiologisch und sollte daher nicht mithilfe von Brillen oder Linsen geändert werden. Der Körper kennt es nicht anders und braucht keine Energie, um mit dieser physiologischen Schiefe zurechtzukommen.

Um die Winkelfehlsichtigkeit (Phorie) festzustellen, machen wir einige vom Augenarzt oder Optiker bekannte Tests, die wir aber anders interpretieren. In der Praxis benutzen wir für den Schnelltest das Maddoxglas. Stellen wir eine Abweichung fest, wird erst manuell gearbeitet (z. B. mit Osteopathie/Chiropraktik oder Manueller Therapie nach Marsman) und eine neurophysiologische Sohle angefertigt. Eventuell wird mittels anderen Naturheilverfahren auf die Durchblutung etc. eingegangen. Selbst haben wir leider erfahren müssen, dass auch Narkosen, Kontrastmittel etc. die Phoriestörung begünstigen. Eine Entgiftung und die Empfehlung, einen Funktionaloptometristen aufzusuchen, sind dann wichtig, um die Störung zu verbessern.

9.6.5 Einfluss der aufsteigenden Ketten auf die Augenfunktion

Die aufsteigende Kette verursacht u. a. Spannungen im cranio-sacralen System. Dies sind nur kleine, aber dauernde Reizungen. Oft werden sie ignoriert.

Stellen Sie sich vor: Ihr Partner streichelt Sie sanft über die immer gleiche Stelle. Sie empfinden das als sehr schön, aber es dauert nicht lange, dann wird das Streicheln zum unangenehmen Reiz. So funktioniert es auch mit anderen Reizen – lang anhaltende minimale Reize werden zu einem unbewussten Problem.

Gehen wir noch einmal kurz zurück zu Kapitel 7.3.6 und erinnern uns an die Folgen des Plattfußes:

Beim Plattfuß bekommen wir am Os temporale einen Reiz nach anterior/Exorotation, gleich wie die Bewegung im Ilium nach anterior. Das Os occipitale folgt dem Os sacrum in der Nutation, also in posterior/Extension. Es kommt somit zu einer suturalen und intraossären Reizung zwischen Os temporale und Os occipitale. Die Orbita nimmt diese Spannung auf.

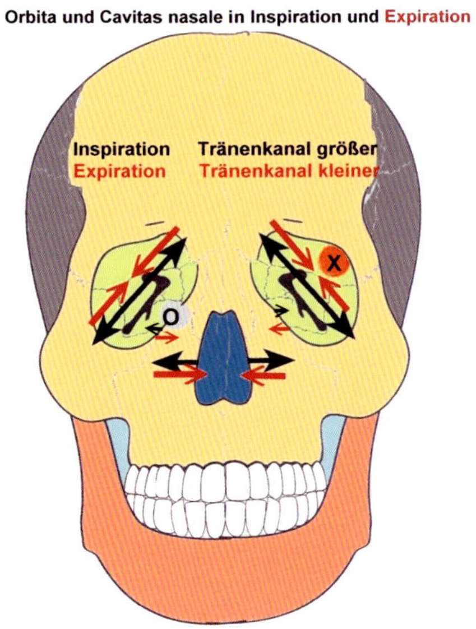

Beim Valgusfuß (Plattfuß) liegt die Orbita tiefer und der Durchmesser ist kleiner: Das passt wiederum zum Yin, man verliert Energie. Im Volksmund spricht man oft über die tiefliegenden Augen bei Menschen, die Energie verlieren.

Abb. 117: Einfluss der aufsteigenden Kette auf die Orbita.

Beim Varusfuß liegt die Orbita weniger tief und der Durchmesser ist größer: Die Augen werden nach außen gedrängt. Sobald die Spannung im Körper zunimmt, sagt man z. B. „es fallen ihm fast die Augen aus dem Kopf".

Jeder Änderung der Körperstatik hat einen direkten Einfluss auf die Augenfunktion. Jede Änderung der Augenfunktion hat einen direkten Einfluss auf die Körperstatik. Die Kunst des Behandlers ist es, die verschiedenen Ursachen der Störung zu finden und Schritt für Schritt zu beheben.

9.6.6 Die Brille als möglicher Störfaktor der Haltung

Die Brille ist ein Hilfsmittel und muss daher für die Arbeit und andere Lebensumstände angepasst werden. Wieso hat man verschiedene Schuhe für verschiedene Aktivitäten, z. B. Sportschuhe, Wanderschuhe, Arbeitsschuhe, sogar „Sonntagsschuhe" etc. – aber meist nur eine Brille?

9.6.6.1 Wie wird eine Brille angepasst?

Die meisten Brillen werden eingestellt, damit man besser in die Ferne sehen kann (ab 1 m bis unendlich). Dazu gibt es noch die Lesebrille, die auf einen Standardabstand von 30 cm (Mittelwert) eingestellt wird. Es wird mit verschiedenen Gläsern getestet, bis man die optimale Stärke gefunden hat. Dann wird noch die Augenachse bestimmt. Das wichtigste scheint oft das Aussuchen der Brillenfassung. Wir haben das Gefühl, dass hier oft weniger auf die Funktionalität als vielmehr auf das Aussehen geachtet wird (wie auch oft beim Schuhkauf). In den meisten Fällen werden die Gläser in die Brille gesetzt und diese wird erst beim Abholen eingestellt, damit sie gerade sitzt und nicht hinter den Ohren klemmt. Wenn es gut gemacht sein soll, muss schon bei der Brillenauswahl überprüft werden, wo die Augen optimal durch die Brille sehen. Auf dem einfachen Kunststoffglas, das beim Anpassen noch in der Fassung sitzt, sollte der Schnittpunkt der Pupillen eingezeichnet werden, und die Brille sollte u. a. an Kopfform und Ohrenhöhe (die fast immer unterschiedlich hoch stehen), angepasst werden. Erst dann sollten die Gläser eingebaut werden, und zwar genau passend. Eine nicht optimal eingestellte Brille ergibt fast immer eine Phoriestörung, die man mit dem Maddoxglas austesten kann.

Gleitsichtbrillen bergen ein weiteres Problem: In einer Brille müssen Gläser zum Fernsehen und zum Lesen eingesetzt werden. Diese Brille darf nicht zu klein sein, da sonst beide Sichtfelder zu klein werden. Viele Patienten müssen sich enorm an eine Gleitsichtbrille gewöhnen, vor allem beim Treppensteigen etc. gibt es Probleme. Warum? Weil man dabei durch den unteren Teil der Brille sieht und dieser Teil aber zum Lesen eingestellt ist, also auf das Scharfsehen in 30 cm Entfernung. Die Füße und der Boden sind aber immer etwas weiter weg, sodass man diese sehr unscharf wahrnimmt.

9.6.6.2 Die Arbeitsbrille

Für die Arbeit muss meistens eine andere Brille her. Dazu einige Praxisbeispiele:

1. Die Computerbrille

Viele Büroarbeiter haben schon eine Weitsichtbrille. Diese ist auf 1 m plus eingestellt. Da junge Leute noch kompensieren können, kommt es zunächst zu keinen Beschwerden. Irgendwann braucht man dann aber doch eine Lesebrille, jetzt entscheidet man sich meistens für eine Gleitsichtbrille. Mit dem unteren Leseteil kann man die Arbeit im Büro und am Schreibtisch gut erledigen, aber was ist mit der Schrift auf dem Computer-Bildschirm? Dieser steht meistens zwischen 50 und 80 cm vom Gesicht entfernt. Dieser Abstand ist zu kurz für das obere Weitsichtglas. Mit beiden Teilen der Brille kann man die Schrift auf dem Bildschirm nicht lesen. Eine größere Schrift ist oft schlecht, da man dabei nicht mehr die volle Breite des Dokuments sieht. Also bewegt man sich oft unbemerkt dichter an den Bildschirm heran und bringt den Kopf dabei in Extension, man muss ja durch den unteren Teil der Brille sehen. Dass diese Haltung zu Beschwerden, ja selbst zu Hüftfunktionsstörungen, Ischialgie etc. führen kann, ist dann deutlich.

2. Die Brille für Vorträge

Die meisten Vortragenden stehen während des Vortrages. Die Brille für einem Vortrag muss daher meistens genau umgekehrt eingestellt werden: Der Weitsichtteil ist okay, aber der Leseteil hat die falsche Einstellung, dieser muss auf den Durchschnittsabstand am Lesepult eingestellt werden. Dieser Abstand sollte gemessen werden, um die Stärke der Brillengläser dahingehend zu verändern.

3. Die Sicherheitsbrille an der Maschine

Neben den berufsbedingten Sicherheitsmaßnahmen muss auch hier der Abstand zur Arbeitsfläche berücksichtigt werden. Bei einigen Berufen muss eventuell der Brennpunkt der Brille auch noch etwas verlagert werden.

4. Sehhilfe beim Autofahren (z. B. Berufsfahrer)

Herr van der Braak erzählte uns dazu einmal die folgende Geschichte: Bei einem Busfahrer trat, seit er bei der Arbeit eine Brille trug, während des Fahrens immer stärkerer Schwindel auf. Es wurden viele Untersuchungen durchgeführt, aber es wurde nichts gefunden. Der Busfahrer war konstant krankgeschrieben und hatte Angst, bald Frührentner zu werden. Dann lernte er Herrn van der Braak kennen. Auch er fand in erster Instanz keine Ursache für die Beschwerden. Im weiteren Gespräch stellte sich dann aber heraus, dass der Fahrer beim Busfahren regelmäßig in den Spiegel schauen musste und dabei mehr die Augen drehte als den Kopf. Somit sah er die ganze Zeit immer wieder durch einen anderen Teil der Gläser. Da jedes Glas ein Prisma ist, sah er also die ganze Zeit durch verschieden dicke Gläser, also verschiedene Dioptrien-Stärken, die schnell Unterschiede von 1 oder mehr dpt erreichen. So schnell und so lange können die Augen dies nicht ausgleichen. Der Kunde setzte noch einmal die Brille auf und machte einige Zeit mit den Augen die genannten Bewegungen. Bald trat wieder der Schwindel auf. Die einzige Lösung war in diesem Fall ein individuell exakt eingestellter Satz Kontaktlinsen. Seitdem der Patient diese während der Fahrt trägt, ist der Schwindel nicht mehr aufgetreten.

Durch diesen vorbeschriebenen Test wird auch deutlich, dass die Augenbewegungen hinter dem Glas sehr individuell sind. Sie sind u. a. abhängig von der Augenmuskulatur, aber auch von der Nackenmuskulatur und der Verbindung der oberen Halswirbelsäule zu den Augen. Eigentlich muss also jede Brille eine Art Beipackzettel haben. Auch dies hat Herr van der Braak entwickelt (BRAVO-System [4]). Wir haben ein Computerprogramm von ihm, mit dem man anhand der Brillenwerte schnell sagen kann, in welche Richtung man am besten durch die Brille sieht. In der Praxis wird diese Einstellung getestet und der Patient übernimmt die optimale Arbeitsplatzeinrichtung (hierbei sollte man auch an Schulkinder denken, die links oder rechts von der Tafel sitzen). So kann man einige Probleme recht einfach lösen.

Wir arbeiten hauptsächlich mit Schnelltests. Sobald eine Abweichung gefunden wird, muss entschieden werden, wie und welcher Spezialist diese Abweichung am besten beheben kann.

9.6.7 Podo-Postural relevante Diagnostik des visuellen Systems

9.6.7.1 Anamnese

Wichtig sind die Fragen nach Unfällen, Konzentrationsstörungen, Kopfschmerzen, bekannten Pathologien der Augen und nach Sehhilfen, also Brillen oder Linsen, die getragen werden.

Patienten klagen oft über brennenden Augen, das Gefühl von Sand in den Augen, Blinzeln, Lichtempfindlichkeit, Rötungen usw. Augenstörungen verursachen eher spät nachmittags/abends Beschwerden, vor allem in der HWS und im Schultergürtel. Typisch sind auch die unspezifischen Kniebeschwerden bei allen absteigenden Ketten. Weiter sehen wir oft periphere, mono-artikulare Schmerzen, Insertionstendopathien, funktionelle Beinlängendifferenzen usw.

Wenn wir die Augen testen, darf kein Zahnkontakt vorliegen. Zahnkontakt und Augen beeinflussen sich gegenseitig. Es kann somit schnell zur Verfälschung einiger Testergebnisse kommen.

Allgemein gilt:

- Der Kopf neigt leicht zur Seite mit einer minimalen Rotation und Flexion/Extension; das kann physiologisch sein. Diese Kopfhaltung wird u. a. in Verbindung gebracht mit der Exophorie oder Esophorie der Augen. In der Manuellen Therapie nach Marsman gibt es hierzu genaue Tests.
- Die Füße stehen auch nach mehrfachen Tests immer auf unterschiedlicher Höhe. Füße stehen eher geöffnet (Vorfußabstand breiter als erwartet). Hier liegt ein deutlicher Verdacht auf propriozeptive Störungen der Augenmuskulatur vor.
- Die Neutralstellung der Augen finden wir auf einem Sehabstand von ca. 2,5 bis 3 m: Alle Objekte, die näher an den Augen sind, ergeben eine physiologische Esophorie, alle Objekte, die weiter weg sind, ergeben eine Exophorie.

9.6.7.2 Test des dominanten Auges

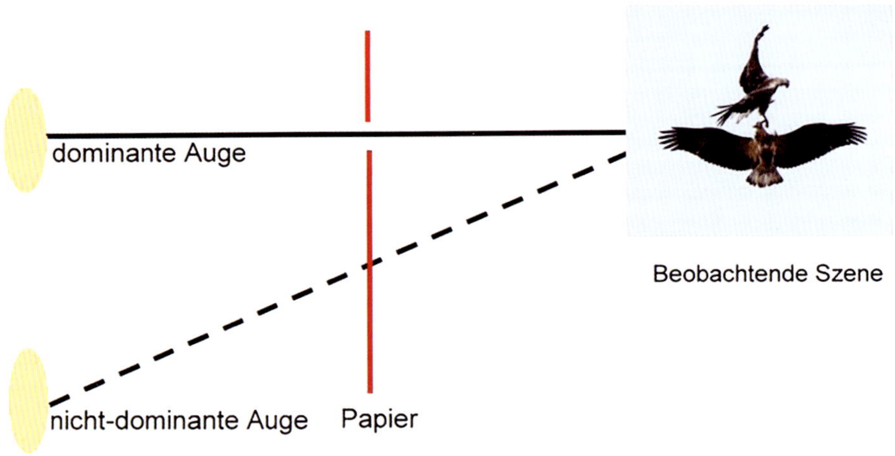

Abb. 118: Test dominante Auge

Der Patient sollte beide Augen öffnen und ein Stück Papier mit einem kleinen Loch in der Mitte auf Armabstand vor die Augen halten. Durch das Loch wird ein Punkt fixiert.

Die Arme müssen gestreckt sein und dürfen sich nicht mehr bewegen. Jetzt soll ein Auge geschlossen werden. Mit dem dominanten Auge sieht er weiterhin den fixierten Punkt, das andere Auge schaut gegen den Zettel und der Punkt verschwindet.

Das dominante Auge ist meistens gleich der Lateralität (Händigkeit). Wenn es gegensinnig ist, ist der Patient oft koordinativ schwächer. Sein neurosensitives System ist praktisch ausschließlich auf die Macula der Netzhaut begrenzt, in der die Zäpfchen überwiegen (Hell- und Farbsehen). Sein Rezeptionskortex ist die Fissura calcarina an der Innenseite des Hinterhauptlappens.

Das nicht dominante Auge ist das sogenannte stereognostische Auge. Die Rezeption erfolgt vor allem auf der peripheren Netzhaut, wo die sogenannten Stäbchen-Rezeptoren überwiegen (Bewegungs- und Dämmerungssehen, 500-mal lichtempfindlicher als die für das Farbensehen zuständigen, sogenannten Zäpfchen). Diese haben als Hauptauftrag die Wahrnehmung, die Lokalisierung und die Kontrolle von Raum und Bewegung. Sie erfassen durch die Augenwinkel den Raum, in dem sich die Person befindet, und informieren sie dank ihrer kinetischen Sensibilität automatisch und reflektorisch über alles, was sich im Raum bewegt. Durch die Synthese versetzen sie die Hinterhauptrinde in Alarmbereitschaft und damit in die Lage, alle Veränderungen in ihrem Umfeld aufzunehmen. Die periphere Netzhaut ist das eigentliche Zentrum der kinetischen Sinneswahrnehmung.

Die Aktivität beider Augen zusammen ermöglicht das Erfassen der Objekte und des Abstandes zwischen ihnen.

Jeder Mensch weist eine individuelle Lateralität der Augen auf. Bei dem dominanten Auge herrscht die Information aus der Macula vor, beim anderen Auge die Information der peripheren Netzhaut. Der einäugige bzw. schielende Patient passt sich relativ leicht an die beiden Sehweisen an, indem er mit dem gesunden Auge zwischen Macula und peripherer Netzhaut alterniert.

Den Verlust der Lateralität des Sehens
Dies bedeutet einen Rollenwechsel zwischen Leit- und Hilfsauge, was u. a. eine unterschiedliche kortikale Rezeption bedeutet.

Dank des Chiasma opticum (Sehnenverkreuzung) gelangen die visuellen Botschaften eines Auges in beide Hirnhälften. Sobald jedoch funktionelle oder organische Augenprobleme bestehen, fließen die Botschaften über unterschiedliche Kreise. Dies kann besonders bei Kindern zu Gedächtnisstörungen, Dyslexie, Dysgraphie und Dyspraxy führen.

9.6.7.3 Konvergenztests

Konvergenz ist die Fähigkeit, die Augen aufeinander zu zubewegen, Divergenz beschreibt die Fähigkeit, die Augen voneinander wegzubewegen. Die richtige Einstellung der Konverenz ist wichtig für die Einstellung der Sehtiefe. Je dichter das Objekt an die Augen herangeführt wird, desto dichter müssen die Augen zusammenkommen (konvergieren).

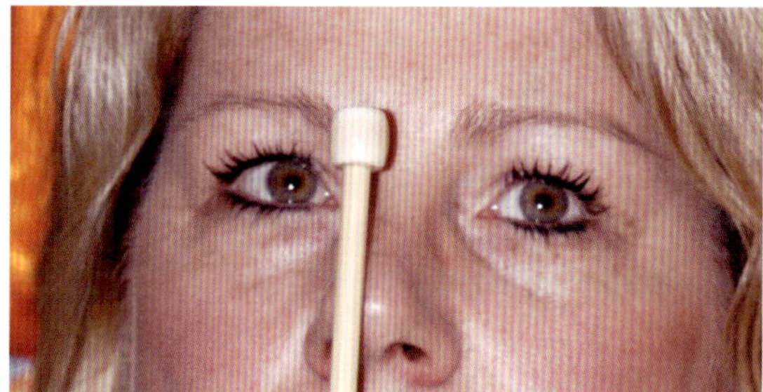

Abb. 119: Konvergenzfehler

Hierzu muss nicht nur die Kraft der nach innen drehenden Muskeln groß genug sein, viel eher müssen sich die Antagonisten entspannen können.

Test: Wir nehmen eine Stricknadel mit einem großen Knopf und bewegen diesen Knopf genau auf Augenhöhe langsam aus einer Entfernung von ca. 1 m Abstand auf den Mittelpunkt zwischen beiden Augen zu. Die Augen müssen dem Knopf bis kurz vor dem Kopf folgen können.

Abweichung: Es ist auf die Körpersprache des Patienten zu achten, z. B. auf Ausweichen von Kopf und Körper. Ab einem bestimmten individuellen Abstand wandert eines der Augen nach außen weg. Der Patient wird unruhig, versucht, wieder neu scharf zu stellen. Dies ist sehr ermüdend.

Wird der Kopf hochgenommen, ist der M. obliquus inferior aktiver, wird der Kopf gesenkt, ist der M. obliquus superior aktiver.

Die Konvergenzstörung sehen wir öfter auf der Seite des nicht dominanten Auges. Eine Konvergenzstörung des dominanten Auges ist schwerer einzustufen.

9.6.7.3.1 Mögliche Ursachen einer Konvergenzstörung

Primär:
- Antidepressiva können schon nach ca. zwei Wochen eine bleibende Konvergenzstörung verursachen.
- Hirntrauma oder Hirnverletzung
- Disharmonie der Augenmuskeln
- Schädeltrauma
- Schleudertrauma
- Endocranieller Überdruck
- Epilepsie
- Autoimmunerkrankungen
- WS-Bruch
- Hypoxie, Hyperkapnie
- Alkoholismus, Drogen
- Vitamin-B-Mangel
- Angeborene oder vererbte Störungen
- Fieberkrämpfe (auf der nicht dominanten Seite)

Sekundär:
- Virale Hepatitis (meistens rechts)
- Antidepressiva
- Zahnherde, Zahnschlussstörungen

9.6.7.3.2 Symptome einer Konvergenzstörung

- einseitige Migräne/Kopfschmerzen
- Schwindel, Instabilität, Stürze
- Unfälle
- Legasthenie, Lernstörungen
- Charakteränderungen
- Reisekrankheit
- Skoliosen
- Müdigkeit, Leistungsstörungen

9.6.7.4 Phorietest

In der Praxis benutzen wir das Maddoxglas oder den Van-Orden-Stern. Welcher Test eingesetzt wird, ist abhängig vom Patienten. Kinder kommen besser mit dem Van-Orden-Stern zurecht, Erwachsene sind schneller mit dem Maddoxglas zu testen.

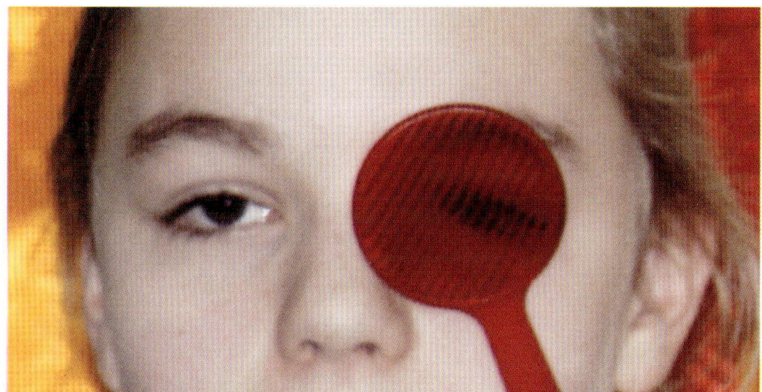

Abb. 120: Das Maddoxglas

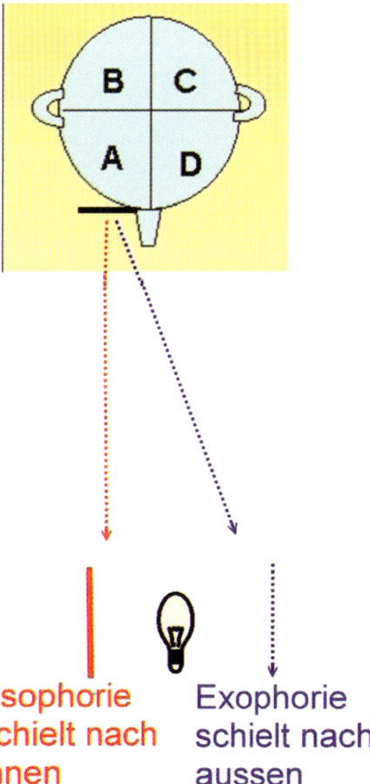

Abb. 121: Schema des Maddoxtests

Diesen Test sollte man jeweils mit und ohne Sehhilfe durchführen: Der Patient sieht auf einen Lichtpunkt. Beide Augen bleiben während des ganzen Tests geöffnet. Der Kopf wird vom Behandler leicht fixiert. Jetzt wird vor eines der Augen das Maddoxglas gehalten. Der Patient sieht mit dem freien Auge den Lichtpunkt und mit dem anderen eine Lichtlinie.

9.6.7.4.1 Exo- oder Esophorie

Die Linie muss nun senkrecht gesehen werden. Die erste Frage an den Patienten lautet nun: Wo befindet sich der Lichtpunkt gegenüber der Lichtlinie?

An der gleichen Seite des Auges = Esophorie (II)
An der anderen Seite des Auges = Exophorie (X)

Zweite Frage: Wie weit ist der Abstand zwischen Lichtpunkt und Lichtlinie?

Hierbei beurteilen wir nicht nur den Abstand selbst, sondern viel wichtiger ist der eventuelle Unterschied zwischen linkem und rechtem Auge. In der Optometrie wird dieser Test selten beidseitig durchgeführt, wir sehen aber sehr oft eine Differenz zwischen links und rechts. Ursache dafür ist z. B. eine Störung der HWS.

Wichtig ist auch der Unterschied mit und ohne Brille. Mit Brille sollten die Werte wenigstens gleich sein, idealerweise noch etwas besser als ohne. Jede Abweichung mit Brille, die schlechter ist als ohne, bedeutet einen Brillenfehler, der zu erheblichen körperlichen Beschwerden führen kann.

9.6.7.4.1.1 Bedeutung der Eso- oder Exophorieabweichung

Beispiel: Ein Auge sieht den Lichtstrich ca. 4 cm neben dem Lichtpunkt, das andere Auge 2 cm daneben. Optimal wäre es, wenn die Lichtquelle, also das fokussierte Objekt, mittig zwischen den Augen stünde. Um das zu erreichen, wird der Patient den Kopf ständig ein wenig drehen müssen. Diese Augendrehung bedeutet eine ständige Dysbalance der Nackenmuskulatur von C0–2. Der Rest des Körpers wird sich auf diese Schiefstellung einstellen. Es kommt zu einer absteigenden Kette, die häufig auch im Fußabdruck zu finden ist. (Bild 123 a+b)

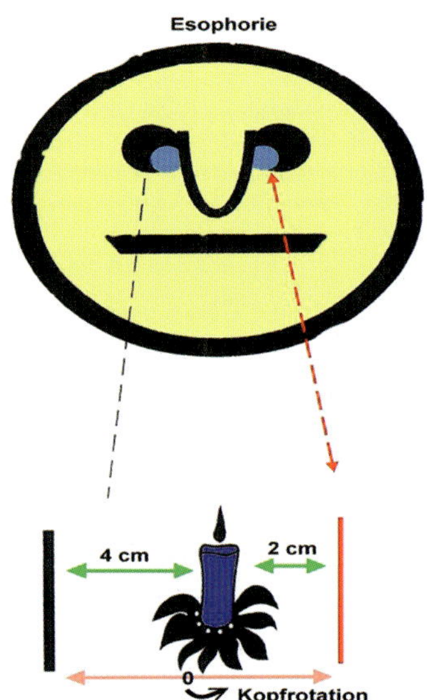

Abb. 122: Bedeutung der Phorieabweichung

9.6.7.4.2 Hyper- oder Hypophorie

Hierzu wird das Maddoxglas so gedreht, dass die Linie waagrecht gesehen wird. Liegt die Linie über dem Lichtpunkt, sprechen wir über eine Hypophorie, das Auge steht tiefer. Liegt die Linie unterhalb des Licht-

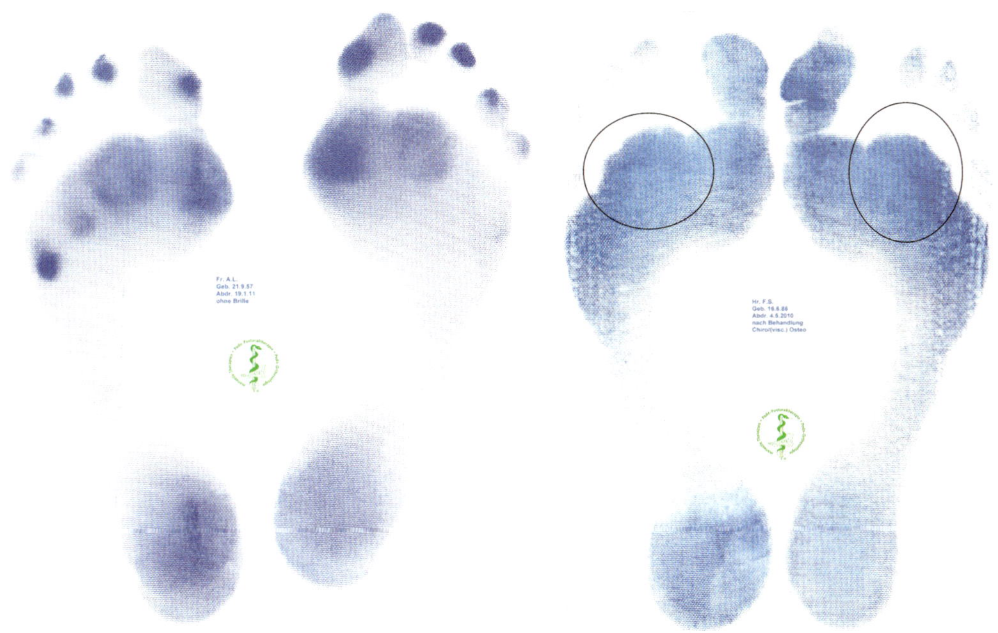

Abb. 123a (links): Fußabdruck bei einer Phorie: Der rechte Vorfuß wird medial mehr belastet
Abb. 123b (rechts): Blaudruck bei Verdacht einer Augenfehlstellung

punktes, spricht man von einer Hyperphorie. Wir machen diesen Test ebenfalls links und rechts, und immer wieder sehen wir Unterschiede. Diese Abweichungen finden wir in verschiedenen Formen, vor allem auch bei Brillen, die nicht mehr gut auf der Nase sitzen. Kinder mit dieser Augenabweichung sind oft dyslektisch. Sie lesen mit beiden Augen auf unterschiedlicher Höhe; es wird dann klar, dass sie nicht richtig lesen lernen können. Viele Kinder mit Dyslexie sollten daher erst bei einem Funktionaloptometristen für Augenübungen vorstellig werden und eventuell eine Dyslexiebrille tragen, bevor weitere Eingriffe an den Augen vorgenommen werden.

Bedeutung dieser Abweichung

Liegt ein Unterschied vor, dann wird der Patient dies unbewusst korrigieren, indem er den Kopf zur Seite neigt. Somit kommen beide Augen wieder auf eine Höhe. Es bedeutet aber auch, dass diese Seitneigung unbewusst eine absteigende Kette bis in die Füße hervorruft.

Neben der podo-posturalen Bedeutung dieser Abweichungen ist die ausgeglichene Augenstellung auch wichtig für das Funktionieren im täglichen Leben. Eine Phoriestörung kann z. B. eine Ursache für Dyslexie sein. Dabei ist hier nicht nur die natürliche Stellung des Kopfes wichtig, sondern die Summe der natürlichen dreidimensionalen Form des ganzen Körpers.

Ein Beispiel aus der Praxis

Ein Kind kommt kontinuierlich mit Kopfschmerzen aus der Schule. Dort ist es unruhig, unkonzentriert und stört, es wird als hyperaktiv eingestuft. Währende der Untersuchung sind hierfür aber keine Hinweise zu finden. Der Fußabdruck stimmt nicht mit einer Hyperaktivität (AD[H]S) überein und auch sonst finden wir keine deutlichen Hinweise.

Anhand des Fußabdrucks und der Untersuchung messen wir eine Podosohle® an. Dann wird über die Schulsituation gesprochen. Das Kind sitzt vorne rechts, damit die Lehrerin es im Auge behalten kann. Der Augentest zeigt eine Hypophorie, die Linie befindet sich über dem Licht, der Kopf hat also eine physiologische Flexionsstellung. So nah am Geschehen wird aber eine Hyperextension erwartet. Dazu sitzt das Kind nun den ganzen Tag mit einer Kopf- und Körperrotation nach links. Auch diese Haltung entspricht nicht seiner physiologischen Rotation. Im Laufe des Tages verspannt sich der Körper immer mehr. Der Nacken ist komplett verspannt; bei weiterer Nachfrage ergab sich, dass auch schon mehrmals eine HWS-Mobilisation vorgenommen wurde, um Verspannungen zeitweise zu lösen.

Wir entscheiden, dass die Eltern ein Gespräch mit der Lehrerin vereinbaren und dieses Problem ansprechen. Die Lehrerin ist kooperativ, das Kind bekommt einen Platz mittig und weiter hinten. Sowohl die Kopfschmerzen als auch die schulischen Problemen sind danach sehr schnell behoben.

9.6.7.4.3 Symptome der Phorie (Winkelfehlsichtigkeit)

- Leseabstand deutlich verringert
- Kopf-/Körperschiefhaltung auch beim Schreiben
- Kopfschmerzen (häufig in der Stirn)
- Augen schmerzen
- Lichtempfindlichkeit
- unsauberes Lesen durch Verrutschen der Zeilen
- Probleme bei Blickwechsel
- Störungen beim räumlichen Sehen

9.6.7.4.4 Tests mit dem Stereoskop

Abb. 124: Stereoskop

Das Stereoskop benutzen wir vor allem bei Kindern und wenn wir eine erweiterte Dokumentation schreiben. (Bei Erwachsenen reicht wie gesagt oft der Schnelltest mit dem Maddoxglas.) Hier gibt es verschiedenen Karten, mit denen man u. a. die Phoriestörungen sowohl in der Ferne als auch im Nahbereich feststellen und dokumentieren kann. Auch der „Van-Orden-Stern" wird mithilfe dieses Gerätes ausgeführt.

Der Van-Orden-Stern

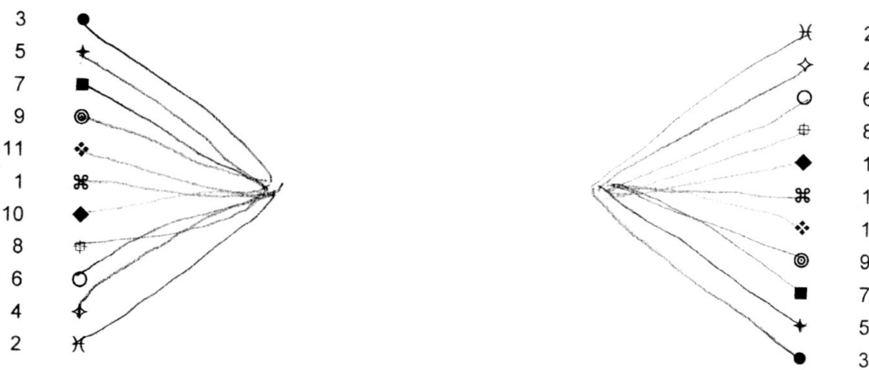

Abb. 125: Der Van-Orden-Stern

Dieser Test wird im Stehen und Sitzen ausgeführt, sowohl mit als auch ohne Sehhilfe. Der Patient schaut durch die Optik und zieht mit zwei Bleistiften jedesmal gleichzeitig zwei Linien, bis diese sich optisch treffen. Die Stifte sollten sich nicht berühren. Nachdem alle Linienpaare gezogen sind, wird der Test ausgewertet.

Abstand zwischen dem Treffpunkt der Linien links/rechts:

- < 65 mm = Esophorie
- > 72 mm = Exophorie
- Wenn einer der beiden Treffpunkte höher liegt als der andere, liegt eine Höhenphorie vor.
- Ist die Augen-Hand-Motorik gestört, ist kein deutlicher Treffpunkt zu erkennen, die Linien treffen sich jedes Mal irgendwo anders. Die Linien sind meist auch nicht gerade.
- Bildet sich links und /oder rechts kein deutlicher Treffpunkt, ist die Augen-Hand-Koordination gestört.
- Treffen sich die Linienschnittpunkte links/rechts, kann der Patient nicht beidäugig sehen, die Linien werden soweit gezogen, bis die Stifte sich treffen.

9.6.7.5 Weitere Tests, die wir bei Verdachtsmomenten durchführen

9.6.7.5.1 Amsler-Gitter-Test

Das Testgitter wird auf 30 bis 40 cm Abstand gehalten. Eventuell wird eine Lesebrille getragen. Ein Auge wird abgedeckt (nicht aktiv geschlossen), das andere Auge fixiert den Punkt in der Mitte. Alle Linien müssen gleichmäßig und quadratisch verlaufen. Abweichungen, wie z. B. gebogene Linien, sind ein Hinweis auf eine eventuelle Makuladegeneration und müssen weiter untersucht werden.

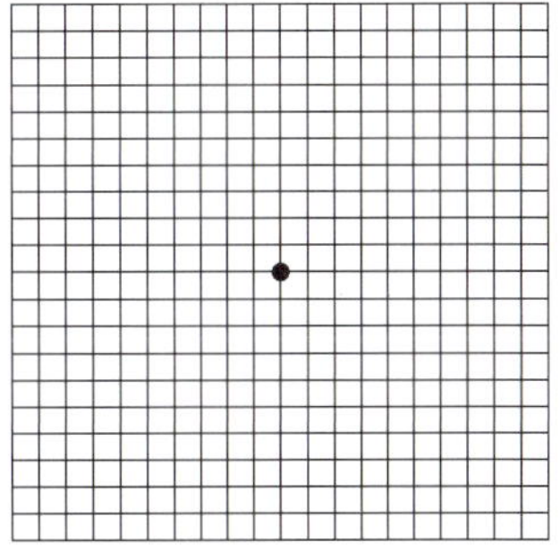

Abb. 126: Amsler-Gitter

9.6.7.5.2 Astigmatismus-Test

Astigmatismus ist ein Refraktionsfehler, der durch eine ungleichmäßige Krümmung der Hornhaut auftritt. Finden wir hier eine Abweichung, müssen wir den Patienten an einen Spezialisten weiterempfehlen.

Auf Neutralabstand (ca. 3 m) wird erst mit beiden Augen auf das Blatt (Abb. 129) geschaut, dann wird ein Auge abgedeckt, danach das andere. Der Test wird mit und ohne Brille, sowohl senkrecht als auch waagerecht durchgeführt.

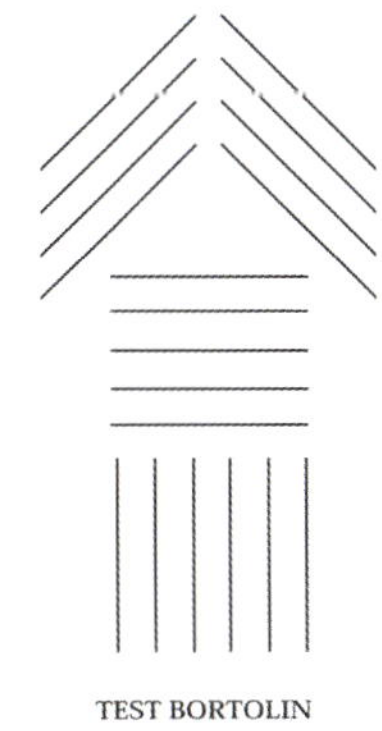

Abb. 127: Astigmatismus

Die Linien müssen immer gleich dunkelschwarz sein. Ist ein Teil der Linien eher grau, liegt eine Abweichung vor und es muss weiter untersucht werden. Die Art, wie der Patient den Kopf hält, kann schon ein erster Hinweis auf eine Augenfunktionsstörung sein.

9.6.7.5.3 3-D-Bildertest

Hierzu benutzen wir 3-D-Bilder (Langtest). Wer diese 3-D-Bilder nicht erkennen kann, hat eine Störung der Augenkoordination oder der Impulsverarbeitung.

Anhand der durchgeführten Tests erhält der Behandler ein gutes Bild davon, inwieweit die absteigende visuelle Kette eine Rolle im Beschwerdebild des Patienten spielt. Wichtig ist dann die Entscheidung, mit welcher Therapie begonnen wird und welche anderen Spezialisten eventuell in die Behandlung mit einbezogen werden sollten.

9.6.7.6 Übungen, die wir unseren Patienten bei Augenstörungen empfehlen

Leider hat nicht jeder Patient die Möglichkeit, einen Funktionaloptometristen zu konsultieren. Dann empfehlen wir Übungen, mit denen er zu Hause versuchen kann, die Situation zu verbessern.

1. Übung: Es wird angefangen, eine liegende 8 zu zeichnen, langsam, erst eine kleine 8, dann immer größer werdend. Wir fangen mit einer Minute üben an, später dann etwas länger. Diese Übung verbessert nicht nur die Vergenz der Augen, sondern fördert auch die Entspannung.

2. Übung: Achtung: Bei intensiven Konvergenzübungen können Exophoriepatienten Krämpfe bekommen. Daher sollte sehr vorsichtig und besser erst mit größerem Abstand zu den Augen trainiert werden. Wir nehmen einen auf den Finger geklebten Punkt oder eine Stricknadel mit großem Kopf oder Ähnliches. Die Augen fixieren den Punkt, während der Arm voll ausgestreckt ist. Dann führt man ihn langsam in Richtung der Nasenwurzel zwischen den Augen.

Bei einer Esophorie sollte man lieber den umgekehrten Weg nehmen, also den Arm von der Nase wegführen. Der Punkt darf nicht aus dem Auge verloren werden. Fällt etwas dabei auf? Wo bewegen sich die Augen dabei – sind sie ruhig, suchen sie, machen sie Sprünge etc.? Nach der Übung soll der Patient in die Ferne, vielleicht den Himmel sehen. Das entspannt und die Augen können sich wieder in eine optimale Stellung einpendeln.

Die Übungen sollten am Anfang nicht zu lange ausgeführt werden, auch Augenmuskeln können einen Muskelkater bekommen.

Die Sensorik (Sehschärfe) kann man übrigens trainieren, indem man in einem dunklen Raum auf ein Kerzenlicht starrt und solange hinsieht, bis die Augen anfangen zu tränen.

9.6.7.7 Manuelle Techniken bei Augenstörungen

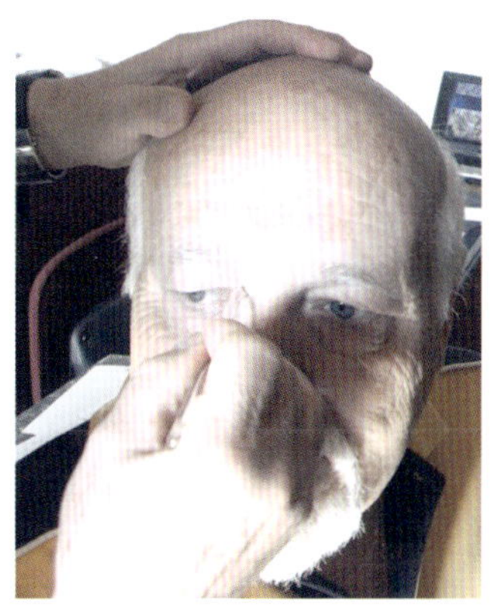

Abb. 128: Manuelle Augentherapie

Oft ist die Schlinge des M. obliquus superior durch die Trochlea verspannt. Dies kann man lösen, indem man die Trochlea (oberer Rand, gerade neben dem medialen Augenwinkel) kurz mit einem kleinen Winkelstäbchen anhakt. Diese Technik ist leicht schmerzhaft und wird nur einmal pro Sitzung durchgeführt.

Der M. supraorbitale (Innervation durch den N. trigeminus) ist ebenfalls oft verspannt. Er lässt sich durch Streichungen von medial nach lateral über die Augenbrauen gut entspannen.

Abb. 129: Manuelle Augentherapie

Der N. trigeminus hat über den Schädel eine direkte Verbindung zum sogenannten N. occipitalis major. Dieser sensible Nerv wird auch von dorsal über den Schädel aus den Segmenten C2 innerviert. Eine Störung des N. occipitalis major kann zu typischen oberflächlichen Kopfschmerzen führen.

9.6.7.8 Der Nervus trigeminus

Bei den absteigenden Ketten sehen wir immer wieder eine Verbindung zum N. trigeminus. Er hat eine Verbindung zu vier Hirnnervenkernen:

1. Besteht aus pseudounipolaren Nervenzellen, deren periphere Fortsätze ohne Unterbrechung durch das Ganglion trigeminale ziehen. Im Prinzip handelt es sich beim Ncl. mesencephalicus n. trigemini um ein im Hirn liegendes sensibles Ganglion. Hier werden propriozeptive Informationen der Kaumuskulatur, des Kiefergelenkes und des Zahnhalteapparates gesammelt.

Von hier aus werden die propriozeptiven Informationen ohne weitere Zwischenstopps an den Nucleus spinalis nervi trigemini und den Nucleus supratrigeminale weitergeleitet. Diese werden zu der Formatio reticularis gerechnet. Es ist das einzige sensorische Trigeminusgebiet, das afferente Information aus höheren Hirnregionen bekommt.

2. Der Nucleus pontinus nervi trigemini bekommt epikritisch-sensorische Informationen vom Gesicht und aus der Tiefensensibilität des Kiefergelenks.
3. Der Nucleus spinalis nervi trigemini bekommt die protopathisch-sensorischen Informationen und ist wiederum aus drei Nuclei zusammengestellt, welche säulenartig untereinander in der Medulla oblongata liegen. Diese drei sensorischen Hirnnervenkerne bekommen nicht nur Informationen über Fasern des N. trigeminus, sondern auch z. B. vom N. facialis, N. glossopharyngeus und N. vagus.
4. Der Nucleus motorius nervi trigemini befindet sich im oberen Teil des Rhombencephalon und gibt Information an die Kaumuskulatur, die Mm. tensor veli palatini und M. tensor tympani. Letztere haben eine direkte Verbindung zum Ohr. Der Nucleus hat weitere afferente Verbindungen zur Formatio reticularis und somit zum subkortikalen System.

9.6.7.9 Die obere HWS und die Hirnnerven

Das sympathische Ganglion cervicale superius liegt in Höhe von C2 und C3, die Wurzelzellen auf Höhe T1–4 und haben hier eine Verbindung zum peripheren Nervensystem. Das Ganglion steht nicht nur in engem Kontakt zu C0–4, sondern auch in direkter Verbindung zum N. glossopharyngeus, N. vagus, N. facialis und N. trigeminus. Er hat auch Fasern, die zum Auge (Ganglion ciliare) und zum Ohr verlaufen.

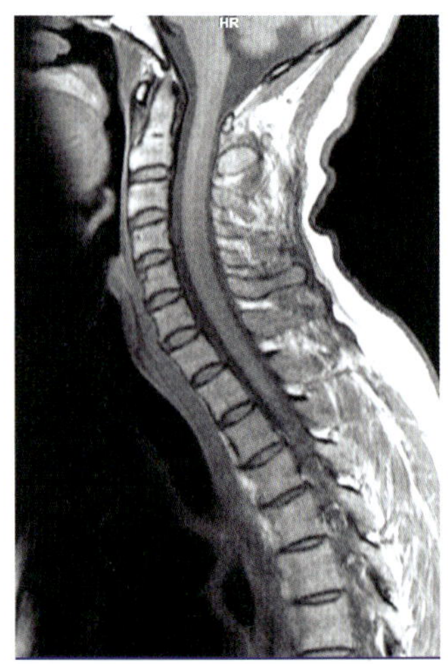

Abb. 130: MRT der HWS

Afferente Fasern des N. trigeminus ziehen im Tractus spinalis bis auf Höhe C1–3. Die Vorderhörner C1–3 und die Pars caudalis des N. trigeminus bilden einen gemeinsamen funktionellen Kern. Typisch ist, dass hauptsächlich Anteile vom N. ophtalmicus (Augenast des N. trigeminus) in diesem HWS-Segment weiter verlaufen.

Auch hier muss wieder an den N. occipitalis major gedacht werden, der vorne eine Verbindung zum N. trigeminus hat.

Fast alle Sensoren aus dem Kopfbereich geben Informationen an den N. trigeminus, obwohl er keinem spezifischen Sinnesorgan zuzuordnen ist. Er bekommt diese Information hauptsächlich durch chemische Reizung der freien Nervenendungen in Auge, Mund und Nase. Diese Informationen können angenehme positive Reize wie auch negative oder Alarmreize auslösen. Halten diese Reize lange an, wie z. B. durch die Arbeit mit stark riechenden Stoffen oder Drogen, kann dies auf Dauer zu einer veränderten Trigeminusaktivität führen. Da der N. trigeminus eine direkte Verbindung zur oberen HWS hat, wird auch hier eine Änderung auftreten.

9.7 Weitere Störungen der Statik

9.7.1 Narben

Jede Narbe ist ein Eingriff in die Faszien. Daher ist es auch wichtig, dass Narben frühzeitig, wenn auch sehr dosiert, gedehnt werden. Zu frühes Dehnen würde die Wunde wieder öffnen, aber zu spätes Dehnen verursacht immer Verklebungen im Gewebe. Wie stark diese Verklebungen ausfallen, ist von vielen Faktoren abhängig. So spielt der individuelle Stoffwechsel eine wichtige Rolle, aber auch die Operationstechnik und die körperliche Verfassung während der Operation.

Die sogenannten Schlüssellochoperationen wirken oberflächlich klein und sehen schön aus. Sie verursachen aber in der Tiefe oft größere Wunden und diese neigen eher zu Verklebung. Das bedeutet, dass das Gewebe zusammengezogen wird und nicht mehr optimal in der Kette funktionieren kann. Der Körper passt sich an und wird andere Zugrichtungen entwickeln, die im schlimmsten Fall zu ganz anderen Muskelbelastungen führen. Erst wenn die Narbe gelöst oder entstört ist, kann der Muskel wieder besser in der Kette eingesetzt werden. Jetzt hat man mittels Podo-Posturaltherapie, Trainingstherapie etc. mehr Chancen, die richtige Haltungs- und Bewegungskette zu reaktivieren.

Die Lage der Narbe verursacht einen Zug. Anhand der Lage kann man eine Aussage darüber treffen, in welche Richtung der Körper gezogen wird.

1. Der Körper zieht zur Narbe hin, hier entsteht eine fasziale Verkürzung. Die begleitenden Muskeln sind eher hypoton. Die Antagonisten werden gedehnt und reagieren hierauf mit einer Anspannung mit dem Ziel, die optimale Haltung zu gewährleisten. Sie werden hyperton und verursachen oft die Beschwerden, obwohl sie nicht die ursprüngliche Ursache sind.
2. Narben ventral am Körper ziehen den Kopf und die Schultern waagerecht nach vorne, unabhängig von einem Scapula anterior oder posterior, oder sie verursachen eine Flexionsstellung der Hüften.
3. Narben auf der Wirbelsäule verursachen nicht nur eine Extensionshaltung, sie beeinflussen auch sehr stark die Rotationsfreiheit.

4. Liegen die Narben etwas mehr rechts oder links von der Mittellinie, entsteht immer eine dreidimensionale Rotation im Schulter- oder Beckengürtel.
5. Jede Hautverletzung bedeutet eine Störung einiger Exterozeptoren. Sie werden gedehnt oder blockiert, es kommt zu Störungen der afferenten Innervation. Dieser cutaneo-vertebrale Reflex verursacht Probleme in der Haltung, aber auch in den inneren Organen der betroffenen Segmente.
6. Durchtrennen die Narben die Meridiane, kann es auch über diesen Weg zu weiteren Störungen kommen.
   - Es führt möglicherweise zu einer metabolischen Dysbalance durch Störung des Adrenalinstoffwechsels. Die kutanen Nozirezeptoren schließen die A-V-Shunts (manchmal schon sensibilisiert durch Berührung der Kleider). Die Adrenalinpumpe wird aktiviert. Es kann zu vegetativen Dystonien, Bluthochdruck, orthostatischer Hypotonie, etc. kommen.
   - Auch die optimale Wirkung der Podosohlen kann durch diese zusätzliche Reizung gestört sein, weil der Körper nicht über die erwarteten Ketten reagieren kann. In dem Fall sollte man nur auf eine Basissohle zurückgreifen und erst in einer weiteren Sitzung, nachdem die Narben erfolgreich behandelt sind, weitere Änderungen vornehmen.

Die Narben kann man mit vielen Methoden austesten. Es gibt Tests aus der Kinesiologie, Ohrakupunktur, Osteopathie etc. Der Test sollte immer dazu führen, dass die Bewegungseinschränkung geringer wird und die Bewegung harmonischer verläuft. Ist das nicht der Fall, ist die getestete Narbe nicht die Ursache der Bewegungseinschränkung und wir müssen weiter suchen.

Auch therapeutisch gibt es viele Möglichkeiten, u. a. Neuraltherapie, Narbenmassage mit oder ohne zusätzliche Wirkstoffe, Kryotherapie, Crystal Plaster, Magnete etc. Wichtig ist nicht, welche Therapie man anwendet, sondern ob die Therapie bei dem jeweiligen Patienten passt und zum Erfolg führt.

9.7.2 Das viszerale System

Über die Einflüsse der inneren Organe auf unsere Haltung ist auch früher schon sehr viel geschrieben worden (z. B. in der Chiropraktik, von Gustav Adolf Zimmer und August M. Dickmann, 1951). Sie haben über ihre Afferenten einen direkten Einfluss auf den ganzen Körper. Es gibt aber einige Schnelltests, die in eine Richtung deuten, wo wir weiter nach der Ursache der Beschwerden suchen müssen. Hier sollte jeder wieder auf sein Wissen anderer Fachrichtungen zurückgreifen.

Alle inneren Organe geben über den N. phrenicus eine Information an die Segmente C3 und C4 und somit an die obere WS. Hier hat er dann automatisch Einfluss auf den N. trigeminus usw. Bei Organstörungen kommt es daher fast immer zu einer unharmonischen, eingeschränkten Kopfrotation.

Einige sehr einfache Schnelltests sind:

- Alarmpunkte (siehe Abb. 131)
  - Berührt man den Alarmpunkt des betroffenen Organs, wird der Reizeinfluss des Organs kurz unterbrochen und somit die Bewegungseinschränkung weniger.
  - Ein nicht betroffenes Organ wird diese Wirkung nicht auslösen.
- Inhibitionstest des Organs
  - Hebt man das betroffene Organ leicht an, wird der afferente Reiz ebenfalls kurz ausgesetzt und die Bewegung besser.

9.7.3 Das vestibulo-auditive System

Auch das Ohr mit seinen beiden funktionellen Anteilen und seinen Muskeln hat einen großen Einfluss auf unsere Haltung.

Das Ohr entwickelt sich in der 20. Schwangerschaftswoche. Der Fötus hört nur die sehr hohen Töne (über 8000 Herz) der Mutter und wird sich auf diese Töne einstimmen. Die tiefen Töne stimulieren eher das vestibuläre System. Mangel oder Störungen in einem dieser Systeme vor allem während der Schwangerschaft oder der Geburt, aber auch danach, werden somit zu einer Störung im vestibulo-auditiven System nach der Geburt führen. Wir sind uns sicher, dass diese Störungen einen enormen Einfluss auf die Person auch im späteren Leben haben, sowohl körperlich als auch psychisch und emotional. Wir wissen darüber leider noch zu wenig, sind aber froh, Josef Vervoort und sein Team kennengelernt zu haben: Sie führen die original Tomatis-Therapie in ihrem Zentrum in Sint Truiden (Belgien) durch, wo auch die Originalwerke von Prof. Dr. Alfred Tomatis vorliegen. Sie bieten auch Ausbildungen zum Tomatis-Therapeuten an. Bei der Tomatis-Therapie wird mit spezifisch gefilterten Tonfrequenzen der Mutterstimme gearbeitet. Es werden vor allem emotionale Störungen behandelt, aber auch Körperwahrnehmung und Koordination werden dadurch geschult.

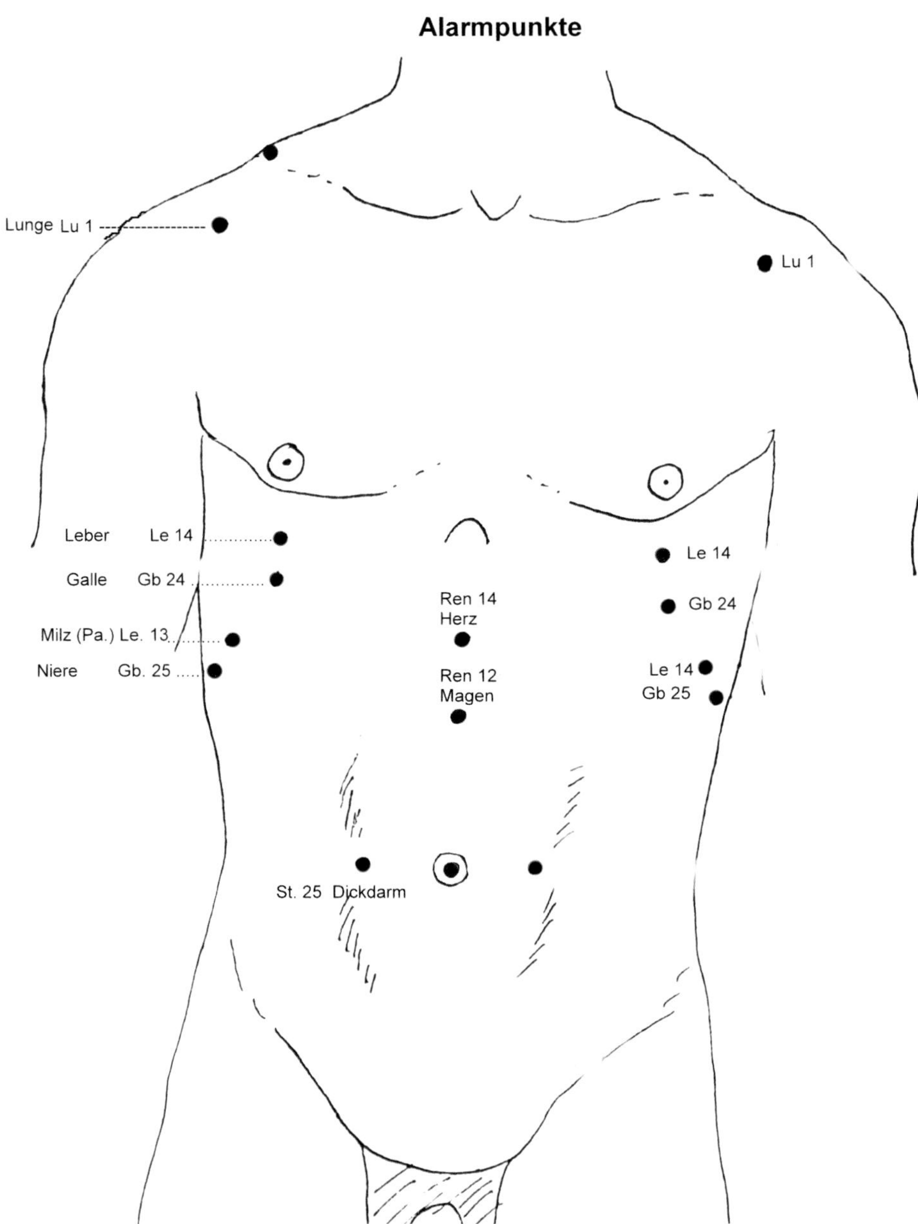

Abb. 131: Alarmpunkte Organe

9.7.3.1 Der Vestibularapparat

Das vestibuläre System entwickelt sich u. a. durch die tiefen Töne und die Bewegung der Mutterstimme. Diese tiefen Vibrationen konzentrieren sich vor allem im Beckenbereich der Mutter, genau da, wo der Fötus wächst. Störungen im Bewegungsverhalten der Mutter (z. B. weil sie wochenlang liegen muss) verursachen somit automatisch Störungen in der vestibulären Entwicklung des Kindes.

Wenn über das Ohr und die Haltung gesprochen wird, wird immer zuerst an das Gleichgewichtsorgan gedacht. Das Gleichgewicht wird aber nicht nur durch die Ohren bestimmt, sondern primär über die Augen und die Propriozeption. Das Auge bestimmt unsere Haltung in der Umgebung und gibt uns Information darüber, was oben und unten ist. Die Propriozeption gibt uns u. a. Informationen über die Kopfhaltung gegenüber dem Körper und unsere Körperhaltung im Raum, das Ohr gibt uns Informationen über die Beschleunigung der Bewegung bezüglich Geschwindigkeit und Richtung.

Das Ohr gibt seine Information über den N. vestibulocochlearis (VIII) an den Vestibularkern im Hirnstamm weiter. Dort werden die Informationen aus Ohr, Auge, Mund und Kleinhirn miteinander verknüpft und weitergeleitet. Durch die Verschaltung mit den Kernen der Augenmuskeln entsteht der vestibulo-okuläre Reflex, der dafür sorgt, dass man trotz Kopfbewegung noch ein stabiles Bild sieht.

Sobald eines dieser Systeme gestört ist, werden auch die anderen Systeme in Mitleidenschaft gezogen, es kommt zu Gleichgewichtsstörungen, Haltungsstörungen und auf Dauer zu Fußfehlstellungen. Das vestibuläre System ist auch verantwortlich für die präzise Steuerung der (komplexen) Bewegung.

9.7.3.2 Das auditive Teil der Ohren

Durch Störungen des Gehörs (auch Teilstörungen) werden die erhaltenen Sinneseindrücke unterschiedlich weitergegeben und die Abstimmung der in den Olivenkernen eingehenden Informationen gestört. Daraufhin werden veränderte Signale weitergegeben, die dazu führen, dass andere Reaktionen im Körper ausgelöst werden (Körperhaltung etc.). Die Muskeln im Ohr werden anders beansprucht, auch diese geben geänderte afferente Informationen weiter, welche zu einer geänderten Haltung führen.

Die Muskeln haben ihre Ansätze oft an den Schädelknochen, auch hier ändert sich etwas, da die Züge der Ohrmuskeln unterschiedlich werden und eine craniale Spannung verursachen, die über das cranio-sacrale System weitergeleitet wird.

All diese Informationen führen dazu, dass der Kopf anders gehalten wird, um die Ohren optimal auszurichten. Diese Änderung verursacht eine dauerhaft wirksame absteigende Kette.

Über den Hörnerv und die obere HWS wird der N. trigeminus in Mitleidenschaft gezogen. Ohrstörungen verursachen auch schnell N.-facialis-Probleme, da der Nerv sehr eng am Mittelohr anliegt.

Wenn der Verdacht auf eine auditive Störung vorliegt, sollte man den Patienten unbedingt zum Auditivtest weiterempfehlen.

9.7.4 Das olfaktorische System

Die Nase ist u.a. für die Wahrnehmung flüchtiger Geruchsmoleküle in der Atemluft zuständig und eines unserer sensibelsten Sinnesorgane. Wir nehmen sehr viele Gerüche unbewusst wahr und es besteht eine sehr enge Verbindung mit dem limbischen System. Daher sind Gerüche weitaus wichtiger für unsere Emotionen als z.B. Geräusche. Auffallende, mit Emotionen verknüpfte Gerüche, sowohl positive als auch negative oder alarmierende, können noch nach vielen Jahren die entsprechenden Emotionen auslösen.

Für die Wahrnehmung sind zwei Systeme zuständig: das olfaktorische System über den N. olfactorius und das naso-trigeminale System, das die Information über den N. trigeminus weiterleitet.

Die feinen Fasern beginnen hinten in der Nase an den Riechzellen und verlaufen durch das Siebbein direkt zum Bulbus olfactorius und von da zum limbischen System und zur Großhirnrinde.

Die Riechzellen erneuern sich ortsspezifisch alle 60 Tage. Da es über den N. olfactorius keine direkte Verbindung zum subkortikalen System gibt, scheint es, dass über diesen Weg weniger Einfluss auf eine dauerhafte Haltungsänderung genommen wird.

9.7.5 Das naso-trigeminale System

Über dieses System scheint man vor allem Qualitäten wie scharf, sauer, brennend, beißend, stechend und kühlend wahrzunehmen – also Informationen, die schnell zu einer Alarminformation werden können. Der Reiz wird über freie Nervenendungen in Auge, Nase und Mundhöhle (vor allem Zunge) aufgenommen. Das naso-trigeminale System reagiert erst bei hohen, aber noch nicht irritierenden Konzentrationen.

Damit diese Reize zu einer dauerhaften Haltungsänderung führen können, müssen sie über längere Zeit einwirken können. Die ständige Einwirkung von allerhand Duftstoffen um uns herum kann z.B. wie bereits beschrieben zu einer Reizung des N. trigeminus führen. Inwieweit dies aber tatsächlich auch eintritt, ist individuell unterschiedlich. Wie der Geruch die Haltung beeinflusst ist also ebenso individuell und auch abhängig von den gewohnten Gerüchen.

9.8 Die Elemente der Podosohle®

Die extero- und propriozeptiv arbeitenden Elemente werden sehr individuell gelegt und eingebaut. Welche Elemente sinnvoll sind, entscheidet der Behandler anhand des dynamischen Abdrucks, der statischen Fußbelastung auf dem Podoskop, der klinischen Funktionsdiagnostik und der Anamnese. Die exakte Lage der Elemente wird anhand des dynamischen Blaudrucks bestimmt. Das Material der Elemente ist in den meisten Fällen ein Gummikork von 1 bis 3 mm. Bei schweren Fußpathologien oder schmerzenden Füßen wird auf weichere Materialien zurückgegriffen. Generell zählt: Die Sohle muss so flexibel wie möglich sein, sie darf den Fuß in seiner Bewegung nicht einschränken. Dabei soll sie so hart wie möglich und so weich wie nötig sein. Ein zu weicher Untergrund, weiche Sohlen, weiche Schuhe etc. nehmen den Reiz der Elemente.

9.8.1 Einige Elemente:

9.8.1.1 Retrocapitales transversales Element

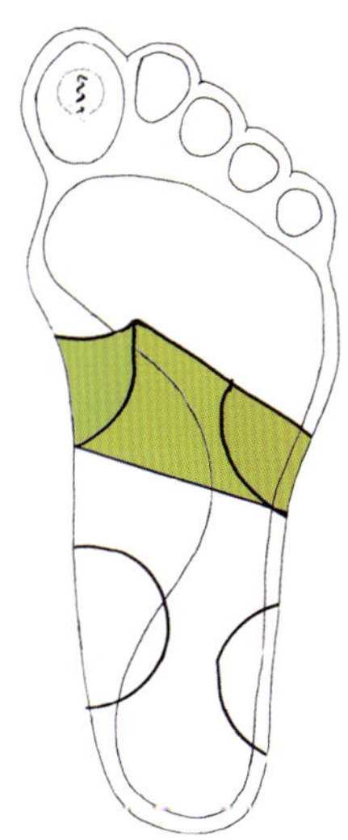

Abb. 132: Retrocapitales transversales Element

Das retrocapitale transversale Element liegt quer unter dem Fuß hinter den Metatarsalköpfen. Es folgt deren Linie, darf aber die Sesamoiden unter MT1 nicht berühren. Die genaue Lage ist abhängig vom Vorfußabdruck. Je größer dieser Abdruck ist, desto weiter schiebt das Element in Richtung Ferse. Je weiter das Element zur Ferse liegt, desto mehr arbeitet es aktivierend auf die dazugehörige Muskulatur.

Die primäre Wirkung des „retrocapitalen transversalen Elements“ beim Hohl- und Plattfuß

Das retrocapitale transversale Element wirkt auf die Sehnen oder den Muskelbauch der Mm. lumbricales und M.

adduktor hallucis Pars transversa. Durch ihre Verbindung zur tiefen Frontalkette richtet das Element den Körper auf.

Durch die Aktivierung der Kette kommt das Sacrum in eine Kontranutation und wird mehr in die Neutralstellung aufgerichtet. Die Hyperlordose der Lendenwirbelsäule flacht etwas ab und die Brustwirbelsäule streckt sich, die Kyphose flacht ab. Die Halswirbelsäule streckt sich, und der Kopf richtet sich in eine gerade Haltung auf. Es entsteht eine verbesserte dynamische Körperhaltung (siehe Kapitel 9.4).

9.8.1.2 Internes calcaneales Element

Das interne calcaneale Element liegt medial unter dem Navicularwinkel. Es wirkt vor allem auf den M. abductor hallucis.

Das Element darf nie den dritten Strahl berühren, dies würde die Beweglichkeit des Fußes in Supination/Pronation blockieren und somit den Körper in seiner Beweglichkeit einschränken.

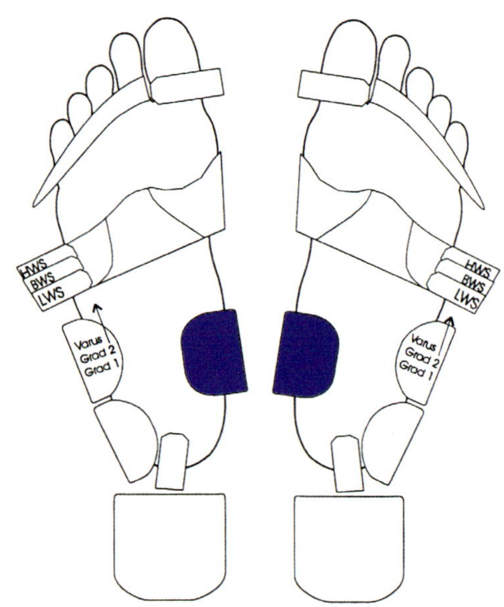

Abb. 133: Internes calcaneales Element

Die optimale Lage des internen calcanealen Elements ist dem Blaudruck zu entnehmen. Die Größe richtet sich nach dem Grad des Platt- oder Hohlfußes. Je ausgeprägter der Plattfuß ist, desto größer muss das interne calcaneale Element sein. Je hohler der Fuß, desto kleiner wird das Element.

Das Element setzt ca.1 bis 1,5 cm unterhalb der medialen Navicularecke an, die immer auf dem dynamischen Blaudruck sichtbar ist, wenn das Fersenbein in valgus steht, das mediale Längsgewölbe abflacht und das Os naviculare den Druck plantarwärts gibt.

9.8.1.2.1 Das interne calcaneale Element beim Valgusfuß oder Plattfuß

Es kräftigt u.a. die Gesäßmuskulatur, strafft die Mm. glutei, dadurch richtet sich das Ilium auf und das Sacrum kann wieder in seine neutrale Position zurückrotieren. Die autochthone Wirbelsäulenmuskulatur wird weniger hypoton und kann somit die Wirbelsäule besser stabilisieren. Auch die Scapulae werden aufgerichtet, gehen weniger in eine Scapula-posterior-Stellung. Der Kopf wird besser aufrecht gehalten und der gesamte Körper erhält eine verbesserte Stabilität.

9.8.1.2.2 Das interne calcaneale Element beim Varusfuß oder Hohlfuß

Dieses Element wirkt auf das Golgi-Sehnenorgan des M. abductor hallucis; es ist kleiner, da es den Muskelbauch nicht berühren darf. Es entspannt u.a. die Gesäßmuskulatur, dadurch kann das Ilium sich etwas mehr in anterior entspannen und das Sacrum kann dadurch wieder in seine neutrale Position zurückrotieren. Die Wirbelsäulenmuskulatur entspannt sich und wird weniger komprimiert und die Wirbelsäule erhält ihre physiologischen Krümmungen zurück. Die Scapulae werden gelockert und kommen weniger in einer Anterior-Stellung zu stehen. Die Kopfhaltung entspannt sich. Die komplette Körperhaltung wird entspannter.

Das interne calcaneale Element wirkt auf den M. abductor hallucis, somit entsteht eine mediale Einwirkung auf die Fascia (Aponeurosis) plantaris und die oberflächliche dorsale Kette.

9.8.1.3 Das externe calcaneale Element

Das Element muss in jeder Situation zwischen dem 3. und 4. Strahl enden. Sobald es über die Linie des funktionell unteren Sprunggelenks hinausragt, blockiert es das untere Sprunggelenk in seiner Pro- und Supinationsbewegung und schränkt somit die komplette Körperbewegung ein.

Beim Varusfuß unterscheiden wir zwischen totalem Varusfuß, Vorfuß Varus oder Rückfuß (Calcaneus) Varus. Das externe calcaneale Element wird beim Calcaneus varus und beim Totalen Varusfuß eingesetzt. Er wirkt vor allem auf den M. abductor digiti minimi und somit lateral auf die oberflächliche Dorsalkette ein. Die genaue Lage wird anhand der lateralen Calcaneus- und Mittelfußbelastung bestimmt.

Beim Calcaneus varus liegt das 1 oder 2 mm dicke Element mehr zur Ferse hin. Hier sehen wir öfter eine Instabilität im Sprunggelenk oder im Iliosakralgelenk.

Beim Totalen Varusfuß benutzen wir ein 1 bis 2 mm dickes Element, das mehr zu den Zehen hin liegt, aber dennoch deutlich unter der Tuberositas MT5 bleibt.

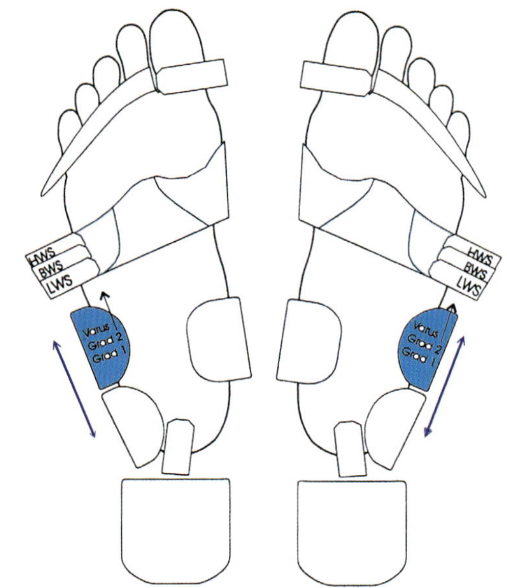

Abb. 134: Externes calcaneales Element

Dieses Element wird auch kombiniert mit dem internen calcanealen Hohlfußelement. Es entspannt u. a. die Glutealmuskulatur sowie das Ilium posterior und die anterior stehende Schulter. Die gesamte Körperhaltung ist gelockert und entspannt.

Beim Vorfußvarus finden wir eher eine Störung des M. flexor digiti minimi, hier setzen wir dann eher das externe retrocapitale Element ein (siehe Kapitel 9.4.).

Bemerkung

- Das retrocapitale transversale Element arbeitet über die tiefe Frontalkette und richtet den Körper in der Mittelkette auf, indem es zentral-ventral die WS stabilisiert, aufrichtet oder lockert.
- Das retrocapitale transversale Element hat einen Einfluss auf die Stabilität des Beckenbodens.
- Die calcanealen Elemente wirken auf die oberflächlichen Ketten spannungsnormalisierend. Sie geben somit eine andere Richtungsinformation an die Kette.
- Während beim Pes valgus das interne calcaneale Element das Ilium nach posterior bringt, somit die Hyperlordose der unteren LWS verringert und über diesen Weg den Abstand zwischen Os coxygus und Os pubis vergrößert, richtet und stabilisiert das retrocapitale Element das Sacrum von ventral und kräftigt die Beckenbodenmuskulatur. Es sind also unterstützende Elemente, die fast immer gleichzeitig eingesetzt werden. Unterschiede links/rechts finden wir in der Lage der Elemente. Fast immer liegt das gleiche Element an der einen Seite weiter zur Ferse als auf der anderen Seite. Auch unterscheidet sich immer wieder die Dicke der Elemente (1 oder 2 mm).

Weitere oft eingesetzte, zusätzliche Elemente

Fast jede Sohle bekommt ein retrocapitales transversales Element und ein internes (oder externes) calcaneales Element. Die Wahl zwischen einem internen oder externen Element ist abhängig von der Fußform und der Fußstabilität des Patienten. Abhängig von der Diagnostik werden weitere Elemente gelegt.

9.8.1.4 Internes retrocapitales Element

Das interne retrocapitale Element ist in der Regel nur 1 mm dick. Nur bei einem echten Hallux valgus wird es auf 2 mm erhöht. Das Element darf den 3. Strahl nicht berühren, da es dann die Beweglichkeit des Fußes in Supination/Pronation verhindert.

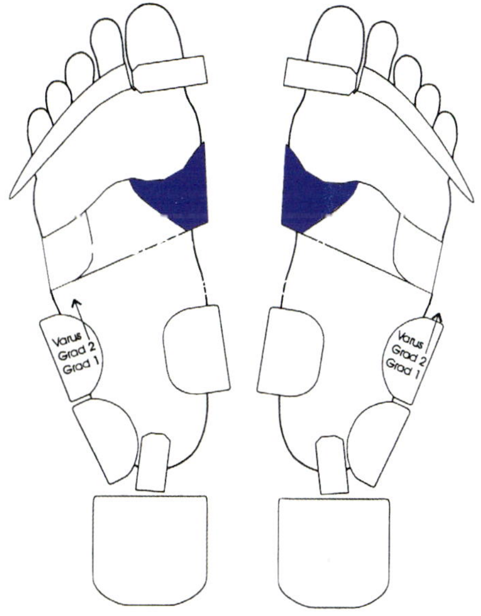

Abb. 135: Internes retrocapitales Element

Wirkung bei der Vorfuß-Pronation

- Dieses Element liegt medial auf dem retrocapitalen transversalen Element und gibt medial ein zusätzliches Signal an die tiefe Frontalkette. Die Kette wird nicht nur normalisiert, sondern bekommt auch eine andere Richtungsinformation.
- Dieses Element wirkt primär auf den M. flexor hallucis brevis. Dieser Muskel hat einen Ursprung am Lig. plantare longus. Das Ligament wiederum läuft weiter in der tiefen Schicht der Achillessehne, zum M. soleus und dann zum M. popliteus. Er ändert somit die Rotationsstellung im Knie und hat einen direkten Einfluss auf den lateralen Meniskus. Der M. popliteus ist auch Teil der tiefen Frontalkette. Somit beeinflusst dieses Element auf zwei Wegen die tiefe Frontalkette.

Beim Valgusfuß: Hier sehen wir sehr oft eine Vorfuß-Pronation mit einem erhöhten Druck unter dem Caput metatarsale 1 und der Ansatz eines Hallux valgus wird sichtbar. Der Patient rollt mehr über den Großzehballen als über den Großzeh ab. Durch diese Änderung wird der M. peroneus longus passiv verkürzt, also werden die laterale und die Spiralkette hypoton.

Das interne retrocapitale Element richtet den Vorfuß medial auf, er gibt dem M. peroneus wieder mehr Länge. Diese Verlängerung verringert die Hypotonie der Ketten.

Beim Hallux valgus ist die Sehne des M. flexor hallucis longus oft passiv verkürzt und verklebt, ein zusätzlicher Störfaktor für die tiefe Frontalkette. Ein Hallux valgus ergibt sehr häufig Einschränkungen oder Schmerzen in der HWS und CTÜ. Patienten mit einem Valgusfuß und einem Hallux valgus haben oft Verspannungen und Schmerzen zwischen den Schulterblättern und im M. trapezius. Das interne retrocapitale Element gibt hier eine Entspannung.

Halluxbildung bei einem Varusfuß: Sehen wir eine laterale Vorfußbelastung beim Varusfuß, dann liegt eventuell eine Verwringung im Fuß vor, die wir dann in der Wirbelsäule wiederfinden. Absteigende Ketten mit Verspannungen des M. tibialis anterior oder eine genetische Veranlagung können ebenfalls ursächlich sein. Die Verspannung des M. tibialis anterior und der Spiralkette werden mit diesem Element verringert. Bei einer genetischen Ursache können wir mittels des internen retrocapitalen Elements oft noch Erleichterung geben.

9.8.1.5 Externes retrocapitales Element

Das externe retrocapitale Element ist in der Regel 1 mm dick. Das Element darf den 3. Strahl nicht berühren, da es dann die Beweglichkeit des Fußes in Supination/Pronation verhindern würde.

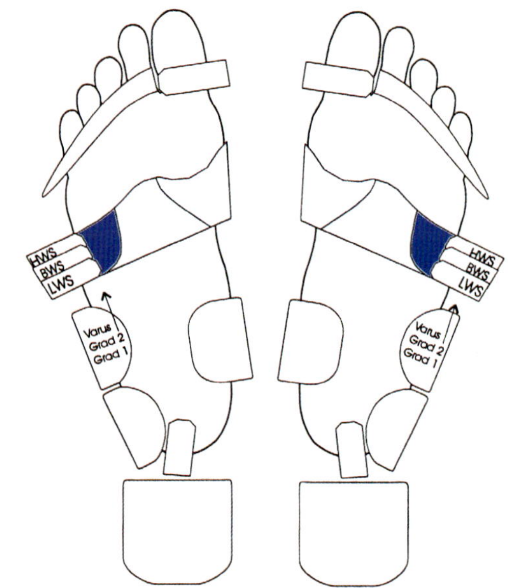

Abb. 136: Externes retrocapitales Element

Wirkung bei Vorfuß-Supination: Dieses Element liegt lateral auf dem retrocapitalen transversalen Element und gibt lateral ein zusätzliches Signal an die tiefe Frontalkette. Die Kette wird nicht nur normalisiert, sondern bekommt auch eine andere Richtungsinformation.

Dieses Element wirkt primär auf den M. flexor digiti minimi. Dieser Muskel hat seinen Ursprung am Lig. plantare longum. Das Ligament wiederum läuft weiter in die tiefen Schichten der Achillessehne, weiter zum M. soleus und dann zum M. popliteus. Er ändert somit die Rotationsstellung im Knie und hat einen direkten Einfluss auf den lateralen Meniskus. Der M. popliteus ist auch Teil der tiefen Frontalkette. Somit beeinflusst dieses Element auf zwei Wegen die tiefe Frontalkette. Er entspannt u.a. den M. splenicus und lindert die Beschwerden in der HWS, dem Schultergürtel und den CTÜ.

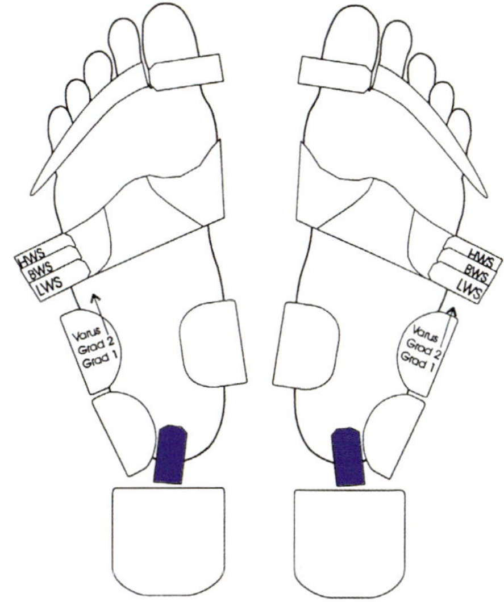

Abb. 137: Das Knieelement

9.8.1.6 Das genuale Element

Das kleine, 2 mm dicke Element liegt am Fersenrand. Die genaue Lage wird anhand der Beschwerden festgelegt. Er wirkt primär auf die Rotationsstellung der unteren Extremitäten und der Knie. Bei genauer Lage verschafft es Erleichterung bei Kniebeschwerden.

Durch seine sehr spezifische Einwirkung auf die oberflächliche Dorsalkette erreichen wir eine Wirkung bis hinein in den Kopfbereich.

9.8.1.7 Podo-Posturale Behandlung von Fersensporn / Plantarfasciitis / Cruciatum-plantare-Syndrom oder Achillessehnenreizung

Das Schwierige bei der Diagnose Fersensporn ist die Feststellung, ob es sich wirklich um einen Fersensporn handelt oder um etwas anderes. Der Patient wird sich bei jeder Störung der Fußsohle eine Schonhaltung angewöhnen. Diese führt oft zu einem weiteren Fußproblem, sodass das Bild nicht immer einfach zu interpretieren ist. Die Schonhaltung wird nach dem Verschwinden der Beschwerden weiter beibehalten und muss bewusst abgelegt und verändert werden.

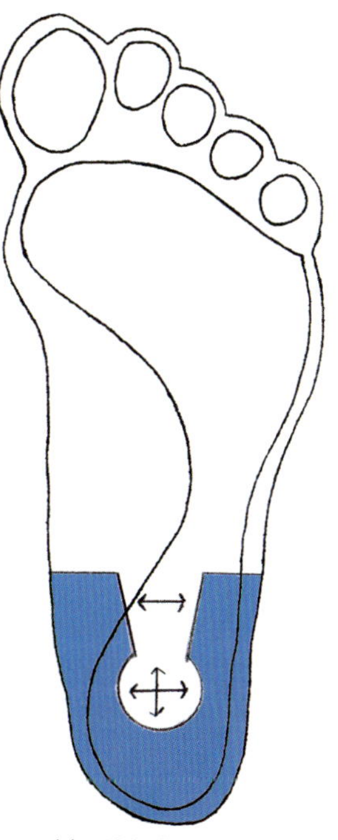
Abb. 138: Fersensporn klassisch

Grundsätzlich muss man den Fuß, soweit es notwendig ist, entlasten. Hier ist der Einsatz von weichen Materialien angezeigt.

Vor allem bei der Plantarfasciitis ist eine zu weiche Sohle oder Schuh Gift für den Fuß und die komplette Körperhaltung. Eine zu weiche Sohle oder Schuh benötigt erheblich mehr Energie beim Abrollen des Fußes. Diese Energie kann ein Fuß mit einer Plantarfasciitis nicht aufbringen, es kommt schnell zu einer Verstärkung der Beschwerden. Liegen lokale Druckstellen vor, müssen diese genau entlastet werden. Eine Entlastung, die nicht exakt liegt, gibt Druckstellen am Rand und verstärkt die Problematik.

Nach ca. 12 Wochen kann dieses Element meistens entfernt werden oder durch ein dünneres Polster ohne Entlastung ersetzt werden.

9.8.1.8 Peroneus-Element

Dieses relativ kleine Element wird am Fuß lateral unter die Sehnen des M. peroneus longus gelegt. Es wirkt primär entspannend auf die Spiralkette (in Bewegung) und die Lateralkette (im Stehen) (siehe Kapitel 9.4.).

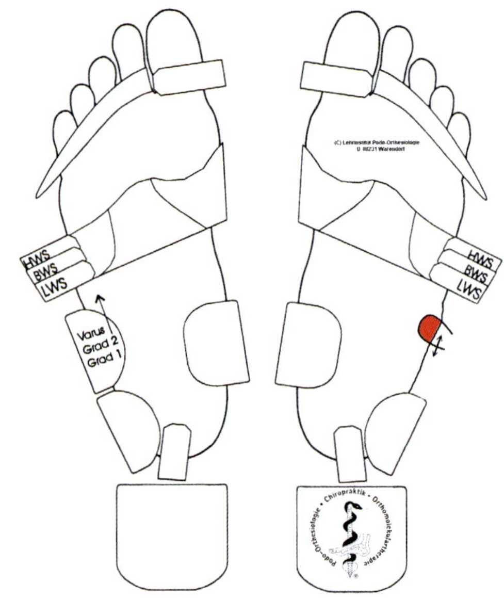

Abb. 139: Das Peroneus-Element

9.8.1.9 Die Qual der Wahl

Zu wissen, welches Element was bewirkt, ist eine Sache. Die exakte Lage und die richtige Kombination der zu Verfügung stehenden Elemente herauszufinden ist aber eine Kunst, die man nur durch Ausbildung und Üben lernen kann. Daher ist eine Supervision nach den Kursen immer angezeigt.

Beispiel
Ein Patient kommt mit Schulterbeschwerden in die Praxis. Die klinische Funktionsdiagnostik zeigt uns, dass wir mit einer neurophysiologischen Sohle (Podosohle®) arbeiten können. Die Frage ist nur, welche Elemente man braucht.

Wo liegen die Ursachen der Beschwerden?
- Wie ist der Fußabdruck? Pes valgus, Pes varus, Mischungen der Fußbelastungen (mit Verwringungen der WS) etc.
- Was zeigt uns der Fußabdruck noch, wo liegen Belastungszonen?
- Welche Ketten stehen im Vordergrund, aufsteigende oder absteigende?
  - Welche Ketten sind in Mitleidenschaft gezogen?
- Wo liegen die Störungen, die auf die Schulter einwirken?
  - HWS
  - BWS
  - LWS (über die Fascia thoracolumbalis)
  - Homolaterale oder heterolaterale Hüfte
  - Organ- oder Narbenstörungen

Erst wenn man diese Fragen beantwortet hat, kann man die richtige Kombination der zur Verfügung stehenden Elemente austesten und einsetzen. Dabei sollte man immer bedenken:

9.8.1.10 Weniger ist mehr.

Die Therapie mit der neurophysiologischen Sohle ist ein dynamischer Prozess. Während des Austestens hat man nicht immer sofort den maximalen Erfolg. Der Patient muss langsam, Schritt für Schritt in seine richtige Haltung zurückgeführt werden. Daher wird vor allem am Anfang mit weniger Elementen gearbeitet. Nach sechs bis acht Wochen wird wieder neu untersucht und ggf. werden Elemente verlegt, entfernt oder ergänzt. Weitere Kontrollen folgen, aber der Abstand zwischen den Kontrollen wird größer, bis der Patient keine weiteren Störfelder mehr angibt.

9.8.1.11 Wie lange trägt man die Sohle?

Diese Frage stellt fast jeder Patient: Die Antwort ist genau so individuell wie die Sohle.

Richtlinien:
1. Die Sohle soll eine Umstellung der fehlerhaften Gewohnheitshaltung/Bewegung bewirken. Da die belastende Gewohnheitshaltung aber im Gehirn als Normalhaltung

abgespeichert ist, muss dieses abgespeicherte Programm gelöscht und durch ein neues, optimales Programm ersetzt werden (Reprogrammierung) – dies dauert seine Zeit.

- Die Beschwerden verschwinden schneller als die Reprogrammierung abgeschlossen ist. Die Reprogrammierung kann bis zu viermal so lange dauern wie die Chronifizierung der Beschwerden.
- Je länger die Beschwerden bestehen, desto länger sollte man die Sohle tragen.
- Je älter man ist, desto langsamer verläuft die Reprogrammierung.
- Je mehr Ketten gestört sind, desto länger dauert die Reprogrammierung.

2. Liegt nur eine Fußfehlstellung vor, ist mit der Sohle ein guter Erfolg zu erwarten. Dann kann die Sohle nach einer bestimmten Zeit (erfahrungsgemäß zwei bis drei Jahren) weggelassen werden.
3. Liegt eine andere primäre Ursache vor, kann man mit der Sohle fast immer die Beschwerden stark bis hin zur Beschwerdefreiheit verringern. Nimmt man aber die Sohle weg, ohne dass die primäre Ursache gelöst ist, werden die Beschwerden zurückkehren.
4. Liegen mehrere primäre Ursachen vor, können die Beschwerden mittels einer neurophysiologischen Sohle deutlich verringert werden, man muss dann aber mit einem Restbeschwerdebild rechnen.

Ein guter Podo-Posturaltherapeut arbeitet nicht nur an der Fußfehlstellung, sondern auch mit manuellen und anderen therapeutischen Möglichkeiten an den weiteren Störfeldern. So kann man in den meisten Fällen eine extreme Verbesserung der Beschwerden erreichen.

Der podo-postural arbeitende Behandler ist fast immer ein Teil eines Netzwerks von Spezialisten. Dies erhöht die Erfolgsquote der Therapie, da man die Behandlungen miteinander genau auf den Patienten abstimmen kann.

9.8.2 Statik und Sport

Ohne Stabilität keine Flexibilität.

Im Sport spricht man vordergründig immer über Bewegung, Bewegungsabläufe oder Bewegungsmuster. Man vergisst dabei oft, dass ohne eine richtige Haltung und Gelenkstabilität keine optimale Bewegung stattfinden kann. Immer noch wird bei vielen Sportarten das Training der optimalen und vor allem funktionalen Haltung, des Gleichgewichts und der Koordination vernachlässigt.

Vor allem im Bereich des Breitensports wird oft unsachgemäß trainiert. Das fängt schon in vielen Fitnessstudios an. Bevor man an die Geräte geht, sollte erst eine gute Haltungs- und Bewegungsdiagnostik stattfinden. Welche Bewegungsmöglichkeiten hat der Trainierende und wo liegen ggf. Einschränkungen? Kann man diese Einschränkungen beheben oder muss man eine weniger belastende Alternativbewegung erlernen?

- Oft liegen myofasziale Verkürzungen oder auch Gelenkeinschränkungen vor, welche man erst soweit wie möglich beheben muss, bevor man mit dem Krafttraining anfangen darf.
- Dann muss erst die optimale Haltung eingeübt werden. Erst ohne Gewichte, danach mit kleinen Gewichten und sehr kleinen ruhigen Bewegungen.
  - Training der Bewegungskoordination und des Gleichgewichts.
- In dieser neu gelernten optimalen Haltung kann man anfangen, die gewünschten Bewegungen einzuüben. Erst danach sollte man mit kleinen Schritten die Belastung erhöhen.
  - Immer auch ein Training der Koordination und des Gleichgewichts einbauen.
- Die Bewegungen sollten funktionell sein, sowohl für das tägliche Leben als auch für die Sportart, die man ausüben möchte.
  - Übungen wie Butterfly Crunches sehen wir sehr skeptisch, da die hierbei beanspruchten Muskeln (vor allem der M. pectoralis major) im normalen Leben eher zu Verkürzungen neigen als zu Kraftverlust. Und wer macht diese oder ähnliche Bewegung schon in seinem normalen Leben? Diese Muskeln sollten eher gedehnt werden, wonach man auch besser die Antagonisten konditionell und koordinativ aufbauen sollte, damit eine optimalere Haltung über längere Zeit gewährleistet ist.

Podo-postural kann man für bestimmte Sportbelastungen eine angepasste, neurophysiologisch wirkende Sportsohle ausmessen und anfertigen.

- Da diese Sohle oft vom Aufbau her etwas anders ist als die Sohle für den Alltag, sollte die Sportsohle nur in den Sportschuhen und nur während des Trainings oder des Spiels getragen werden.
- Prinzipiell startet man die statische Versorgung eines Sportlers immer am Anfang der wettkampffreien Periode. So bekommt er ausreichend Zeit, sich in seiner neuen Haltung zurechtzufinden. Die weitere Versorgung während der Wettkampfzeit ist dann kein Problem.
- Viele Sportsohlen werden zu weich gemacht, was fast automatisch zu Verletzungen führen muss. Die Sohle nimmt einen Teil der Reaktionskraft, d. h., der Sportler ist immer „zu spät“ mit seinen Reaktionen.

- Auch sind viele klassische Sportsohlen zu unbeweglich und verhindern somit eine harmonische Körperbewegung.

Optimal ist es, wenn der Podo-Posturaltherapeut sich mit der genannten Sportart auskennt. Wichtig ist jedenfalls, dass der Behandler ausreichende Kenntnisse über Sport und Sportverletzungen im Allgemeinen hat. Oft kann man dann zusammen mit dem Sportler zu einer optimalen Versorgung kommen. Man muss die belastende Bewegung genau abfragen und sie vom Sportler ggf. ausführen lassen. Dann sieht man, wie und wo der Sportler kompensiert. Eventuell ist es sinnvoll, sich das Training anzuschauen, damit man genau sieht, wo das Problem auftritt.

Beispiel
Eine 14-jährige, intensiv spielende Handballerin kommt mit Kniebeschwerden rechts in die Praxis. Es liegt bereits eine Baker-Zyste vor, die mal mehr und mal weniger hervortritt. Anamnestisch wird angegeben, dass die Kniebeschwerden, das Anschwellen des Knies nach starkem Anwinkeln, vor allem nach intensivem Training und während des Wettkampfspiels auftreten. Auch wird über eine beginnende Halluxbildung rechts gesprochen. Familiär liegt keine Halluxbildung vor.

Ich bitte die Patientin, ein Stück zu rennen und danach den Ball auf ein Tor zu werfen. Das Knie kann beim Rennen mäßig nach medial stabilisiert werden. Beim Wurf sieht man eine deutliche Endorotation des Beines, wobei das Knie jetzt sehr gut sichtbar nach medial wegknickt und die Belastung voll medial auf dem Großzehballen liegt.

Neben der normalen neurophysiologischen Sohle wird eine Sohle speziell für das Handballtraining und das Spiel angemessen. Hier wird eine minimale Stabilisation des Großzehballens eingebaut (1 mm). Zweck dieses Sonderelements ist es, dem übermäßigen Wegknicken in Richtung Endorotation-Valgus entgegenzusteuern. Würde man dieses Element in die normale Sohle einarbeiten, wäre es kontraproduktiv, da sie sich dann auf diesem Element ausruhen würde, was dann wiederum die Fehlstellung verstärken würde.

Zusätzlich muss ein sehr spezifisches Koordinations- und Gleichgewichtstraining stattfinden, damit die richtige Beinbewegung beim Rennen und Abwurf trainiert wird. Vor allem die richtigen Bewegungsabläufe sind hier zu üben.

Sechs Monate später: Die Sportlerin hat weder im Training noch im Spiel Beschwerden. Nur wenn innerhalb kurzer Zeit mehrere Spiele absolviert werden (z. B. bei Turnieren am Wochenende), kommen die Knieschmerzen noch leicht zurück. Sie muss das spezifische

Training beibehalten, damit weiteren Anforderungen standgehalten werden kann. Auch die Sohlen sollten noch längere Zeit weiter getragen werden, damit das richtige Bewegungsmuster abgespeichert und immer wieder auf die neuen Anforderungen angepasst werden kann.

9.8.2.1 Spezifische Fragen aus Sicht der Podo-Posturaltherapie

1. Welche Sportart wird gemacht und wie ist die Fuß-Körper-Belastung dabei?
   a. Mehr Vorfuß- oder Totalfußbelastung?
      - Vorfußbelastung betrifft die tiefe dorsale Kette mehr als Totalfußbelastung.

   b. Wie geht und rennt der Patient (wenn möglich zeigen lassen)?
      - Wenn z. B. die Kurven immer in gleicher Richtung trainiert werden, ergibt das eine starke Dysbalance zwischen Adduktoren und Abduktoren beider Beine.
2. Welche Schuhe werden getragen beim Training und im Spiel? Sind es mehrere, unterschiedliche Schuhe und wie alt sind sie?
3. Wie und in welchem Teil des Spiels/Trainings ist die Verletzung aufgetreten?
   a. Anfangs sind es oft akute Verletzungen wie Vertreten etc.
   b. Zum Ende hin ist oft die Muskelkondition und -koordination verloren gegangen und es treten tieferliegende Verletzungen auf. Gerade hier liegt der Schwerpunkt der Podo-Posturaltherapie.
4. Waren vorher Schmerzen, Verletzungen oder Einschränkungen vorhanden? Wenn ja wo?
   a. Oft ist irgendwo an einer oder mehreren Ketten schon eine Basisstörung vorhanden, die aber lange Zeit kompensiert werden konnte. Reicht die Kompensation am Ende des Spiels nicht mehr aus, verringert sich die Koordination massiv und es sind Verletzungen, oft irgendwo ganz anders im System, vorprogrammiert.
5. Werden andere Hilfsmittel benutzt (Sportbrille, Zahnspangen, Zahnschutz etc.)?
   a. Diese sind auf Qualität, genaue Anpassung etc. zu prüfen.
      - Aus der Podo-Posturaltherapie ist schon länger bekannt, dass ein minimaler Fehler an z. B. der Brille eine enorme Änderung im Haltungssystem verursachen kann. Somit werden die Muskelketten extrem gestört, sowohl myofaszial, aber vor allem auch neurophysiologisch. Eine Koordinationsstörung ist dann eigentlich permanent vorhanden.
      - Auch Zahnbehandlungen können den Körper stark aus dem Gleichgewicht bringen, wenn sie nicht richtig durchgeführt worden sind. Diese Dysbalancen wirken sich beim Sport oft intensiver aus als im normalen Leben, wo eine Kompensation doch einfacher durchzuführen ist.

Lose Spangen etc. stellen im Sport manchmal eine Verletzungsgefahr dar und sollten daher während des Sports entfernt werden. Das ergibt aber immer eine Änderung der Statik, auf die der Sportler sich unbewusst einstellt.

Sportler sollten nie während des vollen Einsatzes (Wettkampfzeit) vermessen werden, sondern immer in einer Ruheperiode, damit man das eingeübte Bewegungsmuster, mit dem er (diesmal noch) in den Wettkampf geht, nicht zerstört. Dies könnte das Verletzungsrisiko (Unsicherheit) extrem vergrößern und die Leistung erst einmal verringern.

9.8.2.2 Einige podo-postural zu behandelnde Sportverletzungen oder Sport-Dysbalancen

9.8.2.2.1 Vorfußschmerzen

Viele Sportler kommen mit Beschwerden im Vor- und/oder Mittelfuß zu uns. Die exakte Differentialdiagnose ist oft schwer, weil man es fast immer mit einem Symptomen- bzw. Ursachenkomplex zu tun hat. Bei Verdacht auf strukturelle Veränderungen und Verletzungen sollte man röntgen. Bei anhaltenden Beschwerden muss das Röntgen nach acht bis zehn Tagen wiederholt werden, da erst dann eine Callusbildung am Bruchrand festzustellen ist.

Viele Sportler tragen die falschen Sportschuhe. Zu weiche Schuhe sind ein größeres Problem als zu harte. (Siehe Kapitel 9.8.3.; hier haben wir ausgiebig über die Probleme der Sportschuhe geschrieben.) Auch die zusätzliche Lenkung der Bewegungsrichtung mittels Antipronationsstützen ist eher negativ zu bewerten, da sie selten sportspezifisch ausgetestet sind und eine zu große Änderung der Belastung ergeben. Wichtig ist zu beobachten, inwieweit die Sportbewegung von dem normalen Gangbild abweicht. Wie schon beschrieben, gibt es sehr große Unterschiede im Abrollvorgang während des normalen Gehens und der sportspezifischen Bewegung. Ein Marathonläufer bewegt sich ganz anders als ein 1.500-Meter-Läufer und braucht daher andere Sonderelemente im Sportschuh. Ein Tennisspieler mit vielen abrupten Stoppbewegungen wird sich wiederum ganz anders bewegen und somit andere Sonderelemente in der Sportsohle benötigen. Beim Golfspieler ist es mehr und mehr üblich, bestimmte Elemente für einen stabileren Stand beim Abschlag oder Schlag auf dem Fairway einzufügen. Oft fragt man sich aber, wie man mit dieser Art der Stabilisation die üblichen sechs bis zehn Kilometer gehen kann. Man vergisst, dass das Gehen eine der wichtigsten Basisbewegungen im Golfsport ist. Wer nicht gut über den Platz gehen kann, kann seinen Schlag schon bald nicht mehr vernünftig ausführen – da kann man noch so viel auf der Drivingrange üben. Ohne ein richtiges Gangmuster und eine gute Gehkondition wird es nichts.

9.8.2.2.2 Shin Splint oder Tibialis-anterior-Syndrom

Hierbei handelt es sich um eine Verletzung, die nicht nur bei Leichtathleten, sondern viel öfter bei Joggern und Walkern auftritt. Überlastung, Überreizung oder Mikrorisse werden als Hauptursache angegeben. Aber auch hier darf man das falsche Schuhwerk nicht vergessen, denn dort scheint eine der Hauptursachen dieser Verletzung zu liegen.

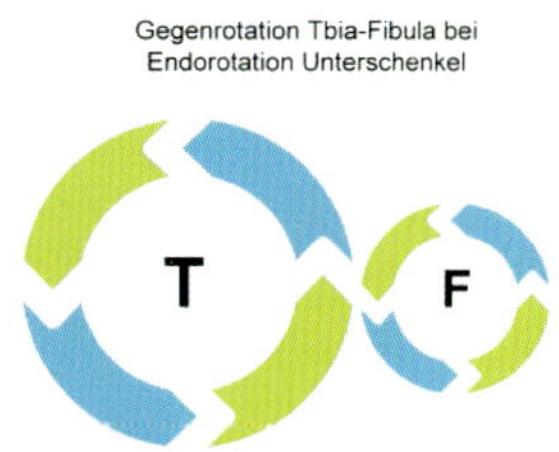

Abb. 140: Gegenrotation von Tibia und Fibula

Diagnostik

In vielen Fällen liegt entweder eine passive Antipronation vor, z. B. bei falschen Sportschuhen mit Antipronationsstützen, oder eine aktive Überpronation durch Hypertonie der Pronatoren, vor allem der Mm. peronei.

Passive Antipronation

Bei der passiven Antipronation wird der Unterschenkel biomechanisch in eine Supination/Exorotation gezwungen, das betrifft sowohl die Tibia als auch die Fibula. Es findet eine Gegenrotation der beiden Knochen statt. Die Fibula verschiebt sich gegenüber der Tibia minimal nach distal. Die Membrana interossea wird gedehnt und kommt unter Spannung. Der N. peroneus profundus kann jetzt leicht unter Druck geraten und reizt dann die Extensoren. Die Mm. peronei werden gedehnt.

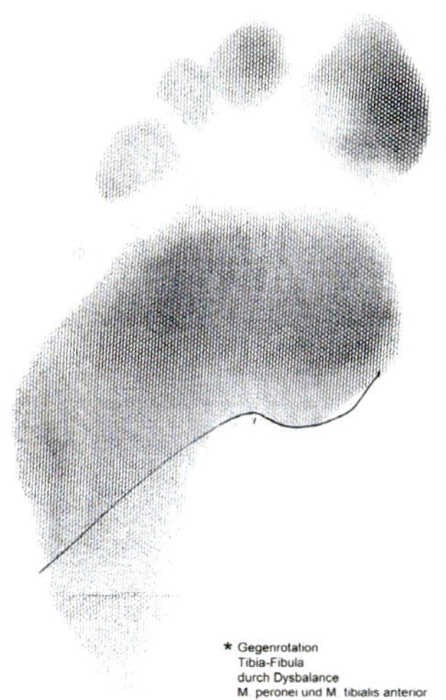

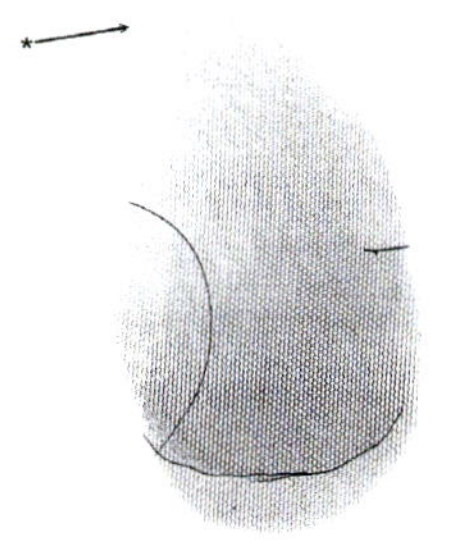

Abb. 141: Blaudruck bei einem Shin Splint

Liegt ein Pes valgus vor, dann ist die Grundspannung der Muskulatur eher hypoton und eine Dehnung wird ohne viel Widerstand akzeptiert. Sind die Mm. peronei aber schon angespannt (wie so oft bei Sportlern), dann kommt es durch die Dehnung zu einer erhöhten exzentrischen Spannung der Mm. peronei und zu einer aktiven konzentrischen Verspannung der Extensoren, vor allem des M. tibialis anterior und M. extensor hallucis longus.

Vor allem die Reizung der Membrana interossea und der versorgenden Strukturen führt zu einem tiefen Schmerz, der über die faszialen Verbindungen bei weiterer Belastung auch schnell ventral im Oberschenkel gespürt wird. Der Schmerz wird oft als brennend und verkrampfend angegeben.

Therapeutisch muss man wiederum primär an den Ursachen arbeiten. Das sind z. B. falsche Schuhe, Fußfehlstellungen und Blockaden in den Sprunggelenken.

Aktive Überpronation

Bei der aktiven Überpronation sind es vor allem die Mm. peronei und seine myofaszialen Ketten, die diese Probleme verursachen. Hier ist primär an die Spiralkette und die laterale Kette zu denken. Der Schmerz wird meistens als ein Krampf wiedergegeben und zieht manchmal bis in den Oberschenkel nach lateral oben.

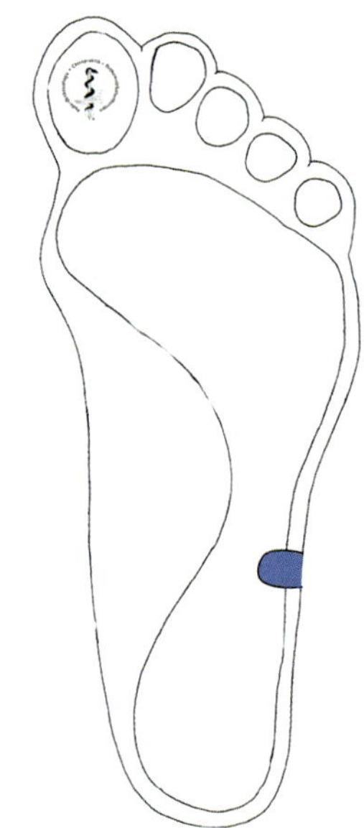

Abb. 142: Aktive Überpronation

Therapeutisch müssen primär diese Ketten behandelt werden mit all den Verspannungen, Fixationen etc. Die laterale Kette verläuft homolateral bis in die obere HWS, die Spiralkette verläuft im Rumpfbereich größtenteils heterolateral, was ein komplett anderes Schmerzbild und Bewegungsmuster verursacht.

Welche Kette die Hauptprobleme aufnimmt, ist u. a. abhängig von der physiologischen Haltung und der dazukommenden Fehlhaltung des Patienten. Dies ist nur über eine gute klinische Funktionsdiagnostik herauszufinden.

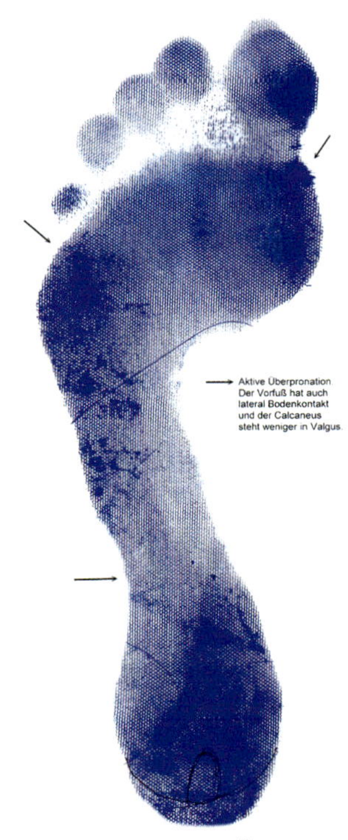

Abb. 143: Zur aktiven Überpronation passender Blaudruck

Podo-postural wird in den meisten Fällen ein Peroneus-Element gelegt. Die exakte Lage ist abhängig von dem genauen Beschwerdebild des Sportlers.

9.8.2.2.3 Distorsion des Sprunggelenks

Eine Sprunggelenksdistorsion findet fast immer im oberen und unteren Sprunggelenk statt und es bedeutet meist eine Dauerreizung des N. peroneus communis, vor allem aber des Profunduszweigs, der die Fußextensoren innerviert. Eine Studie von Prof. Dr. Gert Jan Kleinrensink[2] ergab, dass der Nerv bei erneuter Beanspruchung nur einen Bruchteil einer Sekunde zu spät reagiert. Die Folge ist eine chronische Distorsion. Auffallend ist, dass dieses Phänomen unabhängig von dem Schweregrad der Distorsion ist. Wahrscheinlich ist es eher abhängig von möglichen Vorschädigungen, die zu einer Einklemmung des Nervs, z. B. am Caput fibulae, geführt haben. Der Nerv kann jetzt nur noch über eine kürzere Strecke gedehnt werden, die Verletzung wird somit relativ größer.

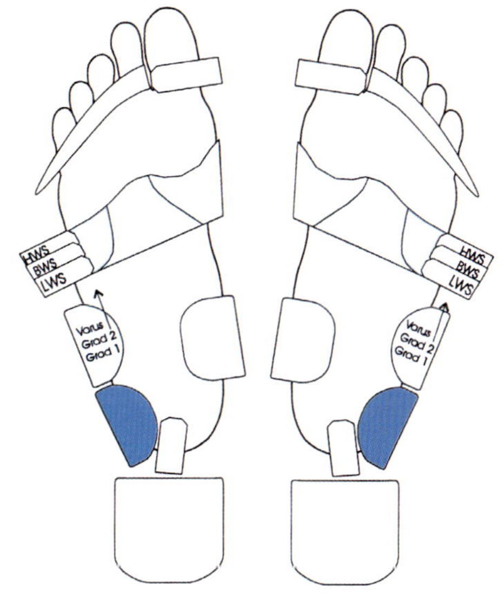

Abb. 144: Distorsionselement

Beispiel: Der N. peroneus ist ein Endzweig des Nervus ischiadicus. Ist der ca. 1 Meter lange Nerv in seinem Verlauf frei, dann beträgt eine Dehnung von z. B. 3 cm nur 3/100 also 3 % – deutlich unter der Schädigungsgrenze eines Nervs. Ist der Nerv aber am Fibulakopf (Caput fibulae) fixiert, beträgt die frei dehnbare Länge nur ca. 30 cm. 3 cm Dehnung wären jetzt 10%. Eine 10%ige Dehnung ist für den Nerv schwer zu regenerieren, es entsteht eine Dauerschädigung.

Wir sehen sehr oft eine Calcaneus-varus-Stellung im Stehen, aber im Gehen einen instabilen Calcaneus valgus. Tests im Einbeinstand bestätigen diese Instabilität. Der Sportler erhält in den Sportsohlen ein zusätzliches stabilisierendes externes calcaneales Element: Dieses dünne Element gibt eine Information, die dazu führt, dass der Calcaneus nicht in eine zu große Varus-Stellung ausweicht.

Abb. 145: Blaudruck Distorsion

2 Untersuchungen zur Dissertation von Gerrit Jan Kleinrensink Jan. 1997, Erasmus Universität Rotterdam Titel: „Influence of posture and motion on peripheral nerve tension."

9.8.2.2.4 Tractus-iliotibialis-Scheuersyndrom, Coxa saltans („schnappende Hüfte"), Ilio-tibiales Bandsyndrom (ITBS, „Joggerknie")

Eigentlich sind diese drei Symptome fast gleich, sie beruhen auf der gleichen Ursache. Beim Tractus-iliotibialis-Scheuersyndrom wird der Schmerz mehr in Richtung Hüfte angegeben und es kommt oft zu einer Bursitis trochanterica mit schnappender Hüfte. Dies sehen wir oft bei Frauen und nur selten bei Sportlern. Beim Joggerknie werden die Beschwerden eher lateral oberhalb des Kniegelenks am Condylus lateralis angegeben. Hier handelt es sich meist um jüngere Personen, die viel Sport treiben. Beide Beschwerden beruhen auf einer Überreizung der lateralen Kette. Frauen stehen sehr oft mit den Füßen zu nah aneinander. Der Körper muss konstant in einer latero-lateralen Balance gehalten werden. Dadurch entsteht eine enorme Spannung auf die Abduktoren und die lateralen Beinstrukturen, eine erhöhte Dehnungsspannung auf den Tractus iliotibialis und somit eine Druckerhöhung auf den Trochanter major und die Bursa. Schmerzen entstehen vor allem bei längerem Stehen und beim Liegen, hier zunächst nur auf der betroffenen Seite, später dann auch auf der anderen. Das Peroneus-Hüftelement als Zusatzelement gibt hier schnell Erleichterung.

Bei jüngeren Sportlern entstehen die Schmerzen vor allem nach längerer Laufbelastung. Auch hier wird die latero-laterale Balance nicht optimal eingestellt. Es kommt zu Reibungen des Tractus am Trochanter major oder am Epicondylus lateralis femoris. Hier wird eher das Peroneus-Knieelement gelegt.

9.8.2.2.5 Leistenbeschwerden

Ursache kann z. B. eine Ansatztendinose der Adduktoren oder Bauchmuskeln sein oder eine Zerrung des M. iliopsoas. Auch haben wir gerade bei jungen Fußballspielern mit chronischen „Leistenzerrungen" schon öfter einen Leistenbruch diagnostiziert. Podopostural unterstützt hier meistens schon eine Basissohle.

Da sowohl die Adduktoren als auch der M. iliopsoas ein Teil der tiefen Frontalkette sind, ist das externe subcapitale Element oder das LWS-Hüft-Element oft eine große Erleichterung.

Es sollte aber bei den Psoas-Störungen immer an mögliche viszerale Störungen, vor allem der Niere (Blasen-Nierenbecken-Entzündung) gedacht werden.

9.8.2.2.6 Das Becken

Das Becken hat eine direkte Verbindung zur Lendenwirbelsäule (Sacrum) und zum Femur (Acetabulum), diese Systeme kann man daher funktionell nicht voneinander trennen.

Die sakralen Wirbel sind pränatal zwar als eine Knorpelmasse angelegt, haben aber alle einen eigenen Knochenkern. Erst mit ca. 25 Jahren ist die vollständige Verschmelzung der sakralen Segmente abgeschlossen.

Für das Os coxae gilt Ähnliches, wobei hier die Verknöcherung des Acetabulums als letztes Teil mit ca. 16 bis 18 Jahren abgeschlossen ist. Gerade in dieser Endphase wird oft sehr intensiv Sport getrieben– oder gar nicht. Fehlbildungen können in beiden Fällen schnell provoziert werden.

Im Beckenbereich gibt es einige Punkte, die wir gerade im Sport berücksichtigen sollten:

- M. piriformis: Oft wird vergessen, dass der M. piriformis eine direkte Verbindung zum Lig. sacrotuberale hat. Dieses Ligament ist aber die Weiterführung der ischiocruralen Muskulatur und somit eine direkte Verbindung zur oberflächlichen dorsalen Kette und der Spiralkette. Sowohl der M. piriformis als auch die ischiocrurale Muskulatur erzeugen ein fixiertes Ilium-Posterior. Flexion der Hüfte und Vorwärtsbeugen werden gehemmt. Die Hüftflexoren arbeiten gegen einen erhöhten Wiederstand, es kommt zu Leistenproblemen. Podo-postural sind vor allem die myofaszialen Elemente zu berücksichtigen.
- Viele Sportler kommen mit einer scheinbar anatomischen Beinlängendifferenz in die Praxis. Wenn wir versuchen, die Beinlänge über das Iliosakralgelenk zu beheben, kommt es in vielen Fällen zu einer atypischen Körperrotation. Neben der normalen kann hier eine Totalerhöhung von nur 1 bis 2 mm über eine kurze Zeit eine erhebliche Entlastung bringen.
- Bei Sportlern sieht man öfter, dass der M. quadratus lumborum und der M. latissimus dorsi verspannen. Diese Muskeln ziehen das Becken fast ohne Rotationskomponente nach oben. Es entsteht eine minimale latero-laterale Kippung. Die zeitlich begrenzte minimale Totalerhöhung ergibt eine Entspannung der Muskeln. Sobald die Muskulatur in der Lage ist, sich wieder zu entspannen, muss diese Erhöhung direkt entfernt werden.

9.8.2.2.7 Muskelzerrungen der Wirbelsäulenmuskulatur

Diese sehen wir vor allem bei Sportarten, bei denen eine bestimmte Rotationsfreiheit gefragt ist, z. B. beim Golf und beim Tennis. Jede Störung der Spiralkette führt hier zu extremen Verletzungsrisiken. Es ist daher notwendig, die Spiralkette dieser Sportler zu untersuchen, damit man feststellen kann, wo die primäre Störung in der Kette auftritt. Erst dann steht eine Vielzahl von extrem dünnen Elementen zu Verfügung.

9.8.2.2.8 Schulterverletzungen

Auch die Schulterverletzungen haben viele verschiedene Ursachen. Ist es die Spiralkette, die stört, oder eine der Hüften, die HWS oder die BWS? Oder liegen viszerale Störungen vor?

9.8.2.2.9 Mammaoperationen

Wenn man über die Schulter spricht, sollte man auch (Krebs-)Operationen an der Brust nicht vergessen, die viele unserer Patientinnen gehabt haben. In den meisten Fällen mit Chemotherapie und/oder Bestrahlung als Nachsorge. Viele der betroffenen Frauen sind wieder sportlich aktiv, teils auf hohem Niveau. Was ist aber mit der Narbenbildung? Wie tief ist operiert worden, wie steht es um die Faszie des M. pectoralis major? Viele dieser Patientinnen zeigen eine Reizung des M. pectoralis minor und der dazu gehörenden tiefen frontalen Armlinie. Bei Belastung entstehen schnell Koordinationsstörungen der Handfunktion, Symptome wie Tennisarm, Überlastungssyndrome der Schulter, der Brustwirbelsäule und der CTÜ. Denken Sie auch an den Gewichtsunterschied rechts/links mit der dazu gehörenden Dysbalance.

Die Schulterregion hat einen direkten Bezug zur Hüftregion, sowohl homo- als auch heterolateral. Es kann also sein, dass die Patientin mit Hüftbeschwerden in die Praxis kommt, aber die Ursache oben an der Schulter und/oder der Brust zu suchen ist. Dieses Thema sollte man offen mit den Frauen besprechen und neben der podo-posturalen Unterstützung eine Anpassung der Sportausführung oder in einigen Fällen der Sportart empfehlen. Da die Operationsformen so vielfältig sind, muss auch die Behandlung sehr individuell angepasst werden.

9.8.2.2.10 Zervikal-Sportsyndrom

Die Halswirbelsäule kann sowohl am Anfang als auch am Ende der Verletzungskette stehen. Untersucht man die Bewegung des Sportlers, kann man ziemlich genau sagen, wo die Beschwerden der Halswirbelsäule ihren Ursprung haben. Kennt man den Ursprung der Beschwerden, kann man aus der vollen Palette an Elementen wählen. Aber Achtung: In vielen Fällen ist man geneigt, zu viele Elemente einzusetzen. Diese „Überdosis" führt schnell zu einer Verstärkung der Beschwerden.

9.8.3 Der Schuh

9.8.3.1 Meine Schuhsohlen

„Sie waren mir immer nah,
Obwohl ich sie selten sah,
Die Sohlen meiner Schuhe.
Sie waren meinen Fußsohlen hold.
An ihnen klebt ewige Unruhe,
Und Dreck und Blut
und vielleicht sogar Gold.
Sie haben sich aufgerieben
Für mich und sahen so selten das Licht.
Wer seine Sohlen nicht lieben
Kann, liebt auch die Seelen nicht.
Mir ist seit einigen Tagen
Das Herz so schwer.
Ich muß meine Sohlen zum Schuster tragen,
Sonst tragen sie mich nicht mehr."
Joachim Ringelnatz[3]

Ringelnatz war einer der Wenigen, der sich Gedanken über die Funktion der Schuhsohle machte. Leider werden die Schuhe heute fast nur aus Sicht der Modeschöpfer gesehen und auch so ausgewählt. Geht Mann bzw. Frau in den Schuhladen, dann wird als Erstes nach dem Design geschaut. Extreme Schuhformen, die man nicht nur im Designerstudio sieht, sondern auch im Theater, nennen wir Sitzschuhe, da man diese lediglich zur Show im Sitzen tragen kann – wobei man auch mancher Frau damit auf der Straße begegnet. Solange man diese Art von Schuhen trägt, ohne auf die Anatomie und Physiologie des Fußes zu achten, kann man jede Therapie vergessen. Kommen diese Patientinnen in die Praxis, meistens wegen Rückenbeschwerden oder Nackenbeschwerden, dann muss man das Problem Schuh unbedingt ansprechen.

3 Ringelnatz, Joachim: 103 Gedichte. Rowohlt, Berlin, 1933

9.8.3.2 Auf was müssen wir prinzipiell achten, wenn wir die Schuhe kontrollieren?

Als Erstes muss man schauen, in welcher Situation oder für welchen Zweck der Schuh benutzt wird. So gibt es z. B. Straßenschuhe, Hausschuhe, Arbeitsschuhe, Sicherheitsschuhe, Sportschuhe usw. Jeder Schuh hat andere Anforderungen und somit werden andere Voraussetzungen gegeben. Wir können nicht auf alles eingehen, dafür gibt es Fachgeschäfte, die dem Patienten weiterhelfen sollten. Hier nur einige Richtlinien, auf die wir in der Praxis achten können:

9.8.3.2.1 Passform

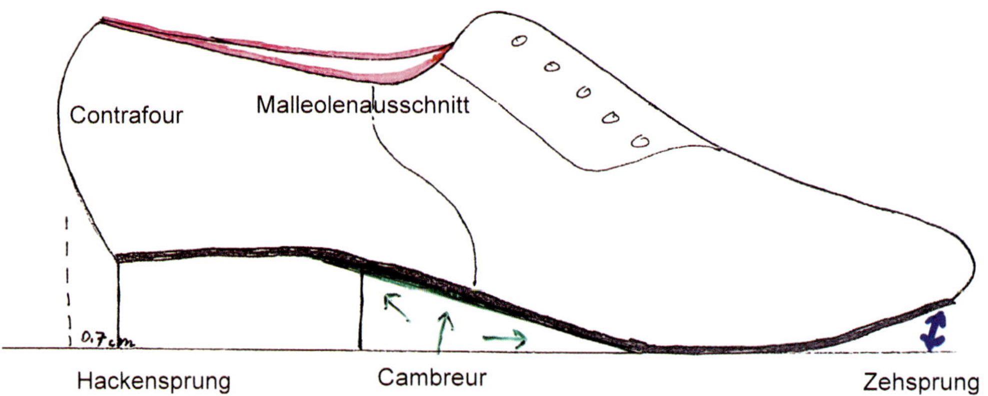

Abb. 146: Schuh in der Seitenansicht

Leider sind die Schuhgrößen immer noch nicht genormt. So kann bei der einen Firma eine Schuhgröße 39 bei einer anderen Firma die Schuhgröße 38 oder 40 sein. Dazu kommt noch, dass es verschiedene Fußbreiten gibt. Wer achtet schon darauf, welche Fußbreite man hat? Die meisten Frauen bzw. Männer wundern sich nur, wenn der Schuh drückt.

Männer haben meistens etwas weniger Probleme mit den Schuhen. Wenn sie selbst die Schuhe kaufen, kaufen sie diese meistens nach Bequemlichkeit.

Frauen dagegen kaufen die Schuhe meistens nach Schuhgröße und nach Design. Der Fuß wird aber im Laufe der Jahre länger, weil er ein wenig abflacht. Auch eine Schwangerschaft bedeutet in den meisten Fällen, dass der Fuß länger wird und nachher oft auch etwas länger bleibt.

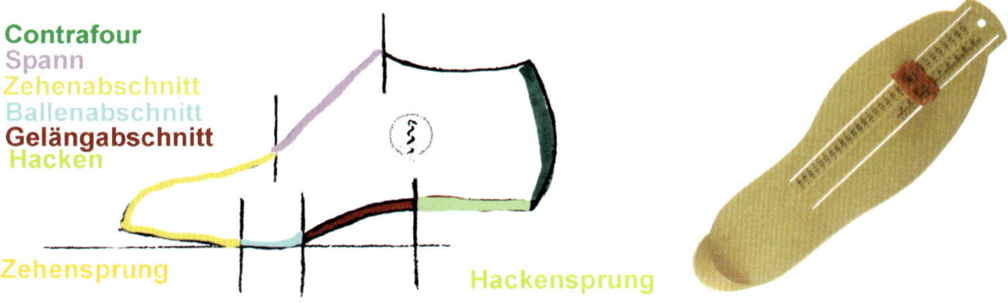

Abb. 147: Schuhaufbau

Abb. 148: Schuhmaß

Ab und zu gibt es noch Eltern, die die Schuhe so kaufen, dass sie auch im nächsten Jahr noch passen. Öfter aber geben die Kinder an, dass die Schuhe drücken. Hier sind es typischerweise öfter die Jungen, die das sagen. Denn große Füße sind cool und man kann damit bei den Freunden angeben.

9.8.3.2.2 Allgemeine Richtlinien

Der Schuh muss im Stehen ca. 1 cm länger sein als der Fuß, da der Fuß in der Bewegung etwas länger wird und dabei nicht vorne anstoßen soll.

- Ein zu kurzer Schuh verursacht „eingezogene" Zehe und führt auf Dauer zu Druckstellen bis hin zu Hammerzehen.
- Ist der Schuh zu lang, rutscht man im Schuh nach vorne während des Gehens. Dann reagiert man unbewusst mit Krallen, damit es nicht zu Reibungsstellen am Fuß kommt.
- Der Schuh sollte ungefähr die gleiche Breite haben wie der Fuß. Der Fuß wird im Gehen minimal schmaler, d. h., der Schuh darf auf keinen Fall breiter sein als der Fuß. Ein zu weiter Schuh gibt keinen Halt am Fuß, der Fuß „schwimmt" im Schuh nach links und rechts. Man versucht mittels krampfhaftem Halten, dieses Rutschen zu vermeiden. Es kommt zu Krallzehen und meistens auch zu einer erhöhten Supination beim Abrollen. Das behindert wiederum die Bewegung des Beines, des Beckens usw. (siehe Kapitel 9.2). Ein zu schmaler Schuh ergibt wiederum Druckstellen.
- Der Absatz sollte nicht zu hoch sein, auf fast flachen Schuhen kann aber nicht jeder laufen. Yin-Menschen brauchen flachere Schuhe, Yang-Menschen können etwas mehr Höhe vertragen. Wir akzeptieren in den meisten Fällen einen Absatz von ca. 2 bis höchstens 3 cm.
- Die Hinterkappe muss in ihrer Form an die Ferse angepasst sein. Eine zu stark gebogene Hinterkappe gibt immer Druck auf die Achillessehne und kann unter Um-

ständen zu einer Achilodynie führen. Eine zu flache Hinterkappe sorgt für zu wenig Halt, man rutscht bei jedem Schritt mit der Ferse aus dem Schuh. Auch das führt zu Reizungen an der Ferse und führt, wie der zu große Schuh, dazu, dass man anfängt zu krallen, um den Schuh zu halten.

- Das Schuhgelenk muss aufliegen, also eine durchgehende Sohle oder bei einem Absatz eine Gelenkfeder haben. Der Absatzschuh darf im nicht aufliegenden Mittelteil nicht biegbar sein.
- Die Vorderkappe muss hoch genug sein. Oft sieht man, dass die Schuhe vorne zu flach sind, sodass die Zehen nach oben keinen Platz haben. Etwas Luft sollte da schon sein, zu viel bedeutet aber auch wieder Probleme mit unsicherem Halt.
- Der Schaft sollte hoch genug sein. Schnürschuhe oder Schuhe mit Klettverschluss haben den Vorteil, dass man sie bei geschwollenen Füßen anpassen kann. Bei zu engen Schuhen kann es zu Durchblutungsstörungen im Fuß kommen.
- Die Sohle sollte flexibel, aber nicht zu dünn sein. Der Alltagsschuh kann eine dünne Gummisohle gut vertragen. Viele Menschen haben ein dünnes Fettpolster unter dem Fuß (Capiton). Zu dünne Schuhsohlen führen in diesem Fall meistens zu Schmerzen im Vorfuß.
- Die Haftung der Sohle sollte dem Untergrund angepasst sein: im Sommer ruhig etwas glatter, im Winter besser etwas mehr Profil.

9.8.3.2.3 Malleolenausschnitt: Der Ausschnitt um den Knöchel

Führen Sie einen Finger um den Außenknöchel herum und fühlen Sie, ob sie ihn überall frei zwischen Knöchel und Schuh bewegen können. Sie werden sich wundern, wie oft dieser Raum eingeschränkt ist. Wenn der Knöchel sich nicht frei über den Schuhrand bewegen kann, wird die Fibula, das Wadenbein, nach oben fixiert. Wie soll sich dann das Bein frei bewegen können?

9.8.3.2.4 Der Sohlenabrieb

Der Fuß setzt auf der Außenseite der Ferse in varus auf und rollt zum Großzeh hin ab. Der Großzeh ist der Punkt, an dem man sich vom Boden abdrückt. Somit ist der Abrieb an der Ferse auch hinten-außen am größten.

Je mehr der Abrieb nach innen liegt, je mehr wird der Fuß schon in einer Valgus-Stellung aufgesetzt. Hier liegt meistens ein abgeflachter Fuß vor (oder ein blockierter Fuß). Je mehr nach außen, desto mehr bleibt der Fuß in varus hängen.

Im Vorfuß ist es ähnlich: Der Abrieb muss am Großzeh am größten sein. Auch hier kann man sehen, in welcher Richtung der Fuß abrollt.

9.8.3.2.5 Besonderheiten von Hausschuhen

Für Hausschuhe wird meistens am wenigsten Geld ausgegeben, obwohl man sie oft am häufigsten trägt. Stellen Sie sich vor: Für den Hausschuh, den man bis zu 14 Stunden am Tag trägt, ist man nicht bereit, Geld auszugeben. Dagegen zahlt man Hunderte von Euro für Schuhe, die man nur selten oder nur bei besonderen Gelegenheiten (Feier, Beerdigung, Theater etc.) trägt. Wenn man darüber nachdenkt, ist dies doch absurd, oder?

Viele Menschen tragen zu Hause sogenannte Schlappen, einen Schuh ohne Hinterkappe oder Fersenriemchen. Probleme entstehen, wenn diese Schlappen den ganzen Tag getragen werden. Schlappen haben keinen Halt und man krallt die Zehen bei jedem Schritt, damit man die Schuhe nicht verliert. Diese Verkrampfung findet man dann häufig im Rücken wieder.

9.8.3.2.6 Besonderheiten von Arbeitsschuhen

Arbeitsschuhe sind häufig auch Sicherheitsschuhe. Sie sind in den meisten Fällen ein Horror für den Fuß: zu steif, zu dick, zu schwer etc. und haben oft vorne noch eine steife Kappe, die bei jedem Schritt auf die Grundgelenke der Zehen, meistens den Großzeh, drückt. Mit solchen Schuhen rollt man nicht gerne ab. Es entstehen dann die Probleme, wie sie im Kapitel 9.2 beschrieben sind. Sohlen in Arbeitsschuhen sind an verschiedene Voraussetzungen der Berufsgenossenschaft gebunden. Hierüber sollte man sich informieren, wenn man mit Sicherheitsschuhen arbeitet.

9.8.3.2.7 Besonderheiten von Sportschuhen

Über Sportschuhe kann man fast ein eigenes Buch schreiben, daher beschränken wir uns hier auf einige wesentliche Punkte.

Erstens muss man wissen, für welche Sportart der Schuh benutzt werden soll. Ein Laufschuh, der in der Halle getragen wird, hat ganz andere Voraussetzungen als der Laufschuh, der auf Rasen, Gravel oder Waldboden eingesetzt wird. Für bestimmte Sportarten braucht man daher mehrere Schuhe mit unterschiedlichem Aufbau.

Dämpfung

Schauen wir uns einen Schritt an, dann müssen wir auf Folgendes achten:

1. Auftritt bzw. Initialkontakt: Dieser ist sehr wichtig für die zeitliche Steuerung der Muskulatur für den ganzen Schritt. Wird hier zu viel Dämpfung eingebracht, sackt die Ferse wie in einem Pudding weg; wird diese Fersenregion somit teils weggenommen, ist es, als würde man in ein Loch treten. Der Fuß knickt vermehrt nach innen (valgus) und der Vorfuß ist schon auf dem Boden (meistens mit einer Überlastung medial), bevor die Muskulatur hierauf vorbereitet ist. Der Körper geht weiter vorwärts, aber der Fuß bleibt noch irgendwo „hängen". Nicht nur das Abrollen des Fußes ist gefährdet, es kommt u. a. zu einer Überlastung des Mittelfußes, vor allem aber zu einer enormen Dysbalance im ganzen Körper. Koordinationsstörungen, Geschwindigkeits- oder Technikverlust sind nur einige Folgen. Es sollte also nicht zu stark gedämpft und der Schuh erst recht nicht an der Aufsatzstelle verdünnt werden, wie es bei Negativabsätzen oder Abrollschuhen angeraten wird.
2. Nach dem Initialkontakt folgt das weitere Abrollen des Fußes. Hier kann ein lateraler Halt sinnvoll sein, damit eine Distorsion verhindert wird. Es sollte aber nicht zu einer Zwangssteuerung kommen. Eine gewisse Dämpfung kann sinnvoll sein, muss aber sehr individuell beurteilt werden. Zu viel Dämpfung führt genauso oft zu Verletzungen wie zu wenig. Auch die übertriebene Härte der Sohle kann oft zu einer Verletzung führen.
3. Abrollphase: Hier darf die Dämpfung nicht zu weich sein, damit sich der Läufer gut vom Boden abdrücken kann. Eine zu weiche Vorfußpolsterung führt dazu, dass der Fuß beim Absetzen hängen bleibt, was zu einer starken Belastung vor allem auch im Iliosakralgelenk führt. Der Schuh darf die Zehen mit ihren Grundgelenken nicht einengen oder stören (einschnüren). Zwingend muss der Schuh die berühmte „Daumenbreite" länger sein als der Fuß.

9.8.3.2.7.1 Was sollten wir an Sportschuhen kontrollieren?

1. Ist der Schuh anhand einer Laufbandanalyse empfohlen worden?
   Ein geübter Läufer muss mindestens 15 Minuten auf einem mechanischen Laufband gehen, bevor er einigermaßen in sein eigenes Gangmuster kommt. Die Laufbänder sind in der Regel aber elektronisch gesteuert und werden auf z. B. 10 Km/h eingestellt. Man muss also auf jeden Fall sofort genau so schnell rennen, damit man nicht auf die Nase fällt. Die Analyse dauert meistens nur einige Minuten. Ist das ein Laufmuster? Nein, es ist eher ein Fallmuster: Man fällt nach vorne, setzt die Füße als Schutz dahin, wo sie den Körper auffangen können, und das bedeutet fast immer eine zu große Pronation. Folge ist, dass fast jeder Sportschuh nach einer Laufbandanalyse ein soge-

nannter Antipronationsschuh ist. Die darin enthaltenen falschen Stützen verursachen ein falsches Laufmuster mit zu viel Exorotation der Beine und einer Fixierung des Beckens in Ilium-posterior-Stellung. Das Absetzen (eine Ilium-anterior-Bewegung) wird gestört. Daher:

- Immer die Schuhe zeigen lassen, welche Marke und welche Serie. Dann kann man nachschauen, wie der Schuh aufgebaut ist. Auch sollte man den Abrieb der Sohle untersuchen – dieser verrät viel über das Gangbild des Benutzers.
- Wir empfehlen immer einen sogenannten Neutralschuh, in dem keinerlei Stützen oder Richtungspolsterungen vorgesehen sind. Wenn notwendig, wird eine individuelle Podo-Sportsohle angemessen. Diese Sohle ist oft anders als die Alltagssohle und kann daher nicht ausgewechselt werden.

2. Die Fersenkappe dient zur Führungssicherheit beim Aufsetzen des Fußes. Immer wieder sehen wir, dass die Kappe sehr eng geschnitten ist. Die Aussparung der Achillessehne sitzt fast immer mittig. Unsere Achillessehne setzt aber etwas medial von der Mitte am Calcaneus an und umfasst den ganzen Knochen. Hat der Fuß eine leichte Fehlstellung, verschiebt sich diese Stelle noch mehr. Steht der Sportler im Schuh, überprüft man die Stellung der Achillessehne genau: Oft sieht man dann das Übel, eine Reibestelle, meistens medial, an der Achillessehne. Der Sportler versucht diesem unangenehmen Reiben auszuweichen, indem er den Fuß und damit seinen ganzen Körper anders einstellt. Probleme sind somit vorprogrammiert.
3. Das Gelenk zwischen Ferse und Vorfußballen muss zwar stabil, aber gleichzeitig sehr mobil sein, damit das Abrollen des Fußes nicht eingeschränkt wird. Leider gibt es viele Sportschuhe, die das Abrollen des Schuhs so einstellen, dass der Fuß nur folgen kann. Das versprochene richtige Abrollen kann dann nicht stattfinden, da es den Fuß in eine bestimmte Abrollbewegung zwingt, die in den meisten Fällen nicht zum Körper passt.
4. Der Vorfuß möchte auch seine Freiheit, aber bitte nicht zu viel. Ist der Schuh breit genug, aber nicht zu breit? Ist der Schuh lang genug (eine Daumenbreite vor dem längsten Zeh [Achtung, das kann auch mal der Digitus II sein])? Ist der Schuh auch hoch genug, damit die Zehen auch nach oben ihre Freiheit haben?
5. Malleolenausschnitt: Dieser ist beim Sportschuh noch wichtiger als bei normalen Schuhen, da der Sportschuh mehr Bewegung erlauben muss.
6. Die Schnürung: Grundsätzlich soll der Vorfuß nicht eingeschränkt werden. Das bedeutet, dass die erste Schnürung oberhalb des Mittelfußköpfchens anfangen muss, damit sich die Metatarsophalangealgelenke (Zehengrundgelenke) frei bewegen können. Der sogenannte Großzeheneinhalt (zusätzliche Schnürung über dem Großzehballen) ist Gift für jeden Körper, da es das natürliche Abrollen des Vorfußes einschränkt und zu Entzündungen im Metatarsophalangeale 1 Gelenk (Großzehegrundgelenk) führen kann. Dieses Problem kann man beheben, indem man eine sogenannte Zwischenschnürung einbaut.

7. Schauen Sie sich immer den zu kaufenden Schuh und den Sportschuh an. Vergleichen Sie sie miteinander und überlegen Sie dabei, wie die Bewegung bei der Sportart abläuft. Sie werden sehen, dass der Sportschuh meistens einen anderen Abrieb hat als der normale Schuh. Die Kunst ist es nun, die verschiedenen Abriebe richtig zu interpretieren.

Natürlich kann der Fachmann Ihnen noch viel mehr über den richtigen Schuh erzählen. Achtet man aber auf diese Störfaktoren, wird die Behandlung schon wesentlich erfolgreicher sein. Auch der Sportler wird durch diese kleinen Tipps seine Leistung verbessern.

Abb. 149, 150: Bilder gemacht während eine Prozession in Italien. Ob alle Damen heile angekommen sind? Mit Dank an Michael Weis (OSM-Meister in Traunstein).

Die Bemerkungen und Kommentare von Michael Weis haben uns in unserer Arbeit mit den Patienten ein Stück weiter gebracht.

9.9 Einige Praxisbeispiele

9.9.1 Frau B., 26 Jahre alt

Frau B. kommt im Herbst 2012 zu uns in Behandlung wegen starker Kopfschmerzen, Einschränkungen der HWS-Beweglichkeit, vor allem nach rechts und in Extension, dazu leidet sie immer wieder unter Schwindel. Die rechte Schulter ist in der Abduktion/Elevation eingeschränkt.

Das Iliosakralgelenk steht rechts mehr in anterior, der Beintest zeigt eine Blockade/Fixation in anterior links.

Der erste Fußabdruck (Abb. 151) zeigt uns eine deutliche Überlastung im linken Vorfuß medial, was in Verbindung gebracht werden kann mit der Blockade/Fixation links in anterior. Der Fersenabdruck links ist nach medial verlagert und zeigt eine Knickstelle unter dem Tuberositas MT5. Beide Füße zeigen einen deutlichen Valguswinkel unter dem Os naviculare auf.

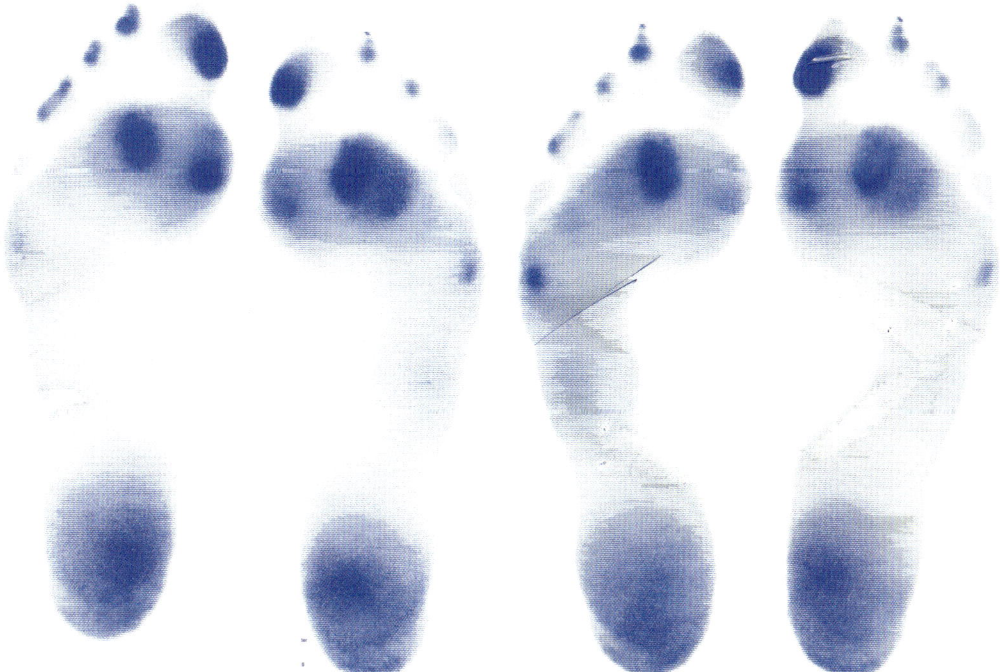

Abb. 151: Frau B. vor der Behandlung

Abb. 152: Frau B. nach der Behandlung

Es wird behandelt mit:

- Zwei retrocapital-tranversalen Elementen rechts und links, je 2 mm, links etwas mehr distal.
- Einem internen retrocapitalen Element links, 1 mm
- zwei internen calcanealen Elementen, beidseitig je 2 mm, links etwas mehr distal
- einer Fersenerhöhung rechts, 1 mm

Die Nachkontrolle auf dem Podoskop ergab sofort eine bessere Beweglichkeit im Schulter-Nacken-Bereich, eine aufrechtere Stellung und freiere Beweglichkeit der Ilii, was darauf hinweist, dass ein fixiertes Ilium anterior vorliegt und keine Blockade, denn das blockierte Ilium wird durch die Unterlegung mit den Elementen nicht frei.

Nach acht Wochen kommt die Patientin zur Kontrolle (Abb. 152). Die Kopfschmerzen sind verschwunden und auch die Beweglichkeit im Schulter-Nacken-Bereich ist wieder normal. Die klinische Funktionsdiagnostik bestätigt die Angaben der Patientin.

Das Becken ist aber immer wieder steif. Unsere Untersuchung zeigt eine Ilium-anterior-Stellung rechts, momentan ist es aber frei beweglich. Die Patientin kann die gewünschte Bewegung rechts einfacher und stabiler ausführen als links. Auf Nachfrage, ob sie Unterleibsbeschwerden (wie z.B. Störungen der Mensis) hat, bestätigt sie, dass über eine leichte Senkung der Gebärmutter gesprochen wurde, was für eine so junge Frau eigentlich ungewöhnlich ist. Der Inhibitionstest des Uterus verbessert die Stabilität beim Stehen auf dem rechten Bein.

Das retrocapitale transversale Element wird rechts etwas mehr nach distal gelegt, das interne calcaneale Element ebenfalls. Das interne retrocapitale Element links wird entfernt, die Fersenerhöhung 1 mm rechts bleibt. Es wird rechts ein 1 mm starkes externes calcaneales Element weit nach proximal gelegt. Diese Änderungen ergeben spontan die Bemerkung: „Das tut gut, als ob ich besser aufrecht stehen kann!" Die nächste Kontrolle steht noch aus, telefonisch teilte die Patientin aber mit, dass sich das Becken ab und zu noch etwas steif anfühle, vor allem kurz vor der Regel, sonst aber keine Beschwerden mehr auftreten würden.

9.9.2 Herr T., 35 Jahre alt

Herr T. kommt Anfang 2013 in die Praxis wegen rezidivierender Beschwerden der rechten Schulter, welche durch den Sport (Tennis) schlechter werden. Er ist Rechtshänder. Im Gespräch werden keine weitere Beschwerden, Unfälle oder Operationen angegeben. Die klinische Funktionsdiagnostik ergibt u.a. eine eingeschränkte Mobilität der linken Hüfte und der mittleren BWS.

Der dynamische Abdruck zeigt einen relativ großflächigen Vorfußabdruck im Vergleich zum Fersenabdruck und einen deutlichen Links-Rechts-Unterschied im Mittelfußbereich. Auch bildet sich ein Band um den proximalen Phalange Digitus I rechts. Bei Nachfrage, ob wirklich keine Unfälle, Stürze o. Ä. geschehen seien (auch ohne Krankenhausaufnahme), stellte sich heraus, dass er vor ca. 10 Jahre einen Autounfall hatte, aber „nur mit leichtem Schleudertrauma"; das hätte nichts zu bedeuten, wurde ihm damals gesagt. Er hatte danach ein bis zwei Wochen lang Nackenschmerzen, danach sei aber wieder alles okay gewesen. Weiteres Nachfragen ergibt, dass der Nacken ab und zu etwas steif ist, aber das kenne er nicht anders, also war es nach seiner Aussage nicht wichtig.

Wir legen folgende Elemente:

- Links ein retrocapitales transversales Element und ein internes retrocapitales Element von 1 mm und ein kleines internes calcaneales Schulterelement.

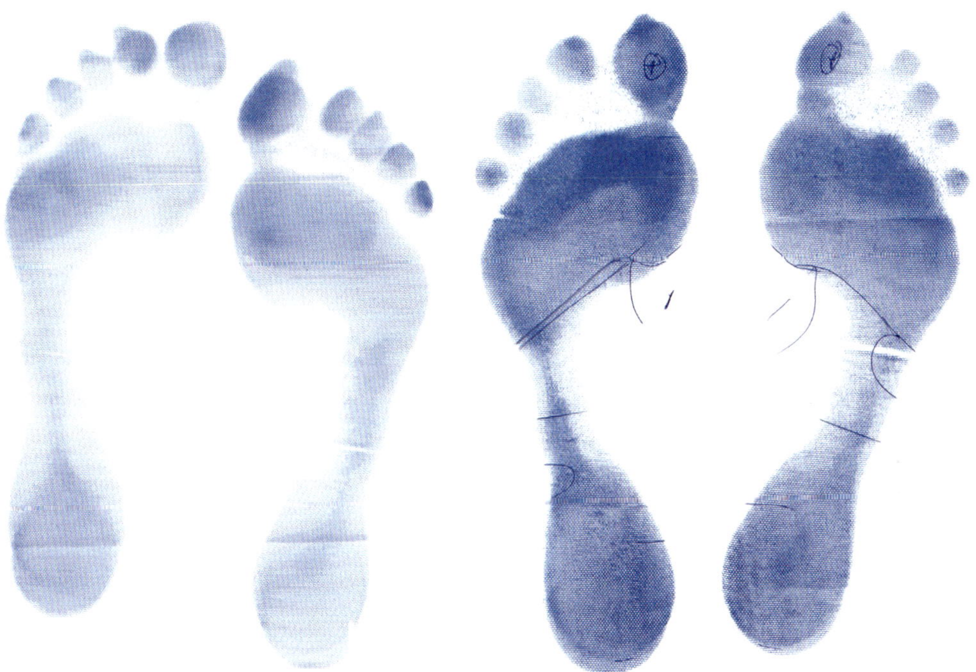

Abb. 153: Herr T. vor der Behandlung *Abb. 154: Herr T. nach der Behandlung*

- Rechts ebenfalls ein retrocapitales transversales Element, aber etwas mehr nach proximal, beide 2 mm, und hier ein kleines externes retrocapitales Schulterelement von 1 mm.

Zusätzlich ein internes calcaneales Element und eine Fersenerhöhung von 1 mm.
Die Kontrolle auf dem Podoskop ergibt: Die Beweglichkeit der rechten Schulter ist fast normal. Der Patient spürt keine Spannung mehr zwischen den Schulterblättern (diese hatte er zuvor gar nicht angegeben, denn sie hätte einfach mit seiner Schreibtischarbeit zu tun – dachte er). Der Finger-Boden-Abstand hat sich um ca. 5 cm verbessert, aber weil er immer noch nicht zum Boden kommt, merkt der Patient es selbst nicht.

Erst nach ca. vier Monaten kommt der Patient zur Kontrolle; er hat ja keine Beschwerden gehabt und daher den geplanten Termin sechs bis acht Wochen nach der Behandlung abgesagt. Jetzt aber habe er wieder die gleichen Beschwerden wie zuvor.

Der neue Fußabdruck zeigt einen ganz anderen Fuß: Die Hauptmerkmale der Änderung sieht man im Vorfuß, dieser ist weniger ausgeprägt und mehr in Einklang mit dem gesamten Fuß. Die Mittelfußabdrücke sind ausgeglichener und der Ring um den Großzeh ist deutlich kleiner geworden, ein Hinweis dafür, dass die Störung der HWS weniger geworden sein muss.

Die Situation hat sich also insgesamt verbessert; der Patient aber fragt, wieso er dann wieder Problem habe. Ich erkläre ihm, dass wir eben genau deshalb die Kontrolle nach sechs bis acht Wochen machen: Der Fuß passt sich den neuen Gegebenheiten auf natürliche Art und Weise an – und dann stören die Elemente. Das spürt man nicht direkt, erst nach einiger Zeit kommen wieder Beschwerden. Das scheint bei ihm jetzt der Punkt zu sein.

Nach erneuter Untersuchung und Beurteilung der Abdrücke werden die internen und externen retrocapitalen Elemente entfernt, ebenso die Fersenerhöhung. Links kommt ein kleines externes Element hinzu, da die linke Hüfte immer noch nicht elastisch beweglich ist. Wieder sehen wir die Verbesserung direkt auf dem Podoskop. Der Patient merkt es auch, sein Arm ist wieder in Ordnung.

Wir sind gespannt, ob er diesmal rechtzeitig zum nächsten Termin kommt.

Weiterführende Literatur

Applied Kinesiologie in der Podoposturaltherapie

Dr. med Armin Haßdenteufel

Die Applied Kinesiologie (kurz AK) ist ein primär diagnostisches Untersuchungs- und Therapieverfahren, welches von George Goodhardt, einem amerikanischen Chiropraktor, Mitte der sechziger Jahre des vorigen Jahrhunderts begründet und entwickelt wurde. Bei der kinesiologischen Testung wird ein Pateinten gestarteter manueller Muskeltest verwendet um Körperfunktionen und Muskelketten zu testen. Zudem kam der Effekt spezifischer Reize auf die Muskelreaktion getestet werde. Es handelt sich dabei um die Untersuchung der Neuromuskulären Feedbackschleife die durch das Nervensystem gesteuert wird.

Grob betrachtet unterscheidet man zwei unterschiedliche Funktionszustände der Muskeln – starke und schwache Muskeln. Der Muskeltest kann dabei für viele Körpermuskeln als Einzeltest durchgeführt werden, für die einzelnen Muskeln gibt es hierfür spezifische Testpositionen die zumeist in einer Annäherung von Ansatz und Ursprung des Muskels liegen. Der Patient wird in der vorgeschriebenen Position dann gebeten, diesen Muskel gegen den Wiederstand des Untersuchers anzuspannen, der Untersucher hält dagegen und gibt nach 1–2 Sekunden der maximalen Muskelanspannung des Patienten einen zusätzlichen Impuls entgegen der Kontraktionsrichtung. Kann dieser Zusatzimpuls weiterhin gehalten werden testet der Muskel stark, wenn darunter die Muskelkraft nachlässt und der Muskel weiter in seine Dehnung gedrückt werden kann so testet der Muskel nach Definition schwach. Somit zeigt er hier an lokales oder Systemisches Problem an.

Aus praktischen Gründen kann auch ein Summentest mehrerer Muskel durchgeführt werden. Dies bietet sich insofern insbesondere bei der Testung der Podosohle an, da der Gruppentest der oberen Armstrecker mit der Körperhaltung assoziiert ist.

Somit hilft die Muskeltestung der Applied Kinesiologie bei der Beantwortung folgender Fragen:

1. Haben meine therapeutischen Maßnahmen einen positiven Effekt?
2. Wie reagiert der Organismus auf einen Reiz oder eine therapeutische Maßnahme?
3. Gibt es Zusammenhänge mit anderen Faktoren oder Störstellen im Körper?

Aus praktischen Gründen sollte zunächst die Indikation für eine Einlagenversorgung mittels AK Techniken überprüft werden. Hierzu sind folgende Indikatoren richtungsweisen:

Indikation zur Einlagenversorgung aus AK-Sicht:

1. Hinreichender Verdacht auf aufsteigende Muskelkette mit positiver shock absorber Test (beklopfen der Ferse). Dies schwächt einen zuvor starken Muskel
2. Rezidivierende Fußfehlfunktionen beim Muskeltest
3. Dysreaktive Veränderung durch Belastung der Füße
4. Befundverbesserung durch Entlastung der Füße
5. Besserung gestörter Muster (z. B. Beckenschiefstand, Kopfrotation, Schulterbeweglichkeit oder Mundöffnung) nach Fußkorrektur
6. Besserung okkulomotorischer Funktionen nach Einlagenversorgung.
7. Ein Belastungschallenge (Gehen, Springen) führt zum Rezidiv von Störungen.
   a. sofort
   b. nach längerer / bis zum nächsten Patientenkontakt

Will man nun die Techniken der Applied Kinesiologie bei der Konstruktion der individuelle Podosohle einsetzen, so hat es sich bewährt zunächst die klassischen Armmuskelen zu testen, da die Beinmuskeln im Stehen nicht testbar sind. Hierfür hat sich der anteriore M. Deltoideus bzw. ein Summentest der ventralen Armmuskeln bewährt und etabliert. Zudem könne Muskeln im Arm-, Hals- und Kofpfbereich mitgetestet werden. Folgendes Protokoll sollte dabei abgearbeitet werden:

Protokoll zur Optimierung Propriozeptiver Einlagen mittels Applied Kinesiologie:

1. Test der ventralen Mm. deltoidei, der Mm. pectoralis majores scapularis und der Mm. latissimi dorsi zunächst als Einzel- und dann als Summentest. Die Einzelteste sollten stark sein (ansonsten Behandlung der Muskulatur), die Gruppenteste je nach Befund ggf. schwach!
2. Unterlegen der Füße auf dem Podoskop nach den klassischen Regeln
3. Kontrolle der Gruppenteste sowie der auffälligen AK Befunde. Die optimale Unterlegung hebt die meisten Befunde auf!
4. Einzelne Elemente die ggf. noch indiziert sein könnten werden gegengetestet. Die ventralen Mm. deltoidei, die Mm. pectoralis majores scapularis und die Mm. latissimi dorsi müssen im Gruppentest stark testen !!! Falls ein Element dies verändert ist das Element nicht indiziert!

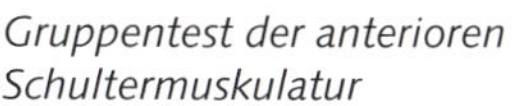

Gruppentest der anterioren Schultermuskulatur

Test des M. deltoideus sternalaler Anteil

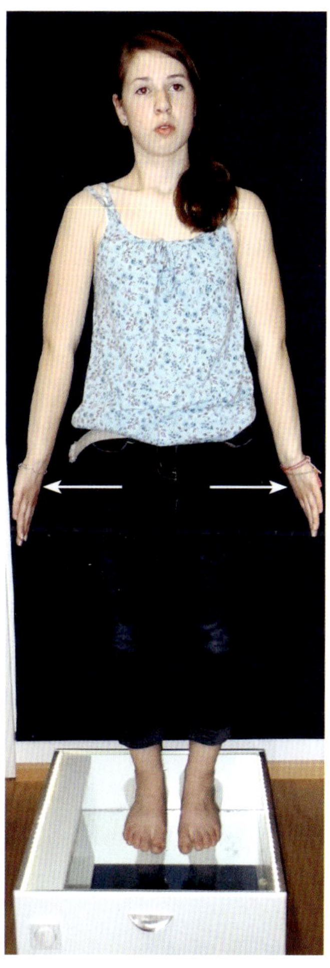

Test des M. latissimus dorsi

Protokoll zur Optimierung Propriozeptiver Einlagen mittels AK –Sohlenübergabe

- Kontrolle der Muskelteste wie zuvor im Liegen / Sitzen und anschließend im Stehen. Ggf. Schock absorber Test.
- Beseitigung aller Störungen wie zuvor
- Kontrolle der ventralen Mm. deltoidei, der Mm. pectoralis majores scapularis und der Mm. latissimi dorsi wieder im Einzel und Gruppentest. Diese sollten weiterhin stark sein.
- Abschließend Kontrolle auf neurologische Dysorganisation durch Walking Gait Test. Dieser muss normal sein!
- Kontrolle nach o. g. Kriterien nach 4–6 Wochen

Einfluss einer Einlegesohle mit individuellem sensorischem Feedback auf die kraniocervikale Mobilität im Stand und das Abrollverhalten des Fußes beim Gehen

Dietmar Basta[*], *Wolfgang P. Schallmey*[#], *Arneborg Ernst*[*]

Einleitung

Vor allem in der heutigen Arbeitswelt wird vermehrt von Rückenschmerzen, vorwiegend von Verspannungen und Schmerzen im oberen Rücken (Schulter-, Nacken-, Halsbereich) berichtet. Die einseitige Bewegung, die viele Menschen betreffen und die daraus resultierende Fehlhaltungen führen zu Dysbalancen der Muskulatur. Auch der Prozess des individuell unterschiedlich schnell ablaufenden Alterns spielt eine wesentliche Rolle für einen gesunden Bewegungsablauf. Mit zunehmendem Alter wird der Gang oft unbemerkt unsicherer und das Sturzrisiko steigt kontinuierlich an. Die posturalen Regulationen für die sensomotorische Koordination verschlechtern sich auf Grund der Funktionseinbußen der Sensorik, des Gehirns und der Muskulatur (sensomotorische Systems) (Laube 2009, Laube und von Heymann 2012). Oft kommen aufgrund von natürlichen Degenerationsprozessen Faktoren wie z. B. verringerter visueller Input oder Schädigungen der Gleichgewichtsorgane hinzu. Diese machen sich im Alter vermehrt durch auftretende Stürze bemerkbar und in vielen Fällen in einer Gleichgewichtsunsicherheiten resultieren. Mit dem Alterungsprozess des sensomotorischen Systems tritt ein hoher Verlust der schnell adaptierenden Sensoren auf. Dadurch entwickelt sich eine unpräzisere Dynamik der Druckänderungen und eine abnehmende umfängliche sensorische Erkennung beim Abrollvorgang. Betroffene Personen sind an der systematischen Einschränkung ihrer Gangmotorik zu erkennen. Für die sensomotorischen Regulationen sind die Informationen von Mechanosensoren der Fußsohle von besonderer Bedeutung (Inglis et al. 2002, Kennedy und Inglis 2002). Der Abrollvorgang beim Gehen erzeugt sehr schnelle zeitliche und räumliche Veränderungen der Druckverhältnisse an der Fußsohle. Soll das Gehen generiert und zugleich das Gleichgewicht garantiert werden, dann müssen die mechanischen Ereignisse an der Fußsohle sehr schnell detektiert werden. Durch die Verwendung einer Einlegesohle mit individuellem propriozeptivem sensorischem Feedback wie z. B. bei der Podo-Posturaltherapie wird das subkortikale System beeinflusst und somit auch die Körperhaltung. Die Bewegungskontrolle und -koordination wird subkortikal im Rahmen von Lernprozessen geregelt.

* HNO-Klinik im UKB, Universität Berlin, Warener Str. 7, 12683 Berlin, Deutschland

\# Lehrinstitut für Podo-Posturaltherapie, Schloßstr. 1, 48336 Sassenberg, Deutschland

\# International Federation for Proprioceptive- and Biomechanical Therapies e.V., www.ifpb-ev.de

Ist dieser Lernprozess erfolgreich, wird ein Bewegungs- oder Haltungsmuster im sensorischen Bereich des Großhirns abgelegt. Ziel der propriozeptiven Therapiesohle ist es, die Bewegung und Haltung dynamisch zu führen. Die veränderten Informationen im propriozeptiven System sollen muskuläre Dysbalancen harmonisieren und Bewegungsabläufe optimieren. Eine positive Veränderung der Muskelspannung wirkt durch die Muskelketten auf den gesamten Haltungs- und Bewegungsapparat. Somit können muskuläre Ungleichgewichte beeinflusst werden. Ziel der hier vorgestellten Studie war die Untersuchung des Einflusses der Podo-Posturaltherapie auf kranio-cervikale Dysbalancen und das Abrollverhalten des Fußes bei älteren Patienten mit Gangunsicherheit.

Material und Methoden

Die randomisierte Studie erfolgte einfach verblindet Placebo-kontrolliert.

Studienteilnehmer

An der Studie nahmen 24 freiwillige Probanden im Alter zwischen 63 und 76 Jahren teil (Mittelwert 49 70,1 ± 4,1 Jahre). Die Verteilung auf zwei Gruppen mit jeweils 12 Probanden (Verum- und Placebogruppe) erfolgte anhand eines Zufallsgenerators. Die Altersverteilung war in beiden Gruppen nicht unterschiedlich (69,9 ± 3,7 Jahre Placebo-Gruppe und 70,3 ± 4,4 Jahre Verum-Gruppe). Alle Probanden gaben chronische Gangunsicherheit (länger als 12 Monate) an. Ausschlusskriterien waren eine manifeste Polyneuropathie sowie akute Erkrankungen des Gleichgewichtssystems oder des Bewegungsapparates (z.B. Morbus Parkinson, Multiple Sklerose, persistierender benigner paroxysmaler Lagerungsschwindel, Neuritis vestibularis).

Es wurde die Maximalbeweglichkeit des Kopfes in Rotation (links/rechts), Flexion und Extension mit Hilfe des HMSU-Systems (Head-Mounted-Support-Unit gemessen, ein Goniometer-Sensors (Gyroskop) in Kombination mit einem Laser. Ein externer „Nullpunkt" als Fixpunkt, mittig vor dem Patienten, dient der Kalibrierung. Außerdem wurde die Druckverteilung beim Abrollen des Fußes im Gang mithilfe des Zebris-Systems bestimmt. Dabei wurde der mittlere Druck im Bereich der Zehen, des Mittelfußes und an der Ferse ermittelt.

Die Messzeitpunkte erfolgten sowohl vor, als auch direkt nach der Anpassung und acht Wochen nach der Nutzung der Therapiesohle. Während der Messungen trugen die Patienten die Einlegesohlen ohne Schuhwerk in festen Einmalsocken, um den Einfluss des individuellen Schuhwerks zu eliminieren.

Therapiesohlen

Die Abdruckanalysen erfolgte in beiden Studiengruppen auf die gleiche Weise. Hierbei kamen verschiedene stimulierende Elemente (Kork) mit unterschiedlicher Stärke an den individuell notwendigen Bereichen der Fußsohle zum Einsatz. Das Ergebnis wurde gespeichert und Patienten der Verum Gruppe erhielten propriozeptive Therapiesohlen mit einer dünnen und flexiblen Basis sowie mit den eingearbeiteten 1–3 mm starken Elementen (Abb. 1a). Die möglichen Elemente und ihre Platzierung unter der Fußsohle wurden von Ohlendorf et al. bereits beschrieben. Die Placebo-Gruppe erhielt eine Standard Einlage mit stützenden Elementen (Abb. 1b).

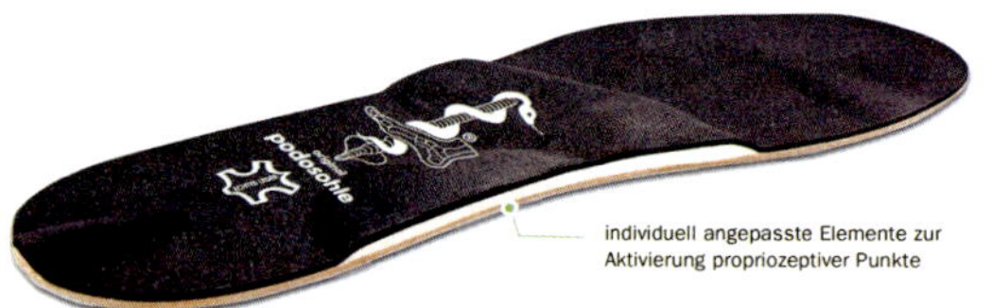

Abb. 1a: individuell angefertigter propriozeptive Therapiesohle (Podosohle)

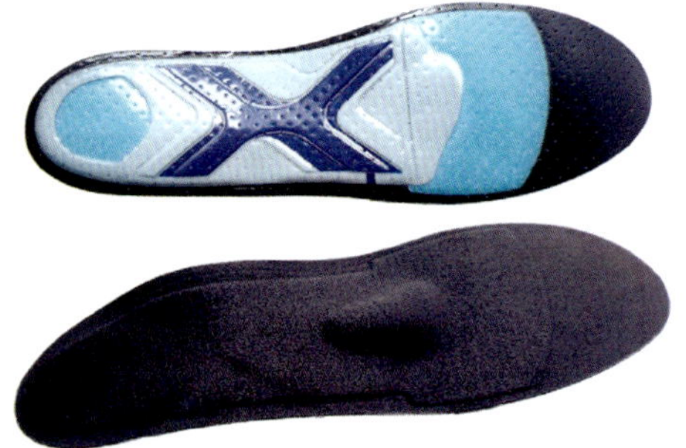

Abb. 1b: herkömmliche Einlegesohle der Vergleichsgruppe

Ergebnisse

Kranio-cervicale Beweglichkeit

Die kranio-cervicale Maximalbeweglichkeit bei Flexion und Extension veränderte sich weder in der Placebo- noch in der Verum-Gruppe innerhalb der Tragedauer der Einlegesohlen (8 Wochen) signifikant. Im Gegensatz dazu konnte jedoch in der Verum-Gruppe eine signifikante Verringerung der Asymmetrie der Kopfrotation (links/rechts) nach 8 Wochen festgestellt werden (Abb. 2). In der Placebo-Gruppe gab es hingegen keine Veränderungen im Beobachtungszeitraum.

Abrollverhalten des Fußes

Patienten der Verum-Gruppe reduzierten infolge der Sohle direkt nach der Anpassung signifikant den Druck im Zehenbereich und erhöhten diesen im Bereich der Ferse beim Gehen (Abb. 3).
Die Teilnehmer der Placebo-Gruppe erhöhten im Gegensatz dazu den Druck im Mittelfußbereich infolge der Verwendung der Einlegesohle (Abb 4).

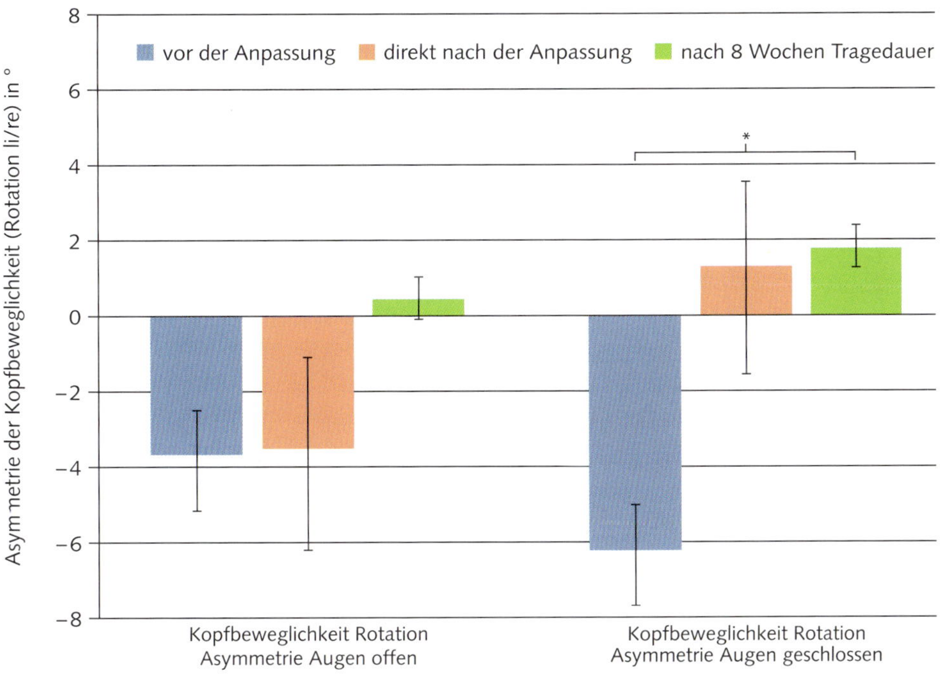

Abb. 2: Abnahme der Dysbalance hinsichtlich der maximalen Kopfrotation (links / rechts) infolge der Anwendung der ***propriozeptiven*** *Therapiesohle.*

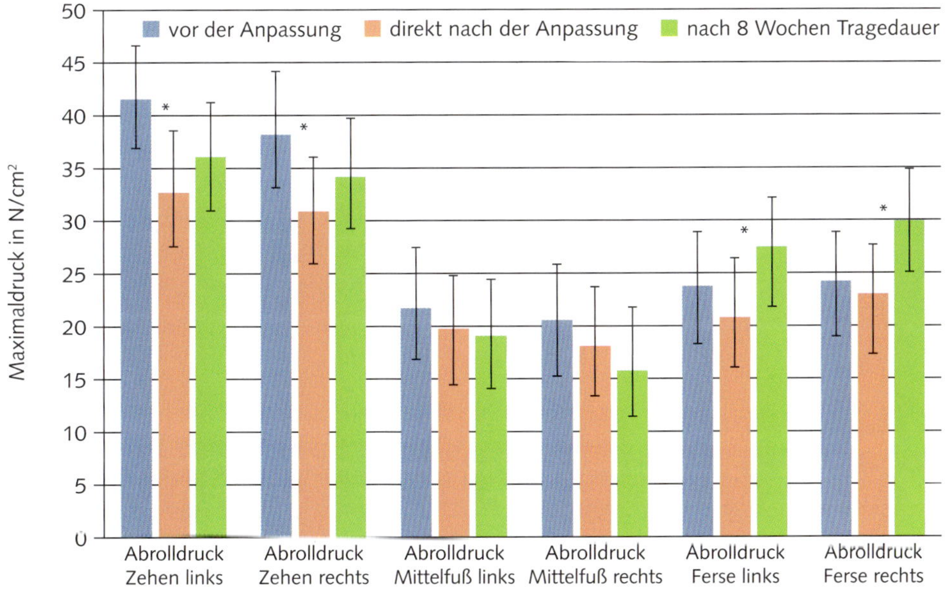

Abb. 3: Abrolldruck in verschiedenen Bereichen des Fußes beim Gehen mit der propriozeptiven Therapiesohle.

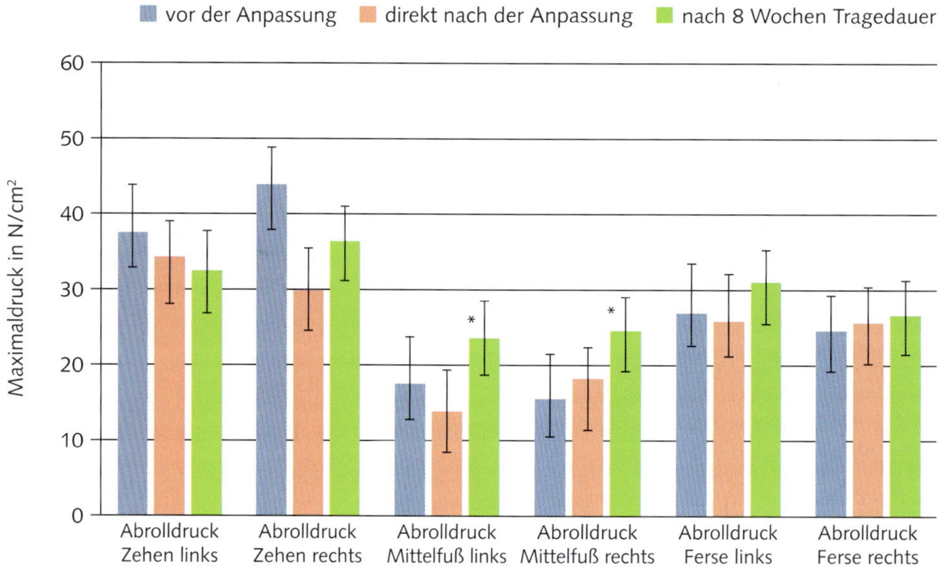

Abb. 4: Abrolldruck in verschiedenen Bereichen des Fußes 158 beim Gehen mit einer herkömmlichen Einlage (Vergleichsgruppe).

Diskussion

Die Ergebnisse zeigen, dass die Verwendung einer herkömmlichen stützenden Einlage eine kraniocervikale Dysbalance nicht ausgleicht. Die verwendete propriozeptive Sohle (Podosohle) hingegen konnte dies hingegen bewirken. Das ist dadurch erklärbar, dass die propriozeptive Sohle aufgrund ihrer individuellen Anpassung den Ausgleich von Haltungsfehlern ausgleicht. Die Elemente in der Sohle sind dabei so angeordnet, dass eine taktile Stimulation bestimmter Bereiche in der Fußsohle den Muskeltonus im gesamten Haltungsapparat verändern kann. Erfolgt diese Stimulation in der richtigen Stärke und am geeigneten Ort kann sich die kranio-cervikale Beweglichkeit gezielt verbessern. Verkrampfungen der Halsmuskulatur bis hin zu Blockaden können so positiv beeinflusst werden.

Beim normalen, physiologischen Gang gilt als ideale Belastungsabfolge Ferse – Mittelfuß – Vorfuß/Zehen. Dabei erfolgt der höchste Druck beim Aufsetzen auf die Ferse und vor dem Abheben des Vorfußes inklusive Zehen. Das konnte in der hier vorgestellten Untersuchung sowie für die Verum als auch für die Placebo-Gruppe festgestellt werden. Jedoch erhöhte sich die Druckverteilung im Bereich der Ferse und des Vorderfußes durch das Tragen der propriozeptiven Sohle deutlich, wodurch ein gesünderes Abrollen des

Fußes unter geringerer Energieweiterleitung an den Halteapparat ermöglicht werden konnte. Das dürfte langfristig zu einer Entlastung der Gelenke sowie der Stützgewebe beitragen.

Das Tragen der herkömmlichen Einlegesohle in der Placebo-Gruppe mit einer leichten Verstärkung im Mittelfußbereich im Sinne eines Fußbetts erhöhte hingegen die Belastung im Mittelfußbereich, was ein Abrollen im Sinne der Reihenfolge Ferse – Mittelfuß – Vorfuß/Zehen erschweren dürfte. Zudem wird wahrscheinlich die Belastung übergeordneter Gelenke erhöht. Da die Flexibilität der Sohle in der Placebo-Gruppe der in der Verum-Gruppe entsprach dürfte der Effekt hauptsächlich auf die passiv stützende Funktion der Sohle zurückzuführen sein.

Abschließend kann geschlussfolgert werden, dass die verwendete individuell mit propriozeptiven Elementen an den Patienten angepasste Sohle auch beim älteren Menschen das physiologische Gangbild unterstützt und hilft, kranio-cervikale Dysfunktionen auszugleichen.

HMSU Haed-Mounted-Support-Unit

Die Kopfdrehfähigkeit als Hilfsmittel.

Die Kopfrotation, also die Fähigkeit, den Kopf nach links und rechts zu drehen, wird mit Hilfe eines Lasers und eines Goniometer-Sensors(Gyroskop) gemessen.

Dadurch kann Nachgewiesen werden:

1. Verhalten von pedo-cranialen, myofaszielen Ketten und
2. Wirkung von Einlagen, Schuhen, Verkürzungsausgleichen, Außenranderhöhungen, Brillen, Okklussionserscheinungen, uvm.

für die Bewertung der Kopfrotation wird folgendes angenommen:

1. Handicaps, Blockaden und Schmerzen, egal auf welcher Körperebene, schränken die normale Bewegung ein und haben somit auch Auswirkungen auf die Kopfrotation.
2. Einlagen, Schuhe, Schuhzurichtungen gleich welcher Art, wirken positiv oder negativ über die Bewegungs- und Haltesysteme (Skelett, Gelenke, Muskeln, myofasziale Ketten, sensomotorisches System ...) unseres Körpers bis zum Kopf.
3. Wenn Manipulationen an, oder unter den Füßen stattfinden, so kann man Veränderungen der Statik dann nachweisen, wenn sie über dem obersten Gelenk (Atlas-Schädelbasis) messbar sind.

Messablauf:

- Der Patient steht barfuß auf einer glatten, geraden Fläche.
- Nun wird erfasst wie der Kopf, Hals, Schultern, Wirbelsäule, Becken und die Beine mit den Füßen, stehen. (Anamnesebogen/Skizze)
- Messgerät auf den Kopf des Probanden setzen, Programm starten. Vorsicht: Degenerative Erkrankungen der HWS! (Vorher unbedingt abklären!!)

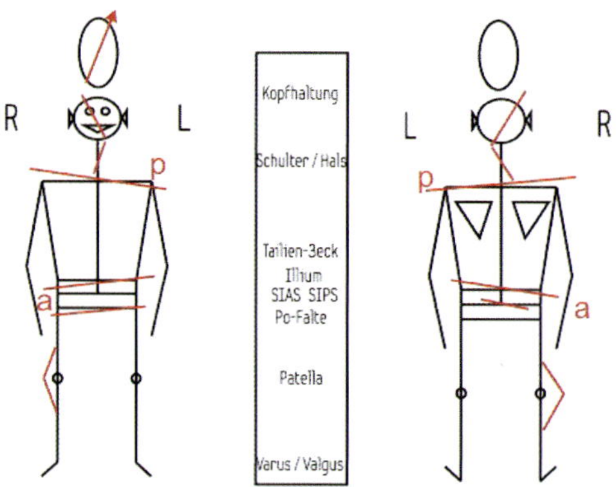

Den Laser vorne auf den Mitte-Punkt bringen und damit die Messung kalibrieren.

1. Kopfrotation in Barfuß-Stellung messen. Dies ist die Basismessung, welche die Referenz für die nachfolgenden Messungen bildet.

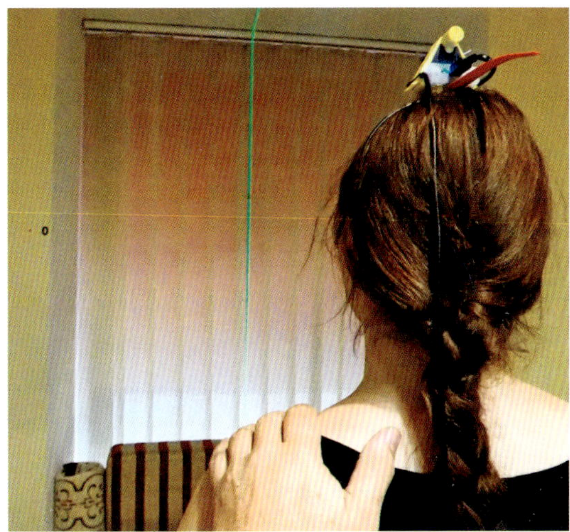

- Für die Messung wird der Patient gebeten, seinen Kopf soweit wie möglich nach links und nach rechts zu drehen. Schultern festhalten.
- Das Goniometer auf dem Kopf erfasst die Bewegung und überträgt die Daten an den Computer. Aufgezeichnet werden:
  - Datum, Uhrzeit,
  - A°-Ausganspunkt, L°-Linksdrehung, R°-Rechtsdrehung.
  - Zusätzlich gibt es noch 2 Notizspalten.
- Das Programm schließt die Messung selbstständig ab. Die Messergebnisse werden graphisch, auf einer mit Winkelgraden eingeteilten Scheibe dargestellt. So können Veränderungen direkt und schnell beurteilt werden. Die Anwendung ist einfach, schnell und sehr genau. Die Messungen sind vergleichbar, da über einen externen Fixpunkt kalibriert wird.

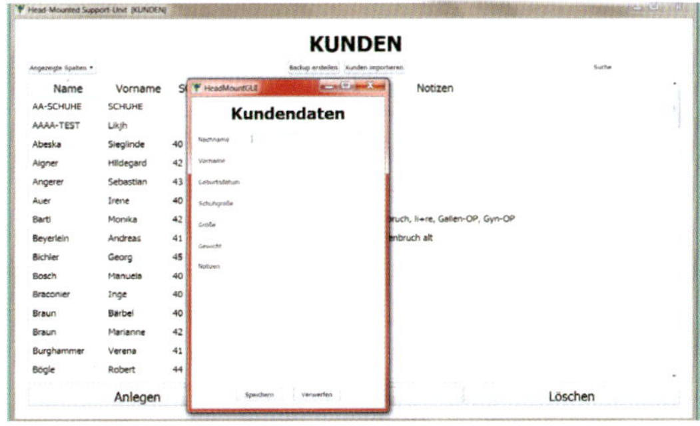

2. Nun wird diese Vorgehensweise mit der/den Versorgung/en wiederholt.
   > Erhöht sich die Beweglichkeit und der Kopf kann weiter gedreht werden, gehen wir von einem positiven Effekt der Versorgung aus.
   > Verringert sich die Beweglichkeit, muß die Versorgung verändert, und/oder nach anderen Ursachen gesucht werden. Auch Messungen zu Kiefergelenk, Oklussion, oder Augen sind möglich.

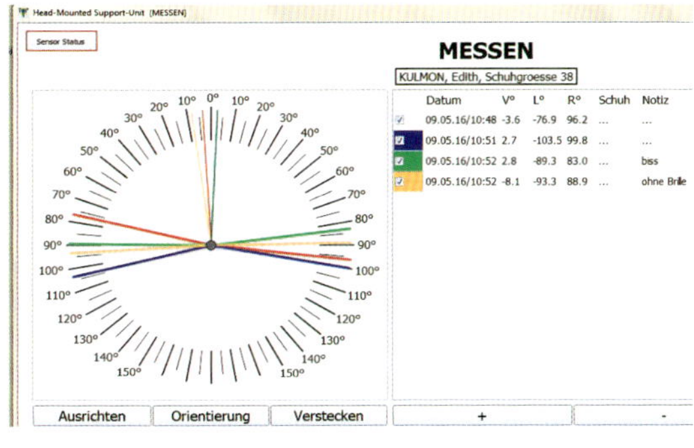

Über die Software ist es auf einfache Weise möglich, eine Tabelle der gemessenen Werte zu erstellen (CSV).

Mit Messungen die sich bei Kontrollterminen von Patienten ergeben lassen sich Versorgung, Therapieverlauf und Erfolgskontrolle aussagekräftig dokumentieren.

Liste der Abkürzungen

A.	Ansatz
Art.	Articulatio
Brafo	Beipackzettel für den optimalen Blickwinkel durch die Brille
B(WS) oder T(WS)	Brust - oder thoracale Wirbel(säule)
C(WS) oder H(WS)	Cervicale - oder Halswirbel(säule)
CTÜ	cervico-thoracaler Übergang
Corfo	Correktur der Phorie (Diagnostisches System)
DD	Differentialdiagnostik
F.	Funktion
H(WS) oder C(WS)	Hals- oder Cervicalwirbel(säule)
ISG	Iliosacral Gelenk
I.	Innervation
LK	Lateralkette
L(WS)	Lumbal- oder Lendenwirbel(säule)
Lig.	Ligament
LSÜ	Lumbo-sacraler Übergang
MT	Metatarsale
MTP	Metatarso-Phalangeal Gelenk
M. / Mm.	Muskel / Muskeln
N. / Nn.	Nerv / Nerven
ODL	Oberflächliche dorsale Kette oder Oberflächliche Rückenkette
S	Sacralwirbel
SIAS	Spina iliaca anterior superior
SIPS	Spina iliaca posterior superior
SK	Spiralkette
SSB	Synchondrosis spheno-basilaris
TMT	Tarso-Metatarsal (Gelenk)
T(WS) oder B(WS)	Thoracal- oder Brustwirbel(säule)
TLÜ	Thoraco-lumbaler Übergang
TFK	Tiefe Frontalkette
U.	Ursprung
ZNS	Zentrales Nervensystem

Literaturverzeichnis

Bernard, e.A.: Fysiologie van de mens, Grundlagenforschung

Bijl v.d. G.: Het individuelle funktiemodel in de manuele therapie, 1986, Grundlagenforschung

Bourdiol, dr. Rene: Pied de Statique, 1980, Grundlagenforschung

Braak, van de A.: Visueel zien, 2009, 159, Komplett, 163, Komplett

Breukhoven, Karel: Persöhnliche Notizen Podo-Orthesiologie, 1986-1992, Grundlagenforschung

Bricot, Bernard: Globale Reprogrammierung des Haltesystems, tatipro

Britisch orthopaedic ass. Joint Motion: Churchill Livingstone, 1965, Grundlagen Kapitel 2

Centartium: Ausbildungsunterlagen Postgraduate School „Centartium", Centartium, 1995 -1997, Grundlagenforschung

Cheng e.A.; Josepg S.: Anatomy of the Sacrum, Medscape, 2003, 195, 15 (2)

Conesa, S. Hernandez: A visual aid to the examination of nerveroots, 1976, Grundlagen Kapitel 3

Corts, Magga; ter Harmsel Ina: Sportosteopathie, 2013, Grundlagen Kapitel 8 und Kapitel 13

Cranenburgh van, Ben: Schema´s Fysiologie, 1991, Abb. 12 , schema 18. feedback in motoriek. (in D. übersetzt)

Cranenburgh van, Ben: Schema´s Fysiologie, 1992, Abb. 15, schema 27. Spersensoren 1

Cranenburgh van, Ben: Schema´s Fysiologie, 1993, Abb. 16, schema 31. Cerebellum

Debrunner, Alfred: Orthopädie, 1983, Grundlagenforschung

Garten, Hans.: Das Muskeltestbuch, Elsevier 2017

Götz-Neumann, Kirsten: Gehen verstehen, 2003

Greenman, Philip: Lehrbuch der Osteopatischen Medizin, 2000, 126, 358

Johansson, H.: Journal of electromyo an kinesiology 1, Issue 3, 1991, 29, 158-179

Klein Rensink, Prof. Gertjan: Dr. Arbeit Influence of posture and motion on peripheral nerve tension, Eigen Verlag, 1997, 194

Köneke, Christian: craniomandibuläre Dysfunktion, 2010, Grundlagenforschung

Lehrinstitut für Chiropaktik und Podo-Orth.: Ausbildungsunterlagen Cranio-sacrale Osteopathie, 1990 - 1992, Grundlagenforschung

Lehrinstitut für Chiropaktik und Podo-Orth.: Ausbildungsunterlagen Podo-Orthesiologie, 1986 - 2006, Grundlagenforschung

Lehrinstitut für Chiropaktik und Podo-Orth.: Ausbildungsunterlagen Viscerale Osteopathie, 1991 - 1992, Grundlagenforschung

Lewit: Manuelle medizin 6e Auflage, 1992, 119, 81 - 83

Lewit: Manuelle medizin 6e Auflage, 1992, 122, 84 - 86

Liem, Thorsten: Kraniosacrale Therapie, Grundlagenforschung

Lindenbaum u.A. Alfred: Lehrbuch für traditionelle Chiropraktik und strukturelle Osteopathie, 2002, Grundlagenforschung

Lohman, AHM:Vorm en beweging, 1967, Grundlagenforschung

Meyers, Thomas W.:Anatomy Trains 2e Auflage, 2010, Grundlagenforschung

Schleip, Robert: Zeitschrift für Osteopathische Medizin Heft 1/2003, 2003, 29, Heft 1

Tijdschrift integrale geneeskunde: Nederlandstijdschrift integrale geneeskunde, 1985:S. 37, 5.1985:S. 203-207

Oosterhuis, HJGH: Klinische Neurologie, Grundlagenforschung

Upledger, J.E.: Lehrbuch der kraniosakral-Therapie, 2e Auflage, 1994, Grundlagenforschung

Zimmer Gustav Aolf und Dickmann und August: Chiropraktik – Ihre Anwendung und Ausführung

Congressunterlagen I.F.P.B.: Eigen Verlag, 1996 -2007, Grundlagenforschung